高等院校经济管理类系列教材

SPSS 统计分析与应用
(第 2 版) (微课版)

李金德　秦　晶　主　编
欧贤才　连　娟　黄蕙玲
吴小明　邓志刚　副主编

清华大学出版社
北　京

内 容 简 介

本书共11章，以SPSS 27.0中文版为工具介绍了数据分析的常用技术，主要内容包括数据录入、数据处理、数据文件管理、描述统计、T检验、方差分析、相关分析、回归分析等基础模块，也包含了非参数检验、聚类分析、判别分析、因子分析等高阶模块，同时还增加了信效度分析、中介效应分析、调节效应分析等使用频率很高的统计分析内容。为方便教学，本书除提供每个章节的演示案例数据、实战案例、习题集及参考答案外，还专门提供了各章节重要知识点的教学视频，这些教学视频短小精悍，非常适合利用碎片化时间学习，学生可扫描书中或前言末尾左侧二维码观看或下载。本书对教师另赠精美PPT课件、教学大纲、期中试卷和期末试卷等教学资源，教师可扫描前言末尾右侧二维码获取。

本书可作为高等院校统计学、心理学、教育学、社会学和管理学等相关专业的本科生和研究生教材，也可作为教育科研、市场调研等涉及统计分析和决策相关领域的数据分析人员的学习用书。

本书封面贴有清华大学出版社防伪标签，无标签者不得销售。
版权所有，侵权必究。举报: 010-62782989, beiqinquan@tup.tsinghua.edu.cn。

图书在版编目(CIP)数据

SPSS统计分析与应用: 微课版 / 李金德, 秦晶主编. --2版. -- 北京: 清华大学出版社, 2025.5.
(高等院校经济管理类系列教材). -- ISBN 978-7-302-68758-0

Ⅰ.C819

中国国家版本馆CIP数据核字第2025L85X83号

责任编辑: 桑任松
封面设计: 李　坤
责任校对: 孙艺雯
责任印制: 刘　菲

出版发行: 清华大学出版社
　　　　网　　址: https://www.tup.com.cn, https://www.wqxuetang.com
　　　　地　　址: 北京清华大学学研大厦A座　　邮　　编: 100084
　　　　社　总　机: 010-83470000　　　　　　　　邮　　购: 010-62786544
　　　　投稿与读者服务: 010-62776969, c-service@tup.tsinghua.edu.cn
　　　　质量反馈: 010-62772015, zhiliang@tup.tsinghua.edu.cn
　　　　课件下载: https://www.tup.com.cn, 010-62791865
印 装 者: 三河市铭诚印务有限公司
经　　销: 全国新华书店
开　　本: 185mm×260mm　　　印　张: 20.25　　　字　数: 488千字
版　　次: 2019年5月第1版　2025年5月第2版　　印　次: 2025年5月第1次印刷
定　　价: 62.00元

产品编号: 101854-01

第 2 版前言

　　SPSS 是目前世界上应用最广泛的统计分析软件，具有功能强大、操作简单、界面友好等特点，广泛应用于统计学、经济学、管理学、社会学、心理学、教育学等社会科学领域。编者在从事统计教学以及科研工作时经常会接触一些介绍统计软件的教材，有的教材深受教学者和学习者的喜爱，这些教材都具有以下特征：第一，行文通俗易懂，讲解平易近人但又不失专业性；第二，结构严谨，重点突出，对于重要的内容有十分详细、到位的论述；第三，配套资料完整，常配有精美的课件、优质的视频等资料作为支撑。但也有一部分教材的质量并不是很好，这些教材或讲解的内容晦涩难懂，或在介绍软件时堆砌很多基本用不到的菜单命令，或是重点知识常常被当一般知识讲解，或是配套资料敷衍了事……有了这样的对比，编者希望能出版一本既能方便教学者使用，也能供初、中级读者学习和科研的书籍，经过几位一线教学科研工作者的共同努力，本书第一版于 2019 年完成，出版后读者反映良好。应读者的要求、软件更新以及数据更新的需要，我们以 SPSS 27.0 中文版为工具重新修订了本书，录制了新的教学视频，希望能带给读者更为便捷和高效的教学和学习体验。本次修订以党的二十大提出的推进文化自信自强的精神为指导思想，重点使用国内经典案例数据介绍统计软件的相关功能。

　　本书具有以下几个方面的特点。

1. 讲解方式通俗易懂

　　对于一本数据分析类的书籍，要做到通俗易懂是一件非常难的事情，但却是一件非常有价值的事情，因为越来越多的人需要用到统计分析软件，而他们的基础并不好，甚至没有基础，要让读者掌握基本的数据分析技术，一本通俗易懂的书籍是非常有必要的。虽然本书可能不是最通俗易懂的，但与同类型书籍相比较后，我们对本书的易懂性还是有信心的。而且，我们常常发现很多同类书籍介绍了很多不常用的命令菜单，或者只是笼统地介绍命令却不提供操作和解释，这样做其实对读者的帮助有限。本书尽量全面介绍数据分析中常用的命令，同时尽量以案例的方式演示操作以帮助读者学习。

2. 操作步骤非常详细

　　本书对每一个统计分析方法都先介绍其基本统计原理和公式，然后配以详细的 SPSS 操作步骤图示，最后对 SPSS 输出结果进行详细解释。与其他同类书籍相比，本书的步骤演示和结果解释是非常详细的，即使读者是零基础，参照我们的演示也能掌握基础命令的操作，这是本书最大的特点。

3. 配套材料十分完善

本书每一章节的案例都有配套数据供读者自行练习，同时，每一章都有相应的课后习题和对应的答案。读者会发现，我们提供的课件是非常精美的，非常方便教学者使用。此外，我们还录制了优质的教学微课，读者可以根据我们提供的方式获得这些视频。同时，我们还在一些互联网平台上开通了直播或录播课程，读者可通过扫码来获得相应资源。

本书由广西民族大学李金德、广西农业职业技术大学秦晶任主编，由广西民族大学欧贤才，广西警察学院连娟，广西大学行健文理学院黄蕙玲、吴小明、邓志刚任副主编。本书编写人员均是高校应用统计领域的一线教师，长期从事统计分析相关课程的教学工作。其中连娟负责第 1~2 章的编写；欧贤才负责第 3 章的编写；秦晶负责第 4~5 章的编写；李金德负责第 6~8 章的编写；黄蕙玲负责第 9~11 章的编写。全书由李金德负责统稿，并联合秦晶、吴小明和邓志刚共同审稿和核对。

由于编写人员知识和经验所限，书中难免有错漏之处，恳请读者将发现的问题或有关意见和建议反馈给我们，以便我们进行更正和修订。

编 者

读者资源下载

教师资源服务

目 录

第1章 SPSS 概述 1
  1.1 SPSS 简介 2
  1.2 SPSS 的安装与运行 3
    1.2.1 SPSS 的安装 3
    1.2.2 SPSS 的运行 3
  1.3 SPSS 的主要窗口及菜单功能 ... 3
    1.3.1 SPSS 的主要窗口 3
    1.3.2 SPSS 的菜单功能 7
  1.4 SPSS 的系统设置 9
  小结 11
  思考与练习 11

第2章 数据的建立与管理 13
  2.1 数据的建立 14
    2.1.1 变量的属性 14
    2.1.2 数据的录入 19
  2.2 数据的打开与保存 24
    2.2.1 外部数据的打开 24
    2.2.2 SPSS 数据的保存 25
  2.3 数据的管理 25
    2.3.1 数据检验 25
    2.3.2 个案排序 30
    2.3.3 合并文件 31
    2.3.4 选择个案 35
    2.3.5 拆分文件 38
    2.3.6 个案加权 39
    2.3.7 计算变量 41
    2.3.8 重新编码 42
    2.3.9 替换缺失值 44
  小结 46

第3章 描述统计 47
  3.1 变量类型 48
    3.1.1 按测量水平划分 48
    3.1.2 按数据是否具有连续性特征划分 ... 49

  3.2 统计量 50
    3.2.1 集中量数 50
    3.2.2 差异量数 51
  3.3 数据分布 52
    3.3.1 正态分布 52
    3.3.2 偏态分布 53
  3.4 频率分析的 SPSS 过程 53
    3.4.1 定类和定序变量的描述统计 ... 54
    3.4.2 定距和定比变量的描述统计 ... 58
  3.5 描述分析的 SPSS 过程 62
    3.5.1 标准分数 62
    3.5.2 描述分析的 SPSS 过程 .. 63
  3.6 数据探索分析的 SPSS 过程 ... 65
  3.7 交叉表分析的 SPSS 过程 69
  小结 72
  思考与练习 72

第4章 假设检验 73
  4.1 假设检验的原理 74
    4.1.1 假设检验 74
    4.1.2 小概率事件 75
    4.1.3 假设检验的基本步骤 75
  4.2 单样本 T 检验 76
    4.2.1 单样本 T 检验概述 76
    4.2.2 单样本 T 检验的步骤 ... 76
    4.2.3 单样本 T 检验的 SPSS 过程 78
  4.3 独立样本 T 检验 80
    4.3.1 独立样本 T 检验概述 ... 80
    4.3.2 独立样本 T 检验的原理和步骤 ... 80
    4.3.3 独立样本 T 检验的 SPSS 过程 ... 82
  4.4 成对样本 T 检验 85
    4.4.1 成对样本 T 检验的研究目的 ... 85

4.4.2 成对样本 T 检验的原理和
　　　　 步骤 86
　　4.4.3 成对样本 T 检验的
　　　　 SPSS 过程 87
小结 90
思考与练习 90

第 5 章　方差分析 93

5.1 单因素方差分析 94
　　5.1.1 单因素方差分析的基本
　　　　 原理 94
　　5.1.2 单因素方差分析的基本
　　　　 步骤 95
　　5.1.3 单因素方差分析的
　　　　 SPSS 过程 98
5.2 多因素方差分析 104
　　5.2.1 多因素方差分析的基本
　　　　 原理 104
　　5.2.2 多因素方差分析的基本
　　　　 步骤 105
　　5.2.3 多因素方差分析的
　　　　 SPSS 过程 108
5.3 协方差分析 121
　　5.3.1 协方差分析的基本原理 121
　　5.3.2 协方差分析的基本步骤 122
　　5.3.3 协方差分析的 SPSS 过程 123
5.4 重复测量方差分析 129
　　5.4.1 重复测量方差分析概述 129
　　5.4.2 重复测量方差分析的基本
　　　　 步骤 129
　　5.4.3 重复测量方差分析的
　　　　 SPSS 过程 130
小结 140
思考与练习 140

第 6 章　卡方检验 143

6.1 卡方检验的原理 144
6.2 χ^2 拟合优度检验 144
　　6.2.1 思考与练习拟合优度检验 144
　　6.2.2 二项检验ﾠ..................................... 148

6.3 独立性检验 150
　　6.3.1 独立性检验概述 150
　　6.3.2 随机设计 2×2 列联表 151
　　6.3.3 r×c 列联表独立性检验 155
　　6.3.4 配对设计 r×r 列联表 162
　　6.3.5 多维列联表独立性检验 165
6.4 分类变量关联强度分析 168
　　6.4.1 2×2 四格表关联强度 169
　　6.4.2 r×c 列联表关联强度 170
　　6.4.3 RR 和 OR 系数 171
小结 175
思考与练习 175

第 7 章　相关分析 177

7.1 散点图 178
　　7.1.1 散点图概述 178
　　7.1.2 散点图的 SPSS 过程 180
7.2 简单线性相关 182
　　7.2.1 皮尔逊相关系数 182
　　7.2.2 斯皮尔曼等级相关系数 186
　　7.2.3 肯德尔的 tau-b 系数 190
7.3 偏相关分析 190
　　7.3.1 偏相关概述 190
　　7.3.2 偏相关的 SPSS 过程 191
7.4 距离相关 195
　　7.4.1 距离相关的概念 195
　　7.4.2 距离相关的估算方法 195
　　7.4.3 距离相关的 SPSS 分析
　　　　 过程 195
7.5 信度 199
　　7.5.1 信度的概念 199
　　7.5.2 信度的种类及其估算 199
　　7.5.3 信度分析的 SPSS 过程 200
7.6 效度 204
　　7.6.1 效度的概念 204
　　7.6.2 效度的种类及其估算 204
　　7.6.3 效度分析的 SPSS 过程 205
小结 207
思考与练习 207

第 8 章　回归分析 209

8.1 回归方程的构建步骤 210
8.2 一元线性回归方程 211
- 8.2.1 一元线性回归方程求解 211
- 8.2.2 一元线性回归方程拟合优度检验 212
- 8.2.3 一元线性回归的 SPSS 过程 213

8.3 多元线性回归方程 215
- 8.3.1 多元线性回归方程求解 215
- 8.3.2 多元线性回归方程拟合优度检验 216
- 8.3.3 多重共线性 217
- 8.3.4 多元线性回归的 SPSS 过程 218

8.4 二元 Logistic 回归 222
- 8.4.1 方程的构建 223
- 8.4.2 方程的参数估计和方程检验 224
- 8.4.3 二元 Logistic 回归 SPSS 过程 226

8.5 多元层级回归方程 229
- 8.5.1 层级回归的概念 229
- 8.5.2 层级回归的适用情况 230
- 8.5.3 层级回归的 SPSS 过程 230

8.6 虚拟变量与回归分析 233
- 8.6.1 虚拟变量的概念 233
- 8.6.2 含有虚拟变量的回归方程构建 234
- 8.6.3 虚拟变量回归分析的 SPSS 过程 235

8.7 中介模型和调节模型 238
- 8.7.1 中介模型的构建 238
- 8.7.2 调节模型的构建 242
- 8.7.3 用 Process 做中介效应和调节效应分析 247

小结 252
思考与练习 252

第 9 章　非参数检验 253

9.1 非参数检验 254
- 9.1.1 非参数检验简介 254
- 9.1.2 非参数检验的优缺点 254

9.2 单样本 K-S 检验 255
- 9.2.1 单样本 K-S 检验原理 255
- 9.2.2 单样本 K-S 检验的 SPSS 过程 255

9.3 两独立样本非参数检验 257
- 9.3.1 两独立样本非参数检验的一般原理 257
- 9.3.2 曼-惠特尼 U 检验 257

9.4 K 个独立样本非参数检验 260
- 9.4.1 克鲁斯卡尔-沃利斯 H 检验 260
- 9.4.2 K 个独立样本非参数检验 SPSS 过程 261

9.5 两相关样本非参数检验 265
- 9.5.1 两相关样本非参数检验的一般原理 265
- 9.5.2 符号检验 265
- 9.5.3 威尔科克森等级检验 266
- 9.5.4 两相关样本非参数检验的 SPSS 过程 266

9.6 K 个相关样本非参数检验 268
- 9.6.1 K 个相关样本非参数检验的原理 268
- 9.6.2 K 个相关样本非参数检验的 SPSS 过程 269

小结 274
思考与练习 275

第 10 章　因子分析 277

10.1 因子分析简介 278
- 10.1.1 因子分析的基本原理 278
- 10.1.2 因子分析的相关概念 278

10.2 因子分析的步骤 280
- 10.2.1 因子分析适合度检验 280
- 10.2.2 因子提取 281
- 10.2.3 因子旋转 282
- 10.2.4 因子得分与命名 283

10.3 因子分析 SPSS 过程 284

小结 292
思考与练习 293

第 11 章　聚类和判别分析 295

11.1　聚类分析 296
11.1.1　二阶聚类 296
11.1.2　K-均值聚类 299
11.1.3　系统聚类 302
11.2　判别分析 306
11.2.1　判别分析概述 306
11.2.2　判别分析的 SPSS 过程 307
小结 311
思考与练习 311

参考文献 313

第 1 章

SPSS 概述

教学目标

- 了解 SPSS 软件的基本特点。
- 了解 SPSS 软件的安装和运行。
- 了解 SPSS 的主要窗口及菜单。
- 了解 SPSS 常用系统参数设置。

SPSS 软件是世界上出现最早的统计分析软件，也是目前世界范围内应用最为广泛的专业统计软件之一，涉及经济学、数学、统计学、物流管理、生物学、心理学、地理学、医疗卫生、体育、农业、林业和商业等众多领域。SPSS 之所以受到广大研究者的青睐，在全球拥有众多用户，与其自身的优点密不可分：第一，操作简单。除了数据录入及部分语法命令需要键盘输入外，大多数操作可通过鼠标单击来完成。第二，无须编程。用户只需要了解基本的统计原理，不需要掌握各种统计算法，就可以轻松得到需要的统计分析结果。第三，功能强大。SPSS 提供了从简单的统计描述到复杂的多元统计分析等方法，而且随着版本的更新，还在不断地增加新的功能模块。第四，兼容性强。SPSS 能够读取和输出多种格式的文件，还可以与很多程序实现完美对接。对于统计软件的初学者来说，选用 SPSS 作为突破口是非常合适的。

1.1　SPSS 简介

1968 年美国斯坦福大学的三位研究生开发了一套统计分析系统 Statistical Package for the Social Sciences，即"社会科学统计软件包"，简称 SPSS，但是刚开始该系统是基于大型计算机的，还不能用于 PC 机。1975 年，他们合作成立了公司，该公司之后一直致力于该套软件系统的开发与升级。1984 年 SPSS 公司推出了 PC 机版的统计分析软件 SPSS/PC＋4，是全球首套以图形菜单为驱动界面的统计软件，当然那时的操作系统还是 DOS 系统。SPSS 的首个 Windows 版本的于 1992 年推出，即 SPSS 6。SPSS 11.0 是比较经典的一个版本，该版本在 2000 年发行，而且公司将其原英文全称更改为 Statistical Product and Service Solutions，即"统计产品与服务解决方案"，这标志着 SPSS 的战略方向正在做出重大调整，不过简称仍旧为 SPSS。此后 SPSS 的升级就相对比较有规律，基本上每年发行一个新版本，其中的 SPSS 13.0 版也是广受用户好评的经典之作。2009 年，SPSS 公司宣布重新包装旗下的 SPSS 产品线，将软件定位为预测统计分析软件(predictive analytics software)，分为四个方面的业务，同年发行的版本 17.0、升级版 17.02 以及版本 18.0 都沿用这个简写，即 PASW Statistics，但这次更名使用时间不长。2010 年，SPSS 公司被 IBM 公司并购，各子产品家族名称前面不再有 PASW 字样，而是统一更名为 IBM SPSS。2020 年 6 月 IBM 发布的 SPSS 27.0 包含了 GLM、GLMM、HLM、GenLin 和 GEE 等高级统计程序，能够更准确地识别和分析复杂的关系，其非线性回归可以提高预测的准确性，如果用自定义的表来查看，就可以根据数据的数量和分类进行数据分析和结果报告，通过它用户可以进行更加快速、有效、深入的数据挖掘。同时，在"分析"菜单功能方面增加了"功效分析"子菜单，为有样本量估计需求的用户提供了更为方便有效的操作。

SPSS 每年一次的更新频率是相对较频繁的，学习者应该选用什么版本来学习和研究呢？在 SPSS 14.0 发行的时候就已经有中文版发行了，但是还不是很成熟，到了 17.0 版 SPSS 已经可以提供非常成熟的简体中文操作语境，同时 SPSS 17.0 已经将所有支持的语言集成在一起，大概有十多种语言，读者可以任意切换语言，对于使用中文语境的初级和中级学习人员来说，使用中文版本学习就足够了，并不一定要用最高的版本去学习。SPSS 每次升级的变化并不是非常大，其主题框架是没有改变的，一般的使用者可能都不知道有哪些东西发生了改变。其实只要有基础的英文知识，对于一般学习者，选择更早的版本都没有问题，例如 13.0 版，甚至 11.0 版。本教材选用 IBM SPSS Statistics 27.0 版本进行数据分析，如果学习者选用旧的软件版本来分析本教材数据，也是可以的，其结果不会有区别。

1.2 SPSS 的安装与运行

1.2.1 SPSS 的安装

SPSS 软件经过 40 多年的发展，截至本书稿完成时最新版本为 29.0 版，版本越新，对计算机的配置要求也就越高。配置比较低的计算机，建议用较低的版本。本书的编写基于 IBM SPSS 27.0 版本，目前 IBM SPSS 27.0 版软件分为 32 位和 64 位两种，用户可根据自己的计算机系统进行选择，同时有适用于 Windows 和 Mac OS 等系统的不同版本。本书的数据分析基于 Windows 版本，学习者可以通过 IBM 官方网站或者国内的代理商购买软件。SPSS 的安装与其他软件安装并无太大差异，按照安装界面的操作步骤指示进行操作即可，在此不做过多说明。当然学习者也可以登录 IBM 官方网站，提交试用申请，然后下载最新的 SPSS 产品免费试用版进行安装，但免费试用版有试用期限，在试用期限后需购买正版软件才能继续使用。

1.2.2 SPSS 的运行

SPSS 的打开与退出和一般软件的打开与退出没有本质区别。软件安装后，一般在计算机桌面上有快捷方式，可以直接双击打开或右击以快捷方式打开软件，这符合一般人的习惯；或者选择【开始】→【程序】→IBM SPSS Statistic 27.0 命令进入软件界面。SPSS 软件的退出方式与其他 Windows 应用程序相同，有以下两种常用的方法：第一，选择数据编辑器窗口中的【文件】→【退出】命令退出程序；第二，直接单击 SPSS 窗口右上角的【关闭】按钮，回答系统提出的是否存盘的问题之后，即可安全退出程序。

1.3 SPSS 的主要窗口及菜单功能

1.3.1 SPSS 的主要窗口

SPSS 软件运行过程中会出现多个界面窗口，各个界面窗口的功能均不同。其中，最主要的界面窗口有四个，即数据编辑窗口、结果输出窗口、脚本窗口和语法窗口。数据编辑窗口、结果输出窗口和语法窗口是最常用的。

1. 数据编辑窗口

用户启动 SPSS 后看到的窗口便是数据编辑窗口，如图 1-1 所示。在数据编辑窗口中，用户可以进行数据的录入、编辑以及变量属性的定义和编辑等操作，该窗口是 SPSS 的基本界面，主要由以下几部分构成：标题栏、菜单栏、工具栏、编辑栏、变量栏、观测序号、窗口切换标签和状态栏。

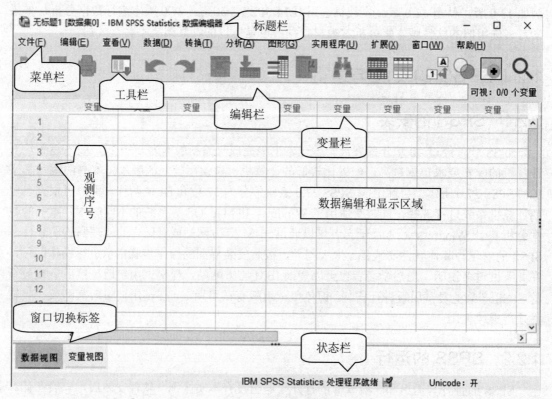

图 1-1　数据编辑窗口

（1）标题栏：显示编辑的数据文件名称。

（2）菜单栏：通过对这些菜单的选择，几乎可以进行所有的 SPSS 操作。关于菜单的详细操作步骤，将在后续内容中分别介绍。

（3）工具栏：为了方便用户操作，SPSS 软件把菜单中常用的命令放到了工具栏里。当鼠标指针停留在工具栏中的某个按钮上时，会自动跳出一个文本框，提示当前按钮的功能。另外，如果用户对系统预设的工具栏不满意，也可以选择【查看】→【工具栏】→【定制】命令对工具栏按钮进行自定义，如图 1-2 所示。

（4）编辑栏：可以输入数据，使它显示在内容区指定的方格里。

图 1-2　定制工具栏

（5）变量栏：列出了数据文件中所包含变量的变量名。无论怎样变动窗口的范围，变量栏上的变量始终保持出现在顶行，这个功能较为人性化，方便用户阅读数据。

（6）观测序号：列出了数据文件中的所有观测值。观测序号的个数就是数据的样本容量，一个个案或被试会占一个观测序号。

（7）窗口切换标签：用于数据视图和变量视图的切换。

数据视图，即数据浏览窗口，当图 1-1 中左下角的【数据视图】标签背景色为黄色时，表示当前状态为该窗口。数据视图用于样本数据的查看、录入和修改，每一行代表一个个案,每一列代表一个变量。

变量视图,即变量浏览窗口,用于定义数据的格式(如变量名、类型、宽度等),如图1-3所示,此时左下角的【变量视图】标签的背景色变为黄色。将数据编辑器的视图切换至变量视图后,行与列的定义与数据视图不同,这一点读者要注意。在变量视图中,每一行代表对一个变量的定义,每一列则代表定义该变量时用到的某种属性,如名称、数据类型、变量宽度、数据小数位数、变量标签、变量值等。当输入变量名后,系统会自动设置其属性,例如图1-3中的两个变量"性别"和"年龄"的属性都是系统自动设置的,我们将在第2章讲解如何对它们做设置。

图1-3　变量视图下的数据编辑器

(8) 状态栏:用于显示SPSS当前的运行状态。SPSS被打开时,将会显示"IBM SPSS Statistics 处理程序就绪"提示信息。

2. 结果输出窗口

启动SPSS软件后,若对数据进行某项统计分析,结果输出窗口将被自动调出。在SPSS中,大多数统计分析结果都将以表和图的形式在结果输出窗口中显示,如图1-4所示。

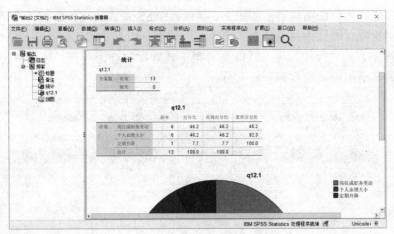

图1-4　结果输出窗口

结果输出窗口右侧显示统计分析结果;左侧是导航窗格,用来显示输出结果的目录,用户可以通过单击目录来展开统计分析结果。统计分析显示的图与表等结果可以直接被复制粘贴至相应的文档中。需要注意的是,SPSS的结果输出文件与数据文件采取分别保存的形式,数据文件的格式为".sav",结果输出文件的格式为".spv"。这样分别保存为两种文件格式的方式方便了用户直接使用及查看相应的文件。与双击打开后缀名为".sav"的数据文件一样,用户也可以通过双击后缀名为".spv"的SPSS输出结果文件来打开该窗口。

系统默认的输出图表有时不符合用户的个性化要求,因此SPSS提供了对结果图表进行再编辑的功能。如果用户需要对结果进行编辑，可以通过双击图表对象或右击后选择【编辑内容】命令，选中的图形会出现在图表编辑器中，如图1-5所示，此时便可以对选中的图表对象进行有目的的编辑了。

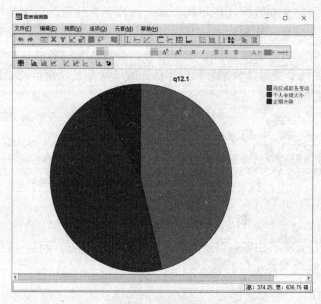

图1-5　图表编辑器

3. 语法窗口

语法窗口也称为语法编辑器，如图1-6所示。SPSS最大的优势在于其操作的简便性，即它是菜单对话框式的操作。但是为了满足高级数据分析人员的工作需求，SPSS还提供了语法方式或程序方式的操作。该方式既是对菜单式操作的一个补充，也可以使烦琐的工作得到简化，尤其适用于高级数据分析人员。

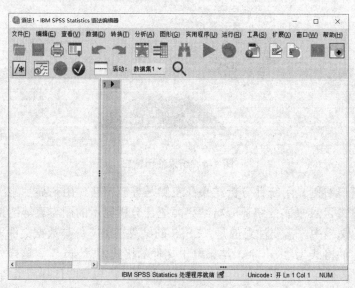

图1-6　语法编辑器

语法编辑器的启用方式为：打开数据文件，选择【文件】→【新建】→【语法】命令，如图 1-7 所示，即会弹出如图 1-6 所示的语法编辑器。在语法编辑器中可以输入命令进行语法编辑。其实，进行每一次数据分析时，SPSS 都会在结果输出窗口先给出语法命令，再给出统计结果，有兴趣的读者可以直接将这些命令复制到语法编辑器中运行。

图 1-7　语法编辑器的启用

1.3.2　SPSS 的菜单功能

1. 文件

【文件】菜单如图 1-8 所示，主要用于对文件进行管理，包含如【新建】、【打开】、【保存】、【另存为】等命令，这些命令都容易理解。SPSS 可以导入和导出多种格式的数据，例如 Excel、Stata 和 SAS 等，如图 1-9 所示，这样 SPSS 与其他软件的兼容性就大大增强了。使用【最近使用的数据】和【最近使用的文件】命令可以帮助我们快速读取最近使用过的数据，这一点在实践中是很有用的。

2. 编辑

【编辑】菜单如图 1-10 所示，可用于对当前窗口进行复制、粘贴、剪切、查找、替换等操作，大部分功能可以望文知意，在此不再赘述。读者可以使用【编辑】→【选项】命令进行个性化系统设置，具体内容将在第 1.4 节详细解释。

图 1-8　【文件】菜单

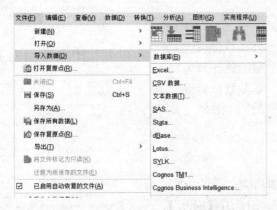

图 1-9　导入和导出不同格式的数据

图 1-10　【编辑】菜单

3. 查看

【查看】菜单如图 1-11 所示，主要功能是设置显示或不显示某些内容，如“状态栏”“工具栏”“网格线”和“值标签”显示与否。这里简单介绍“值标签”的使用效果，因为分类变量在 SPSS 中默认以数字呈现而不是其代表的含义(即值的标签)，有些人不习惯，希望显示数字所代表的含义，那么就可以选中【值标签】复选框。如图 1-12 所示，左图显示数字，右图显示数字代表的中文含义，即“值标签”，读者要注意右图的变量并不是字符串，它只是显示了值标签而已，关于这一点，将在第 2 章进行更详细的说明。

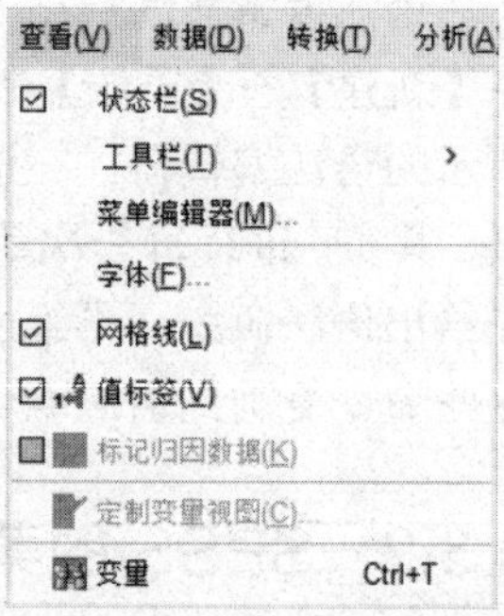

图 1-11 【查看】菜单

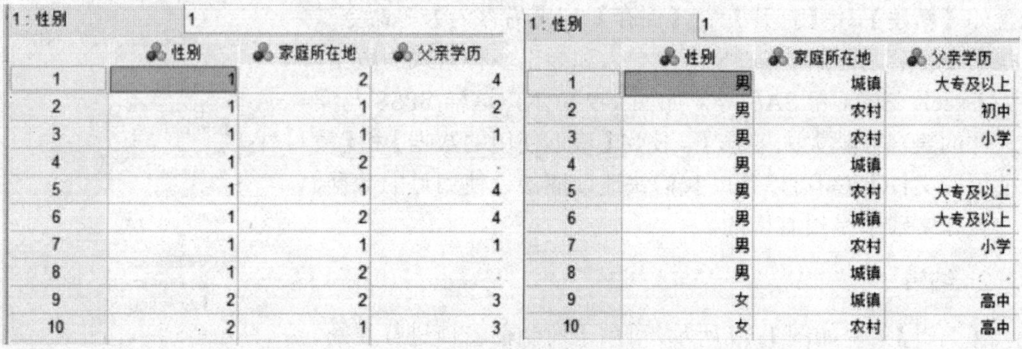

1：性别 1

	性别	家庭所在地	父亲学历
1	1	2	4
2	1	1	2
3	1	1	1
4	1	2	.
5	1	1	4
6	1	2	4
7	1	1	1
8	1	2	.
9	2	2	3
10	2	1	3

1：性别 1

	性别	家庭所在地	父亲学历
1	男	城镇	大专及以上
2	男	农村	初中
3	男	农村	小学
4	男	城镇	.
5	男	农村	大专及以上
6	男	城镇	大专及以上
7	男	农村	小学
8	男	城镇	.
9	女	城镇	高中
10	女	农村	高中

图 1-12 不显示值标签(左)和显示值标签(右)对比

4. 数据与转换

【数据】和【转换】两个菜单提供了统计分析前用于数据管理的相关功能，例如标识重复个案、个案排序、合并文件、拆分文件、选择个案、个案加权、计算变量、置换缺失值，这两个菜单中的命令使用频率是比较高的，将在第 2 章对其进行详细讲解。

5. 分析

【分析】菜单如图 1-13 所示，该菜单是 SPSS 软件强大统计分析功能的重要体现，其提供了绝大部分常用的统计分析功能，如描述统计、比较平均值、相关、回归、非参数检验等。对于一般学习者而言，这个菜单无疑是最重要的，本书的主体内容也将围绕该菜单进行介绍。

图 1-13 【分析】菜单

6. 图形

【图形】菜单提供了大约 90%的统计绘图功能，另外 10%的绘图功能由于与统计分析结合得较为紧密，因此在【分析】菜单中提供。

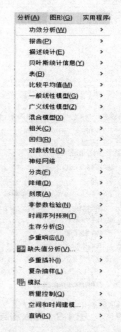

除此之外，还有【实用程序】、【窗口】、【帮助】等菜单，这些菜单对于一般学习者而言很少用到，我们不做介绍，有兴趣的读者可以自己查阅相关书籍。

1.4 SPSS 的系统设置

SPSS 软件在安装完成后，用户可以根据个人使用习惯与偏好进行系统设置。系统初始状态与系统默认值的改变，可以通过选择【编辑】→【选项】命令打开【选项】对话框来设置，如图 1-14 所示。该对话框包括【常规】、【语言】、【查看器】、【数据】、【货币】、【输出】、【图表】、【透视表】、【文件位置】、【脚本】、【多重插补】、【语法编辑器】和【隐私】13 个选项卡，如图 1-15 所示，在该对话框中可以进行各种系统设置，下面对几个常用的系统设置操作进行介绍。

图 1-14　选择【选项】命令

图 1-15　【选项】对话框的选项卡

1. SPSS 系统语言的切换

在【语言】选项卡中，用户可以按照自己的使用习惯及需要进行系统语言切换，以中英文切换为例，操作过程如下。

（1）输出语言：在【语言】选项卡中单击【输出】下拉列表框，选择【英语】选项，然后单击【确定】按钮即可完成设置，如图 1-16 所示。

图 1-16　系统语言的切换

（2）界面语言：同切换输出语言步骤一致，即在【语言】选项卡中单击【用户界面】

下拉列表框，选择【英语】选项，然后单击【确定】按钮即可完成设置。

2. 透视表设置

透视表，即显示数据分析结果的表格，SPSS 27.0 系统默认的表格如图 1-17 所示。表格的表头部分是没有横竖线的，同时利用了一些浅色背景作为区别栏目的一个特征，但是如果我们将这种表格放到教材中，并不利于读者阅读。所以为了方便教学，本书还是采用经典的透视表，如图 1-18 所示。

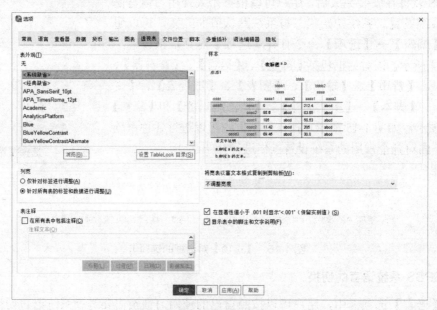

图 1-17　透视表的设置(一)

图 1-18　透视表的设置(二)

3. 文件位置设置

SPSS 系统默认的打开和保存文件的位置在计算机的 C 盘。这通常与用户存储文件的习惯位置不同，每次打开或保存文件都必须重新选择文件位置，操作起来非常烦琐，因此，用户可以通过修改系统默认文件位置减少操作步骤。在【文件位置】选项卡中可以更改默认打开和保存文件夹的位置，做法如下：切换到【文件位置】选项卡，选中【指定的文件夹】单选按钮，如图 1-19 所示，然后单击【浏览】按钮便可以选择新的文件位置，设置完毕后依次单击【应用】按钮和【确定】按钮，即可完成设置。

图 1-19　文件位置的设置

小　　结

SPSS 软件是目前应用最为广泛的统计软件之一，它因操作简便和功能强大而深受用户的喜爱；SPSS 软件有四个主要窗口，其中数据编辑窗口、结果输出窗口和语法编辑窗口是初、中级学习者最常用的窗口，数据编辑窗口中各个菜单的具体功能是用户需要熟练掌握的；在安装完成 SPSS 软件后，用户可以根据个人的使用习惯与偏好进行个性化设置。

1. SPSS 软件有哪些特点？
2. SPSS 软件有哪些运行方式？
3. SPSS 软件主要包括哪些窗口？
4. SPSS 软件常用的菜单有哪些？
5. 查阅资料，了解 SPSS 软件经历的发展历程。

第 2 章

数据的建立与管理

教学目标

- 掌握 SPSS 数据文件的变量设置。
- 掌握 SPSS 数据文件的数据录入。
- 掌握 SPSS 中数据排序、文件的合并与拆分、选择个案及个案加权的操作方法。
- 掌握 SPSS 中计算变量、重新编码及置换缺失值的操作方法。

建立数据文件是数据统计分析的第一步，因为数据是所有统计研究的基础，没有数据，统计分析也就无从谈起，因此，介绍 SPSS 数据的建立是本章的首要任务。数据建立后需要对它做一些必要的处理才能进行统计分析，这些数据的预处理统称数据管理。数据管理是非常有必要的，因为数据建立的过程难免会出现疏漏和差错，这会造成统计分析的偏差，严重时甚至会导致出现错误的统计结论。同时，因为不同的统计分析方法对数据结构的要求不尽相同，原始数据有时需要做一定的转换后才可分析。在 SPSS 中，数据的管理功能基本上都集中在【数据】和【转换】两个菜单中，前者的功能主要是实现文件级别的数据管理，如个案排序、选择个案、文件合并和拆分等；而后者主要实现变量级别的数据管理，如计算新变量、变量取值重编码等，主要与变量数值的转换有关。本章将主要介绍这两个菜单的功能。

2.1 数据的建立

在 SPSS 中建立数据文件大致有两种情况：一种是将原始数据直接录入 SPSS；另一种是利用 SPSS 读取其他格式的数据资料。数据录入就是把每个个案(可以是人，也可以是物)的每个指标(也叫变量，即个案的属性)录入到软件中。在录入数据时，大致可归纳为三个步骤：第一，定义变量名，即给每个指标起个名字；第二，指定每个变量的各种属性，即对每个指标的一些统计特性做出定义；第三，录入数据，即把每个个案的各指标值录入为电子格式。其中，第二步是要着重介绍的步骤，即变量属性的设置。

2.1.1 变量的属性

任何一个变量都有相应的变量名与之对应，但为了满足统计分析的需要，除了变量名外，往往还要为每一个变量定义附加的变量属性，如变量类型、变量标签、变量值等。在变量视图中，SPSS 为每个变量指定了 11 种变量属性，如图 2-1 所示，下面我们就对常用属性的设置做简单的介绍。

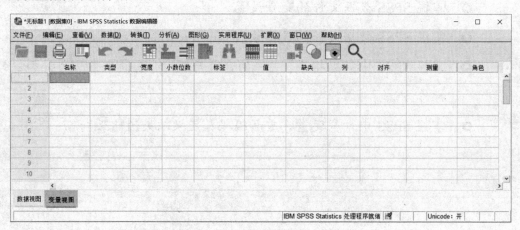

图 2-1 变量视图

1. 名称的设置

该单元格用来定义变量名称，SPSS 中变量名的定义应符合系统要求，否则无法输入变量。不过读者也不用担心自己输入的变量名是否符合要求，因为只要不符合要求的变量名就无法输入变量框，这时系统会给出违背变量名规则等信息提示，读者可以换一种模式输入变量名，直到成功为止。当然了解一些输入规则也是有必要的，常见的需要注意的规则如下。

(1) 在一个数据文件中变量名必须是唯一的，不能重名。
(2) 变量名不区分大小写，例如变量 A_1 和 a_1 是同一个变量。
(3) 变量名的长度不可过长。
(4) 首字符必须是字母、汉字或特殊符号"@"，不能是空格或数字；其后的字符可为字母、数字、中文及特殊符号"."""$""@"，但不能为"？"""！""*"等字符。变量名的首尾都不能是"."""。"或"-"。
(5) 一些逻辑词语不能作为变量名，如 all、and、or、by、to、with、not 等。

如果用户不指定变量名，SPSS 软件会以 VAR 开头来命名变量，后面跟五位数字，如 VAR00001、VAR00002 等。

2. 变量类型的设置

SPSS 中的变量有三种基本类型：数值型、字符串型和日期型。根据不同的显示方式，数值型又被细分成 7 种，所以 SPSS 中的变量类型共有 9 种。在变量视图中单击【类型】单元格时，右侧会出现 按钮，单击 按钮会打开【变量类型】对话框，如图 2-2 所示。对话框的左侧为具体的变量类型，右侧用于进一步定义变量宽度和小数位数等格式。

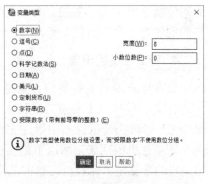

图 2-2 【变量类型】对话框

1) 数值型

在三种基本变量类型中，数值型是 SPSS 中最常用的变量类型。数值型的数据由阿拉伯数字 0～9 和其他特殊符号，如美元符号、逗号或圆点组成。数值型数据根据内容和显示方式的不同，可以分为标准数值型(即"数字")、每三位用逗号分隔的数值型(即"逗号")、每三位用圆点分隔的数值型(即"点")、科学计数型(即"科学计数法")、带美元符号的美元数值型(即"美元")、定制货币和带有前导零的整数(即"受限数字")7 种不同的表示方法。其中，最为常用的应是标准数值型(即"数字")，作为初学者，其他几种数值型变量使用频率较低，如有兴趣可以查阅软件中的帮助信息来了解，在此不做过多赘述。

2) 字符串型

字符串型也是 SPSS 中较为常用的数据类型，其变量值是一串字符，字符串型变量区分大小写，但字符串型变量只能参与一些较为初级的统计分析，在大部分的统计分析方法中都受到限制，所以我们一般都建议尽量转化成数字。

如果变量值前期已经设置为字符串型，则部分资料可以通过一定的方式转换为数值型。阿拉伯数字(即 1,2,...)既可以是数值型变量也可以是字符串型变量，如果变量取值为阿拉伯数字，那么“数字”属性和“字符串”属性两者可以互换，基本上信息能保留完整。如果是汉字这样的字符串型变量，将其“字符串”属性修改为“数字”属性时，文字信息将会丢失。例如，“部门”变量录入数据时的变量值为“生产部”“销售部”“后勤部”等字符串，若将其变量类型由“字符串”改为“数字”，则“生产部”“销售部”“后勤部”等数据会消失。但若“部门”的取值为数字，如用 1 代表“生产部”，2 代表“销售部”，3 代表“后勤部”，尽管此时“部门”的变量类型为“字符串”，但将其改为“数字”类型时数据还会保留。

3)　日期型

它可以用来表示日期或时间。日期型数据的显示格式有很多，SPSS 在对话框右侧会以列表的方式列出各种显示格式以供用户选择。

3. 小数位数的设置

数值型变量的小数位数默认为 2，字符串型变量的小数位数自动设置为 0。小数位数的设置只影响显示的位数，而不影响变量的实际数值。例如 0.3456，在小数位数为 2 时将显示为 0.35(自动四舍五入)，但其数值大小依然为 0.3456。当变量小数位数为 2 时，输出结果的均值默认为 4 个小数位，标准差默认为 5 个小数位；当变量小数位数为 0 时，则输出结果的均值为 2 个小数位，标准差为 3 个小数位。

4. 变量标签的设置

变量标签是对变量名的含义进行注释说明的标记，目的是使人更清楚明确地了解该变量的含义。有时一个变量的全称太长，不适合直接作为变量名，此时就可用简略词语给变量命名，然后在变量标签中附注完整的名称或具体含义。如图 2-3 所示，“性别”和“年龄”两个变量意思很明确，所以不需要在【标签】处给出多余的解释，但是变量 Q1 只是一个代号，它的含义是“你对自己目前的生活情况是否满意”，所以如果觉得有必要，可以在【标签】处标识清楚。

	名称	类型	宽度	小数位数	标签	值
1	序号	数字	8	2		无
2	性别	数字	8	2		无
3	年龄	数字	8	2		无
4	Q1	数字	8	2	你对自己目前的生活情况是否满意	无

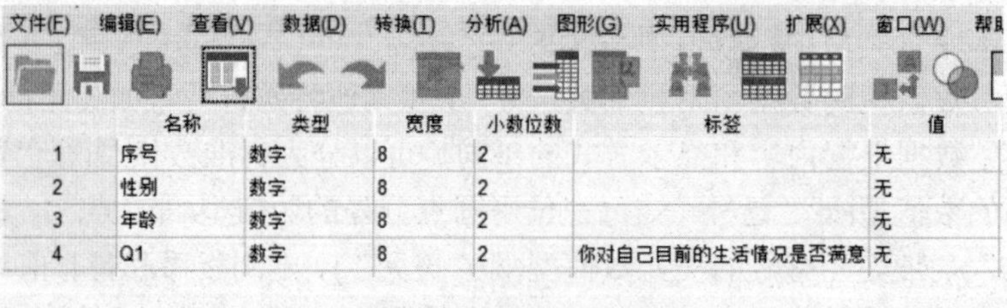

图 2-3　变量标签的设置

设置变量标签后，在各种统计分析操作的变量列表以及输出结果中，该变量就会以变量标签出现而不是以原变量名出现，如果变量标签比较长，在【频率】对话框中常常只能见到标签，见不到变量名。如图 2-4 所示，Q1 变量名无法看到，这给使用者带来了不便。如果不想让变量标签代替原变量名出现，则可以选择【编辑】→【选项】命令，在【选项】对话框中【常规】选项卡的【变

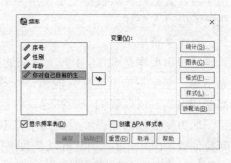

图 2-4　显示变量标签的【频率】对话框

量列表】选项组中选中【显示名称】单选按钮,如图 2-5 所示。这时如果再打开【频率】对话框,变量的标签就不再显示,如图 2-6 所示,这样的设置方便我们选择变量。

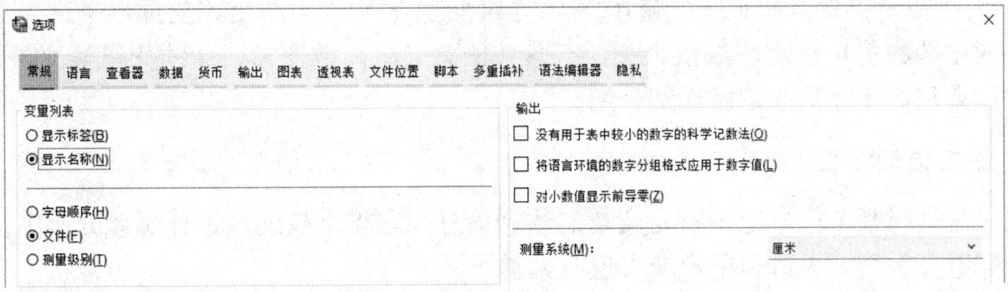

图 2-5 变量名显示的设置

图 2-6 未显示变量标签的【频率】对话框

5. 值标签的设置

由于 SPSS 只能对数字型数据进行算术统计分析,因此在 SPSS 中录入的内容以数字为主。但数字本身常常是没有具体意义的,只有在特定的研究项目中才有特定的意义,因而需要对变量数据的各种取值的含义进行注释说明,即设置值标签。例如,"性别"变量的数据中有 1 和 2 两种取值,它们分别代表哪种性别需要在值标签中加以说明,如图 2-7 所示,1 代表男性,2 代表女性。

图 2-7 值标签的设置

当变量取值的含义非常明确时，可以不设置值标签，如"年级"。除此之外，读者还可以只对部分取值设置值标签，而不一定对所有的值设置。需要注意的是，值标签一般是针对离散变量(定类变量和定序变量)设置，连续变量(定距变量和定比变量)不需要设置，因为连续变量的数值可以反映数值大小，有具体的意义。离散变量、连续变量等变量类型的相关知识点我们将在第 3 章做详细介绍。

6. 缺失值的设置

缺失值是指某个样本缺少特定变量的数据信息，它将不被纳入各种统计分析中。SPSS 中的缺失值有系统缺失值和用户缺失值两大类。

1) 系统缺失值

当变量中某个样本没有提供信息或者提供的是非法格式的信息时，系统自动将其设置为缺失值。在 SPSS 中，对于数值型变量数据，默认用"."表示系统缺失值，而字符串型变量就是空字符串。

2) 用户缺失值

用户缺失值是指用户根据特定目的设置的、自己能够识别的数值，不像系统缺失值那样统一用"."表示。例如，不符合题目要求的答案，不满足某项统计分析条件的数值、录入错误的数据等。一般用特殊的数字表示，如 99、98 等。设置用户缺失值可以适当保留原始信息，同时又能避免错误数据被纳入统计分析而造成结果偏差。如图 2-1 所示，在变量视图中，单击【缺失】单元格，出现■按钮，单击■按钮弹出【缺失值】对话框，有三种方式可供定义用户缺失值，如图 2-8 所示。

图 2-8 【缺失值】对话框

第一，无缺失值：默认为没有用户缺失值，只有系统缺失值。

第二，离散缺失值：缺失值是 1~3 个不连续的数值。

第三，范围加上一个可选的离散缺失值：缺失值是一个区间范围，且可以设置某个离散的缺失值。

7. 变量测量水平的设置

变量根据测量水平的高低可以分为定类、定序、定距和定比四类，不同测量水平的变量只能使用与之对应的统计学方法，我们将在第 3 章对这四类变量做详细讲解。SPSS 27.0 系统默认有两类变量，即名义和有序。名义型变量其实就是定类变量，有序型变量就是定序变量。

8. 变量属性的复制

如果需要复制某个变量的某个属性，直接右击要复制的变量属性，然后选择【复制】和【粘贴】命令到新变量对应的属性中即可，这和一般的复制粘贴过程是一样的。

如果建立一份新的数据，需要用到已有数据的全部变量或者部分变量，可以通过批量复制数据属性来完成，在新数据中选择【数据】→【复制数据属性】命令，然后按照指令执行即可，过程并不复杂，感兴趣的读者可以自己尝试操作。

2.1.2 数据的录入

将非电子化的原始问卷资料录入到 SPSS 软件中,需要注意以下几点:①每个个案都要设置标记 ID,以便核对数据信息及作为其他数据处理的关键变量;②一个变量包含一个信息,即一个变量就是一个属性,避免一个变量包含多重属性的现象发生,如"农村男生""女研究生"的设置都是不规范的;③统计指标(变量)在列,样本(个案)在行,一个变量一列,一个样本一行;④录入的数据为原始数据而不是汇总数据;⑤应先对变量进行数字编码之后再录入。问卷中不同的问题类型,录入的方式有所不同,接下来以案例 2-1 "未婚青年生育意愿调查"为例,介绍问卷中常见的几种题型的录入方法。

案例 2-1 未婚青年生育意愿调查

未婚青年生育意愿调查

您好:

为了解当代未婚青年对生育的看法,我们开展了此次有关生育意愿的抽样调查。本调查为匿名随机调查,其信息仅用于研究,不会给您带来任何负面影响。请您根据自己的实际情况填写。衷心感谢您的配合!

填答说明:选择题直接打"√",填空题请在横线上填写。

第一部分:

S1. 您的性别:
　　①男　　　　　　②女

S2. 您的年龄:_____岁。

S3. 您来自:
　　①农村　　②城镇(县城及乡镇)　　③城市(县级市以上)

S4. 您的最高学历:
　　①初中以下　　　②初中　　　　③高中(中专)
　　④本科(大专)　　⑤硕士　　　　⑥博士及以上

S5. 您现在有男(女)朋友吗?
　　①有　　　　　　②没有

S6. 您的父母是独生子女吗?
　　①父母亲都不是　　　　②父母亲都是
　　③父亲是,母亲不是　　④母亲是,父亲不是

S7. 您是独生子女吗?
　　①是(请跳至 S9 题)　　②不是

S8. 您家有_____个亲兄弟姐妹,其中男孩_____个,女孩_____个(如果没有请写 0)。

S9. 您的职业是:_____。(请将选项序号填写在横线上)
　　①党政机关公务员　　②经理人员(如厂长、经理等)

③企、事业单位管理技术人员(科教文卫工作者、工程师等)

④私营企业主　　　　⑤个体工商户　　　　⑥商业服务业人员

⑦企业员工　　　　　⑧其他(请注明)_____

S10. 您的月收入大概是多少?

　　①2 000 元以下　　　②2 000～5 000 元　　　③5 000～8 000 元

　　④8 000～10 000 元　　⑤10 000～20 000 元　　⑥20 000 元以上

第二部分:

Q1. 您打算结婚吗?

　　①打算　　　②不打算(请跳至 Q3 题)

Q2. 您希望在多少岁时结婚?

　　①23 岁前　　②23～26 岁　　③27～30 岁　　④31～34 岁　　⑤35 岁以后

Q3. 您打算生育孩子吗?

　　①打算　　　②不打算(请跳至 Q8 题)

Q4. 如果要孩子,您希望自己在多少岁时生育第一个孩子?

　　①23 岁前　　②23～26 岁　　③27～30 岁　　④31～34 岁　　⑤35 岁以后

Q5. 不考虑计划生育政策因素,您希望有多少个孩子?

　　①一个　　　②两个　　　③三个及以上

Q6. 在现行生育政策下您希望生育的孩子性别是?

　　①一定要有男孩　　　②一定要有女孩　　　③性别无所谓。

Q7. 如果不考虑合法性问题,您是否会采用科技手段(如 B 超等)来预知孩子的性别?

　　①会　　　　②不会

Q8. 您认为独生子女家庭最大的忧患有哪些? (双选)

　　①独生子女伤残会给家庭带来巨大打击　　　②不一定能够培养成才

　　③家庭养老负担重　　　　　　　　　　　　④生活压力过大

　　⑤成长过程中存在某些情感问题　　　　　　⑥其他

Q9. 如果以后您自己不愿意或者不能生育孩子,您打算领养小孩吗?

　　①打算　　　②不打算

Q10. 影响您生育意愿的主要顾虑是什么? (多选,最多选三个)

　　①经济压力大　　　　　　　　　　　　　　②没人带孩子

　　③影响个人事业发展　　　　　　　　　　　④养育孩子太费心

　　⑤家里有小孩会影响夫妻间的生活质量　　　⑥其他

Q11. 以下关于生育的意义,您认同哪些? (多选)

　　①生育孩子可以传宗接代　　　　②生育孩子可以养老送终

　　③孩子可以维系夫妻感情　　　　④生育子女是每个人应尽的社会义务

　　⑤生育子女是人生完整的重要环节

　　⑥生育孩子是应父母要求,满足他们的期望

　　⑦其他_____

Q12. 以下观点您是否同意？

	完全同意	比较同意	说不清	比较不同意	完全不同意
01. 男孩能起到养儿防老的作用	5	4	3	2	1
02. 男孩能带来更多的经济效益	5	4	3	2	1
03. 女孩更懂事乖巧，更省心	5	4	3	2	1
04. 男孩能传宗接代	5	4	3	2	1
05. 女孩更孝顺，更能照顾年迈的父母	5	4	3	2	1
06. 现在男女性别比太大，男孩将来婚配困难	5	4	3	2	1
07. 男孩结婚购房时其父母的经济压力更大	5	4	3	2	1

1. 开放题录入

开放题，即没有固定答案选项，由被访者自己填写答案。在变量视图中的【名称】单元格输入变量名称，并且设置其他变量属性，开放题的变量属性根据问题答案是数字还是文字来选择变量类型，在"未婚青年生育意愿调查"中的S2题目为"年龄"，为数字型变量，则在【变量类型】对话框中选中【数字】单选按钮。文字型开放题的数据无法直接进行统计分析，例如Q11题中⑦选项，如果被调查者给出一些文字信息，那么就不能直接进行统计分析，必须对文字信息做必要的编码，即对文字信息量化后才能做统计分析。

2. 单选题录入

单选题的录入，首先需要将选项进行数字编码，在录入数据时还需要利用值标签对编码进行解释。例如，"未婚青年生育意愿调查"中S1题目为"性别"，有两个选项(即两个取值)，将①选项"男"编码为1，②选项"女"编码为2，然后在值标签中输入选项编码的具体含义。具体操作步骤如下：在变量视图中，单击性别变量【值】单元格右端的按钮，在弹出的【值标签】对话框中输入变量的各个取值及其标签，每输入完成一个值标签单击【添加】按钮，依次添加，最后单击【确定】按钮即可，如图2-9所示。与直接录入选项含义相比，录入数字既可以减少数据录入的工作量，还可以方便进行后面的数据分析工作。

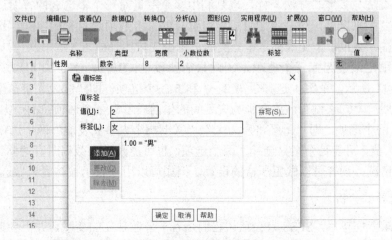

图2-9 值标签的编辑

3. 多选题录入

多选题，又被称为多重响应题，是在社会调查和市场调研中极为常见的一种数据记录类型。例如，"未婚青年生育意愿调查"中 Q10 题和 Q11 题，均为多选题，被访者可以选择两个或者更多选项。在 SPSS 中多选题的录入方法通常有两种，即多重二分法和多重分类法。

1) 多重二分法

所谓多重二分法，是指在编码时，每个选项都要定义成一个二分变量，有几个选项就有几个变量，这些变量各代表其中一个选项的选择结果，一般分为"选中"与"未选"两种取值，选中用取值 1 表示，未选中用取值 0 表示。例如"未婚青年生育意愿调查"中 Q11 题一共有七个选项，可以分别将它们设定为 Q11.1、Q11.2、Q11.3、Q11.4、Q11.5、Q11.6 和 Q11.7 七个变量，七个变量均以 0 表示未选中，1 表示选中，如图 2-10 所示。可见第 1 个个案选择了第 6 和第 7 两个选项，第 6 个选项是"养育孩子是应父母要求，满足他们的期望"，第 7 个选项是"其他"，表示个案还有其他的答案要补充，如果有必要也可以另立选项将个案回答的具体答案录入，但这里省略该步骤，只以 1 表示个案认为除了前面六个答案外还有其他答案符合自己的情况；而第 4 个个案选择了第 1、3、4 和 5 四个选项，即选择了"①生育孩子可以传宗接代""③孩子可以维系夫妻感情""④生育子女是每个人应尽的社会义务""⑤生育子女是人生完整的重要环节"这四个答案，其他个案的选择可以以此类推。

2) 多重分类法

多重二分法实际上是多选题的标准录入方法，它适用于未限定选择选项数量的多选题，但如果多项选择题是限定选择选项数量的，则这种方法有时会给数据录入带来麻烦。比如"未婚青年生育意愿调查"中 Q10 题，每个被访者被限制最多选择三个选项，但总选项数量有六个，显然，如果使用多重二分法录入，则有一半的数据需要录入为"未选中"，徒增了许多数据录入的工作。对于这类限定选择选项数量的多选题，则较多使用多重分类法进行数据录入。

多重分类法与多重二分法一样，也是利用多个变量对一个多选题的答案进行定义，应该用多少个变量来定义，这是由题目规定可选择的最多选项数目来确定的。这些变量采用同一套值标签，并且每个变量都是多分类的，每个变量代表被访者的一次选择。以 Q10 题为例，由于限定最多选择三个选项，因此只需要设定 Q10.1、Q10.2、Q10.3 三个变量即可，如图 2-11 所示，个案 1 选择了第 2、3 和 5 三个选项，即"②没人带孩子""③影响个人事业发展""⑤家里有小孩会影响夫妻间的生活质量"三个选项；而个案 2 只选择了第 1 和第 3 两个选项，即"①经济压力大""③影响个人事业发展"两个选项，个案 2 的 Q10.3 为缺失值，可能是个案只选择了两个选项，也可能是录入数据时有遗漏。为了更好地区别这两种情况，读者可以做更严格的设置，例如可以用 0 表示被访者未做选择。

4. 多选题的分析

多选题录入完毕后，SPSS 只会默认它们是若干分散独立的变量，并不会把它们识别成一道多选题。只有将其设定为多选题变量集(也称为多重响应集)，SPSS 才会对其进行正确的识别，从而将多选题的全部变量当成一整道题目来判断。但需要注意的是，统计分析的逻辑是利用样本去估计分析总体，只有当样本值唯一时对总体的估计分析才能准确，而多选题的被访者的回答存在多种可能，变量的取值并不是唯一的。因此，多选题的分析只适合进行简单的频率分析，而不适合进行更高级的统计分析。事实上，SPSS 到目前为止也没有提供任何用来直接分析多选题数据的统计方法和功能模块。

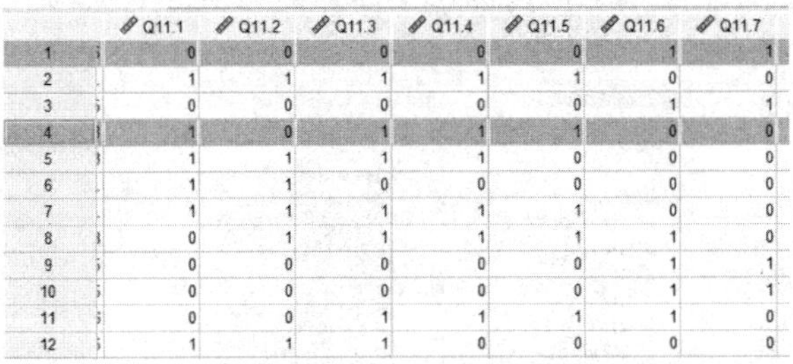

图 2-10 多重二分法的数据录入 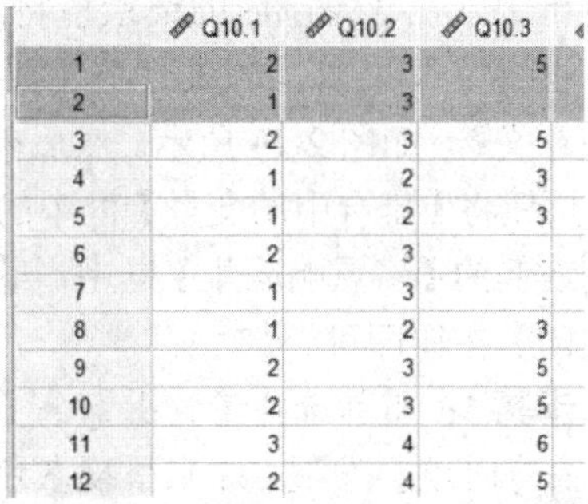　　　　图 2-11 多重分类法的数据录入

SPSS 主要提供了两种方式处理多选题：【分析】菜单中的【多重响应】子菜单中的【定义变量集】命令，如图 2-12 所示；【数据】菜单中的【定义多重响应集】命令，如图 2-13 所示，都可以用来设定多选题变量集。所不同的是，使用【多重响应】子菜单中的【定义变量集】命令定义的多选题变量集不能在 SPSS 数据文件中保存，关闭数据文件后相应的信息就会丢失，如果再次使用，则必须重新定义变量集；而使用【数据】菜单中的【定义多重响应集】命令可以保存所定义的信息。这两个过程的操作基本相同。现在以【分析】菜单的设定为例介绍如何定义案例 2-1 中的 Q11 题。

图 2-12 利用【分析】菜单定义多选题

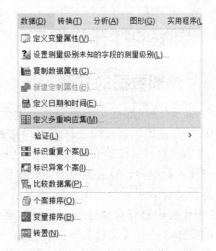

图 2-13 利用【数据】菜单定义多选题

步骤 1：打开本章数据"未婚青年生育意愿调查"，选择【分析】→【多重响应】→【定义变量集】命令，如图 2-12 所示。

步骤 2：进入【定义多重响应集】对话框，将表示同一多选题的变量一起选入右侧的【集合中的变量】框中。在【变量编码方式】选项组中选择变量编码的方式，对于采用多重二分法的题目，选中【二分法】单选按钮，并在其右侧的【计数值】文本框中填入数字 1，例如案例中的 Q11 题。对于采用多重分类法的题目，选中【类别】单选按钮，并设定变量的取值范围，在该范围内的记录值将纳入分析。将新定义的变量名称填上，该例在【名称】文本框中填入 Q11，如果有必要则把变量标签也填上，该例在【标签】文本框中填入"生育的意义"，如图 2-14 所示。然后单击【添加】按钮将【集合中的变量】框中的变量添加到右侧的【多重响应集】框中，最后单击【关闭】按钮即可。

步骤 3：重新选择【分析】→【多重响应】命令时就会发现，原来呈现灰色的【频率】和【交叉表】命令现在已经被激活，如图 2-15 所示。这时我们便可以对定义的多重响应集进行分析，但是用【分析】菜单定义的多重响应集只能做频率分析和交叉表分析，对于进行其他分析要使用的集，可以使用【数据】菜单中的【定义多重响应集】命令来定义，有兴趣的读者可以自己查阅相关数据学习，限于篇幅，这里就不再列举详细过程了。本书在第 3 章会介绍频率分析和交叉表分析，完成第 3 章学习后读者可以再回来尝试完成多重响应集的频率分析和交叉表分析。

图 2-14 【定义多重响应集】对话框

图 2-15 【频率】和【交叉表】命令被激活

2.2 数据的打开与保存

2.2.1 外部数据的打开

SPSS 软件在数据文件兼容性方面做得非常出色，除了可以打开 SPSS 格式数据文件(.sav)以外，还可以直接读入许多常用格式的数据文件，包括 Excel、dBase、SAS、Stata 和 txt 格式等，本书只简单介绍最常见的 Excel 文件的读取。

在读入数据前，首先要打开 Excel 数据，观察数据的基本结构是否与 SPSS 数据视图一致，是否一行表示一个个案、一列表示一个变量。如果与 SPSS 数据视图不一致，需要在 Excel 工作表中进行数据处理，转置单元格的行与列。然后关闭 Excel 工作表，再进行读入数据的操作，选择【文件】→【打开】→【数据】命令，弹出【打开数据】对话框。

因为系统会默认打开".sav"文件，所以需要在【文件类型】下拉列表框中选择 Excel(*.xls,*.xlsx 和*.xlsm)，这时 Excel 文件会显示在数据框中，如图 2-16 所示。选择要打开的 Excel 文件，单击【打开】按钮，弹出【读取 Excel 文件】对话框，如图 2-17 所示。【从第一行数据中读取变量名称】复选框用于确定 Excel 数据文件的第一行是否应被识别为变量名称。在【工作表】下拉列表框中选择 Excel 数据文件的一个工作表(若存在多个工作表)。在【范围】文本框中指定被读取数据在 Excel 工作表中的位置，用单元格的起(所要选择的 Excel 数据区域左上角单元格名称，如 A1)止(所要选择的 Excel 数据区域右下角单元格名称，如 F6)位置来表示，中间用"："隔开。例如，A1:F6 表示选择宽度为 A1～A6、长度为 F1～F6 的方块区域数据。设置完毕后，单击【确定】按钮，数据就会被顺利读入 SPSS 中。如果要读入整个 Excel 文档，则不需要设置"范围"。

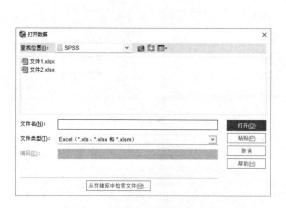

图 2-16　选择 Excel 文件

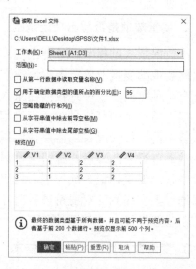

图 2-17　【读取 Excel 文件】对话框

2.2.2　SPSS 数据的保存

SPSS 数据录入并编辑整理完成以后应及时保存，以防数据丢失，SPSS 的数据文件默认保存格式为".sav"。保存数据文件可以通过选择【文件】→【保存】命令或者选择【文件】→【另存为】命令来执行，如图 2-18 所示。当然，SPSS 也可以将数据另存为其他格式的文件，例如常用的 Excel 文件，只要在【另存为】对话框中选择要存储的格式即可。

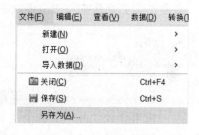

图 2-18　数据的保存

2.3　数据的管理

2.3.1　数据检验

数据录入 SPSS 之后，需要先检查核对数据是否存在录入错误，若存在，则需要及时修正，以保证在使用数据时得到正确的分析结果。

1. 是否存在空行/空列

首先需要核对数据录入时是否存在空行或空列，这些空行或空列并不是数据缺失，而是由于在录入数据时操作疏忽，但 SPSS 会把空行默认为缺失的个案，这会对后期数据分析产生一定的影响。因此，我们必须将这些空行或空列查找出来并删除。检查的方法十分简单，可以单击选中某一列的变量名，然后右击并在弹出的快捷菜单中选择【升序排序】命令，如图2-19所示。如果存在空行，空行将自动呈现在最前面。

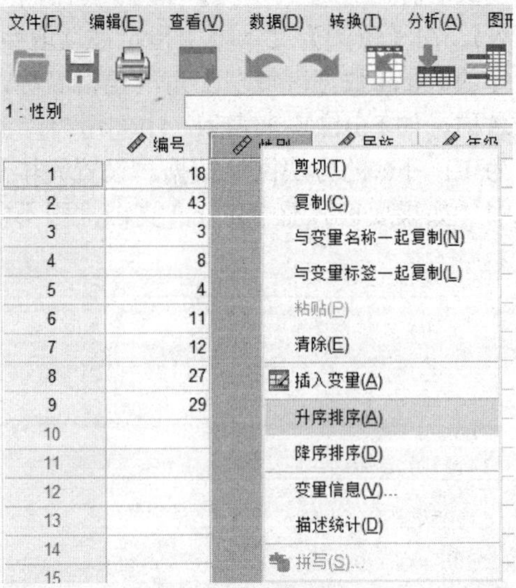

2. 变量数值是否超出特定范围

在数据录入过程中有时会出现录入的数值超出问卷中的变量取值范围的情况。出现这种情况有两种可能：一种是数据在录入时出现操作失误，另一种则可能是在调查过程中被访者的误答。前一种情况我们需要找到原始问卷对录入数据进行修改，后一种情况则只能将该被访者填答的变量标记为缺失值。检查的方法也可以通过上文提到的对变量进行升序排列的方式来粗略查找超出特定范围的值。

图2-19 查找空行

3. 变量数据是否存在重复样本

在进行大量数据录入时，当数据录入工作中断或多人分别录入数据时，经常会出现重复录入的情况，从而产生重复样本数据。重复样本的检查可以通过选择【数据】→【标识重复个案】命令来完成，现以案例2-2演示其基本过程。

请将本章数据文件"标识重复个案.sav"中的重复个案找出来。

案例2-2 找出"标识重复个案.sav"

案例分析： 标识重复个案最重要的是确定筛选重复个案的变量，变量越具有区分性越好。例如，身份证号就是一个好的筛选变量，因为每个个案只有一个身份证号码；而性别就不是一个好的筛选变量，因为个案在该变量取值相同的概率太大。

步骤1： 打开本章数据文件"标识重复个案.sav"，选择【数据】→【标识重复个案】命令，如图2-20所示。

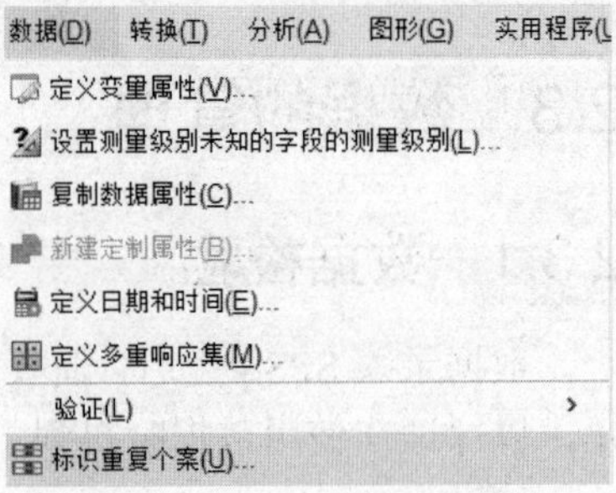

步骤2： 进入【标识重复个案】对话框，选择"查重"的依据，将作为筛选重复个案标准的变量置入【定义匹配个案的依据】框中。在此需要注意的是，除非确认每个个案在某筛选变量的取值是唯一的，否则建议尽可能多地选择几个变量作为筛选依据，以防误判。因为ID号是唯一的，这里把ID作为"查重"的依据放入【定义匹配个案的依据】框中，如图2-21所示。

图2-20 选择【标识重复个案】命令

步骤3： 标识重复个案会生成新的变量，我们需要对这个变量做基本设置。【主个案指示符】是指对于重复个案，可以指定其中一个为主个案，其余为多余的重复个案。系统设置主个案标识变量取值为 1，重复个案标识变量取值为 0，在系统默认状态下，即选中【每组中的最后一个个案为主个案】单选按钮，表示重复个案放在前，主个案放在后；如果选中【每组中的第一个个案为主个案】单选按钮，表示重复个案放在后，主个案放在前。这里选择默认状态，如图 2-21 所示。另外这里还默认选中系统设置的【将匹配个案移至文件开头】、【显示创建的变量的频率】两个复选框，前者表示将标识的重复个案自动放在前面方便读者阅读，后者是对重复个案做频率总结。

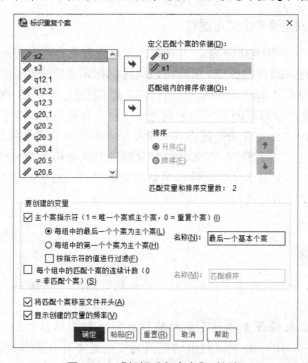

图 2-21 【标识重复个案】对话框

步骤 4：单击【确定】按钮后，数据视窗的右侧将生成新的变量"最后一个基本个案"，如图 2-22 所示。我们可以看到，第一个个案的变量值为 0，第二个个案的变量值为 1，这就意味着第一个个案和第二个个案两者重复，第一个个案取值为"0"被设定为重复个案，第二个个案取值为 1 被设定为基本个案，其余的数据依次类推。最后，在结果输出窗口中还会给出重复个案的信息汇总，如图 2-23 所示，可见一共有三个重复的个案，占总数据的 18.8%。重复个案通常需要删除，可以对"最后一个基本个案"做升序排序，然后删除前面取值为 0 的所有个案。

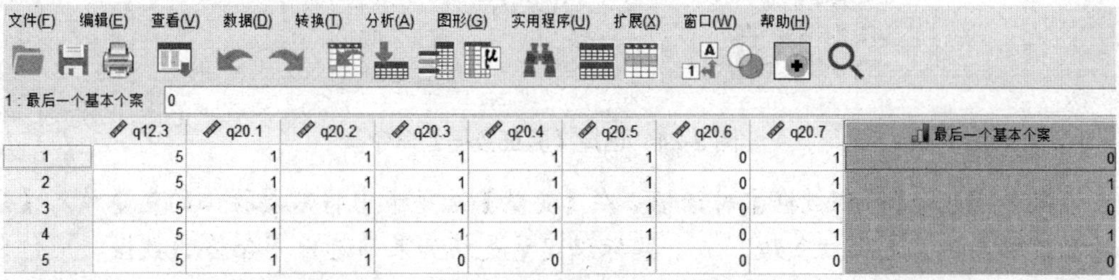

图 2-22 标识重复个案生成的新变量视图

每个作为主个案的最后一个匹配个案的指示符

		频率	百分比	有效百分比	累计百分比
有效	重复个案	3	18.8	18.8	18.8
	主个案	13	81.3	81.3	100.0
	总计	16	100.0	100.0	

图 2-23　重复个案结果输出窗口

4. 变量数值之间是否符合特定逻辑

变量数值之间可能存在趋同关系、互斥关系和函数关系等逻辑关系。SPSS 提供了数据验证模块帮助用户进行数据的核查，用户可以通过自行定义数据验证的规则来对数据进行检查。例如，性别只有 1 和 2 两种取值码；年龄 s2 取值应当在 18～60 岁；Q1 题选择 2 时 Q2 题应当为缺失，否则该题被视为无效题……前两种验证方式叫作单变量验证方式，最后一种验证方式叫作交叉变量验证方式，即涉及多个变量的交互关系。连续单变量验证方式是将变量值设定在某个范围，而离散单变量验证方式是将变量值设定为某些特殊的取值。这里以案例 2-3 为例简单介绍连续单变量的验证过程，对于其他形式的验证，有兴趣的读者可以参考相关书籍。

用【验证数据】命令找出本章数据文件"验证规则.sav"中年龄不在 30～50 岁的个案。

案例 2-3　用【验证数据】命令找出"验证规则.sav"中年龄不在 30～50 岁的个案

案例分析：验证数据最重要的是明确验证规则，该例的验证规则很简单，即年龄在 30～50 岁，超出该范围的可能是不符合条件的数据。

步骤 1：打开本章数据文件"验证规则.sav"，选择【数据】→【验证】→【验证数据】命令，如图 2-24 所示。

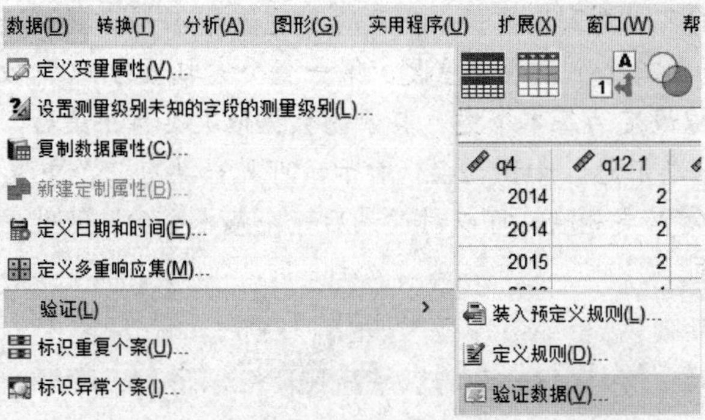

图 2-24　选择【验证数据】命令

步骤 2：进入【验证数据】对话框，在【变量】选项卡中将需要验证的变量放入【分析变量】框中，这里选择"年龄"。个案标识变量是指如果筛选出不合格的数据，用什么方式将其标识出来，一般需要选择一些能够唯一确定个案的变量，如学号、工号、编号等。这里选择"编号"，如图 2-25 所示。

第 2 章 数据的建立与管理

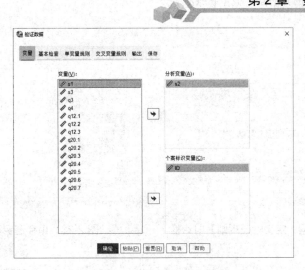

图 2-25 【验证数据】对话框

步骤 3：【基本检查】选项卡中的选项保留默认设置，主要对【单变量规则】选项卡中的内容进行设定。切换到【单变量规则】选项卡，如图 2-26(a)所示，单击右下角的【定义规则】按钮进入【验证数据：定义验证规则】对话框。这里需要对验证规则进行设定，系统默认该规则为"单变量规则 1"，填入最大值 50 和最小值 30，如图 2-27 所示。单击【继续】按钮回到上一层界面，此时图 2-26(a)中的【规则】框中会生成"单变量规则 1"，如图 2-26(b)所示，此时我们选中【单变量规则 1】复选框，表示将该规则应用到目标变量"年龄"上。如果需要将筛选出来的个案保存到数据文件中，可以切换到【保存】选项卡，选中【保存用于记录所有验证规则违例的指示符变量】复选框，如图 2-28 所示。最后单击【确定】按钮，提交系统分析。

步骤 4：结果解释。

图 2-29 和图 2-30 是最终的分析结果。从图 2-29 中可以看出，数据视窗的最右侧生成了一个新的变量"单变量规则 1_年龄"，其取值为 0 和 1，取值为 0 的表示符合验证条件，取值为 1 的表示不符合验证条件。图 2-30 给出了验证结果的详细信息，标识了个案 ID 号，我们看到第一个个案号为 3(序号)，编号为 2，经检验会发现其正是图 2-29 中的第三个个案。

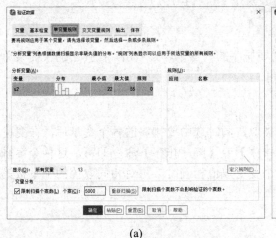

(a)

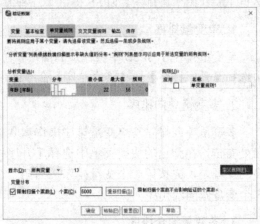

(b)

图 2-26 【单变量规则】选项卡

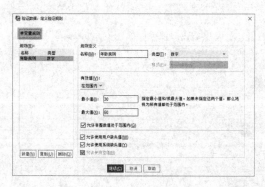

图 2-27 【验证数据：定义验证规则】对话框

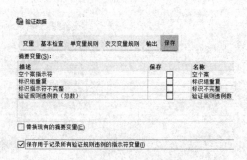

图 2-28 保存违例指示符变量

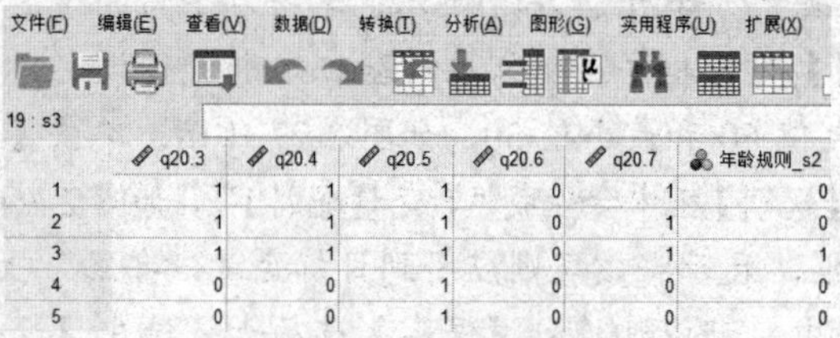

个案报告

个案	验证规则违例 单变量^a	标识 编号
3	单变量规则1 (1)	2
6	单变量规则1 (1)	3
9	单变量规则1 (1)	7
10	单变量规则1 (1)	13
12	单变量规则1 (1)	8

a. 在每条规则后面，提供了违反该规则的变量数。

图 2-29 验证数据结果   图 2-30 验证数据结果报告

2.3.2 个案排序

SPSS 数据编辑窗口中记录的前后次序在默认情况下是由录入时的先后顺序决定的，但在实际工作中，有时希望按照某种顺序来观察一批数据，这时就需要进行数据的排序。SPSS 提供了个案排序和变量排序两种方式，因为个案排序要比变量排序使用得更为频繁，所以这里主要介绍个案排序。SPSS 提供了三种方式对个案进行排序。

1. 单变量排序

单变量排序在 SPSS 中操作最为简单，在要排序的列变量名处右击，在弹出的快捷菜单中选择【升序排序】或【降序排序】命令即可。

2. 多变量单向排序

多变量单向排序与单变量排序操作步骤类似，同时选中要排序的各个变量后，在变量名处右击，在弹出的快捷菜单中选择【升序排序】或【降序排序】命令即可。这种个案排序的原理是，先按第一个变量排序，当第一个变量取值相同时，再对相同取值的个案按第二个变量做同向排序。

3. 多变量混合排序

多变量混合排序是指根据多个变量各自不同的排序方式对个案进行排序，其中有的是升序，有的是降序，这种情况需要使用菜单中的【个案排序】命令进行操作。选择【数据】→【个案排序】命令后，弹出【个案排序】对话框，如图 2-31 所示，在【排序依据】框中选入作为排序依据的各个变量，然后分别设置各个变量的排序方式，设置为升序的变量后有"(A)"标识，如图中的 ID 变量，设置为降序的变量后有"(D)"标识，如图中的 s3 变量。单击【确定】按钮提交系统分析后，系统的结果输出窗口不会输出排序的结果，但通过查看数据视图可以发现个案顺序发生了改变。

图 2-31 【个案排序】对话框

2.3.3 合并文件

在使用 SPSS 进行数据分析时，常常遇到这样的情况，即欲分析的数据分别存储在几个不同的文件中。此时，我们需要将这些文件合并成一个总文件，才能进行后续的统计分析。针对不同的数据构成情况，SPSS 提供了两种数据文件的合并方式：一种是纵向的合并个案，也称为添加个案；另一种是横向的合并变量，也称为添加变量。

1. 添加个案

添加个案是将若干个数据集中的数据进行纵向拼接，组成一个新的数据集，合并后的数据集的个案数是原来几个数据集非重复个案数的总和。需要利用添加个案合并数据的特征是，个案被分散在不同的数据文件中，但这些数据文件的变量构成基本相同。需要注意的是，添加个案并不是只添加个案，有些变量也会因为是新的而被添加进去。

将本章数据文件"添加个案 1.sav"和"添加个案 2.sav"合并。

案例分析： 观察两份数据文件的基本结构，首先，发现两份数据文件的变量大致相同，只是"添加个案 1.sav"（见图 2-32）比"添加个案 2.sav"（见图 2-33）多了一个"年龄"变量，另外两份数据文件的"职位"和"职务"变量名称虽然有一字之差，但是实际上睛指的是同一个变量。其次，通过"编号"观察个案，可以发现两份数据的个案是不同的，对于这样的数据采用"添加个案"方式进行合并较为妥当。

步骤 1： 首先打开两份数据文件，以其中任何一份数据作为源数据进行合并，这里选择"添加个案 1.sav"作为源文件。在"添加个案 1.sav"上，选择【数据】→【合并文件】→【添加个案】命令，如图 2-34 所示。

步骤 2： 进入【添加个案至】对话框，如图 2-35 所示，上面显示了已经在桌面打开的数据文件，如果不想合并已打开的数据文件，可以重新选择文件。

案例 2-4 将"添加个案 1.sav"和"添加个案 2.sav"合并

编号	性别	年龄	民族	职位	工资
1	2	39	1	3	5700
2	2	37	2	3	6200
3	1	40	1	3	6200
4	2	35	1	2	5700
5	1	41	1	1	6900

图 2-32　数据文件(1)

编号	性别	民族	职务	工资
6	2	1	3	5000
7	2	2	3	6000
8	1	1	3	6200
9	2	1	2	5700
10	1	1	1	7010

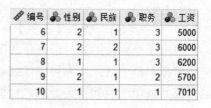

图 2-33　数据文件(2)

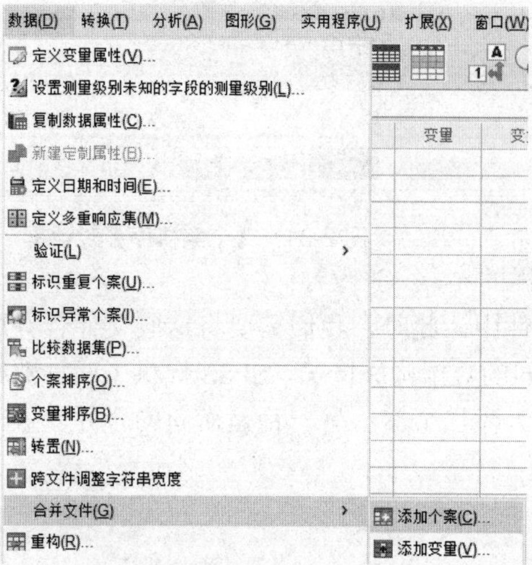

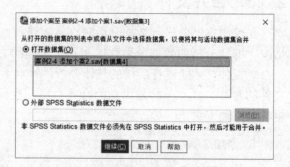

图 2-34　选择【添加个案】命令

图 2-35　【添加个案至】对话框

这里选择“添加个案 2.sav”，单击【继续】按钮后进入【添加个案自】对话框，如图 2-36 所示。在【非成对变量】框中显示的变量是两个数据集中没有匹配成功的变量，这些变量名后面都带有“*”或“+”，“*”表示该变量是当前活动数据集中原有的变量，“+”表示该变量是外部待合并数据文件中的变量。从图 2-36 中我们可以看出，“年龄”“职位”和“职务”这三个变量是没有配对成功的，前两个变量是原来数据集中的变量，后一个变量是新添加进来的变量。【新的活动数据集中的变量】框中显示的是将要合并的新数据集中的变量，它们是两个待合并的数据集中共有的变量。如果希望对数据集中的变量重新命名，可以单击【非成对变量】框下方的【重命名】按钮重新设置变量名，这里不做改变。

步骤 3: 对于没有匹配成功的变量，我们需要进一步分析变量的关系，例如，“职位”和“职务”两个变量，经过分析发现是同一个变量，所以需要对其进行手动配对，可以通过按下 Ctrl 键选中两者，然后单击【配对】按钮把两者配对进右侧的【新的活动数据集中的变量】框。而对于“年龄”这个变量，并没有和它重复且不同名的变量，所以直接单击向右箭头放入【新的活动数据集中的变量】框便可。如果希望在合并后的数据文件中看出个案的来源，可以选中【指示个案源变量】复选框，此时合并后的数据文件中将自动出现名为 source 01 的变量，取值为 0 或 1，0 表示个案来自当前活动的数据集，1 表示个案来自被合并的外部数据集。所有设置完成后如图 2-37 所示，最后单击【确定】按钮，提交系统分析。

第 2 章　数据的建立与管理

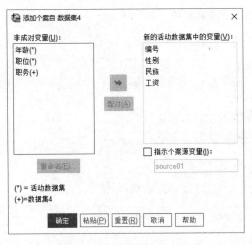

图 2-36　添加个案设置前

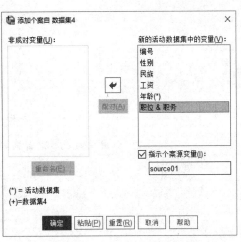

图 2-37　添加个案设置后

步骤 4：结果解释。

图 2-38 展示的是合成的新数据集，从图中我们可以看出，"年龄"变量下有部分缺失值，那是因为新增加的数据没有这个变量。新数据集中增加了一个变量，即 source 01，其有 0 和 1 两种取值，0 取值是指这些个案属于源文件，1 取值是指新增加的个案。

	编号	性别	年龄	民族	职位	工资	source01
1	1	2	39	1	3	5700	0
2	2	2	37	2	3	6200	0
3	3	1	40	1	3	6200	0
4	4	2	35	1	2	5700	0
5	5	1	41	1	1	6900	0
6	6	2	.	1	1	5000	1
7	7	2	.	2	3	6000	1
8	8	1	.	1	3	6200	1
9	9	2	.	1	2	5700	1
10	10	1	.	1	1	7010	1

图 2-38　合并后的数据文件

2. 添加变量

添加变量是指将若干个数据文件中的变量与已有的数据变量进行合并，即在某个数据集中增加变量(添加列)。需要利用添加变量合并数据的特征是，数据文件中的个案基本相同，但是每个数据文件的变量基本不同。需要注意的是，添加变量并不是只添加变量，有些个案也会因为是新个案而被添加进去。

案例 2-5

将本章数据文件"添加变量 1.sav"和"添加变量 2.sav"合并。

案例分析：观察两份数据的基本结构，发现两份数据文件的大部分个案是相同的，只是"添加变量 1.sav"(见图 2-39)比"添加变量 2.sav" (见图 2-40)少了一个编号为 6 的个案；观察变量，我们可以看出，两份数据文件的变量部分相同，但是也有很多是不同的，对于这样的数据文件采用"添加变量"进行合并较为妥当。

案例 2-5　将"添加变量 1.sav"和"添加变量 2.sav"合并

	编号	年级	性别	民族	Q6	Q7	Q8	Q9	Q10
1	1	4	2	1	2	3	5	2	4
2	2	4	2	1	2	2	4	3	4
3	3	4	1	1	1	3	1	3	3
4	4	4	1	1	5	5	1	2	3
5	5	4	2	2	3	3	5	1	5

图 2-39 数据文件(1)

	编号	性别	民族	年级	Q1	Q2	Q3	Q4	Q5
1	1	2	1	4	4	4	2	5	3
2	2	2	1	4	4	2	1	2	2
3	3	1	1	4	3	2	3	2	4
4	4	1	1	4	1	5	1	3	5
5	5	2	1	4	2	4	1	1	5
6	6	2	2	4	3	4	1	2	3

图 2-40 数据文件(2)

步骤 1： 首先打开两份数据文件，以其中任何一份数据文件中的数据作为源数据进行合并，这里选择"添加变量 1.sav"作为源文件。在"添加变量 1.sav"上，选择【数据】→【合并文件】→【添加变量】命令，如图 2-41 所示。

步骤 2： 弹出【变量添加至】对话框，如图 2-42 所示。选择"添加变量 2.sav"，单击【继续】按钮后进入【变量添加自】对话框，如图 2-43 所示。系统提供了三种合并方法，即"基于文件顺序的一对一合并""基于键值的一对一合并""基于键值的一对多合并"。这里介绍系统默认的第二种方法，该方法的合并逻辑是通过关键变量将两份数据文件中的数据进行匹配，系统会将两份数据中相同的变量默认为关键变量，并将它们都放进下方的【键变量】列表框中，如本例的"编号""性别""民族"和"年级"都被默认为关键变量。在这些变量中"编号"是最关键的变量，因为编号是唯一的，只有它才能将两份数据进行唯一匹配，如果两份数据没有类似的变量则无法进行合并。使用该方法时需要对两份数据的关键变量进行升序排序，系统也默认了该项设置，即【在合并前按键值对文件进行排序】复选框已经被选中，此处不需要变动。

如果读者想要删除或增加某些关键变量，则需要从【合并方法】选项卡切换到【变量】选项卡进行操作，如图 2-44 所示，这里不需要删除或增加变量，保持原来状态便可。另外，在图 2-44 中，还可以从【包含的变量】列表中对将要合并的总数据的变量有个基本了解，该列表框中的变量名后都有"*"或"+"，"*"表示该变量是当前数据集中的变量，"+"表示该变量是外部待合并数据集中的变量。在默认情况下，如果变量没有在两个数据集中同时出现，则 SPSS 会自动将其列入新数据文件的变量列表中。设置完毕后，单击【确定】按钮，提交系统分析，可以看到新的数据集已经合成，如图 2-45 所示。

步骤 3： 结果解释。

图 2-45 是合并后的新数据文件，从图 2-45 中我们可以看出，新数据集的变量除了两者重复的四个变量外，还增加了 Q1~Q5 这五个新的变量。个案数也由原来的五个增加到了六个。编号为 6 的个案中存在缺失值是因为该个案在第一份数据上没有取值。

图 2-41 选择【添加变量】命令

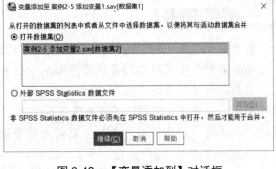

图 2-42 【变量添加到】对话框

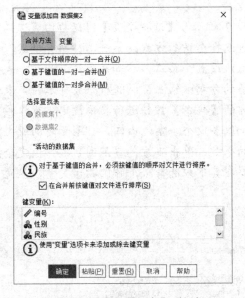

图 2-43 【变量添加自】对话框

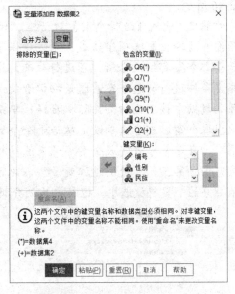

图 2-44 【变量】选项卡

	编号	年级	性别	民族	Q6	Q7	Q8	Q9	Q10	Q1	Q2	Q3	Q4	Q5
1	1	4	2	1	2	3	2	4	4	2	4	2	5	3
2	2	4	2	2	2	2	5	4	4	4	2	1	5	3
3	3	4	1	1	4	3	2	3	3	3	2	2	1	4
4	4	4	1	1	4	4	2	4	3	1	5	1	3	5
5	5	4	2	2	3	5	5	3	5	4	4	1	4	5
6	6	4	2	2	2	2	4	5	4	3	4	5	2	3

图 2-45 合并后的数据文件

2.3.4 选择个案

在实际统计分析中，有时并不需要对所有的个案进行统计分析，而只要求对某些符合特定条件的个案进行分析，此时就需要先选出这部分个案才能进行后续分析。条件可以是一个，例如只分析女性员工的数据；条件也可以是不止一个，例如分析女性、已婚且为业务部门员工的数据。从样本中选择部分个案，可以利用【数据】菜单中的【选择个案】命令来完成的。

案例 2-6 筛选出"选择个案.sav"中男性少数民族的个案

打开本章数据文件"选择个案.sav"，筛选出男性少数民族的个案。

案例分析：这里筛选的条件有两个，一个为男性，另一个为少数民族。当然，筛选的条件不仅可以是一个、两个，还可以是任意多个。如果是多个条件必须同时满足，即条件为"和"，需要用字符"&"将条件进行连接；如果多个条件中满足其中任何一个都行，即条件为"或"，则需要用字符"|"将条件进行连接。该题的条件是两者同时满足，需要用"&"连接。

步骤 1：打开本章数据文件"选择个案.sav"，选择【数据】→【选择个案】命令，如图 2-46 所示。

步骤 2：进入【选择个案】对话框，如图 2-47 所示。【选择个案】对话框由【选择】选项组和【输出】选项组组成，系统提供了五种选择个案的方式：第一，"所有个案"，表示全部个案都纳入分析，不进行筛选，这是默认设置；第二，"如果条件满足"，表示按指定条件进行筛选个案，这是初学者使用最多的方式；第三，"随机个案样本"，表示从原始数据中按照某种条件随机抽样，单击下方的【样本】按钮进行具体设定，可以按百分比抽取个案，或者精确设定从若干个个案中抽取多少个个案；第四，"基于时间或个案范围"，表示基于时间或个案序号来选择相应的个案，单击下方的【范围】按钮设定个案序号范围；第五，"使用过滤变量"，此时需要在其下方选择一个筛选指示变量，该变量取值非 0 的个案将被选中，进行之后的分析。

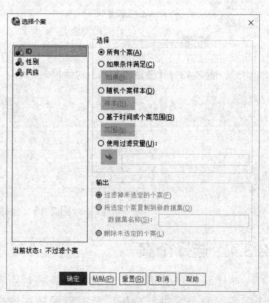

图 2-46　选择【选择个案】命令　　　　　图 2-47　【选择个案】对话框

步骤 3：选择"如果条件满足"方式，单击其下方的【如果】按钮将会打开【选择个案：If】对话框，用于定义筛选条件的数学表达式。将左侧待筛选的变量选入右侧顶部文本编辑框中，利用其下方的小键盘编辑变量的筛选条件，小键盘提供了最基本的算术运算方法。如果个案的筛选需要进行更复杂的函数运算，小键盘右侧的【函数组】列表框还提供了更丰富的运算函数，用户可以在【函数组】列表框中单击一个函数选入上方的文本编辑框，然后在函数公式中插入变量。这里条件有两个，一个为男性，另一个为少数民族。双击变量"性别"进入右侧的运算框，然后再编写等式，即"性别=1"，同理，在框中编写"民族=2"，因为是两个条件同时满足，需要用"&"连接，所以数学表达式最终为"性别=1&民族=2"，条件设置好后如图 2-48 所示，单击【继续】按钮回到上一层对话框。

步骤 4：选择个案的输出方式。在图 2-49 所示的对话框中，【输出】选项组中提供了三种方式来处理选择结果：第一，"过滤掉未选定的个案"。未选定的个案将不包括在分析中，但仍然保留在数据文件中，使用该选项后会在数据文件中生成命名为 filter_$的变量，对于选定的个案该变量的值为 1，未选定的个案该变量值为 0，在数据视图中未被选定的个案号会以"/"加以标记。第二，"将选定个案复制到新数据集"。将选定的个案复制到新数据集时，原始数据集不会受到影响，只是另外生成了一个只包含被筛选出的个案的新数据文件。第三，"删除未选定的个案"。直接从数据文件中删除未选定的个案。需要注意的是，一旦选择此项操作，原有未被选定的个案数据将从原始数据文件中删除，此外，由于此项操作一旦执行便不可撤销，因此我们要谨慎操作，以免数据丢失。如果不小心选择此项操作但还没保存文件，可以退出文件但不保存任何修改，这样才能恢复原来的完整数据。这里先选中【过滤掉未选定的个案】单选按钮，然后单击【确定】按钮，提交系统分析。

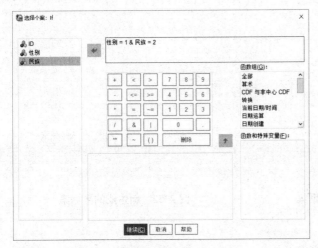

图 2-48 【选择个案：If】对话框

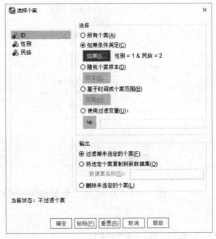

图 2-49 【选择个案】对话框

步骤 5：结果解释。

图 2-50 是分析的结果，从中我们可以看出，只有 2 和 5 这两个个案被选定，有些个案号上画有"/"，表示这些个案不符合我们的分析要求，是被过滤掉的部分，系统暂时做好标识，当退出数据文件重新打开的时候，这些斜线就会消失。选择【过滤掉未选定的个案】单选按钮时，原数据文件的最后会产生一个命名为"filter_$"的变量，该变量取值为 1 就表示被选定的个案。读者要注意，接下来的任何分析命令都是针对已选定的个案进行的，

如果想要重新选择全部个案，则在图2-49的【选择】选项组中选中【所有个案】单选按钮即可。

ID	性别	民族	filter_$
1	1	1	0
3	1	2	1
4	1	1	0
5	1	1	0
6	1	2	1
7	1	1	0
11	1	1	0
13	1	1	0
2	2	1	0
8	2	2	0
9	2	1	0
10	2	2	0
12	2	2	0

图2-50 选择生效后的数据界面

如果选中【将选定个案复制到新数据集】单选按钮，则需要暂时给新生成的数据集命名，例如"男性少数民族"，如图2-51所示，然后单击【确定】按钮提交系统分析，就会得到一份新的数据集，即由选定的个案组成的数据集，如图2-52所示。

	ID	性别	民族
1	3	1	2
2	6	1	2

图2-51 将选定个案复制到新数据集　　　图2-52 新生成的数据集

2.3.5 拆分文件

在后面章节进行的数据统计分析中，经常会遇到这种情况，就是需要将个案分成不同的组做同样的统计分析过程。例如，需要对男生、女生这两个群体使用同样的分析方法，甚至我们有时候需要对性别和年级这两个变量交叉而成的各组个案进行同一种处理。使用第2.3.4小节提到的【选择个案】命令可以一次选择一类个案进行分析，但是无法同一时间处理不同组个案的统计分析，这时候我们需要用到【拆分文件】命令。"拆分文件"容易被理解成把数据文件拆分成更小的文件，即在原来总数据文件下生成几个独立的文件，这种理解是错误的。【拆分文件】命令执行后原数据文件并没有被分成独立文件,它只是在【数据视图】右下角标识好,为以后进一步的分析做准备。

本章数据文件"拆分文件.sav"记录了北京、福建、湖南和广西四个地区盘股的净利润。如果要分析这四个地区盘股的净利润是否有差异,需要做方差分析,方差分析的前提假设是认为四个不同地区的净利润分布是正态的,我们可以利用【选择个案】命令每次选择一个地区检验其净利润是否为正态分布,不

案例2-7 分析"拆分文件.sav"中北京、福建、湖南和广西四个地区盘股的净利润

过那样比较烦琐,特别是出现交叉情况时,就更加复杂。如果我们利用【拆分文件】命令就高效很多,这里仅完成拆分文件这一步,至于如何进行正态检验,读者可以参考第 3.6 节和第 5.1.3 小节的内容。

步骤1:打开本章数据文件"拆分文件.sav",选择【数据】→【拆分文件】命令,如图2-53所示。

步骤2:进入【拆分文件】对话框,将变量"地区板块" 图2-53 选择【拆分文件】命令
移入【分组依据】框中,然后单击【确定】按钮完成文件拆分,如图2-54所示。文件拆分后的数据并没有非常明显的变化,读者可以查看数据视图的右下角,会有"拆分依据 地区板块"字样,如图2-55所示,表示已经对文件进行了拆分,拆分文件后就可以做进一步的分析了。

图 2-54 【拆分文件】对话框

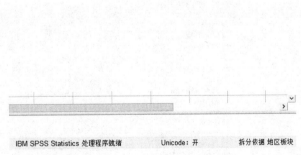

图 2-55 拆分文件标识

2.3.6 个案加权

在数据分析中,我们会遇到一些按照频数记录的数据,这类数据一般是分类数据,在

记录数据时，每个分类只会出现一次，然后会有一个变量给出每个分类的频数。如图 2-56 所示的数据，年级变量有四个水平，每个水平对应的检出人数是个汇总数据，这和我们之前介绍的一行代表一个个案的数据结构是不同的。但是我们在处理这类数据时实际上还是针对变量进行的，为了让系统能识别分类变量的取值所代表的频数，就需要用频数对变量进行加权。通常来说，个案加权是为进行进一步数据分析所做的准备，单纯的个案加权并没有实际意义，这和拆分文件是一样的。例如，我们在第 6 章所做的卡方检验中，加权是进行卡方检验前的一个重要的步骤。

图 2-56　数据结构

本章数据文件"个案加权.sav"记录了某心理问卷检测出的大学四个年级可能有心理问题的学生人数，如图 2-56 所示。如果要研究四个年级的检出人数是否存在差异，我们需要用到卡方的拟合优度检验，因为是汇总数据，做拟合优度检验的第一步是对数据进行加权，然后再做卡方检验。卡方检验可以参考第 6 章，这里只做加权。

案例 2-8 分析"个案加权.sav"中记录的大学四个年级可能存在心理问题的人数差异

步骤 1：打开本章数据文件"个案加权.sav"，选择【数据】→【个案加权】命令，如图 2-57 所示。

步骤 2：进入【个案加权】对话框，将变量"检出人数"移入【频率变量】框中，如图 2-58 所示，然后单击【确定】按钮完成个案加权。加权后的数据并没有非常明显的变化，读者可以查看数据视图的右下角，会有"权重开启"字样，如图 2-59 所示，表示已经对数据做了加权，数据加权后就可以做进一步的统计分析了。

图 2-57　选择【个案加权】命令

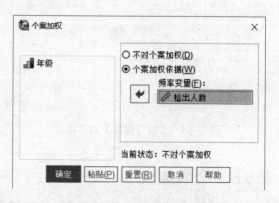

图 2-58　【个案加权】对话框

IBM SPSS Statistics 处理程序就绪　　Unicode：开　　权重开启

图 2-59　"权重开启"标识

2.3.7　计算变量

在数据统计分析的过程中，经常需要对数据变量进行各种运算然后得到新的变量，如数据的求和、函数运算等。在 SPSS 中可以通过选择【转换】菜单中的【计算变量】命令来完成计算变量的过程。

打开本章数据"计算变量.sav"，里面记录了一些被试在一个心理量表上的回答情况，该量表有 6 个小题，6 个小题的分数简单加总就是被试在该心理量表上的总分，试计算这些被试在这 6 个小题上得分的总和。

案例 2-9　计算"计算变量.sav"中记录的被试在心理量表上 6 个小题的得分总和

案例分析：利用【计算变量】命令对原始数据进行必要的四则运算是数据整理的常见工作，初学者需要掌握。【计算变量】命令还可以与【选择个案】命令结合使用。

步骤 1：打开本章数据文件"计算变量.sav"，选择【转换】→【计算变量】命令，如图 2-60 所示。

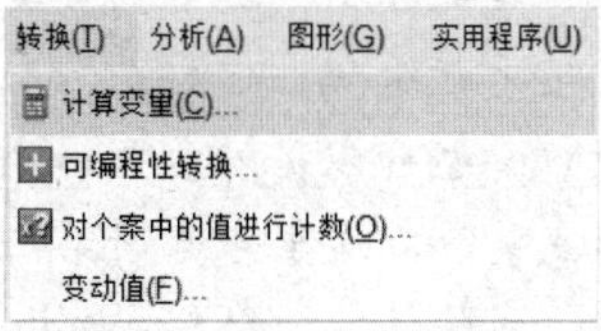

步骤 2：进入【计算变量】对话框。在左侧【目标变量】文本框中输入欲生成的新变量的变量名"总分"。单击【类型和标签】按钮，在弹出的对话框中可以对新变量的类型和标签进行设置，这里不做设置。在【数字表达式】文本框中输入新变量的数字表达式，这里输入"B1＋B2＋B3＋B4＋B5＋B6"，如图 2-61 所示。如果仅仅对满足特定条件的个案进行计算，则可以单击【如果】按钮，进入【选择个案】对话框，选择个案的操作请参考第 2.3.4 小节的操作步骤，这里不再重复介绍。最后，单击【确定】按钮，提交系统分析，则可以看到在数据文件中新生成了一个变量"总分"，如图 2-62 所示。

图 2-60　选择【计算变量】命令

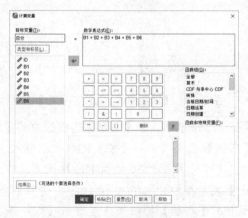

图 2-61　【计算变量】对话框　　图 2-62　计算变量的结果

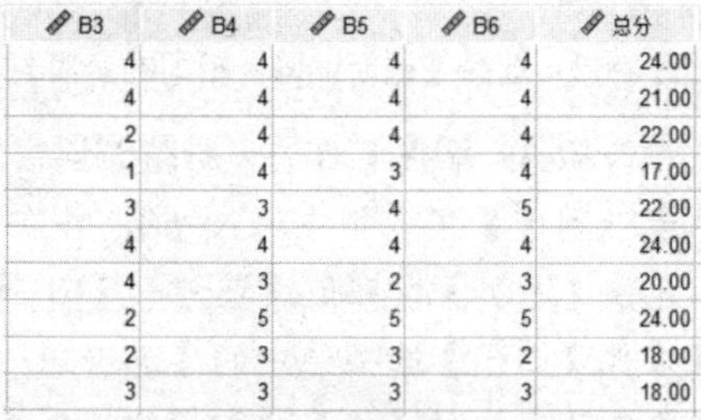

2.3.8 重新编码

当我们需要将连续变量转换为等级变量，或者对变量取值进行重新修改或合并时，可以通过变量值的重新编码来完成。SPSS 提供了两种对变量值重新编码的方式：一种是对原始变量值直接进行重新编码并替换原数值的"重新编码为相同的变量"方式；另一种是根据原始变量的取值生成新变量来记录重新编码结果的"重新编码为不同变量"方式。

1. 重新编码为相同的变量

案例 2-10 将"重新编码.sav"中记录的被试在焦虑自评量表上的分数转化为焦虑等级

打开本章数据文件"重新编码.sav"，其中记录了一些人在焦虑自评量表(SAS)上的测试标准分数，按照该心理问卷的评分标准，标准分数在 50～59 分为轻度焦虑，60～69 分为中度焦虑，70 分以上为重度焦虑，请将被试分数转化为焦虑等级。

案例分析：该案例其实是将连续数据重新转换为离散数据，可以在原始数据的变量上直接重新编码，这样原始数据将被新数据覆盖，我们称这种做法为"重新编码为相同的变量"；也可以另外生成一个变量，原始变量不会改变，我们称这种做法为"重新编码为不同变量"，这里先选用第一种方法。

步骤 1：打开本章数据文件"重新编码.sav"，选择【转换】→【重新编码为相同的变量】命令，如图 2-63 所示。

步骤 2：进入【重新编码为相同的变量】对话框。将 SAS 变量选入【数字变量】框中，如图 2-64 所示。

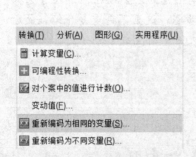

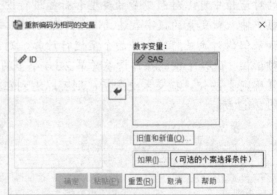

图 2-63 选择【重新编码为相同的变量】命令　　图 2-64 【重新编码为相同的变量】对话框

步骤 3：单击【旧值和新值】按钮，在弹出的对话框中左侧【旧值】选项组中的【范围，从最低到值】文本框中填入 50，并在右侧【新值】选项组中的【值】文本框中填入 0，然后单击【添加】按钮使设置进入【旧→新】框，这样设置表示 50 分以下的被试为没有焦虑；在左侧【旧值】选项组中的【范围……到……】文本框中分别填入 50 和 59，并在右侧【新值】选项组中的【值】文本框中填入 1，然后单击【添加】按钮使设置进入【旧→新】框，表示 50～59 分的被试为轻度焦虑，如图 2-65 所示；依次类推，我们还可以将中度焦虑(60～69 分)和重度焦虑(70 分以上)原始数据分别用新值 2 和 3 代替。设置完毕后单击【确定】按钮提交系统分析，可以看到原始数据已经变成了分类数据，如图 2-66 所示，显然这样做的一个缺点是原来的数据已经被覆盖。

图 2-65　【重新编码为相同变量：旧值和新值】对话框　　　图 2-66　重新编码为相同变量

综上，【范围，从最低到值】文本框用来设置小于某个值的，【范围，从值到最高】文本框用来设置大于某个值的，【范围……到……】文本框用来设置某个区间，这是连续性数据转化成离散数据的通用模式。如果是离散值转换成新的离散值，则用【旧值】中的【值】选项进行转换。除此之外，系统缺失值和用户定义缺失值也可以进行转化。

2. 重新编码为不同变量

将案例 2-10 中的 SAS 按照焦虑分级将被试的焦虑分析重新编码为不同变量。

案例 2-11　将案例 2-10 中的 SAS 按焦虑分级将被试的焦虑分析重新编码为不同变量

案例分析：在 SPSS 中，将连续变量转换成离散变量，按照某种一一对应的关系生成变量值，可以将新值赋给原变量，也可以生成一个新变量，通过使用【重新编码为不同变量】命令可完成这一任务。

步骤 1：打开本章数据文件"重新编码.sav"，选择【转换】→【重新编码为不同变量】命令，如图 2-67 所示。

步骤 2：进入【重新编码为不同变量】对话框。将 SAS 变量选入【数字变量→输出变量】框中，在【输出变量】选项组中的【名称】文本框中输入新变量名"焦虑等级"，单击【变化量】按钮，原来的"SAS->?"就会变成"SAS->焦虑等级"，即新老变量名间建立了对应关系，如图 2-68 所示。

步骤 3：单击【旧值和新值】按钮进入其对话框，其后旧值转新值的设置和重新编码为相同的变量是一样的，这里不再重复。所有操作完成后单击【确定】按钮，提交系统分析，输出结果如图 2-69 所示。从图 2-69 中我们可以看出，原数据中生成了一个新变量，即"焦虑等级"，这个变量的取值有 0、1、2 和 3 四种，变量取值和转换为相同变量的结果是一致的，只不过转换为不同的变量时保留了原变量，而转换为相同变量时覆盖原变量。

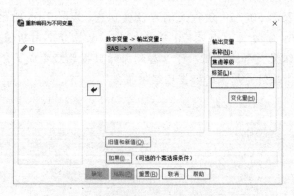

图 2-67　选择【重新编码为不同变量】命令　　图 2-68　【重新编码为不同变量】对话框

图 2-69　旧值与新值转换后的结果

2.3.9　替换缺失值

数据收集过程中,被试可能拒绝回答一些问题,也有可能遗漏回答某些问题,这样就会出现缺失值。当然在数据输入时,由于数据录入者的过失也可能出现缺失值。如果出现缺失数据,有些统计方式是不能运行的,另外,这些缺失值可能会对数据分析结果产生影响,所以需要对缺失值做一定的处理。处理的方式有三种。第一种是直接删除含有缺失值的个案。如果数据样本太小,这种方法可能不合适。第二种是替换缺失值,即利用一定的方法将缺失值填补上。SPSS 提供了五种替换缺失值的方法:①序列均值,即有效观测样本的均值;②临近点均值,即该值前后 n 个观测值的均值;③临近点的中位数,即该值前后 n 个观测值的中位数;④线性插值,即利用缺失值前后观察值通过线性插值确定;⑤邻近点的线性趋势,即以编号为自变量利用线性回归法预测值。第三种是缺失值分析。替换缺失值稍显机械,缺失值分析更严谨,它不仅考虑了数据缺失的原因,还评估了处理缺失值可能对分析结果产生的影响。这里主要介绍第二种方法,即替换缺失值。

第 2 章 数据的建立与管理

本章数据文件"替换缺失值.sav"中有一些缺失值,请将缺失值替换。

案例 2-12 将"替换缺失值.sav"中的缺失值进行替换

步骤 1:打开本章数据文件"替换缺失值.sav",选择【转换】→【替换缺失值】命令,如图 2-70 所示。

步骤 2:进入【替换缺失值】对话框,将三个变量都放入【新变量】框中,这时所有的变量被系统统一在原变量名后加"_1",例如"A1"变成"A1_1",如图 2-71 所示。如果读者想要将其改成自己需要的变量,可以选中【新变量】框中的变量,然后在【名称和方法】选项组中的【名称】文本框中输入新的变量,这里不做变动。接下来在【方法】下拉列表框中选择需要的替换缺失值的方法,这里选择【序列平均值】,设定完毕后单击【确定】按钮,提交系统分析。

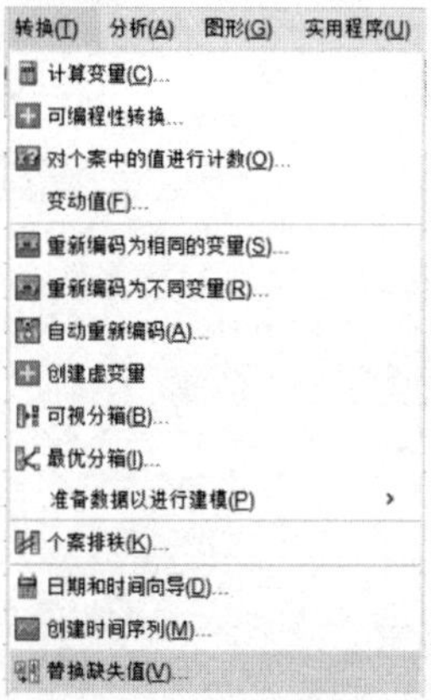

图 2-70 选择【替换缺失值】命令 图 2-71 【替换缺失值】对话框

步骤 3:结果解释。

图 2-72 是替换后的数据。我们可以看到原来是缺失值的地方在新生成的变量中都被填补上了,具体来说,A1 变量中的 3 号个案是缺失的,在新变量 A1_1 中被填补上了 18.3;A2 变量中的 7 号个案是缺失的,在新变量 A2_1 中被填补上了 12.6;A3 变量中的 11 号个案是缺失的,在新变量 A3_1 中被填补上了 49.7。三个被填补上的数值都是对应变量的均值。

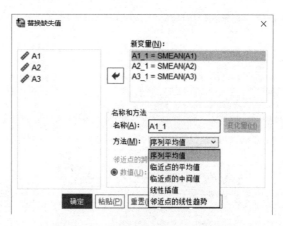

图 2-72 替换缺失值

小　结

　　在分析数据之前，需要先建立数据文件；建立文件要先设置变量，设置变量名称时有些规则是不能违背的，此外，还需要根据数据的特点来设置数据类型、小数位数以及变量标签和值标签等属性；数据的录入可以采用直接录入的方式，也可以采用导入外部 Excel、txt 等格式数据文件的方式，其中多选题的录入又可以分为多重二分法和多重分类法两种；数据文件建立后，为保证后期数据统计分析结果的准确性，还要对空行、超出特定范围的数值、重复个案以及不符合特定逻辑规则的个案进行处理；最后，可以对数据进行文件合并、计算变量、个案加权、选择个案、重新编码及替换缺失值等操作，为后期统计分析做好准备。

第3章

描述统计

教学目标

- 掌握变量的类型和数据分布特征。
- 掌握常用的集中量数和差异量数。
- 掌握频率分析的操作过程及结果解释。
- 掌握描述分析的操作过程及结果解释。
- 掌握探索和交叉表分析的操作过程及结果解释。

科学研究的首要工作常常是对研究对象进行描述，统计分析的研究对象是数据，其首要任务就是对数据进行描述。如果样本量小，我们可以逐个了解原始数据的特征；但如果样本量比较大，逐个了解原始数据就非常费时，关键是这样做对我们把握数据的总体特征和规律帮助不大。因此，我们需要采用合适的方式对数据尤其是大样本数据进行有效的描述，我们称这个过程为描述统计。它主要是指通过图表和数学方法，对数据资料进行整理和分析，并对数据的数值特征、分布状态以及随机变量之间的关系进行估计和描述。

描述统计的统计图表法，顾名思义，就是利用图和表来描述数据的特征、分析数据的规律。统计图表的最大优势是直观，能直接表示出数据的总体概貌。常用来表示单个变量特征的统计表有简单次数分布表、相对次数分布表和累加次数分布表等，图有条形图、直方图、饼图、箱图、茎叶图和累加次数分布图等；常用的表示两个变量特征的统计表有双列次数分布表，图有散点图等。本章主要介绍直方图、条形图和饼图，散点图将在第 7 章介绍。描述统计的数学方法，顾名思义，就是采用数字指标、数学等式等来描述数据的特征，主要包括计算出反映单个变量数据特征的统计指标，即统计量，也包括计算出反映两变量相关关系的相关系数。本章主要介绍统计量，相关分析将在第 7 章介绍。统计量主要分两类，一类是反映集中趋势的集中量数，包括平均数、中位数和众数；另一类是反映离散趋势的差异量数，包括全距、四分位距、方差和标准差等。统计量中也包括描述数据分布特征的指标，如数据分布的峰度值和偏度值。

在做数据描述的时候，常常需要先判定数据的类型，为其找到合适的图表和统计量进行描述。变量有很多种分类，但本章只介绍变量的两种分类。一种是按数据反映的测量水平分类，包括定类变量、定序变量、定距变量和定比变量四种；另一种是按照数据是否具有连续性特征分类，包括离散变量和连续变量。然后，介绍用于描述数据集中趋势、离散趋势以及分布特征的主要统计指标。最后，结合具体数据案例演示频率分析、描述分析、数据探索及交叉表分析的 SPSS 操作步骤及结果解读。

3.1 变量类型

3.1.1 按测量水平划分

根据数据反映的测量水平，我们可以把变量分为四种类别，即定类变量、定序变量、定距变量和定比变量，这四种变量在表示事物的测量水平上有高低之分，SPSS 27.0 以"名义""有序"和"标度"三个类别来标定变量的测量水平，这三个测量水平依次升高。

1. 定类变量

定类变量，又称名义变量、分类变量或类别变量，SPSS 27.0 用"名义"来标定此类变量的测量水平。它只反映事物的性质类别，而无高低大小之分。例如，性别、民族、职业、城市、婚姻状况、公司类别、是否分配红利等。定类变量的具体类别可以用符号或数字表示，例如，1 代表汉族，2 代表少数民族；"是"表示已婚，"否"表示未婚等。需要注意的是，用数字表示事物属性时，数字只是符号而已，并不表示大小高低。定类变量不反映事物的数量特征，不能进行代数运算。适合定类变量的统计方法有计算百分比、次数、众数和进行卡方检验。

2. 定序变量

定序变量也叫作有序变量、顺序变量或等级变量，SPSS 27.0 用"有序"来标定此类变量的测量水平。它反映事物的等级高低、大小顺序、程度强弱等特征。例如，根据公司人数划分的公司规模(有大、中、小三种规模)、公司业绩排名、学历等级、家庭年收入等级、年龄段等。问卷调查中常用的等级计分选项(如"完全同意""比较同意""一般""不太同意""完全不同意")的题目就是一种典型的定序变量。定序变量中相邻等级之间没有相等的测量单位，例如学生成绩排名中，第 1 名和第 2 名之间以及第 9 名和第 10 名之间虽然都相差一个等级，但它们相差的分数并不一定相等(例如前两者相差 5 分，而后两者相差 15 分)。定序变量不能做代数运算，但可以计算其中位数、百分位数、等级相关、肯德尔和谐系数以及进行秩和检验等。

3. 定距变量

定距变量也叫作等距变量，SPSS 27.0 用"标度"来标定此类变量的测量水平。它兼有定类变量的性质特征和定序变量的顺序特征，反映了事物的大小高低以及数值之间的距离特征，同时相邻数值之间的距离具有相等的测量单位。例如相邻的三个数值 A、B、C，它们不仅具有"A>B>C"的顺序关系，而且还具有"A-B=B-C"的等距离关系。定距变量没有绝对零点(绝对零点表示"无"或"没有"的意思)，它的零点是人为设置的相对零点，这种相对零点往往具有特殊的含义。例如，心理学中的智商得分为 0 时，不是表示"完全没有"智力，而是指这个人的智力水平很低，或者被试没有表现出该测验所定义的智力行为。类似的变量还有温度、海拔等。定距变量可以进行加减运算，但不能进行乘除运算。定距变量可以计算平均数、标准差、积差相关系数、等级相关系数，也可以进行 T 检验和 F 检验等。

4. 定比变量

定比变量也叫等比变量或比率变量。定比变量不仅反映数值之间的高低顺序以及大小距离，而且反映变量的比例或比率关系。此外，定比变量的取值具有绝对零点(这是定比变量和定距变量的唯一区别)以及相等的距离单位。重量、身高、长度、收入等都是常见的定比变量。因此，定比变量不仅可以做加减运算，还可以做乘除运算。例如，我们不仅可以知道 A 和 B 的重量相差 0.5 kg，还可以知道它们之间的比率或倍数关系。除了一些特殊的情况外，适用于定距变量的统计方法也适用于定比变量，适用于定比变量的统计方法要比适用于定距变量的多一些，例如可以计算定比变量的几何平均数、变异系数等。在 SPSS 27.0 中，定距变量和定比变量的测量尺度都被系统标定为"标度"，说明二者的测量水平一样。

3.1.2 按数据是否具有连续性特征划分

根据数据数值的连续性与否将变量分为连续变量和离散变量两种。

1. 连续变量

当变量的取值是连续的，任意相邻两个取值之间还可以取无限个其他数值时，称为连续变量。通常情况下，那些可以用任意小数表示的变量都是连续变量，如重量、长度、价格、工资和利润率等。定比变量和部分定距变量都是连续变量。

2. 离散变量

当变量的取值不是连续的，而是间断的，相邻取值之间只能取有限个其他数值时，称为离散变量。通常情况下，离散变量多用整数而不能用小数来表示，如民族类别、公司个数和产品数量等。定类变量和定序变量都属于离散变量。

需要注意的是，为了便于统计分析，人们经常将一些离散变量按连续变量对待以便采用特定的统计方法进行统计分析，例如等级数很多(如 7 级以上)的等级变量以及取值范围较大且数据点较多的计数变量(如人数、机器台数等)。

3.2 统计量

我们常常需要根据一定的目的去研究一些事物或现象，根据这些研究目的而确定的具有共同特征、可观察的全部对象被称为该类事物或现象的总体。但是，实践中因为客观条件的限制，想要研究总体的所有对象常常是做不到的。于是，统计学家想到了抽样的方法，即从总体中抽取出有代表性的样本对其研究，获得样本的相应统计指标，并把这些在样本中得到的结论推论到总体上。这些样本的统计指标就是统计量，与其对应的总体的统计指标被称为参数，参数是固定的，但样本统计量与参数不同，它是随机的，当然它有一定的规律。常用的统计量有反映集中趋势的集中量数和反映离散趋势的差异量数两类。

3.2.1 集中量数

集中趋势也可称为中心趋势，是指一组数据存在向特定中心取值靠拢的倾向，变量数值围绕中心值上下波动。正因为变量的原始值围绕中心值波动，人们就用各种中心值来近似表示某一变量的总体取值特征，我们称这些中心值为集中量数。常用的集中量数有平均值、中位数和众数等。例如，我们经常用抽样调查得到的收入中位数表示某个地区或行业的收入水平，用成绩的平均值表示某个班级的成绩状况。

1. 平均值

平均值是最常用的集中趋势统计指标，包括算术平均值、几何平均值和调和平均值等。其中，最常用的是算术平均值，它是各数据相加除以数据个数的得数。由于平均值使用了原始数据的所有数值，因而容易受到极端值的影响，这种情况它不能很好地代表整体数据特征。例如，一个村子有 99 户普通家庭，另有 1 户亿万富翁家庭，那么这个村子按人均收入统计出来的结果就可能是富裕的村庄，而实际情况是总体上是经济水平普通的村庄。

2. 中位数

中位数又称中点数、中数、中值。中位数是将各种数据取值从小到大排列之后位于中间位置的那个数。即在这组数据中，有一半的数值比它大，有一半的数值比它小。这个数可能是数据中的某一个，也可能根本不是原有的数据。例如，数列 3，5，7，9，10 的数据个数为奇数，则其中位数是$(N+1)/2$，即第三个数字 7。而数列 3，5，7，9，10，13 的数据个数为偶数，其中位数就是第 $N/2$ 个数和第$[(N/2)+1]$个数的均值，所以该数列的中位数是第三和第四个数据的平均值,即(7+9)/2=8。由于中位数使用的只是原始数据的次序信息而不是它们的具体取值,因而不受两端极端值的影响(因为两端极端值并不改变中位数的次序位置),因此,中位数适合用于描述存在个别极端值的数据的集中趋势。

3. 众数

众数是一组数据中取值个数或次数最多的数值,一组数据的众数可以有多个。例如,数列 1,1,2,3,3,3,4,4,5 的众数是 3,而数列 1,1,2,3,3,3,4,4,1 的众数则是 1 和 3。众数只是使用了原始数据的次数信息而不包括它们的具体取值和次序,与众数之外的其他取值也没有数值大小上的关联,因而不能给一组数据提供太多的统计信息,因此实际应用相对较少,只是有时用于粗略地描述一组数据最常见的取值(例如某超市最近一个月哪种品牌的饮料卖得最多)。

3.2.2 差异量数

一组数据既有集中趋势又有离散趋势,离散趋势反映一组数据原始值之间的差异和波动情况,其统计指标被称为差异量数。例如,两个公司的员工平均月工资同样是 4 500 元,但 A 公司员工之间的月工资差异可能很大,工资很低(如 3 000 元以下)和很高(如 8 000 元以上)的人数都较多,而 B 公司员工之间的月工资差异可能很小(如绝大多数员工的月工资为 3 500~6 000 元)。这种情况下,单纯用集中趋势的统计指标(如均值、中位数)就难以反映这两个公司员工月工资数据的分布特点。因此,一组数据的取值分布特征通常要结合集中趋势统计指标和离散趋势统计指标来表示。例如,在统计报告中,通常用平均值和标准差结合表示变量的数据特征。常用的离散趋势统计指标主要有全距、方差、标准差、四分位距等。

1. 全距

全距也称变量数据的取值范围,即最大值减去最小值所得的数值。显然,全距越大,数据离散程度可能就越大;反之,全距越小,数据离散程度可能就越小。全距方便我们了解一组数据的分布范围广度,但是它容易受到极端数值的影响。例如,一组数据有一个极端值 100,但是其他值只是在 5~9 之间波动,这个时候单纯用最大值减去最小值作为离散程度的刻画指标就显得不太合适了。此外,如果单位不统一,不同数据的全距是不能进行比较的。

2. 四分位距

提到四分位距,就不得不先提百分等级和百分位数。百分等级是指在一个分数分布中低于这个分数的人数百分比,用字母 P 表示。例如,百分等级为 90 的数据是指在人群中有 90%的人数比这个分数要低。而百分位数是指与某个百分等级 P 对应的那个分数点。例如,某数列 90%的百分等级对应的分数点是 80,10%的百分等级对应的分数点是 60,我们就可以知道有 80%的人的分数在 60~80 分之间。百分位数可以分成很多种类,常用的百分位数有四分位数和十分位数,四分位数是将数据划分为四等份,每一等份包含 25%的数据,处在各分位点的数值就是四分位数。百分位数只是一种位置指标,本身并不反映数据的集中或离散趋势。

四分位数有三个，第一个四分位数称为下四分位数，第二个四分位数就是中位数，第三个四分位数称为上四分位数，分别用 Q_1、Q_2、Q_3 表示。统计中利用四分位距(也叫"四分位差")来判断数据的离散情况，四分位距是上四分位数和下四分位数之间的差值或距离，即 $Q_R=Q_3-Q_1$。显然，其值越大说明数据离散程度越大；相反，其值越小，数据离散程度就越小。四分位距与全距相比，其优势是可以剔除两端的极端值对离散程度的影响。

3. 方差

方差反映了一组数据偏离平均值的总体情况。将一组数据中所有的原始数值减去该组数据的平均值就得到相应的离均差，所有数据离均差的平方和再除以总体的个案数就是总体的方差。方差越大，数据间的差别越大；相反，方差越小，数据间的差别就越小。其公式为

$$\sigma^2 = \frac{\sum_{i=1}^{n}(x_i-\mu)^2}{N} \tag{3.1}$$

式中，σ^2 为总体方差；x_i 为原始数据；μ 为总体均值；N 为总体个案数量。

但对于样本数据而言，方差是所有数据离均差的平方和除以自由度($n-1$)，其公式可以写作

$$S^2 = \frac{\sum_{i=1}^{n}(x_i-\overline{x})^2}{n-1} \tag{3.2}$$

式中，S^2 为样本方差；x_i 为原始数据；$\overline{x}$ 为总体均值；n 为样本量。

4. 标准差

将方差开平方得到的数值即变量的标准差，其解释和方差是一样的。总体的标准差公式为

$$\sigma = \sqrt{\frac{\sum_{i=1}^{n}(x_i-\mu)^2}{N}} \tag{3.3}$$

样本的标准差公式为

$$S = \sqrt{\frac{\sum_{i=1}^{n}(x_i-\overline{x})^2}{n-1}} \tag{3.4}$$

3.3 数据分布

除了可以通过集中量数和差异量数了解数据特征外，我们还可以通过数据分布了解数据特征。数据的分布种类繁多，例如正态分布、t 分布、F 分布、χ^2 分布等，这里主要介绍常见的正态分布以及与之对应的偏态分布。

3.3.1 正态分布

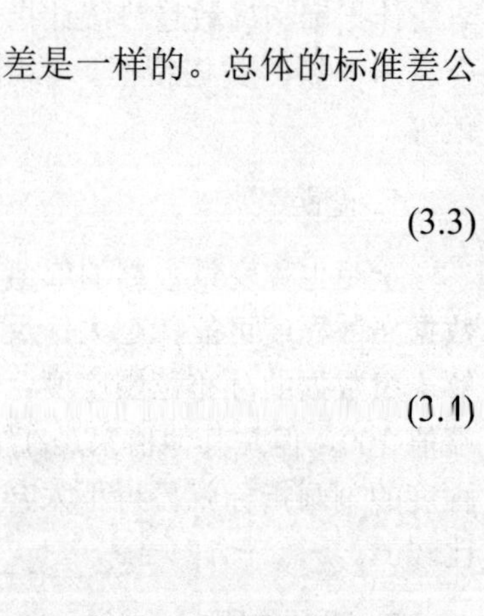

一组数据如果服从正态分布，那么其分布形态就是左右对称的"钟形"曲线，如图 3-1 所示。并且，距离平均值上下一个标准差范围内的个案数约占 68%，距离平均值

图 3-1 正态分布

上下两个标准差范围内的个案数约占 95%，距离平均值上下三个标准差范围内的个案数约占 99%。所有的正态分布都可以转化为标准正态分布，标准正态分布是均值为 0、标准差为 1 的固定数据分布。

3.3.2 偏态分布

有时数据并不都呈现出理想的正态分布，而是以一种偏态的方式呈现，这样的分布可以通过它的偏度和峰度加以描述。

1. 偏度

偏度描述的是变量取值的累积频率分布偏离中心的程度，表现在累积频率分布图的长尾(注意，不是高峰)偏左还是偏右。当偏度系数等于 0 时，图形双尾对称分布，峰尖居中；当偏度系数大于 0 时，长尾在右(右侧尾部长于左侧尾部)，峰尖偏左，如图 3-2(a)所示，此时称为正偏态；当偏度系数小于 0 时，长尾在左(左侧尾部长于右侧尾部)，峰尖偏右，如图 3-2(b)所示，此时称为负偏态。

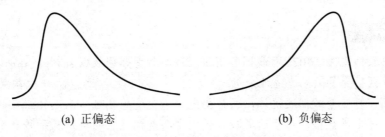

图 3-2　正偏态与负偏态

2. 峰度

峰度是用来描述变量取值的累积频率分布陡峭程度或平缓程度的统计量，表现在累积频率分布图上就是图形尖陡或平缓的程度。当峰度系数等于 0 时，图形就是和正态分布图一样的正态峰，即如图 3-3 所示的实线分布图；当峰度系数大于 0 时，图形就比较尖陡，即如图 3-3 所示实线顶点上层的那条虚线分布图；当峰度系数小于 0 时，图形就比较平缓，即如图 3-3 所示实线顶点下层的那条虚线分布图。

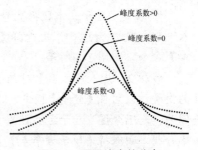

图 3-3　不同峰度的分布

3.4 频率分析的 SPSS 过程

本章数据文件"2021 年我国各省份经济与教育部分数据.sav"[①]中记录了一些我国经济与教育发展的数据，包括省份、地理分区、经济地带、考研分区、经济水平分区、人均可支配收入、毕业研究生数、毕业女研究生数、初中教师女性占比和初中教师研究生占比，

---

① 数据来源于国家统计局《中国统计年鉴》和教育部历年教育统计数据。

如图 3-4 所示(注：图中只是部分数据)。下面将围绕该数据进行一系列描述统计的 SPSS 操作演示。

省份	地理分区	经济地带	考研分区	经济水平分区	人均可支配收入	毕业研究生数	毕业女研究生数	初中教师女性占比	初中教师研究生占比
上海	2	1	1	1	78026.60	55427	30021	.75	.20
北京	1	1	1	1	75002.20	105655	56219	.77	.27
浙江	2	1	1	1	57540.50	25385	12953	.62	.07
江苏	2	1	1	1	47498.30	62470	31323	.57	.08
天津	1	1	1	1	47449.40	21442	12177	.73	.13
广东	4	1	1	1	44993.90	38795	20961	.59	.06

图 3-4 2021 年我国各省份经济与教育部分数据

在 SPSS 中，用于描述统计的命令主要在【分析】菜单中的【描述统计】子菜单中，包括【频率】、【描述】、【探索】、【交叉表】、【比率】、【P-P 图】和【Q-Q 图】等命令。本书主要介绍前四项，这里先介绍【频率】命令的使用。

3.4.1 定类和定序变量的描述统计

请对本章数据文件"2021 年我国各省份经济与教育部分数据.sav"中的"地理分区"变量做描述统计分析。

案例 3-1 对"2021年我国各省份经济与教育部分数据.sav"中的"地理分区"变量做描述统计分析

案例分析：对变量做描述统计，通常要先分析变量的属性从而选择正确的统计指标。"地理分区"是定类数据，对于这类数据我们主要是描述它的类别及每种类别出现的频次和频率，可以通过 SPSS 的频率分析加以完成。除了用频次和频率描述该变量外，还可以用图表进行描述，对于这类数据，比较合适的图表是条形图和饼图，直方图不适合。

步骤 1：打开本章数据文件"2021 年我国各省份经济与教育部分数据.sav"，依次选择【分析】→【描述统计】→【频率】命令，如图 3-5 所示。

图 3-5 选择【频率】命令

步骤 2：进入【频率】对话框，将左侧变量列表中要分析的变量放入右侧【变量】框中，这里将"地理分区"放进框中。因为"地理分区"属于定类数据，所以可以保持系统默认的频率分析，即保持【显示频率表】复选框的默认选中状态，该默认选项是指对变量进行频率分析，如图 3-6 所示。

步骤 3：除了用频次和频率描述定类变量外，我们还可以用图描述它。单击【图表】按钮进入【频率：图表】对话框，选中适合分析该变量的图表。总共给出了三类图表类型，分别是条形图、饼图和直方图。定类数据可以用条形图和饼图来描述，但不应该用直方图。因为一次只能选择一个图形，这里先选择饼图做演示。【图表值】选项组保持默认系统设置，即默认选中【频率】单选按钮，如图 3-7 所示。单击【继续】按钮返回到【频率】对话框，然后单击【确定】按钮，提交系统分析。

步骤 4：结果解释。

(1) 频率分析。图 3-8 是频率分析结果，从图中我们可以看到，"地理分区"变量总共分成了六类共 31 个省份(港澳台数据无)。其中，华北地区共有 5 个省份，占全部省市总数的16.1%，因为没有缺失值，所以有效百分比也是16.1%。其他五个地区省份的频率、百分比、有效百分比也非常清楚地被显示出来了。最后一列的累积百分比，是按照从上到下的顺序把各地区省份的百分比相加所得的总百分比。例如，东北地区的累积百分比为48.4%，这是前三个地区(华北地区、华东地区和东北地区)百分比的累积结果，即16.1%+22.6%+9.7%。同理，最后一个地区(西南地区)的累积百分比等于100%。

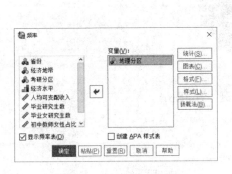

图3-6 【频率】对话框

图3-7 【频率：图表】对话框

地理分区

		频率	百分比（%）	有效百分比（%）	累积百分比（%）
有效	华北地区	5	16.1	16.1	16.1
	华东地区	7	22.6	22.6	38.7
	东北地区	3	9.7	9.7	48.4
	中南地区	6	19.4	19.4	67.7
	西北地区	5	16.1	16.1	83.9
	西南地区	5	16.1	16.1	100.0
	总计	31	100.0	100.0	

图3-8 "地理分区"的频率分析结果

(2) 饼图。图3-9是以饼图的方式呈现变量特征，我们可以非常直观地看出六个地区的省份数量的对比。这就是图的主要优势，有一些复杂的数据及现象，有时采用一个图来表示，往往能起到文字难以达到的效果。当然，要把一个复杂的变量描述清楚，图文并茂有时是最好的选择。我们看到，图3-9虽然直观漂亮，但它是系统默认的，并没有给出相应的数据让我们准确判断每个地区的省份数量所占的比例，此时可以通过图表编辑器对其进行二次编辑。

当我们完成"步骤3"时，可以打开结果输出窗口双击饼图激活图表编辑器，如图3-10所示。然后右击饼图，选择【显示数据标签】命令，如图3-11所示。此时系统默认显示的数据标签是各类别的计数(也可以在弹出的【属性】对话框中选择以百分比为数据标签)，关闭图表编辑器，最后得到新的饼图，如图3-12所示。从图3-12可以看到，每个地区都显示了该地区省份的数量。这样操作后，图表就给我们提供了更多的信息。当然，这里只是演示了图表编辑器的一个小功能，图表编辑器的功能众多(例如添加图题、颜色填充、排序等)，有兴趣的读者可以自行试探。

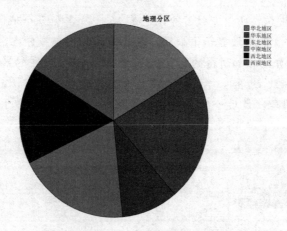

图 3-9 "地理分区"的饼图

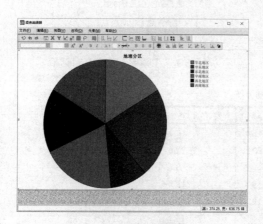

图 3-10 图表编辑器

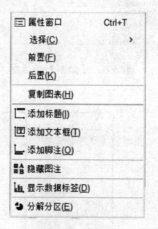

图 3-11 快捷菜单

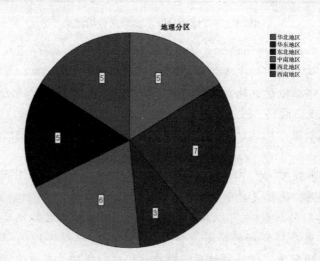

图 3-12 带标签显示的饼图

SPSS 输出的表格和图都可以直接复制粘贴到 Excel、Word、PPT 等文档中。表格复制到文档后仍然可以对其内容做一定的修改，但是图复制到文档后就不能再做内容上的改变了，要想改变图的一些属性，需要在图表编辑器中对其进行修改。

请对本章数据"2021年我国各省份经济与教育部分数据.sav"中的"经济水平分区"变量做描述统计分析。

案例3-2 对"2021年我国各省份经济与教育部分数据.sav"中的"经济水平分区"变量做描述统计分析

案例分析：首先，选择统计指标。"经济水平分区"是定序变量，也叫作等级变量，而定序变量和定类变量一样都是离散变量，对它们进行描述的SPSS过程基本相同。对此，我们采用【频率】命令描述它的等级类别及每种等级的频率。其次，选择统计图。我们也可以用图表来对"经济水平分区"进行描述，这次我们采用条形图来描述它。

步骤1：打开本章数据"2021年我国各省份经济与教育部分数据.sav"，依次选择【分析】→【描述统计】→【频率】命令，结果如图3-5所示。

步骤2：进入【频率】对话框，将左侧变量列表中要分析的变量放入右侧【变量】框中，这里将"经济水平分区"放进框中，保持【显示频率表】复选框的默认选中状态，如图3-13所示。

步骤3：单击【图表】按钮，进入【频率：图表】对话框，这里选中【条形图】单选按钮，【图表值】选项组中默认选中【频率】单选按钮，如图3-14所示。单击【继续】按钮返回到上一层对话框，然后单击【确定】按钮，提交系统分析。

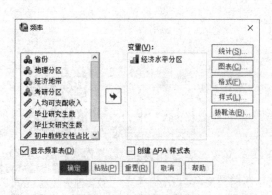

图3-13 【频率】对话框

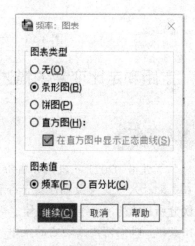

图3-14 【频率：图表】对话框

步骤4：结果解释。

(1) 频率分析。图3-15是频率分析结果，从中我们可以清楚地看到"经济水平分区"变量的等级类别及每种等级的频率，经济发达地区、经济较发达地区和经济欠发达地区这三种经济发展水平地区的省份频率分别为7、9、15，百分比分别为22.6%、29.0%、48.4%，累积百分比分别为22.6%、51.6%、100%。

(2) 条形图。图3-16是用条形图描述变量。与饼图一样，条形图的优点也是直观和形象，图3-16直观地显示出了三种经济发展水平地区的省份数量对比。系统默认的条形图的填充色是统一的，如果读者想要将条形图填充不同的颜色以区分不同的类别，可以双击条形图进入图表编辑器，对条形图的颜色进行调整；如果读者希望显示条形图上的频率个数或者给图形添加标题、文本框或对条柱高度进行排序等，也可以通过图表编辑器进行编辑。

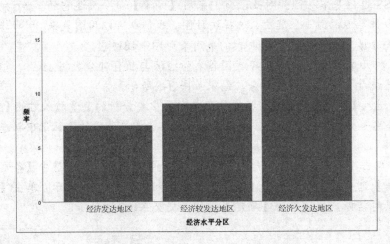

经济水平分区

		频率	百分比（%）	有效百分比（%）	累积百分比（%）
有效	经济发达地区	7	22.6	22.6	22.6
	经济较发达地区	9	29.0	29.0	51.6
	经济欠发达地区	15	48.4	48.4	100.0
	总计	31	100.0	100.0	

图 3-15 "经济水平分区"的频率分析结果

图 3-16 "经济水平分区"的条形图

3.4.2 定距和定比变量的描述统计

请对本章数据"2021 年我国各省份经济与教育部分数据.sav"中的"人均可支配收入"变量做描述统计分析。

案例分析：首先，选择统计指标。"人均可支配收入"是定比数据，对于定比数据，我们需要描述它的集中趋势和离散趋势，还可以描述其分布特征。其次，选择统计图。定比数据是连续变量，我们可以采用直方图来描述它，但不适合用条形图和饼图。这两个步骤都可以通过 SPSS 中的【频率】命令来完成。描述定距数据和定比数据的 SPSS 过程相同。

案例 3-3 对 "2021 年我国各省份经济与教育部分数据.sav" 中的 "人均可支配收入" 变量做描述统计分析

步骤 1：打开本章数据"2021 年我国各省份经济与教育部分数据.sav"，依次选择【分析】→【描述统计】→【频率】命令。

步骤 2：进入【频率】对话框，这里将"人均可支配收入"放到右侧的【变量】框中，因为"人均可支配收入"属于定比数据，不适合采用频率分析，所以可以取消选中【显示频率表】复选框(不过，如果保留选中这一复选框也不影响系统输出相应的结果，只是会多呈现一个频率表)，如图 3-17 所示。

步骤3： 单击【统计】按钮进入【频率：统计】对话框，如图 3-18 所示。我们可以看到，该对话框分为四个部分，因为是做演示，所以这里我们把大部分选项都选上。在实际应用中可以根据自己的需要选择统计量，通常情况下，定距和定比数据的描述应至少提供均值和标准差两个统计量。完成选择后，单击【继续】按钮返回到【频率】对话框。

图 3-17 【频率】对话框

图 3-18 【频率：统计】对话框

步骤4： 单击【图表】按钮进入【频率：图表】对话框，选择适用于分析目标变量的图表，因为定距和定比数据可以用直方图来描述，所以这里选中【直方图】单选按钮，并选中其下方的【在直方图中显示正态曲线】复选框，如图 3-19 所示。然后单击【继续】按钮返回到上一层对话框，最后单击【确定】按钮，提交系统分析。

步骤5： 结果解释。

（1）统计指标。图 3-20 是系统给出的统计量结果，从中我们可以看到这份数据共有 31 个个案，各种统计量的数值也都有列出。例如，"人均可支配收入"的均值为 34 973.935 5；标准偏差为 13 652.877 09；偏度为 2.101，表示其为正偏态分布；峰度为 4.201，表示其峰态比较尖、陡峭。当然实际操作中我们并不需要这么多的统计量，研究者应该按照自己的需要对统计量进行选择。

人均可支配收入统计

个案数	有效	31
	缺失	0
平均值		34 973.935 5
中位数		30 456.800 0
众数		22066.00[a]
标准 偏差		52.87709
方差		186 401 052.8
偏度		2.101
偏度标准误差		.421
峰度		4.201
峰度标准误差		.821
范围		55 960.60
最小值		22 066.00
最大值		78 026.60
百分位数	25	26 811.200 0
	50	30 456.800 0
	75	35 705.100 0

a. 存在多个众数。显示了最小的值。

图 3-19 【频率：图表】对话框   图 3-20 "人均可支配收入"的各项统计指标

(2) 直方图。图 3-21 是用直方图描述变量，从中我们可以比较直观地看到"人均可支配收入"的分布形态。总体来说，该直方图呈现一种右偏态（正偏态，长尾在右，峰尖偏左）的分布趋势，即数值小的个案数较多，数值大的个案数较少，同时其最高点处显得较为陡峭。图 3-21 中的曲线也直观地告诉我们，该例中的数据分布与正态曲线的吻合度较低，提示数据的正态性较差，这和图 3-20 的峰度和偏度的结果是一致的。

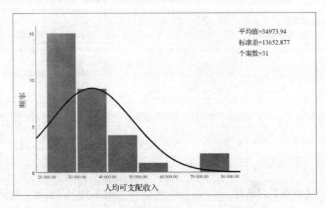

图 3-21 "人均可支配收入"的直方图

请写出本章数据"2021 年我国各省份经济与教育部分数据.sav"中的"初中教师研究生占比"变量的均值、标准差、峰度和偏度，同时采用合适的图形描述该变量，最后根据以上信息初步判定"初中教师研究生占比"的数据分布形态。

案例分析："初中教师研究生占比"也属于定比变量，且是连续变量，这里需要求出其特定的统计量，我们按照指示完成即可。同时，还可以采用直方图对其进行描述。

步骤 1：打开本章数据"2021 年我国各省份经济与教育部分数据.sav"，依次选择【分析】→【描述统计】→【频率】命令。

步骤 2：进入【频率】对话框，这里将"初中教师研究生占比"放到右侧的【变量】框中，取消选中【显示频率表】复选框，如图 3-22 所示。

案例 3-4 写出"2021 年我国各省份经济与教育部分数据.sav"中的"初中教师研究生占比"变量的均值、标准差等

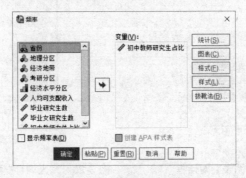

图 3-22 【频率】对话框

步骤 3: 单击图 3-22 右上角的【统计】按钮进入【频率：统计】对话框，选中【平均值】、【标准差】、【偏度】和【峰度】复选框，如图 3-23 所示。然后单击【继续】按钮返回到上一层对话框。

步骤 4: 单击【图表】按钮进入相应对话框，选中【直方图】单选按钮，取消选中【在直方图中显示正态曲线】复选框，如图 3-24 所示。然后单击【继续】按钮返回到上一层对话框，最后单击【确定】按钮，提交系统分析。

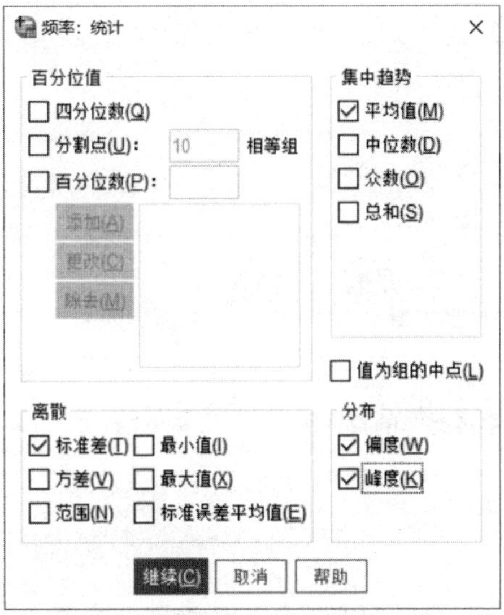

图 3-23　【频率：统计】对话框

图 3-24　【频率：图表】对话框

步骤 5: 结果解释。

(1) 统计指标。图 3-25 是系统给出的统计指标，从中我们可知“初中教师研究生占比”的平均值、标准偏差、偏度、峰度分别为 0.054 9、0.054 52、2.794、8.369。其偏度值大于 0，说明其分布倾向于正偏态；其峰度值大于 0(且远大于 3)，说明其峰态非常陡峭。

初中教师研究所占比统计

个案数	有效	31
	缺失	0
平均值		.0549
标准 偏差		.05452
偏度		2.794
偏度标准误差		.421
峰度		8.369
峰度标准误差		.821

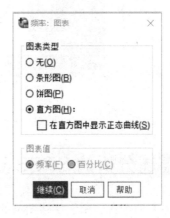

图 3-25　“初中教师研究生占比”的统计指标

(2) 直方图。图 3-26 是利用直方图描述变量，从中我们可以看出，“初中教师研究生占比”变量的数据也同样没有拟合成标准的正态分布，直方图为典型的正偏态，且其峰态非常陡峭。非正态分布是日常处理数据遇到的很正常的情况，这里的样本量太少是其中的一个原因；另外，有一些数据总体分布不一定是正态的。数据分布的形态是非常多的，正态分布只是比较常见的一种而已，所以正态曲线的分析只是告诉研究者数据的特征，并不一定是用它来判断数据的好坏。当然，如果研究者确实已经对某种现象的数据分布是正态分布这一先验结论很有把握，那直方图可以初步帮助研究者判断所抽取的数据是否是正态分布，即判断所抽样本是否有代表性。

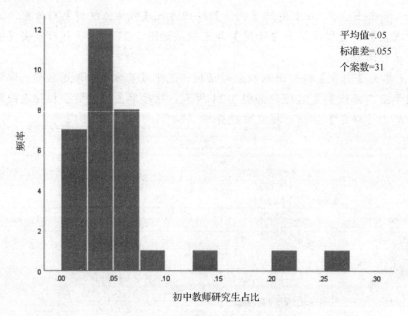

图 3-26 "初中教师研究生占比"的直方图

3.5 描述分析的 SPSS 过程

【描述】命令主要用于连续变量的统计分析,包括计算平均值、标准差、方差、偏度、峰度以及标准分数转换等。其在描述连续变量时的操作过程与使用【频率】命令过程相似,只是各有侧重。例如,【频率】命令中有图表功能,而【描述】命令没有;但是【描述】命令中有标准分数转换的功能,【频率】命令则没有。

3.5.1 标准分数

单纯从一组数据的原始数值中,我们并不能了解某一数值在整个群体中的高低位置。为了反映某数值在一列变量数值中的相对位置,我们通常会将数据转换成标准分数,即 Z 分数。标准分数是将个案的原始数值减去样本的平均值后除以样本的标准差所得到的数值,因此,标准分数以平均数为参照点,以标准差为单位。标准分数的计算公式如下

$$Z = \frac{x_i - \bar{x}}{SD} \tag{3.5}$$

式中,Z 为标准分数,x_i 为原始分数,$\bar{x}$ 为算术平均数,SD 为标准差。

标准分数代表个案的数值偏离样本平均值的标准差个数。例如,某学生的成绩标准分数为 1.5,说明该学生的成绩比平均值高 1.5 个标准差。

利用原始数据我们难以准确判断数据的高低好坏,但是如果把数据都转成标准分数,我们就可以对数据做直观判断了。例如,某员工获得 1 万元的奖金,如果没有外在的比较,我们很难知道这个员工在该单位员工中奖金到底是高还是低;但如果我们把 1 万元数据转换为标准分数,发现 $Z=2.3$,那么我们就可以快速地判断,这个员工的奖金水平高于所在单位的奖金平均值(标准分数大于 0)。而且,这个员工获得的奖金比绝大部分的员工要高,因为

根据正态分布的概率分布，变量取值低于或高于均值两个标准差的个案比例不到总体的5%。

此外，标准分数取值在[-3, 3]中的数据占总数据的99%以上，意味着凡是标准分数超出这个取值范围的数据是非常少见的，因此，这样的取值通常被视为极端值。数据中的极端值应该引起我们的重视。前面提到，有一些统计量，如算术平均数，容易受到两端极端值的影响，如果我们利用Z分数将一些极端值做出筛选，那么分析的结果就会更稳定，也更可靠一些。

3.5.2 描述分析的SPSS过程

利用本章数据"2021年我国各省份经济与教育部分数据.sav"回答下列问题。

(1) 利用【描述】命令求出"毕业研究生数"的平均值、标准差、峰度和偏度。

(2) 将"毕业研究生数"变量转换成标准分数，并判断其是否有大于均值三个标准差的数据。

案例3-5 使用"2021年我国各省份经济与教育部分数据.sav"回答问题

案例分析：问题(1)较为简单，用【频率】命令就可以完成，但是这里要求使用【描述】命令(在实际应用中，对于连续变量的均值和标准差分析，【描述】命令比【频率】命令更为常用)；问题(2)首先需要将原数据转换成标准分数，其次还需要对特定的数值进行甄别，这里需要用到【个案排序】命令。

步骤1：打开本章数据"2021年我国各省份经济与教育部分数据.sav"，依次选择【分析】→【描述统计】→【描述】命令，如图3-27所示。

步骤2：进入【描述】对话框，这里将"毕业研究生数"放到右侧的【变量】框中，选中【将标准化值另存为变量】复选框，如图3-28所示。系统将对变量进行标准化，并且在原数据中生成一个以Z开头的新变量。比较图3-28和图3-22会发现，同样一份数据，左侧的变量框中少了"省份"变量，这是因为"省份"是定类变量且设定为字符串型变量，而【描述】命令并不能处理字符串型数据，因此，该对话框自动屏蔽字符串型的变量。

图3-27 选择【描述】命令

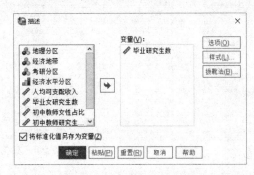

图3-28 【描述】对话框

步骤3：单击【选项】按钮进入【描述：选项】对话框，系统默认选中【平均值】、【标准差】、【最大值】、【最小值】复选框，此时，我们需要另外选中【峰度】和【偏度】

复选框,如图 3-29 所示。然后单击【继续】按钮返回到上一层对话框,最后单击【确定】按钮,提交系统分析。

步骤 4: 结果解释。

从图 3-30 中我们可以看到"毕业研究生数"的各项统计指标,这些指标的结果和使用【频率】命令分析的结果是一致的。具体来说,"毕业研究生数"的平均值为 24 664.61,标准差为 21 604.887,偏度为 1.986,峰度为 5.589。此外,最小值为 732,最大值为 105 655。

在图 3-31 中可看到新生成的标准分数变量,它排在原始数据文件的最右侧一列,名为"Z 毕业研究生数",它就是标准化了的"毕业研究生数"变量。

因为题目要求回答"毕业研究生数"数据中是否有大于均值三个标准差的数据,所以可以右击变量名"Z 毕业研究生数",如图 3-32 所示,然后选择【降序排序】命令,得到的结果如图 3-33 所示。

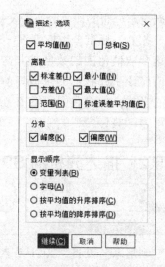

图 3-29 【描述:选项】对话框

从图 3-33 中可以看出,"Z 毕业研究生数"一列的数据由高到低排列,其中有一个数值大于 3(3.748 71),对应的省份是北京。相同地,当选择【升序排序】命令时,可以查找是否有小于均值三个标准差的数据。

描述统计

	N	最小值	最大值	平均值	标准差	偏度		峰度	
	统计	统计	统计	统计	统计	统计	标准误差	统计	标准误差
毕业研究生数	31	732	105655	24664.61	21604.887	1.986	.421	5.589	.821
有效个案数(成列)	31								

图 3-30 "毕业研究生数"的各项统计指标

	省份	地理分区	经济地带	考研分区	经济水平分区	人均可支配收入	毕业研究生数	毕业女研究生数	初中教师女性占比	初中教师研究生占比	Z毕业研究生数
1	北京	1	1	1	1	75002.20	105655	56219	.77	.27	3.74871
2	江苏	2	1	1	1	47498.30	62470	31323	.57	.08	1.74985
3	上海	1	1	1	1	78026.60	55427	30021	.75	.20	1.42386
4	湖北	4	3	1	2	30829.30	43448	22987	.51	.04	.86940
5	陕西	5	2	1	3	28568.00	40587	20914	.63	.07	.73698
6	辽宁	3	1	1	2	35111.70	39590	22038	.72	.06	.69083
7	广东	4	1	1	1	44993.90	38795	20961	.59	.06	.65404
8	四川	6	2	1	3	29080.10	35232	18420	.54	.05	.48912
9	山东	2	1	1	2	35705.10	34364	19849	.59	.06	.44894
10	湖南	4	3	1	3	31992.70	26502	14863	.59	.03	.08504
11	浙江	2	1	1	1	57540.50	25385	12953	.62	.07	.03334
12	吉林	3	4	1	3	27769.80	23221	14603	.70	.05	-.06682
13	黑龙江	3	4	1	3	27159.00	22745	11922	.66	.05	-.08885
14	重庆	6	2	1	2	33802.60	22232	13282	.54	.05	-.11260
15	天津	1	1	1	1	47449.40	21442	12177	.73	.13	-.14916
16	安徽	2	3	1	3	30904.30	20526	9862	.46	.02	-.19156
17	河北	1	1	1	2	29383.00	17456	10018	.73	.02	-.33366
18	河南	4	3	1	3	26811.20	17352	10605	.67	.02	-.33847
19	福建	2	1	1	1	40655.30	16443	9227	.52	.04	-.38054
20	江西	4	3	1	3	30609.90	14055	7579	.52	.02	-.49107
21	云南	6	2	2	3	25666.20	13615	8132	.52	.04	-.51144
22	甘肃	5	2	2	3	22066.00	12782	7096	.46	.03	-.55000
23	山西	1	1	1	3	27425.90	12210	7427	.71	.03	-.57647
24	广西	4	2	2	3	26726.70	12015	6669	.58	.02	-.58550
25	内蒙古	1	4	2	2	34108.40	7992	5243	.71	.07	-.77171
26	新疆	5	2	2	3	26075.00	7991	4915	.65	.08	-.77175
27	贵州	6	2	2	3	23996.20	7460	4474	.48	.01	-.79633

图 3-31 生成"毕业研究生数"的标准分数变量("Z 毕业研究生数")

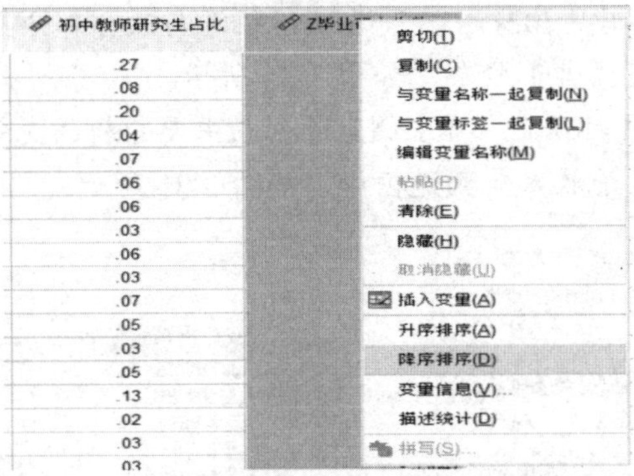

图 3-32 排序命令

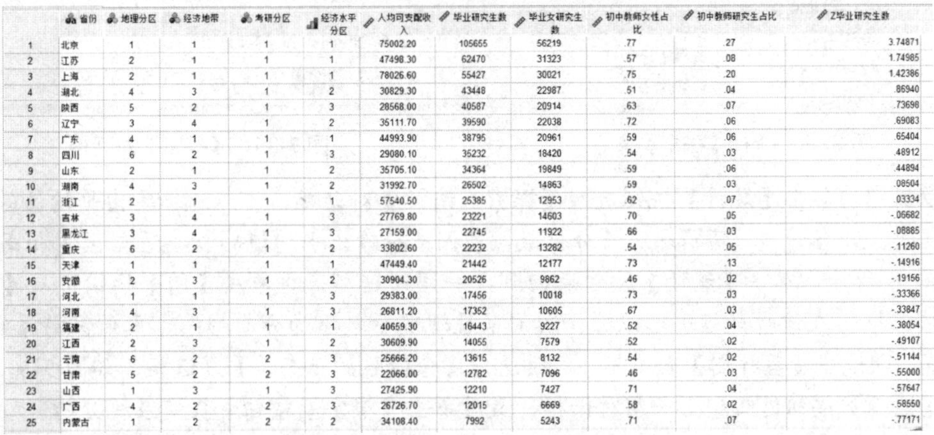

图 3-33 查看大于均值三个标准差的数据

3.6 数据探索分析的 SPSS 过程

【探索】命令的功能实际上是前面频率分析和描述统计功能的整合，目的是帮助我们在进入正式数据统计分析之前，通过数据探索大致了解数据的集中趋势、离散趋势、分布形态、极端值等。使用【探索】命令除了可以输出常见的平均值、中位数、标准差等统计量之外，还可以输出其特有的几个结果：平均值的置信区间、5%剪除后均值、极端值、正态性检验以及茎叶图、箱图等。

请对本章数据"2021 年我国各省份经济与教育部分数据.sav"中的"人均可支配收入"变量做数据探索分析。

案例分析： 数据的探索分析一般是针对连续变量的，所以对于要进行探索分析的变量，先分析它的属性是很有必要的，这和使用其他描述统计命令的思路一致。在这里，"人均可支配收入"属于连续变量，符合数据探索分析的基本要求。

案例 3-6 对"2021 年我国各省份经济与教育部分数据.sav"中的"人均可支配收入"变量做数据探索分析

步骤 1：打开本章数据"2021 年我国各省份经济与教育部分数据.sav"，依次选择【分析】→【描述统计】→【探索】命令，如图 3-34 所示。

步骤 2：进入【探索】对话框，将左侧变量列表中要分析的变量放入右侧【因变量列表】框中，这里将"人均可支配收入"放进框中，如图 3-35 所示。

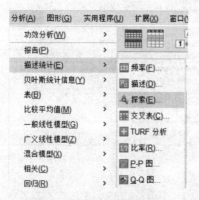

图 3-34 选择【探索】命令

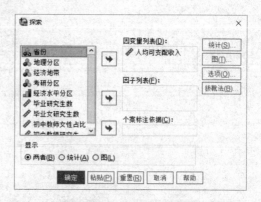

图 3-35 【探索】对话框

步骤 3：单击【统计】按钮进入【探索：统计】对话框，可以选择输出平均值的 95%置信区间、M-估计量、离群值、百分位数。本例选择输出平均值的 95%置信区间和离群值，如图 3-36 所示。单击【继续】按钮返回到上一层对话框。再单击【图】按钮进入【探索：图】对话框。在该对话框中可以选择图形来展现变量数据的分布形态，本例保持系统默认的设置，即选中【茎叶图】复选框，同时选中【含检验的正态图】复选框，如图 3-37 所示。单击【继续】按钮返回到上一层对话框，最后单击【确定】按钮，提交系统分析。

图 3-36 【探索：统计】对话框

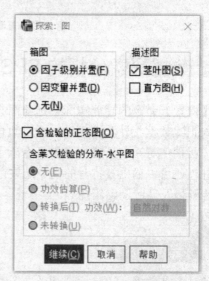

图 3-37 【探索：图】对话框

步骤 4：结果解释。

(1) 统计量。图 3-38 是变量的基本统计量，其中大部分指标我们在使用【频率】和【描述】两个命令时都已经介绍过，这里简单介绍一下前面未涉及的指标。由图 3-38 可知，"人均可支配收入"平均值的 95%置信区间下限为 29 966.019 7，上限为 39 981.851 2。"5%剪除后平均值"是将变量数据最高和最低各5%的数值剔除之后余下数据的平均值,其目的是降低极端值对算术平均值的影响。当数据呈现明显的非正态性时,使用5%剪除后平均值比全部数据的平均值更能反映数据的集中趋势。图3-39列出了"人均可支配收入"最高和最低的五个值。

描述

		统计	标准 错误
人均可支配收入	平均值	34 973.935 5	2 452.129 11
	平均值的95% 置信区间 下限	29 966.019 7	
	上限	39 981.851 2	
	5% 剪除后平均值	33 320.798 6	
	中位数	30 456.800 0	
	方差	186 401 052.8	
	标准 偏差	13 652.877 09	
	最小值	22 066.00	
	最大值	78 026.60	
	全距	55 960.60	
	四分位距	8 893.90	
	偏度	2.101	.421
	峰度	4.201	.821

图3-38 "人均可支配收入"的基本统计量

极值

		个案号	值
人均可支配收入	最高 1	1	78 026.60
	2	2	75 002.20
	3	3	57 540.50
	4	4	47 498.30
	5	5	47 449.40
	最小值 1	27	22 066.00
	2	26	23 996.20
	3	25	24 949.90
	4	24	25 666.20
	5	23	25 919.50

图3-39 "人均可支配收入"的极值

(2) 正态性检验。系统提供了关于数据正态性检验的两种方法,分别是"柯尔莫戈洛夫-斯米诺夫"检验和"夏皮洛-威尔克"检验。根据图3-40,柯尔莫戈洛夫-斯米诺夫检验和夏皮洛-威尔克检验的统计量分别为0.253和0.728,显著性水平p值均为$p<0.001$。根据假设检验和推断统计的原理(将在下一章学习到)可知,当p值小于0.05时,表明"人均可支配收入"不是正态分布。

正态性检验

	柯尔莫戈洛夫-斯米诺夫[a]			夏皮洛-威尔克		
	统计	自由度	显著性	统计	自由度	显著性
人均可支配收入	.253	31	<.001	.728	31	<.001

a. 里利氏显著性修正

图3-40 "人均可支配收入"的正态性检验结果

(3) 茎叶图。茎叶图是将一组数据中的数值按位数拆分成主干(茎)和枝叶(叶)两部分,用茎和叶表示原始数据取值及其频数的一种统计图。直方图没有体现原始数据的具体数值和频数,只有分布形态,而茎叶图不仅可以看出数据的分布情况,同时还保留了这些原始数据的信息。将茎叶图逆时针旋转90°之后就是一个直方图,可以通过"叶"上的数值格式统计原始数据的频数。

如图 3-41 所示,该茎叶图的茎(主干)的宽度(单位)是10 000,每一片叶子代表一个个案记录。第一列是原始数值的频数,第二列是经过茎和叶拆分后的原始数值,小数点前是茎,小数点后是叶,因此叶比茎低一个位数。以图3-41为例,由于

人均可支配收入

人均可支配收入 茎叶图

频率 Stem & 叶

3.00   2 . 234
12.00 2 . 556667777899
7.00   3 . 0000134
2.00   3 . 55
2.00   4 . 04
2.00   4 . 77
3.00 极值 (>=57541)

主干宽度: 10000.00
每个叶: 1个案

图3-41 最新价的茎叶图

茎的宽度是 10 000,所以,茎为 5 的数值表示该数值的的万位是 5(用 5 乘以 10 000 所得);小数点后的叶为 1,则表示该数值的千位是 1(0.1 乘以 10 000 所得)。叶的部分有三个 2,就表示千位为 2 的数值有三个。

根据以上原理,图 3-41 数据区的第一行表示万位为 2 且千位为 2 的数值有一个(即甘肃的 22 066),万位为 2 且千位为 3 的数值有一个(即贵州的 23 996.20),万位为 2 且千位为 4 的数值有一个(即西藏的 24 949.90)。该行左侧"频率"一列数值为 3,表示符合以上情况的数值总共有三个。同理,根据数据区第三行可知,万位为 3 且千位为 0 的数值共有四个(4 个 0),分别对应原始数据中海南的 30 456.80、江西的 30 609.90、湖北的 30829.30 和安徽的 30 904.30。

数据区最后一行呈现的是极端值(简称"极值")的判定标准和个数。在本例中,人均可支配收入大于等于 57 541 元的数值被系统认定为极端值,这样的极端值共有三个(分别为原始数据中浙江的 57 540.50、北京的 75 002.20 和上海的 78 026.60)。

(4) 箱图。箱图是一种可以大致呈现原始数据的数值与频率分布的统计图。箱体的上下两边分别对应上四分位数(Q_3,即百分等级 75 对应的数值)和下四分位数(Q_1,即百分等级 25 对应的数值)。箱体内部的横线是中位数。上四分位数与下四分位数之差就是四分位距(QR, Quartile Range)。距离箱体上下端各 1.5 个 QR(即 Q_3+1.5QR, Q_1-1.5QR)的两个横线之间的数值范围为内限,这两个横线之外的数值被认定为异常值(outlier),用小圆圈"○"表示;而距离箱体上下两端各三个 QR(即 Q_3+3QR, Q_1-3QR)的数值范围称为外限,超过外限的数值为极端值(extreme value),用星号"*"表示。由图 3-42 可知,"人均可支配收入"有三个异常值(个案号分别为原始数据文件中的 1、2、3,即上海、北京和浙江),其中有两个为极端值,个案号分别为 1 和 2(即上海和北京)。在统计分析中,极端值和异常值通常需要考虑删除。

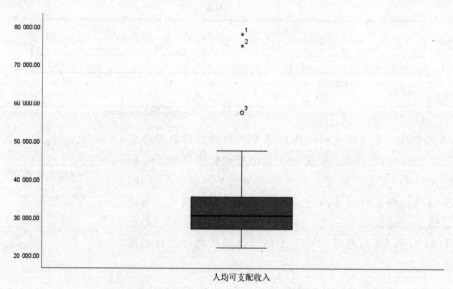

图 3-42 "人均可支配收入"的箱图

如果我们需要对比不同分组水平数据的箱图,则可以在【探索】对话框中将分组变量放入【因子列表】框中。例如,本例将"经济水平分区"作为分组变量进行分析,如图 3-43

所示。最后得到了按经济水平分区输出的"人均可支配收入"的箱图，如图 3-44 所示。

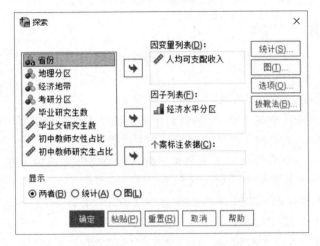

图 3-43　【探索】对话框

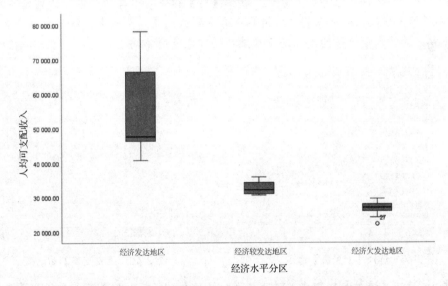

图 3-44　按经济水平分区输出的"人均可支配收入"的箱图

3.7　交叉表分析的 SPSS 过程

频率分析只能了解一个离散变量(如定类变量)自身的频数和百分比的情况，但实践应用中我们经常需要了解某个离散变量的各个水平在另一个(或更多)离散变量各个水平上的频数和百分比，即两个离散变量各水平的"交叉组合水平"的频数和百分比。例如，我们有时只需要了解一个地区的总的民族构成情况，此时用频率分析就行，但如果要了解该地区不同职业人群的民族构成状况，就需要用到交叉表分析。交叉表分析也称"列联表分析"，它除了可以描述多个离散变量间的交叉关系外，还可以用于多个离散变量之间的关联性分析(卡方检验)，这里主要介绍描述两个离散变量的交叉关系，关于独立性检验将在第 6 章进行详细的讲解。

案例 3-7

案例 3-7 利用 "2021年我国各省份经济与教育部分数据.sav" 回答问题

利用本章数据 "2021年我国各省份经济与教育部分数据.sav" 回答下列问题。

(1) 经济欠发达地区中属于考研 1 区的省份有多少个？

(2) 经济欠发达地区中属于考研 1 区的省份占经济欠发达地区省份总数的比例是多少，占考研 1 区省份总数的比例又是多少？

案例分析：这是一个典型的交叉表分析问题，因为它需要同时考虑"经济水平分区"和"考研分区"两个变量各个水平的交叉组合。

步骤 1：打开本章数据 "2021年我国各省份经济与教育部分数据.sav"，依次选择【分析】→【描述统计】→【交叉表】命令，如图 3-45 所示。

步骤 2：进入【交叉表】对话框，将左侧变量列表中要交叉分析的变量放入右侧【行】和【列】框中。这里将"经济水平分区"放到【行】框中，"考研分区"放到【列】框中，如图 3-46 所示。当然，也可以将"经济水平分区"放到【列】框中，将"考研分区"放到【行】框中，其结果是一样的，只是结果呈现的方式有所不同。

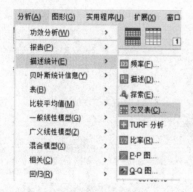

图 3-45 选择【交叉表】命令

图 3-46 【交叉表】对话框

步骤 3：单击【统计】按钮进入【交叉表：统计】对话框。如果需要对行变量和列变量的相关性进行统计检验，可以选中【卡方】复选框，输出卡方值及其显著性水平。对于分类变量(相当于定类变量)还可以输出列联系数、Phi 和克莱姆 V 系数(Cramer V)、Lambda 系数、不确定性系数；而对于有序变量(相当于定序变量)，则可以输出 Gamma 系数、萨默斯 d 系数(Somers d)、肯德尔 tau-b 系数(Kendall tau-b)、肯德尔 tau-c 系数(Kendall tau-c)。本例选中【卡方】复选框，如图 3-47 所示，然后单击【继续】按钮返回到上一层对话框。

步骤 4：单击【单元格】按钮进入其对话框。【单元格】用于输出行变量和列变量交叉组合的类别统计结果，包括实测值或期望值的计数、行和列的百分比、标准化与未标准化的残差等。根据题目的要求，本例选中【行】和【列】两个复选框，如图 3-48 所示。单击【继续】按钮返回到上一层对话框。最后单击【确定】按钮，提交系统分析。

步骤 5：结果解释。

(1) 相关性检验(卡方检验)。如图 3-49 所示，卡方值为 6.797，自由度(df)为 2，显著性水平(渐进显著性) $p=0.033<0.05$，因此，我们可以认为不同经济水平地区的考研分区分布(或

构成)存在显著性差异,也可理解为"经济水平分区"和"考研分区"存在显著关联。这里涉及到假设检验和推断统计的相关知识,我们将在第 4 章详细介绍。

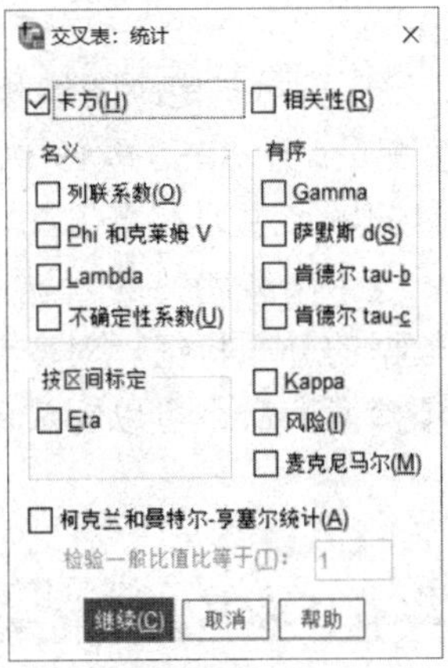

图 3-47 【交叉表:统计】对话框 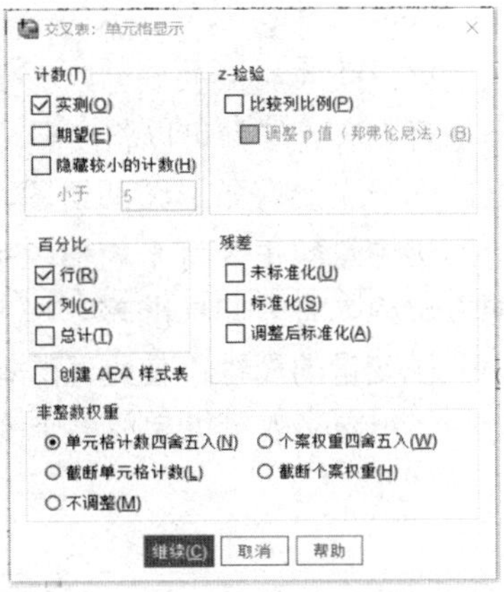　　　图 3-48 【交叉表:单元格显示】对话框

卡方检验

	值	自由度	渐进显著性(双侧)
皮尔逊卡方	6.797a	2	.033
似然比	8.723	2	.013
线性关联	6.524	1	.011
有效个案数	31		

a. 4 个单元格 (66.7%) 的期望计数小于 5。最小期望计数为 2.26。

图 3-49 "经济水平分区"与"考研分区"的卡方检验结果

(2) 交叉表分析。如图 3-50 所示,经济欠发达地区中属于考研 1 区的省份共有 7 个,占经济欠发达地区省份总数(共 15 个省份,见右侧"总计"一列)的 46.7%,占考研 1 区省份总数(共 21 个省份,见底部"总计"一行)的 33.3%。如果想要了解经济欠发达地区中属于考研 1 区的省份数量占全国所有省份数量的比例,可以在【交叉表:单元格显示】对话框中选中【总计】复选框。当然,如果一次性选中【行】、【列】和【总计】复选框也是可以的,读者可以自行尝试。

经济水平分区 * 考研分区 交叉表

			考研分区		总计
			1	2	
经济水平分区	发达地区	计数	7	0	7
		占 经济水平分区 的百分比	100.0%	0.0%	100.0%
		占 考研分区 的百分比	33.3%	0.0%	22.6%
	较发达地区	计数	7	2	9
		占 经济水平分区 的百分比	77.8%	22.2%	100.0%
		占 考研分区 的百分比	33.3%	20.0%	29.0%
	欠发达地区	计数	7	8	15
		占 经济水平分区 的百分比	46.7%	53.3%	100.0%
		占 考研分区 的百分比	33.3%	80.0%	48.4%
总计		计数	21	10	31
		占 经济水平分区 的百分比	67.7%	32.3%	100.0%
		占 考研分区 的百分比	100.0%	100.0%	100.0%

图 3-50 "经济水平分区"与"考研分区"的交叉表分析结果

小 结

按照数据反映的测量水平可以将变量分为定类变量、定序变量、定距变量和定比变量，按照数据是否具有连续性可以将变量分为离散变量和连续变量。在 SPSS 软件中，用于描述离散变量的图形主要有条形图和饼图，用于描述连续变量的图形主要有直方图。用于表示集中趋势的集中量数主要有平均值、中位数和众数，用于表示离散趋势的差异量数主要有全距、四方位距、方差和标准差。峰度和偏度可以描述数据的分布特征。对变量进行描述前需要先分析变量的属性；使用【频率】、【描述】和【探索】命令可以完成单个变量的描述统计，使用交叉表可以完成多个变量间关系的描述统计。

思考与练习

1. 什么叫描述统计？
2. 根据数据测量水平的不同可以将变量分为哪几类？
3. 根据数据是否具有连续性可以将变量分为哪几类？
4. 简单介绍条形图、饼图、直方图、茎叶图和箱图。
5. 什么叫集中量数？什么叫差异量数？它们分别可以用哪些统计量来表示？
6. 打开本章数据"个股上榜理由.sav"(注：数据来源于新浪财经频道)，按要求回答下列问题。
    (1) 用什么图形描述"板块"变量？请做出来。
    (2) 股票数最多的板块是哪个？占股票总数多大比例？
    (3) 用什么图形描述"累积购买额"变量？请做出来。
    (4) 变量"累积购买额"的均值、标准差、峰度和偏度值是多少？
    (5) 用探索分析了解"累积卖出额"变量的描述统计指标。根据箱图判断"累积卖出额"是否有极端值。
    (6) 用交叉表分析找出创业板中上榜 1 次的股票有多少家？占股票总数多大比例？

第 4 章

假 设 检 验

教学目标

- 掌握假设检验的基本思想和步骤。
- 掌握单样本 T 检验的 SPSS 操作及结果解释。
- 掌握独立样本 T 检验的 SPSS 操作及结果解释。
- 掌握成对样本 T 检验的 SPSS 操作及结果解释。

前面我们学习了对数据进行描述的方式和具体方法，如果要对事物有一个准确的描述，最好的办法是把这一事物涉及的所有数据点收集好，找到数据的所有样本，即找到数据的总体对其进行测量，然后对其做描述统计分析即可。但是在实践中，这样的理想状态是很难达到的：首先，有一些数据的总体我们并不能完全掌握其数量，全部收集总体数据就显得不太可能；其次，在某些情况下虽然总体数据能够收集到，但真正操作时将会耗费大量的人力、物力和财力，从经济效率方面来说，这显得没有必要。于是统计学家便提出利用一定的理论，通过样本的信息去推断总体信息，这一过程被称为推论统计。与描述统计一样，推论统计是统计学中不可或缺的部分，它是统计学的精华所在，描述统计常常是为推论统计做准备的。

总体参数的估计和参数假设检验这两大类问题，是推论统计的主要内容，本章主要讲解假设检验。通过样本统计量的差异判断总体参数之间是否存在差异，这种推论过程被称作假设检验(hypothesis test)。假设检验包括参数检验和非参数检验，当总体分布形式已知时，通过样本数据对总体分布的未知参数进行推断，这种推断方法称为参数假设检验(parametric test)；当对总体分布形式不了解时，根据样本数据对总体的分布形式及其他特征进行推断，通常称为非参数假设检验(non-parametric test)。本章重点介绍参数假设检验的基本概念与原理，并重点介绍单样本 T 检验、独立样本 T 检验和成对样本 T 检验方法的使用。

4.1 假设检验的原理

4.1.1 假设检验

在研究中，我们常常根据已有的理论和经验事先对研究结果做出一种预想的希望被证实的假设，这种假设被称为科学假设，用统计术语表述时，称为研究假设或备择假设，记为 H_1(alternative hypothesis)。例如，为了提前估计年末两个地区民营企业的纳税额是否有差异，在这两个地区分别随机地抽取 30 家民营企业做调查，获得各自 30 家企业的样本统计量，因为想要利用这些样本统计量的差异情况去证明两个地区民营企业的纳税额是否有显著性差异，以 μ_1 和 μ_2 分别表示两者总体的均值，那么备择假设就可以写作 $H_1:\mu_1 \neq \mu_2$。

然而，在统计学中却不能对 H_1 的真实性做直接的检验，为什么呢？拿上面的例子来说，两个均值不相等的情况是无穷尽的，要一一证明是不可能的。为了解决这个问题，统计学家利用反证法的思想，建立起与备择假设 H_1 对立的假设，即虚无假设(null hypothesis)，或叫做无差假设、零假设、原假设，用 H_0 表示。在该例中，$H_0:\mu_1=\mu_2$，即证明两者的纳税额没有差别。可见，H_1 和 H_0 两者假设是完全对立的，接受 H_0 就要拒绝 H_1，拒绝 H_0 就要接受 H_1，这就是假设检验的反证法。注意，习惯上等号"="总是写在原假设 H_0 上。

为什么备择假设 H_1 不能直接证明，而原假设 H_0 就可以证明呢？因为要证明 H_0 只有一种情况，即两总体相等，只要有足够的证据证明两者相等就行了。那么怎样才算有足够的证据证明两者是相等的呢？以上题为例，统计学家假定在 H_0 为真的时候，通过某种置信水平(confidence level)计算出两总体均值的差所在的区域或区域长度，我们称之为置信区间(confidence interval)。假设现在从两个总体中分别随机抽取样本，我们就可以在这种置信水平下判断两样本的差值是否在置信区间里，如果是，则证明原假设 H_0 为真，此时拒绝备择

假设 H_1；如果不是，则证明原假设 H_0 为假，此时接受备择假设 H_1。

4.1.2 小概率事件

我们总是希望置信水平(置信度)尽可能大，因为这样我们就对某个结论更有把握和信心，显然，对于有 50%的信心判断这个结论是对的和有 90%的信心判断这个结论是对的，我们会选后者。然而，置信度越大就意味着置信区间也越大，置信区间太大，推断就失去了实际意义。例如在某个满分为 100 分的考试中有 100%的把握某考生的分数在 30～90 分，这样大的置信区间说明估计是十分粗糙且毫无意义的。可见置信度和置信区间两者是矛盾的，因此需要做好两者的权衡，既要让置信水平尽可能高，又要让置信区间尽可能小。通常情况下统计学家把置信水平设为 95%，为什么呢？这里涉及一个新的概念，即"小概率事件"。小概率事件是指在一次实验中几乎不可能发生的事件，如果发生了，便可认为这种现象是异常或不合常理的，通常将概率不超过 0.05 的事件叫做"小概率事件"。统计学家把置信度设为 95%，是指虽然有 95%的把握，但是仍旧有 5%的可能性犯错误，不过这个 5%的错误是小概率事件，是不太可能发生的，所以我们下结论的时候就有把握。我们把估计总体参数落在某一置信区间时，可能犯的错误的概率称为显著性水平，用符号 α 表示。显然，$(1-\alpha)$ 就是我们上面所说的置信水平了。参考小概率事件的属性，统计学家通常把显著性水平定义为 0.05，当然，有时也定义为 0.01 或者 0.001，那就意味着在更加严格的概率条件下做推论。

综上所述，假设检验的基本思路其实就是：首先，根据理论和经验提出某种研究假设 H_1 和其相对立的原假设 H_0；然后，再利用样本的信息检验原假设 H_0 是否成立。如果在某种显著性水平下样本数据不能够充分证明和支持原假设 H_0，则应拒绝原假设 H_0，接受备择假设 H_1；相反，如果在某种显著性水平下样本数据能够充分证明和支持原假设 H_0，则应接受原假设 H_0，拒绝备择假设 H_1。

4.1.3 假设检验的基本步骤

依据假设检验的基本思想，假设检验可以总结为以下四大基本步骤。

步骤 1：提出原假设 H_0。即根据推断检验的目的，对待推断的总体参数或分布提出一个基本假设，需要根据不同的情况提出不同的原假设，在第 4.2.2 小节再详细说明。

步骤 2：确定检验统计量。样本来自总体，包含关于总体参数的信息。但是，直接用样本原始观测值检验假设是困难的，必须借助于根据样本构造出的统计量，这些检验统计量服从或近似服从某种已知的理论分布，对于不同的假设检验问题以及不同的总体条件，会有不同的选择检验统计量的理论、方法和策略。

步骤 3：计算检验统计量及发生的概率 p 值。选定检验统计量之后，在认为原假设成立的条件下，利用样本数据便可计算出检验统计量发生的概率 p 值，然后可以依据一定的标准来判定其发生的概率是否为小概率，即是否是一个小概率事件。

步骤 4：设定显著性水平 α 并与概率 p 值进行比较，做出统计决策。显著性水平 α 是指原假设 H_0 正确却被错误地拒绝的概率或风险，一般确定为 0.05、0.01 或 0.001。$\alpha=0.05$ 表示显著，$\alpha=0.01$ 表示非常显著，$\alpha=0.001$ 表示极为显著。一般没有特殊说明的情况下，均以

显著性水平 $\alpha=0.05$ 进行分析说明。

如果检验统计量的概率 p 值小于显著性水平 α，则认为如果此时拒绝原假设犯错误的可能性小于显著性水平 α，其概率低于预先控制的水平，不太可能犯错误，可以拒绝原假设 H_0；反之，如果检验统计量的概率 p 值大于显著性水平 α，则认为如果此时拒绝原假设犯错误的可能性大于显著性水平 α，其概率比预先控制的水平高，很有可能犯错误，不应拒绝原假设 H_0，而是接受它。

通过上述四步便可完成假设检验。在利用 SPSS 进行假设检验时，应明确第一步假设检验的原假设，第二步和第三步是 SPSS 自动完成的，第四步的决策需要自己判定，即人为确定显著性水平 α，并与检验统计量的概率 p 值相比较，进而做出决策。

4.2 单样本 T 检验

4.2.1 单样本 T 检验概述

单样本 T 检验，有的教材也叫单样本 t 检验，两者没有本质区别。T 检验 SPSS 的命令菜单采用的是大写 T 表示，但是其分析结果是用 t 表示，除了单样本 T 检验，另外两种 T 检验，即独立样本 T 检验和配对样本 T 检验，SPSS 也采用 T 代替 t，本教材按照 SPSS 的习惯采用大写 T 表示菜单命令，用小写 t 记统计量。单样本 T 检验研究的是样本均值与总体均值的差异问题，目的在于推断样本的总体均值是否与某个指定的检验值存在统计学上的显著性差异，简而言之，即判断某一样本是否属于某总体。之所以叫作单样本 T 检验，一方面是因为在这样的假设检验中只有一组样本数据，所以称为"单样本"，即单样本 T 检验适用于研究只有一个样本的问题；另一方面是因为其进行假设检验所依据的分布主要是 t 分布。单样本 T 检验的备择假设情况包括显著不等于($H_1:\mu_1\neq\mu_0$)、显著小于($H_1:\mu_1<\mu_0$)和显著大于($H_1:\mu_1>\mu_0$)。其中，μ_1 指某样本所对应的总体均值，而 μ_0 指的是某一个已知样本的总体均值。SPSS 软件只检验"显著不等于"对应的原假设，叫双侧检验，即只证明 $H_0:\mu_1=\mu_0$；"显著大于"和"显著小于"被称为单侧检验，如果需要做单侧检验，需要通过双侧检验的检验数据进行人为判断。

单样本 T 检验的使用需要满足下列几个条件：①单个样本数据；②样本来自的总体要服从或近似服从正态分布；③样本数据为连续型数据。

4.2.2 单样本 T 检验的步骤

单样本 T 检验可分四步完成。

步骤 1：建立原假设 H_0。

原假设 H_0 根据不同的情况分为三种形式：

$H_0:\mu_1 = \mu_2$； $H_1:\mu_1\neq\mu_2$(双侧检验)

$H_0: \mu\leq\mu_0$； $H_1: \mu>\mu_0$(单侧检验或右侧检验)

$H_0: \mu\geq\mu_0$； $H_1: \mu<\mu_0$(单侧检验或左侧检验)

例 1：假设要研究某地区人均月收入是否与 4 000 元有显著性差异。4 000 元就是指定的检验值，可指某个已知总体的收入均值，所以 $\mu_0 = 4\,000$，提出的原假设和备择假设为 $H_0: \mu = 4\,000$；$H_1: \mu \neq 4\,000$。

例2：假设要研究某地区人均月收入是否显著高于 4 000 元，提出的原假设和备择假设为 $H_0: \mu \leq 4\,000$；$H_1: \mu > 4\,000$。

例3：假设要研究某地区人均月收入是否显著低于 4 000 元，提出的原假设和备择假设为 $H_0: \mu \geq 4\,000$；$H_1: \mu < 4\,000$。

步骤2：确定检验统计量。

当总体分布为正态分布时，即 $N(\mu, \sigma^2)$，样本均值的分布仍可视为正态分布，此时其正态分布的均值为 μ，方差为 σ^2/n，即

$$\bar{X} \sim N\left(\mu, \frac{\sigma^2}{n}\right) \tag{4.1}$$

式中，$\bar{X}$ 为样本均值，μ 为总体均值，σ^2 为总体方差，n 为样本量。根据中心极限定理，若总体分布近似服从正态分布，当样本量 n 较大时，样本均值也近似服从正态分布。

(1) 当总体方差 σ^2 已知时，可用 Z 检验证明样本均值与总体均值是否有显著性差异，其统计量为

$$Z = \frac{\bar{X} - \mu_0}{\sqrt{\sigma^2/n}} \tag{4.2}$$

(2) 如果总体方差 σ^2 是未知的，可以用样本方差 S^2 来代替总体方差 σ^2，利用 T 检验证明样本均值与总体均值是否有显著性差异，其统计量为

$$t = \frac{\bar{X} - \mu_0}{\sqrt{S^2/n}} \tag{4.3}$$

(3) 当然，如果总体分布非正态，只要样本量 $n \geq 30$，不管总体的方差已知或是未知，都可以用近似正态分布 Z' 检验证明样本均值与总体均值是否有显著性差异，即

$$Z' = \frac{\bar{X} - \mu_0}{\sqrt{\sigma^2/n}} \tag{4.4}$$

$$Z' = \frac{\bar{X} - \mu_0}{\sqrt{S^2/n}} \tag{4.5}$$

本小节中单样本 T 检验所用到的统计量即为式(4.3)中的 t 统计量。

步骤3：计算检验统计量及发生的概率 p 值。

SPSS 软件会自动计算 T 检验统计量，同时程序会根据 t 统计量所服从的分布计算对应的概率 p 值，我们需要做的就是识别和判断。

步骤4：设定显著性水平 α 并与概率 p 值进行比较，做出统计决策。

当概率 p 值大于显著性水平时，应接受原假设，得出的结论与原假设表述相同，即记为"当 $p > \alpha$ 时，接受原假设 H_0，拒绝备择假设 H_1"；当概率 p 值小于显著性水平时，则应拒绝原假设，得出的结论与原假设表述相反，记为"当 $p < \alpha$ 时，拒绝原假设 H_0，接受备择假设 H_1"。

4.2.3 单样本 T 检验的 SPSS 过程

案例 4-1

案例 4-1 利用数据"贷款利率.sav"分析某市信贷利率是否和其所属省份的贷款利率一致

为了了解某市民间信贷的发展情况,相关部门随机抽取了某年该市 30 家信贷公司的贷款年利率,见本章数据"贷款利率.sav",已知该市所属省份信贷公司的贷款年平均利率为 16%,试分析该市信贷利率是否和其所属省份的贷款利率一致?

案例分析:该数据只涉及一个样本,要比较的是该样本与已知总体均值的差异,因此可以选择单样本 T 检验对问题进行证明。

步骤 1:打开数据,依次选择【分析】→【比较平均值】→【单样本 T 检验】命令,如图 4-1 所示。

步骤 2:进入【单样本 T 检验】对话框,把"年利率"添加到【检验变量】框中,在【检验值】文本框中输入 16,如图 4-2 所示,其他选项保持默认状态。最后单击【确定】按钮,提交系统分析。

图 4-1 选择【单样本 T 检验】命令

图 4-2 【单样本 T 检验】对话框

步骤 3:结果解释。

图 4-3 和图 4-4 为系统给出的主要检验结果。由图 4-3 可知,该市 30 家信贷公司的贷款利率平均值为 16.676 7%,标准差为 2.716 32%,平均值的标准误差为 0.495 93。由图 4-4 可知,t 统计量为 1.364,自由度 df=29,"显著性(双尾)"表示进行的是双侧检验,t 的显著性检验 p 值为 0.183,单样本 T 检验要证明的是该市信贷公司的贷款利率和该省的贷款利率有显著性差异,则其原假设为两者没有显著性差异,即 $H_0: \mu_1=\mu_0=16\%$。这里 t 统计量的显著性检验值 $p=0.183>0.05$,所以接受原假设 H_0,即认为该市信贷公司贷款利率和该省的贷款利率没有显著性差异。如果 $p<0.05$,则拒绝原假设 H_0,认为两者存在显著性差异。

单样本统计

	个案数	平均值	标准差	标准误差平均值
年利率	30	16.6767%	2.71632%	.49593

图 4-3 单样本统计指标

单样本检验

	检验值 = 16				
				差值95% 置信区间	
	t	自由度	显著性（双尾）	平均值差值	下限	上限
年利率	1.364	29	.183	.67667	-.3376	1.6910

图 4-4 单样本检验结果

案例 4-2 利用数据"智力水平.sav"检验某校智力水平是否显著高于该地区大学生的智力水平

随机抽取某大学 30 名学生，对其进行智力测试，测试分数见本章数据"智力水平.sav"。已知该地区大学生的平均智力分数是 100，检验该校智力水平是否显著高于该地区大学生的智力水平。

案例分析：这里的提问和案例 4-1 的提问基本一样，都是在已知某样本统计数据的情况下，与已知的总体参数进行差异性检验，只不过案例 4-1 为双侧检验，这里为单侧检验，但都可以采用单样本 T 检验对问题进行验证。案例 4-1 的总体参数为 16%，该例的总体参数为 100。因为案例 4-2 与案例 4-1 的操作步骤相似，这里仅提供与案例 4-1 不同的步骤与结果解释加以分析。

打开数据，进入【单样本 T 检验】对话框后，将"智力水平"放入【检验变量】框中，在【检验值】文本框中填入 100，如图 4-5 所示，其他步骤和案例 4-1 相同，在此省略。最后输出结果如图 4-6 和图 4-7 所示。图 4-6 给出了样本的容量、平均值和标准差等信息。从图 4-7 可以看出，检验统计量 $t=3.028$，自由度 $df=29$，显著性 $p=0.005<0.05$，说明该大学学生的智力水平与该地区大学生的智力水平有显著性差异。但这里为单侧检验，原假设 H_0 为 $\mu_1 \leq \mu_0 = 100$，H_1 为 $\mu_1 > \mu_0 = 100$，即我们还得比较谁大谁小。从图 4-6 可知样本均值为 104.87，而该地区大学生的智力水平为 100，即拒绝 H_0，接受 H_1，也就是说该校大学生的智力水平要显著高于该地区大学生的智力水平。

图 4-5 【单样本 T 检验】对话框

单样本统计

	个案数	平均值	标准差	标准误差平均值
智力水平	30	104.87	8.803	1.607

图 4-6 单样本统计指标

单样本检验

	检验值 = 100				
				差值95% 置信区间	
	t	自由度	显著性（双尾）	平均值差值	下限	上限
智力水平	3.028	29	.005	4.867	1.58	8.15

图 4-7 单样本检验结果

4.3 独立样本 T 检验

4.3.1 独立样本 T 检验概述

独立样本 T 检验的研究目的也是研究均值的差异情况,与单样本 T 检验不同的是,独立样本 T 检验利用来自两个总体的独立样本的差异情况,推断两个总体的均值是否存在显著性差异。两独立样本指的是从一个总体中抽取的一组样本与从另一个总体中抽取的一组样本彼此独立,没有任何影响,它们分别属于不同的总体,它们的样本数量可以相等也可以不相等。与单样本 T 检验一样,在写备择假设时,显著性差异的写法包括显著不等于($H_1:\mu_1 \neq \mu_2$)、显著小于($H_1:\mu_1 < \mu_2$)和显著大于($H_1:\mu_1 > \mu_2$),SPSS 软件只检验显著不等于的情况,即只做双侧检验,如果需要做单侧检验,需要对双侧检验数据进行人为判断。

独立样本 T 检验的适用条件有:①样本来自的总体应服从或近似服从正态分布;②两样本应为相互独立的样本;③样本数据为连续型数据。

4.3.2 独立样本 T 检验的原理和步骤

独立样本T检验与单样本T检验的步骤相同,分为四步。

步骤1:建立原假设 H_0。

与单样本T检验一样,独立样本T检验的原假设H_0也有三种情况:

$H_0:\mu_1 = \mu_2$; $H_1:\mu_1 \neq \mu_2$(双侧检验)

$H_0:\mu_1 \leq \mu_2$; $H_1:\mu_1 > \mu_2$(单侧检验或右侧检验)

$H_0:\mu_1 \geq \mu_2$; $H_1:\mu_1 < \mu_2$(双侧检验或左侧检验)

其中,μ_1和μ_2分别是第一个总体和第二个总体的均值。

步骤2:确定检验统计量。

独立样本T检验统计量的选择有如下几种情况。

(1) 两个总体都是正态分布、两个总体方差σ_1^2和σ_2^2都已知的时候,两独立样本均值差的抽样分布的方差估计σ_{12}^2,可以表示为

$$\sigma_{12}^2 = \frac{\sigma_1^2}{n_1} + \frac{\sigma_2^2}{n_2} \tag{4.6}$$

式中,σ_1^2、σ_2^2分别为第一个总体和第二个总体的方差;n_1、n_2分别为第一个样本和第二个样本的样本量。

因为此时两样本均值差的抽样分布为正态分布,可以利用Z检验证明两总体的均值是否有显著性差异,其统计量为

$$Z = \frac{(\overline{X}_1 - \overline{X}_2) - (\mu_1 - \mu_2)}{\sqrt{\dfrac{\sigma_1^2}{n_1} + \dfrac{\sigma_2^2}{n_2}}} \tag{4.7}$$

(2) 如果两个总体方差未知但相等,即$\sigma_1^2 = \sigma_2^2$,可以用联合方差S_p^2代替两个总体的方差,其公式为

$$S_p^2 = \frac{(n_1-1)S_1^2 + (n_2-1)S_2^2}{n_1 + n_2 - 2} \tag{4.8}$$

式中，S_1^2 和 S_2^2 分别为第一个样本和第二个样本的方差；n_1 和 n_2 分别为第一个样本和第二个样本的样本量。此时两样本均值差的抽样分布的方差估计 σ_{12}^2，可以表示为

$$\sigma_{12}^2 = \frac{S_p^2}{n_1} + \frac{S_p^2}{n_2} \tag{4.9}$$

因为此时两样本均值差的抽样分布为 t 分布，那么此时独立样本 T 检验构建的统计量可以写成

$$t = \frac{(\bar{X}_1 - \bar{X}_2) - (\mu_1 - \mu_2)}{\sqrt{\frac{S_p^2}{n_1} + \frac{S_p^2}{n_2}}} \tag{4.10}$$

(3) 如果两个总体方差未知且不相等，即 $\sigma_1^2 \neq \sigma_2^2$，分别用样本方差代替各自的总体方差，那两样本均值差的抽样分布的方差估计 σ_{12}^2，可以表示为

$$\sigma_{12}^2 = \frac{S_1^2}{n_1} + \frac{S_2^2}{n_2} \tag{4.11}$$

但是这时两样本均值差的抽样分布已经不是正态分布，也不是 t 分布，只是近似 t 分布，此时用 T′ 检验证明两总体均值是否存在显著性差异，其统计量为

$$t' = \frac{(\bar{X}_1 - \bar{X}_2) - (\mu_1 - \mu_2)}{\sqrt{\frac{S_1^2}{n_1} + \frac{S_2^2}{n_2}}} \tag{4.12}$$

这个 t' 分布的自由度与 t 分布不同，要经过修正，修正后的自由度为 f，即

$$f = \frac{\left(\frac{S_1^2}{n_1} + \frac{S_2^2}{n_2}\right)^2}{\left(\frac{S_1^2}{n_1}\right)^2 / n_1 + \left(\frac{S_2^2}{n_2}\right)^2 / n_2} \tag{4.13}$$

t' 统计量的显著性检验要比 T 检验复杂，有兴趣的读者可以查阅相关统计学书籍，了解它的具体检验过程。

综上所述，因为方差的情况不同需要采用不同的 T 检验方式，所以在做独立样本 T 检验之前，首先应当明确两者的方差是否相等，以此判断应该采用哪种检验统计量。SPSS 中利用 F 检验的方法推断两总体方差是否有显著性差异(F 检验的具体内容在第 5 章)，它同时提供方差相等和不相等时的 T 检验情况，需要读者根据数据做决策。

步骤 3：计算检验统计量观测值及发生的概率 p 值。

SPSS 软件会自动计算 T 检验统计量，同时程序会根据 t 统计量所服从的分布计算对应的概率 p 值，与单样本 T 检验不同的是，独立样本 T 检验的分析结果会给出两个 t 统计量，我们需要根据相应的检验结果选择合适的统计量，详见步骤 4。

步骤 4：设定显著性水平 α 与概率 p 值进行比较，做出统计决策。

独立样本 T 检验的决策比单样本 T 检验多一个步骤，分如下两步进行。

(1) 判断两独立样本方差是否相等。利用 F 检验判断两总体方差是否相等，其原假设

H_0 为两总体方差没有显著性差异，表述为 $H_0: \sigma_1^2 = \sigma_2^2$。若 F 检验统计量对应的概率 $p > \alpha$ 时，接受原假设 H_0，结论即为两总体方差相等；若对应的概率 $p < \alpha$ 时，拒绝原假设 H_0，结论即为两总体方差不相等。

(2) 判断两独立样本的总体均值是否有差异。第一步证明的方差相等与否为我们选择合适的 T 检验提供了依据，第二步的目的是要通过 T 检验推断两总体的均值是否存在显著性差异，可以根据 T 检验统计量的概率 p 值与显著性水平 α 比较，做出决策。其原假设为两总体均值没有显著性差异，记为 $H_0: \mu_1 = \mu_2$。当 $p > \alpha$ 时，接受原假设 H_0，结论为两总体均值没有显著性差异；当 $p < \alpha$ 时，拒绝原假设 H_0，结论为两总体均值有显著性差异，即不相等。

4.3.3 独立样本 T 检验的 SPSS 过程

案例 4-3 利用数据 "ST 公司.sav" 分析 ST 和非 ST 公司净利润是否存在显著性差异

沪深交易所会对财务状况或其他状况出现异常的上市公司股票交易进行特别处理(Special Treatment，ST)，这类股票被称为 ST 股，这种制度就叫作 ST 制度。为研究分析 ST 公司与非 ST 公司净利润是否存在显著性差异，交易所随机抽查了 30 家 ST 公司和非 ST 公司，收集了它们的相关数据，见本章数据 "ST 公司.sav"，试分析两者净利润是否存在显著性差异。

图 4-8 选择【独立样本 T 检验】命令

案例分析：该数据包括 ST 公司与非 ST 公司两个样本的数据，这里要研究两个样本所属的总体是否有显著性差异，因为这两类公司是相互独立的，因此可用独立样本 T 检验进行分析。

步骤 1：打开数据，依次选择【分析】→【比较平均值】→【独立样本 T 检验】命令，如图 4-8 所示。

步骤 2：进入【独立样本 T 检验】对话框。以"净利润"为检验变量，"ST 类型"为分组变量，所以分别把"净利润"添加到【检验变量】框中，把"ST 类型"添加到【分组变量】框中，如图 4-9 所示。单击【定义组】按钮，弹出如图 4-10 所示的对话框，在【使用指定的值】单选按钮下输入之前定义"ST 类型"的数值，0 表示非"ST 公司"，1 表示 ST 公司，所以分别输入 0 和 1，如果依次输入的是 1 和 0 也是可以的，只不过在输出结果部分这两种方式的 t 统计量一个为正值，另一个为负值，但是它们的绝对值相等，所得结论也是一样的。接下来单击【继续】按钮返回到上一层对话框，得到如图 4-11 所示的结果，最后单击【确定】按钮，提交系统分析。

步骤 3：结果解释。

图 4-12 和图 4-13 是系统提供的主要分析结果。图 4-12 是 ST 公司和非 ST 公司的统计指标，可以看出 ST 公司净利润的样本均值为 $-2\,233.096\,7$ 万元，标准差为 $3\,766.591\,72$ 万元，而非 ST 公司净利润的样本均值为 $7\,830.886\,7$ 万元，标准差为 $7\,778.358\,02$ 万元，输出结果还包括两者的样本量和标准误差平均值。我们需要用这些信息验证两个样本的总体是否有

差异，因此还需利用图 4-13 进行分析，分如下两步进行。

图 4-9　【独立样本 T 检验】对话框(1)

图 4-10　【定义组】对话框

图 4-11　【独立样本 T 检验】对话框(2)

组统计

	ST类型	个案数	平均值	标准差	标准误差平均值
净利润	非ST公司	15	7830.8867	7778.35802	2008.36341
	ST公司	15	-2233.0967	3766.59172	972.52980

图 4-12　两样本统计指标

独立样本检验

		莱文方差等同性检验		平均值等同性T检验						
		F	显著性	t	自由度	显著性（双尾）	平均值差值	标准误差差值	差值 95% 置信区间	
									下限	上限
净利润	假定等方差	8.295	.008	4.510	28	<.001	10 063.983 33	2 231.442 98	5 493.079 59	14 634.887 07
	不假定等方差			4.510	20.223	<.001	10 063.983 33	2 231.442 98	5 412.570 08	14 715.396 59

图 4-13　独立样本检验结果

（1）判断两者方差是否相等。利用 F 检验判断两总体方差是否相等，其原假设 H_0 为 ST 公司与非 ST 公司净利润方差没有显著性差异(即方差相等)。由图 4-13 可看出 F 检验统计量为 8.295，F 检验所对应的概率 p 值(显著性)为 0.008，$p=0.008<\alpha=0.05$ 时，拒绝原假设 H_0，即可以认为 ST 公司与非 ST 公司净利润的方差不相等。

（2）判断两总体均值是否有差异。前面已经证明 ST 公司与非 ST 公司净利润的方差不相等，这时选择图 4-13 第二行的数据，即"不假定等方差"那一行的数据，进行独立样本 T 检验；如果遇到两样本方差相等的情况，则选择第一行"假定等方差" t 统计量的值。独立样本 T 检验的原假设为 ST 公司与非 ST 公司净利润均值没有显著性差异，记为 $H_0:\mu_1=\mu_2$。由图 4-13 第二行数据可看出，t 统计量为 4.510，其所对应的概率 p 值(显著性)，$p<0.001$，拒绝原假设 H_0，因此可以认为 ST 公司与非 ST 公司净利润均值有显著性差异。

T 检验在这里是双侧检验，只能告诉我们两总体是否有差异，如果想要判断两总体孰高孰低，只要参考图 4-12 中的平均值便知。图 4-12 显示 ST 公司的净利润平均值为 7830.8867，而非 ST 公司的净利润平均值为-2 233.096 7，由此可以判断 ST 公司的净利润要显著高于非 ST 公司。

案例 4-4

研究者计划研究可以降低焦虑的方法，选定了两种方法，首先研究者利用焦虑问卷 SAS 在人群中筛选出具有焦虑的被试共 52 人，这是前测；然后将他们随机分成两组，一组接受方法 1 的干预，一种接受方法 2 的干预；干预完成后用焦虑自评问卷 SAS 对他们进行第二次测试，这是后测。数据记录在本章数据"焦虑干预.sav"中，分析方法 1 和方法 2 哪种方法对降低焦虑更有效。

案例 4-4 利用数据"焦虑干预.sav"分析哪种方法对降低焦虑更有效

案例分析：假如研究者随机分组成功，即随机分配的两组被试在干预前的焦虑水平不存在显著性差异，那么只要对干预后两组被试的焦虑水平进行比较就行，因为两组被试是相互独立的，所以可以采用独立样本 T 检验。但严格来说，应该先对两组前测数据进行差异性检验，确保随机分组成功。

步骤 1：打开数据，依次选择【分析】→【比较平均值】→【独立样本 T 检验】命令。

步骤 2：进入【独立样本 T 检验】对话框。分别把"SAS 前测"和"SAS 后测"添加到【检验变量】框中，把"组别"添加到【分组变量】框中，如图 4-14 所示。单击【定义组】按钮，弹出如图 4-15 所示的对话框，在【使用指定的值】单选按钮下输入"组别"的数值，输入 1 和 2 分别表示"方法 1"和"方法 2"，接下来单击【继续】按钮返回如图 4-16 所示的对话框，最后单击【确定】按钮，提交系统分析。

图 4-14 【独立样本 T 检验】对话框(1)

图 4-15 【定义组】对话框

图 4-16 【独立样本 T 检验】对话框(2)

步骤 3：结果解释。

图 4-17 和图 4-18 是系统提供的主要结果，根据这两个表格我们对检验结果做解释。

组统计

	组别	个案数	平均值	标准差	标准误差平均值
SAS前测	方法1	26	58.3846	6.75915	1.32558
	方法2	26	56.3846	6.33768	1.24292
SAS后测	方法1	26	50.9615	8.86558	1.73868
	方法2	26	56.2308	6.95878	1.36473

图 4-17 组统计指标

独立样本检验

		莱文方差等同性检验		平均值等同性t检验						
		F	显著性	t	自由度	显著性（双尾）	平均值差值	标准误差差值	差值 95% 置信区间	
									下限	上限
SAS前测	假定等方差	.282	.598	1.101	50	.276	2.00000	1.81714	-1.64984	5.64984
	不假定等方差			1.101	49.794	.276	2.00000	1.81714	-1.65021	5.65021
SAS后测	假定等方差	2.721	.105	-2.384	50	.021	-5.26923	2.21032	-9.70878	-.82968
	不假定等方差			-2.384	47.329	.021	-5.26923	2.21032	-9.71500	-.82346

图 4-18 独立样本检验结果

首先，检验两组被试的 SAS 前测的差异性。从图 4-18 中可以看出，两者的方差是没有差异的（$F=0.282$，$p=0.598$），进而对两者进行独立样本 T 检验，发现两者均值差异也是不显著的（$t=1.101$，自由度 $df=50$，$p=0.276$），从这个检验结果中我们可以确定随机分组是成功的。

其次，检验两组被试的 SAS 后测的差异性。从图 4-18 中可以看出，两者的方差是没有差异的（$F=2.721$，$p=0.105$），进而对两者进行独立样本 T 检验，发现两者均值差异也是不显著的（$t=-2.384$，自由度 $df=50$，$p=0.021$），从这个检验结果中我们可以确定方法 1 和方法 2 的干预效果是有显著性差异的。从图 4-17 中可以看出方法 1 干预后焦虑测试平均分是 50.961 5，方法 2 干预后焦虑测试平均分是 56.230 8，因此可以认为方法 1 干预后的焦虑测量分数要显著低于方法 2，即方法 1 的干预效果更好。

4.4 成对样本 T 检验

4.4.1 成对样本 T 检验的研究目的

成对样本 T 检验也叫配对样本 T 检验，通常情况下，成对样本 T 检验的数据是测试同一群被试或个案两次而获得的，即同一群体有前测和后测两次测试数据。成对样本 T 检验的研究目的也是研究均值的差异情况，但它和单样本 T 检验及独立样本 T 检验都有所不同。与单样本 T 检验研究单个样本均值和总体均值差异不同的是，它要推断的是两个总体的均值间是否存在显著性差异；与独立样本 T 检验研究两个独立样本所属总体间的差异不同的是，它研究的是两组相关样本所属总体间是否有显著性差异。与单样本 T 检验以及独立样本 T 检验一样，在写备择假设时显著性差异的写法包括显著不等于（$H_1:\mu_1 \neq \mu_2$）、显著小于（$H_1:\mu_1 < \mu_2$）和显著大于（$H_0:\mu_1 > \mu_2$），SPSS 软件只检验显著不等于的情况，即只做双侧检验，如果需要做单侧检验,则需要对双侧检验数据进行人为判断。

成对样本 T 检验的适用条件有:①两组样本有一定的关联,两组样本的样本容量应该相等,它们的观察值的顺序一一对应,不能随意改变;②样本所属的总体服从或近似服从正态分布;③样本数据为连续型数据。

4.4.2 成对样本 T 检验的原理和步骤

步骤 1:建立原假设 H_0。

成对样本 T 检验的原假设与独立样本 T 检验的原假设一样。

$H_0: \mu_1 = \mu_2$; $H_1: \mu_1 \neq \mu_2$(双侧检验)

$H_0: \mu_1 \leqslant \mu_2$; $H_1: \mu_1 > \mu_2$(单侧检验或右侧检验)

$H_0: \mu_1 \geqslant \mu_2$; $H_1: \mu_1 < \mu_2$(双侧检验或左侧检验)

步骤 2:确定检验统计量。

两样本为相关样本时,其样本均值差的方差可以表示为

$$\sigma_{12}^2 = \frac{\sigma_1^2}{n_1} + \frac{\sigma_2^2}{n_2} - 2r\frac{\sigma_1}{n_1}\frac{\sigma_2}{n_2} \tag{4.14}$$

式中,σ_1^2 和 σ_2^2 分别为第一个总体和第二个总体的方差;n_1 和 n_2 分别为第一个样本和第二个样本的样本量;r 为两样本的相关系数。

(1) 当总体方差已知时,两相关样本均值差的分布为正态分布,检验两样本总体均值差异与否的检验统计量可以表示为

$$Z = \frac{(\overline{X}_1 - \overline{X}_2) - (\mu_1 - \mu_2)}{\sqrt{\frac{\sigma_1^2}{n_1} + \frac{\sigma_2^2}{n_2} - 2r\frac{\sigma_1}{n_1}\frac{\sigma_2}{n_2}}} \tag{4.15}$$

(2) 当总体方差未知时,可以用样本的方差代替总体方差,这时检验两样本总体均值差异与否的检验统计量可以表示为

$$t = \frac{(\overline{X}_1 - \overline{X}_2) - (\mu_1 - \mu_2)}{\sqrt{\frac{S_1^2}{n_1} + \frac{S_2^2}{n_2} - 2r\frac{S_1}{n_1}\frac{S_2}{n_2}}} \tag{4.16}$$

式中,S_1^2 和 S_2^2 分别为第一个样本和第二个样本的方差;n_1 和 n_2 分别为第一个样本和第二个样本的样本量;r 为两样本的相关系数。

(3) 当然,只要样本足够大($n \geqslant 30$),都可以用近似正态 Z' 检验,即

$$Z' = \frac{(\overline{X}_1 - \overline{X}_2) - (\mu_1 - \mu_2)}{\sqrt{\frac{\sigma_1^2}{n_1} + \frac{\sigma_2^2}{n_2} - 2r\frac{\sigma_1}{n_1}\frac{\sigma_2}{n_2}}} \tag{4.17}$$

或

$$Z' = \frac{(\overline{X}_1 - \overline{X}_2) - (\mu_1 - \mu_2)}{\sqrt{\frac{S_1^2}{n_1} + \frac{S_2^2}{n_2} - 2r\frac{S_1}{n_1}\frac{S_2}{n_2}}} \tag{4.18}$$

步骤 3:计算检验统计量观测值及发生的概率 p 值。

与单样本 T 检验和独立样本 T 检验类似，SPSS 软件会自动计算 T 检验统计量，同时系统会根据 t 统计量所服从的分布计算对应的概率 p 值，我们需要做的就是识别和判断。

步骤 4： 设定显著性水平 α 并与概率 p 值进行比较，做出统计决策。

当概率 p 值大于显著性水平时，应接受原假设，得出的结论与原假设表述相同，即记为"当 $p>\alpha$ 时，接受原假设 H_0，拒绝备择假设 H_1"；当概率 p 值小于显著性水平时，则应拒绝原假设，得出的结论与原假设表述相反，记为"当 $p<\alpha$ 时，拒绝原假设 H_0，接受备择假设 H_1"。

4.4.3　成对样本 T 检验的 SPSS 过程

某地区为振兴乡村经济，在农村养殖中大力推广科技创新。现采用抽样调查的方法，收集到该地区的 20 户家庭在创新科技推广前后的家庭年收入，见本章数据"科技创新成效.sav"，试推断该地区的科技创新措施的成效。

案例 4-5 利用数据 "科技创新成效.sav" 分析某地区的科技创新措施的成效

案例分析： 科技创新前后年收入数据，属于前后两种状态的对比分析，数据只涉及一个群体，该群体被测试了两次，得到的两批数据是存在关联性的，所以可用成对样本 T 检验进行分析。

步骤 1： 打开数据，依次选择【分析】→【比较平均值】→【成对样本 T 检验】命令，准备做配对样本 T 检验，如图 4-19 所示。

步骤 2： 进入【成对样本 T 检验】对话框。把"科技创新前年收入"和"科技创新后年收入"添加到【配对变量】中，因为案例只涉及一对变量，所以只要添加到【配对 1】中便可，如图 4-20 所示。如果需要配对的不止 1 对，那么只要重复刚才的步骤便可以完成。最后单击【确定】按钮，提交系统分析。

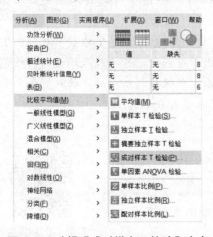

图 4-19　选择【成对样本 T 检验】命令

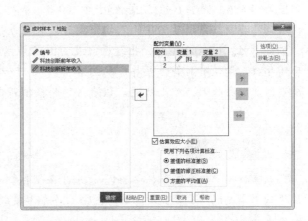

图 4-20　【成对样本 T 检验】对话框

步骤 3： 结果解释。

图 4-21～图 4-23 是系统提供的主要结果。图 4-21 包括如下统计指标：科技创新前后年

收入的平均值、标准差以及标准误差平均值，初步观察科技创新前的年收入平均值与科技创新后的年收入平均值有较大差异，科技创新前年收入的均值为 7 930.90 元，科技创新后年收入的均值为 9 330.95 元，但是我们研究的目的不是这 20 户家庭的情况，而是利用这 20 户家庭的信息推测整个科技创新措施的效果，所以需要进行假设检验。如图 4-22 所示，从第三列可看出科技创新前的年收入与科技创新后的年收入的相关系数为 0.836，第四列相关系数检验的概率 p 值(显著性)小于 0.001，表明科技创新前的年收入与科技创新后的年收入有较强的相关性。

配对样本统计

		平均值	个案数	标准差	标准误差平均值
配对 1	科技创新前年收入	7 930.90	20	2 083.776	465.946
	科技创新后年收入	9 330.95	20	2 352.010	525.926

图 4-21　配对样本统计指标

配对样本相关性

		个案数	相关性	显著性
配对 1	科技创新前年收入 & 科技创新后年收入	20	.836	<.001

图 4-22　配对样本相关性

配对样本检验

		配对差值					t	自由度	显著性（双尾）
		平均值	标准差	标准误差平均值	差值 95% 置信区间				
					下限	上限			
配对 1	科技创新前年收入 - 科技创新后年收入	-1 400.050	1 297.378	290.103	-2 007.242	-792.858	-4.826	19	<.001

图 4-23　配对样本检验结果

由图 4-23 可知，"科技创新前的年收入-科技创新后的年收入=-1 400.050 元"，说明科技创新后的收入从均值上来说增加了 1 400.050 元，自由度 df 为 19，T 检验统计量的观测值为-4.826，概率 p 值(显著性)小于 0.001。成对样本 T 检验的原假设为科技创新前的年收入均值与科技创新后的年收入均值没有显著性差异，记为 $H_0:\mu_1=\mu_2$。T 检验所对应的概率 p 值(显著性)小于 0.001 时，拒绝原假设 H_0。可以看出科技创新前的年收入均值与科技创新后的年收入均值有显著性差异，从图 4-21 中可进一步判断科技创新后的年收入显著大于科技创新前的年收入。综上所述，该地区的科技创新措施是有成效的。

案例 4-6

本章数据"四季度净利率.sav"记录了某地区随机抽取的 35 家企业某年四个季度的净利率，分析该地区企业各个季度的净利率是否存在显著性差异。

案例分析：该数据只涉及一个群体 35 个个案，每个个案都有四个季度的数据，可以理解成被测试了四次，现在要比较四个季度间是否有差异，可用成对样本 T 检验进行分析，对每两个季度的净利率进行比较。

案例 4-6 利用数据"四季度净利率.sav"分析某地区企业各个季度的净利率是否存在显著性差异

步骤 1：打开数据，依次选择【分析】→【比较平均值】→【成对样本 T 检验】命令，把"第一季度"和"第二季度"添加到【配对变量】中形成第 1 个配对组。重复该过程将"第一季度"和"第三季度"添加到【配对变量】中形成第 2 个配对组；将"第一季度"和"第四季度"添加到【配对变量】中形成第 3 个配对组；将"第二季度"和"第三季度"添加到【配对变量】中形成第 4 个配对组；将"第二季度"和"第四季度"添加到【配对变量】中形成第 5 个配对组；将"第三季度"和"第四季度"添加到【配对变量】中形成第 6 个配对组，如图 4-24 所示，最后单击【确定】按钮，提交系统分析。

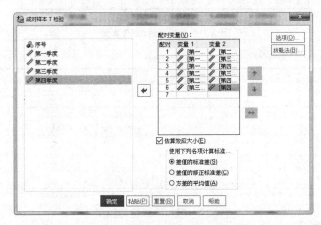

图 4-24 【成对样本 T 检验】对话框

步骤 2：结果解释。

图 4-25～图 4-27 是系统提供的主要结果。图 4-25 给出了 6 个配对组各自的统计指标，图 4-26 给出了 6 个配对组的相关系数，图 4-27 给出了 6 个配对组的差异性检验。这里主要关注图 4-27 的差异性检验结果，从图中可以看出配对 1 中，"第一季度-第二季度=-2.758 637 14"，说明第二季度的净利率比第一季度的净利率从均值上来说增加了 2.758 637 14，对其进行检验的 t 统计量为-2.325，自由度 df 为 34，概率 p 值(显著性)为 0.026<0.05，说明第二季度的净利率要显著大于第一季度的净利率，其他配对组的差异都不显著。

配对样本统计

		平均值	个案数	标准差	标准误差平均值
配对 1	第一季度	1.189051429	35	14.31002889	2.418836361
	第二季度	3.947688571	35	14.73523495	2.490709302
配对 2	第一季度	1.189051429	35	14.31002889	2.418836361
	第三季度	5.141254286	35	12.16015856	2.055441949
配对 3	第一季度	1.189051429	35	14.31002889	2.418836361
	第四季度	4.047654286	35	16.48648577	2.786724719
配对 4	第二季度	3.947688571	35	14.73523495	2.490709302
	第三季度	5.141254286	35	12.16015856	2.055441949
配对 5	第二季度	3.947688571	35	14.73523495	2.490709302
	第四季度	4.047654286	35	16.48648577	2.786724719
配对 6	第三季度	5.141254286	35	12.16015856	2.055441949
	第四季度	4.047654286	35	16.48648577	2.786724719

图 4-25 配对样本统计指标

配对样本相关性

		个案数	相关性	显著性
配对 1	第一季度 & 第二季度	35	.884	<.001
配对 2	第一季度 & 第三季度	35	.606	<.001
配对 3	第一季度 & 第四季度	35	.288	.094
配对 4	第二季度 & 第三季度	35	.709	<.001
配对 5	第二季度 & 第四季度	35	.482	.003
配对 6	第三季度 & 第四季度	35	.754	<.001

图 4-26　配对样本相关性

配对样本检验

		配对差值					t	自由度	显著性（双尾）
		平均值	标准差	标准误差平均值	差值 95% 置信区间				
					下限	上限			
配对 1	第一季度 - 第二季度	-2.75863714	7.018728952	1.186381727	-5.16965489	-.3476193915	-2.325	34	.026
配对 2	第一季度 - 第三季度	-3.95220286	11.91273620	2.013619938	-8.04437092	.1399652053	-1.963	34	.058
配对 3	第一季度 - 第四季度	-2.85860286	18.45988129	3.120289443	-9.19979394	3.482588230	-.916	34	.366
配对 4	第二季度 - 第三季度	-1.19356571	10.53591390	1.780894492	-4.81277877	2.425647339	-.670	34	.507
配对 5	第二季度 - 第四季度	-.0999657143	15.95611012	2.697074872	-5.58108131	5.381149885	-.037	34	.971
配对 6	第三季度 - 第四季度	1.093600000	10.83874186	1.832081760	-2.62963810	4.816838098	.597	34	.555

图 4-27　配对样本检验结果

小　　结

　　本章介绍了假设检验、小概率事件、推断统计等基本概念，以及完成假设检验的一般性步骤；统计决策中，若没有特殊说明，显著性水平一般为 $α=0.05$；如果只涉及一个样本，用单样本 T 检验，在使用单样本 T 检验时，会指定一个具体的检验值；如果涉及两个样本，但这两个样本是彼此独立的，采用独立样本 T 检验；如果涉及两个样本，并且两个样本是彼此有关联的，一般采用成对样本 T 检验。

思考与练习

1. 什么是备择假设？什么是原假设？两者有何联系？
2. 什么是置信水平？什么是显著性水平？两者有何联系？
3. 什么是小概率事件？
4. 假设检验的基本步骤有哪些？
5. 已知某食品的标准重量是 1 kg，现随机抽取该产品 14 个，记录每个产品的重量，见本章数据"标准重量.sav"，按要求回答下列问题。
　　(1) 什么是单样本 T 检验？什么情况下使用这种检验方法？
　　(2) 利用单样本 T 检验研究这些产品的重量是否与标准重量有显著性差异？
6. 某公司计划采取不同的方式推销其理财产品，一种为传统方法(赋值为 0)，另一种为创新方法(赋值为 1)，随机指派公司销售人员采用不同方法进行推销，一段时间后统计每个人的销售额(单位：万元)，见本章数据"促销方法.sav"，按要求回答下列问题。

(1) 什么叫做独立样本T检验？什么情况下使用这种检验方法？

(2) 利用独立样本T检验研究两种方法在效果上是否有显著性差异？

7. 本章数据"金融机构总资产.sav"记录了2014年度和2015年度我国银行业金融机构在各个月份的总资产，请按要求回答下列问题。

(1) 什么是成对样本T检验？什么情况下使用这种检验方法？

(2) 利用成对样本T检验研究2014年和2015年银行业金融机构总资产是否有显著性差异？

第 5 章

方 差 分 析

教学目标

- 了解方差分析的含义。
- 掌握单因素方差分析的 SPSS 操作及结果解释。
- 掌握多因素方差分析的 SPSS 操作及结果解释。
- 掌握协方差分析的 SPSS 操作及结果解释。
- 掌握重复测量方差分析的 SPSS 操作及结果解释。

前面我们已经学习了一些典型的假设检验方法,即单样本 T 检验、独立样本 T 检验和成对样本 T 检验,它们主要用于处理两个平均数之间的差异问题。但是在统计分析过程中,我们常常需要处理两个以上平均数之间的差异问题,这时上面的假设检验方法就不适用了,我们需要用到一种新的检验方式,即方差分析(Analysis of Variance,ANOVA)。方差分析也称变异分析,因为该方法利用方差可分解性原理来进行假设检验,所以称为方差分析,其主要功能是分析实验数据中不同来源的变异对总变异的贡献大小,从而确定自变量是否对因变量有重要影响。方差分析广泛应用于经济学、管理学、社会学、教育学、心理学、医学和化学等众多领域,在科学研究中发挥着极其重要的作用。

因变量是指会随着其他的因素或条件改变而发生变动的变量,也称观测变量、响应变量等;自变量是指研究者主动操纵以引起因变量发生变化的因素或条件,也被称作控制变量,在单因素方差分析中 SPSS 将其称为"因子",自变量的不同情况被称为该自变量的不同水平。有一个自变量的方差分析被称为单因素方差分析,有两个自变量的方差分析被称为两因素方差分析,依次类推,但通常把两个及以上自变量的方差分析统称为多因素方差分析。需要强调的是,方差分析的最终目的不是研究方差是否有差异,而是处理平均数的差异检验问题。本章将介绍单因素方差分析、多因素方差分析、协方差分析和重复测量方差分析的原理及其在 SPSS 中的应用。方差分析的原理和操作相对复杂,对于初学者而言先学好单因素方差分析和两因素方差分析的 SPSS 基础操作便可,其他部分可以作为进阶学习的内容。

5.1 单因素方差分析

5.1.1 单因素方差分析的基本原理

单因素方差分析用于研究一个自变量对因变量是否存在显著影响,即研究自变量的不同水平是否对因变量产生了不同的影响,这类自变量一般是定类变量或定序变量。例如,研究公司类型是否对资产负债有显著影响;研究学历是否对工资收入有显著影响等。这两个例子都只涉及一个自变量,分别是"公司类型"和"学历",假如这两个变量的水平都超过两个,如"公司类型"可以分为金融、教育、制造、科技四个分类,"学历"可以分为初等、中等、高等三个等级,这时就需要采用单因素方差分析方法来解决问题。

单因素方差分析依据的基本原理是方差的可分解性,该方法认为因变量会受到自变量和随机变量的影响,因此可以将因变量的总离差平方和(SST)分解为组间离差平方和(SSR)与组内离差平方和(SSE)两部分,即

$$\text{SST} = \text{SSR} + \text{SSE} \tag{5.1}$$

SST 的数学表达式为

$$\text{SST} = \sum_{i=1}^{k}\sum_{j=1}^{n_i}(x_{ij}-\bar{x})^2 \tag{5.2}$$

式中,SST 为因变量的总离差平方和;k 为自变量的水平数;x_{ij} 为自变量第 i 个水平下的第 j 个样本值;n_i 为自变量第 i 个水平下的样本量;$\bar{x}$ 为自变量均值。总离差平方和(SST)反映

的是全部数据总的波动程度。

SSR 的数学表达式为

$$\text{SSR} = \sum_{i=1}^{k}\sum_{j=1}^{n_i}(\overline{x}_i - \overline{x})^2 \quad (5.3)$$

式中，SSR 为因变量的组间离差平方和；k 为自变量的水平数；$\overline{x}_i$ 为自变量第 i 个水平下的因变量样本均值；n_i 为自变量第 i 个水平下的样本量；$\overline{x}$ 为自变量均值。组间离差平方和(SSR)是各水平均值和总体均值离差的平方和，反映的是自变量不同水平对因变量的影响，一般方差分析的主要研究目的是希望 SSR 尽可能的大，这样就说明自变量不同水平对因变量产生不同影响的可能性更大。

SSE 的数学表达式为

$$\text{SSE} = \sum_{i=1}^{k}\sum_{j=1}^{n_i}(x_{ij} - \overline{x}_i)^2 \quad (5.4)$$

式中，SSE 为因变量的组内离差平方和，其他符号表示的内容与公式(5.3)和公式(5.4)相同。组内离差平方和(SSE)是每个样本数据与本水平组均值离差的平方和，反映了数据抽样误差的影响程度，即自变量之外的因素对因变量的影响程度，这是方差分析想要尽可能控制的部分，即 SSE 越小越好。

在总离差平方和(SST)不变的情况下，组内离差平方和越小，组间离差平方和就越大，这时就越有可能说明因变量的总波动是由自变量造成的。但是这里需要考虑样本量的影响，毕竟自变量的水平都是有限的，假如它们之间有差异(组间差异)，但是因为水平数少，总离差平方和也有可能少；而被试通常可以很多，相互之间的差异(组内差异)可能很小，但是因为被试很多，其平方和也有可能变得非常大，所以单纯比较组内和组间离差平方和的大小是不能判断自变量对因变量的作用是否大于随机变量的。正确的做法是控制住它们各自数量上的影响，即各自除以自己的自由度，算出它们的平均离差平方和，简称均方，再做进一步的比较。离差平方和除以自由度其实就是方差，相当于我们在比较两个方差的差异情况，这样我们就可以构造出两方差比值的统计量来检验自变量和随机变量影响的大小。两方差比值服从 F 分布，我们用 F 代表方差分析的统计量，所以方差分析也经常被称作 F 检验，其公式可写成

$$F = \frac{\text{SSR}/(k-1)}{\text{SSE}/(n-k)} = \frac{\text{MSR}}{\text{MSE}} \quad (5.5)$$

式中，n 为样本总量，$k-1$ 为 SSR 的自由度，$n-k$ 为 SSE 的自由度，MSR 为平均组间离差平方和，MSE 为平均组内离差平方和，$F\sim F(k-1,n-k)$。

如果 $F<1$，说明数据的总变异中由分组不同所造成的变异只占很小的比例，大部分是由实验误差和个体差异造成的，即自变量对因变量没有显著影响；如果 $F=1$，同样说明实验处理之间的差异不够大。当 $F>1$ 而且其对应的概率 p 值小于显著性水平 α 时，就可以判断自变量对因变量的影响达到了统计学上的显著水平。

5.1.2 单因素方差分析的基本步骤

1. 前提条件分析

做单因素方差分析有下列几个条件要满足：第一，因变量是连续变量；第二，自变量

要求是具有至少两个水平分类的离散变量；第三，因变量观测值无明显的异常值；第四，不同水平的因变量观测值相互独立；第五，每个水平的因变量观测值服从正态分布；第六，每个水平的因变量观测值的误差的方差要齐性。第一点和第二点假设主要通过观察数据加以判断；第三点异常值可以利用第 3 章探索分析中的箱图进行判断；第四点独立性可以利用第 8 章简单线性回归中的德宾-沃森(Durbin-Watson)检验法进行验证，但对德宾-沃森检验要非常谨慎，其实，独立性和研究设计也有很大的关系，如果确认研究设计得当，研究者确认观测值不会互相影响，可以直接认定满足独立性研究假设；第五点正态性检验可以利用第 3 章探索分析中的夏皮洛-威尔克(Shapiro-Wilk)检验法完成，在实际应用中如果属于大样本，方差分析对非正态分布并没有非常苛刻的要求；第六点方差齐性可以利用本章的莱文(Levene)检验法完成。

方差齐性是指自变量各个水平对应的总体方差要相等，即对于不同水平的自变量都各自有一系列的因变量取值，相当于每一个水平对应一个因变量总体，F 检验要求这些总体的方差要相等。常用的方差齐性检验方法有 Bartlett 法、Hartley 法、Cochran 法等，SPSS 采用的是 Levene 法。方差齐性检验的过程和一般性的假设检验过程相似，只是在计算统计量的时候略有差别，有兴趣的读者可以查阅相关书籍对其做深入了解，在此不做强调。对于大部分的学习者而言，只要求能够根据 SPSS 结果输出回答出方差是否齐性便可。

在方差齐性的时候，做 F 检验结果是稳定的；如果在方差不齐性时做 F 检验，对所得结果要谨慎，有研究者建议方差不齐性的时候可以使用韦尔奇(Welch)或布朗-福赛斯(Broun-Forsythe)法进行矫正检验，也有研究者建议可以使用非参数检验(见第 6 章 K 个独立样本非参数检验)，或者考虑将变量转换后再做分析，例如对数转换、平方根转换、平方根反正弦转换、平方转换、倒数转换等。有兴趣的读者可以查阅相关数据加深了解。值得注意的是，在各组样本容量相差不太大时，方差轻微不齐性仅会对方差分析的结论有一些影响。一般而言，只要最大与最小方差之比小于 3，分析的结果就都是稳定的。可见，各组样本容量上的均衡可以在一定程度上弥补由于方差不齐性时检验所产生的影响。意思是，这个时候也可以做 F 检验，只是结果没有方差齐性时稳健，但是差别也不会很大。

2. F 检验

单因素方差分析用 F 代表其统计量，所以有时候简称为 F 检验。假设自变量 A 含有 p 个水平，则 F 检验的原假设 H_0 为自变量 A 各水平的总体均值相等，即 $\mu_1=\mu_2=...=\mu_p$；或者将 H_0 写为自变量 A 的处理效应为 0，即 $\alpha_j=0$。如果方差是齐性的，SPSS 会自动计算统计量 F 和概率 p 值。如果方差不齐性，要继续采用方差分析，那么可以采用韦尔奇或布朗-福赛斯法检验统计量 F 及其概率 p 值。

3. 均值两两比较

如果 F 检验结果表明差异不显著，则说明自变量对因变量没有显著影响，方差分析可以到此为止。相反，如果 F 检验的结果表明差异显著，则说明自变量确实对因变量产生了显著影响，也就是自变量不同水平对应的因变量均值至少有一对平均数间的差异达到了显著性水平，至于是哪一对，F 检验并没有回答。这需要我们进一步分析均值间的差异，这里主要介绍两种方式，一种通过系统的事后检验(post hoc test)完成，这个统计分析过程也被称为事后多重比较(multiple comparison procedures)；另一种是通过系统给出的【对比】(contrast)命令完成比较。

1) 事后多重比较

多重比较就是分别对每个水平下的因变量均值进行逐对比较，判断哪一对均值间有显著性差异，哪一对均值间没有显著性差异。事后多重比较是一种探索性的均值比较方式，即在掌握了 F 的显著情况后才进行相应的检验。SPSS 系统提供了两类事后多重比较方法，第一类是在假定等方差(方差相等)情况下使用，主要有 LSD 方法、邦弗伦尼(Bonferroni)方法、图基(Tukey)方法、雪费(Scheffe)方法、S-N-K 方法等。第二类是在不假定等方差(方差不相等)情况下使用，主要有塔姆黑尼 T2(Tamhane's T2)方法、邓尼特 T3(Dunnett's T3)方法、盖姆斯-豪厄尔(Games-Howell)方法、邓尼特 C(Dunnett's C)方法等。关于这些检验方法的统计学知识，有兴趣进一步学习的读者可以查阅相关书籍，对于初学者而言，只要知道判断齐性和不齐性时采取哪一大类的方法便可，并不需要深究这些方法的来龙去脉。

值得注意的是，前面提到，尽管系统给出了在方差不齐性情况下的四种方法，但是从方法的接受程度和结果的稳健程度而言，如果方差间的差异太大时，建议尽量不进行方差分析和两两比较，进行变量转换或者非参数检验往往更可靠一点。

2) 先验对比检验

与事后多重比较的探索性不同，先验对比检验是指有些研究者常常有预先的比较设计，例如 4 个水平的变量中，研究者只想知道水平 1 与水平 3 的差异，或者 1、4 与 2、3，又或者 2、4 与 1、3 两者间的差异。可以看出，事后多重比较是指所有水平间的两两比较，而先验对比不仅如此，还可以比较水平的组合之间的差异。先验对比其实是对各水平均值线性组合结果的分析，假设四个水平的均值分别为 $\bar{x}_1$，$\bar{x}_2$，$\bar{x}_3$，$\bar{x}_4$，则四者的线性组合是 $y = \beta_1\bar{x}_1 + \beta_2\bar{x}_2 + \beta_3\bar{x}_3 + \beta_4\bar{x}_4$，如果令 $\beta_1 = 1$，$\beta_2 = 1$，$\beta_3 = -1$，$\beta_4 = -1$，方程变为 $y = (\bar{x}_1 + \bar{x}_2) - (\bar{x}_3 + \bar{x}_4)$，若此时假设 $y=0$，就相当于对 $\bar{x}_1$，$\bar{x}_2$ 与 $\bar{x}_3$，$\bar{x}_4$ 两组的均值差异进行比较。同理，如果令 $\beta_1 = 1$，$\beta_2 = 0$，$\beta_3 = -1/2$，$\beta_4 = -1/2$，方程变为 $y = \bar{x}_1 - (\bar{x}_3 + \bar{x}_4)/2$，若此时假设 $y=0$，就相当于对 $\bar{x}_1$ 与 $\bar{x}_3$，$\bar{x}_4$ 两者的均值差异进行比较。可见，只要对 k 个水平的自变量的 k 个系数进行相应设置，并且保证 $\sum_{i=1}^{k}\beta_i = 0$，就可以对各个水平间的任意组合进行检验。

3) 趋势检验

除了均值的两两比较外，我们还可以做自变量和因变量的趋势检验，即可以考查自变量水平的变化是否对因变量有影响。例如自变量 x 有三个水平，且 x 是定序变量，即三个水平有明显的大小之分，如年龄段被分成水平 1(10 岁以下)、水平 2(10~20 岁)和水平 3(20~30 岁)，假如研究者想要知道随着年龄的增长(自变量水平的改变)，因变量是否有一定趋势的变化，那么就可以做趋势检验。如果自变量是定类变量，则不适合做多项式比较。自变量对因变量的影响趋势可能是线性的(一次效应)，也可能是二次效应或者三次效应乃至更高次。SPSS 单因素方差分析的【对比】命令提供了检验这种效应的选项，即"多项式"选项。

5.1.3 单因素方差分析的 SPSS 过程

本章数据"股票净利润.sav"记录了三个变量,即盘股板块(分小盘股、中盘股和大盘股)、地区板块(分北京板块、福建板块、湖南板块和广西板块)和净利润(单位:万元)。

案例 5-1 利用数据"股票净利润.sav"分析不同盘股板块的净利润是否有差异

(1) 该案例是否可以进行单因素方差分析?
(2) 分析不同盘股板块的净利润是否有差异?
(2) 如有差异,具体是哪两个盘股间有差异?

案例分析:三个问题对应了单因素方差分析的三个步骤:第一,对前提条件进行检验。该研究中涉及一个定类自变量(控制变量),即"盘股板块",它的水平数有小股盘、中股盘和大股盘三个;一个连续因变量,即"净利润",变量构成符合单因素方差分析的条件。当然,还有一些具体条件需要进行检验才可判别。第二,判断统计量 F 显著与否,不显著,停止方差分析;显著说明不同盘股板块净利润存在差异,则继续下一步分析。第三,利用均值两两比较判断哪些盘股间有差异。

1. 前提条件检验

5.1.2 节提到单因素方差分析一共有 6 个条件,这里主要检验是否有异常值、正态性和方差齐性。值得注意的是,我们在这里所做的是非常详细的检验步骤,其实在具体实践中很多研究报告只是说明方差齐性与否,并不会严格地对所有假设条件进行检验。

步骤 1:检查异常值和正态性。打开数据,依次选择【分析】→【描述统计】→【探索】命令,进入【探索】对话框,将"净利润"放到【因变量列表】框中,将"盘股板块"放到【因子列表】框中,如图 5-1 所示。单击【图】按钮进入【探索:图】对话框,使用箱图可以检验异常值,其他保持默认选项,取消选中【描述图】选项组中的【茎叶图】复选框,另外选中【含检验的正态图】复选框做正态性检验,如图 5-2 所示,然后单击【继续】按钮返回到上一层对话框,最后单击【确定】按钮,系统会计算出一系列结果,这里只截取部分结果加以说明,如图 5-3 和图 5-4 所示。

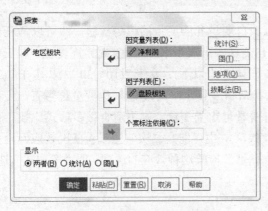

图 5-1 【探索】对话框

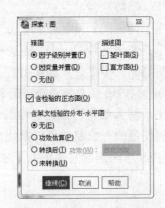

图 5-2 【探索:图】对话框

正态性检验

盘股板块		柯尔莫戈洛夫-斯米诺夫[a]			夏皮洛-威尔克		
		统计	自由度	显著性	统计	自由度	显著性
净利润	小盘股	.184	12	.200*	.913	12	.234
	中盘股	.145	12	.200*	.912	12	.229
	大盘股	.127	12	.200*	.981	12	.987

*. 这是真显著性的下限。

a. 里利氏显著性修正

图 5-3 正态性检验结果

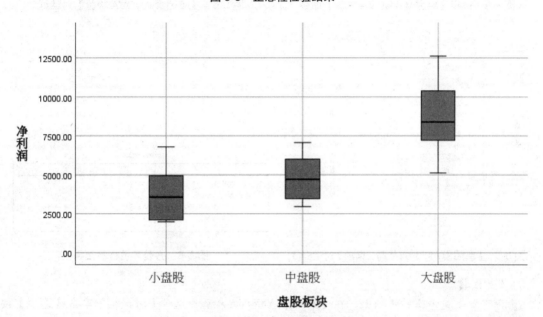

图 5-4 异常值检验结果

由图 5-3 可以看出，经过夏皮洛-威尔克(Shapiro-Wilk)检验后，小、中、大三个盘股的净利润的正态性检验都显示它们符合正态分布(p 分别为 0.234、0.229、0.987，都大于 0.05)。另外从图 5-4 中可以看到，三个盘股的净利润观测值都没有异常值。

步骤 2： 方差齐性检验。打开数据，依次选择【分析】→【比较平均值】→【单因素 ANOVA 检验】命令，如图 5-5 所示，进入【单因素 ANOVA 检验】对话框。本例以"净利润"为因变量，"盘股板块"为自变量(因子)，所以分别把"净利润"添加到【因变量列表】框中，把"盘股板块"添加到【因子】框中，如图 5-6 所示。单击【选项】按钮进入其对话框，如图 5-7 所示，选中【方差齐性检验】复选框。然后单击【继续】按钮返回到上一层对话框，其他选项默认，最后单击【确定】按钮，提交系统分析并输出一系列结果，这里只截取方差齐性检验结果，如图 5-8 所示。

从图 5-8 可知，方差齐性基于平均值的莱文统计量为 1.532，显著性水平 $p=0.231>0.05$，说明三个盘股的净利润方差差异不显著，即方差齐性。

图 5-5　选择【单因素 ANOVA 检验】命令

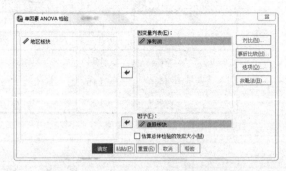

图 5-6　【单因素 ANOVA 检验】对话框

图 5-7　【单因素 ANOVA 检验：选项】对话框(1)

图 5-8　方差齐性检验结果

2. F 检验

在完成上述步骤的基础上，在【单因素 ANOVA 检验：选项】对话框中单击【选项】按钮进入其对话框，如图 5-9 所示，选中【描述】和【平均值图】复选框，这两个选项表示对三个盘股进行描述统计。如果方差不齐性，可以选中【布朗-福塞斯检验】或【韦尔奇检验】复选框做方差检验，因为已经证明方差齐性，所以这里不选中。设置完毕后提交系统分析，可以得到如图 5-10～图 5-12 所示的结果，其中最关键是图 5-12 的 F 检验结果。

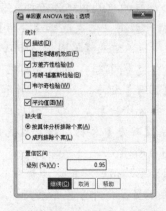

图 5-9　【单因素 ANOVA 检验：选项】对话框(2)

描述

净利润

	N	平均值	标准差	标准误差	平均值的95% 置信区间		最小值	最大值
					下限	上限		
小盘股	12	3776.5875	1611.10366	465.08557	2752.9411	4800.2339	1987.34	6789.67
中盘股	12	4779.0542	1483.79578	428.33495	3836.2953	5721.8130	2956.90	7065.46
大盘股	12	8712.3650	2241.28900	647.00441	7288.3179	10136.4121	5123.67	12624.77
总计	36	5756.0022	2784.54196	464.09033	4813.8488	6698.1557	1987.34	12624.77

图 5-10　不同盘股板块净利润的描述统计指标

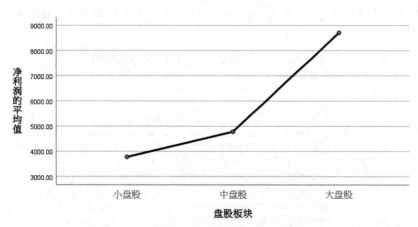

图 5-11　不同盘股板块净利润的平均值图

ANOVA

净利润

	平方和	自由度	均方	F	显著性
组间	163351092.2	2	81675546.12	24.950	<.001
组内	108027494.7	33	3273560.446		
总计	271378587.0	35			

图 5-12　方差分析结果

由图 5-10 可以看出小盘股利润均值为 3 776.587 5 万元，标准差为 1 611.103 66 万元；中盘股利润均值为 4 779.054 2 万元，标准差为 1 483.795 78 万元；大盘股利润均值为 8 712.365 0 万元，标准差为 2 241.289 00 万元。从表面数据上看，大盘股利润均值＞中盘股利润均值＞小盘股利润均值。图 5-11 为不同盘股板块净利润的平均值图，是根据图 5-10 的基本统计量中的平均值做的图形，可以更直观地看出上述比较。但是这种差异是否达到统计学标准呢？这就需要进行假设检验了。

单因素方差分析的原假设 H_0 为不同盘股的净利润总体的均值无显著性差异。由图 5-12 可知检验统计量 $F=24.950$，对应的概率 $p<0.001$，拒绝原假设 H_0，即可以认为不同盘股板块的净利润均值有显著性差异。如果 F 不显著，就是指自变量对因变量没有显著影响，F 检验就到此为止了。尽管从 F 检验可以知道自变量对因变量是有显著影响的，即不同盘股

板块对净利润的影响是有显著区别的,但并不能说明不同板块间谁与谁有差异,谁与谁没有差异,所以我们还需要对均值做两两比较。

3. 事后检验

完成上述步骤后,在【单因素 ANOVA 检验】对话框中,单击【事后比较】按钮进入相应的对话框,如图 5-13 所示。由于已经知道方差为齐性的检验结果,所以应该选择【假定等方差】选项组中的方法,由于篇幅所限,这里只选择常用的 3 种方法:LSD、S-N-K 和图基。其中,LSD 只提供两两比较结果,S-N-K 只提供相似子集比较结果,而图基既提供两两比较结果也提供相似子集比较结果,其他方法与这 3 种方法呈现形式类似,可以根据研究目的加以选择。如果方差不齐性时,则应该选择【不假定等方差】选项组中的方法,但要注意对结果的解释要谨慎。然后单击【继续】按钮返回到上一层对话框,其他选项保持默认,最后单击【确定】按钮,提交系统分析,这里只截取事后多重比较相应结果,如图 5-14 和图 5-15 所示。

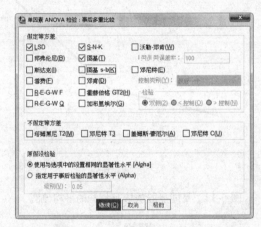

图 5-13 【单因素 ANOVA 检验:事后多重比较】对话框

多重比较

因变量:净利润

	(I) 盘股板块	(J) 盘股板块	平均值差值(I-J)	标准误差	显著性	95% 置信区间	
						下限	上限
图基 HSD	小盘股	中盘股	-1002.46667	738.64295	.375	-2814.9447	810.0114
		大盘股	-4935.77750*	738.64295	<.001	-6748.2555	-3123.2995
	中盘股	小盘股	1002.46667	738.64295	.375	-810.0114	2814.9447
		大盘股	-3933.31083*	738.64295	<.001	-5745.7889	-2120.8328
	大盘股	小盘股	4935.77750*	738.64295	<.001	3123.2995	6748.2555
		中盘股	3933.31083*	738.64295	<.001	2120.8328	5745.7889
LSD	小盘股	中盘股	-1002.46667	738.64295	.184	-2505.2470	500.3137
		大盘股	-4935.77750*	738.64295	<.001	-6438.5579	-3432.9971
	中盘股	小盘股	1002.46667	738.64295	.184	-500.3137	2505.2470
		大盘股	-3933.31083*	738.64295	<.001	-5436.0912	-2430.5305
	大盘股	小盘股	4935.77750*	738.64295	<.001	3432.9971	6438.5579
		中盘股	3933.31083*	738.64295	<.001	2430.5305	5436.0912

*. 平均值差值的显著性水平为 0.05。

图 5-14 不同盘股板块多重比较结果

图 5-14 中显示的是不同盘股板块净利润均值差异检验的结果,它只显示了 LSD 和图基 HSD 两种检验结果,因为 S-N-K 只提供相似子集比较。以 LSD 方法为例解释两两比较结果:在 LSD 方法中,第一行数据中(I) 盘股板块为"小盘股",(J) 盘股板块为"中盘股",对应的均值差(I-J)为-1 002.466 67,对应的概率 p 值为 0.184,$p=0.184 > \alpha=0.05$ 时,说明小盘股与中盘股的利润均值没有显著性差异,也就是说,虽然从均值差 (I-J)的值可知小盘股的利润均值比中盘股的利润均值少 1 002.466 67,但是差异不显著,可以近似认为小盘股的利润均值等于中盘股的利润均值;同样,第二行数据中(I) 盘股板块为"小盘股",(J) 盘股板块为"大盘股",对应的均值差(I-J)为-4 935.777 50,对应的概率 $p<0.001$,说明小盘股与大盘股的利润均值有显著性差异,从均值差(I-J)的值可知小盘股的利润均值比大盘股的利润均值少-4 935.777 50,也就是说小盘股的利润均值显著小于大盘股的利润均值;依次类推,中股盘的利润均值显著小于大盘股的利润均值。其他两两比较方法跟上述一样,在此不再赘述。

另外,SPSS 提供了一种寻找相似性子集的方法来判断两两差异,被划成相似性子集的各组是无差别的,而相似性子集间的差别是显著的。以 S-N-K 方法为例,大盘股的利润均值被划分为一组,小盘股和中盘股被划分成第二组,形成两个相似性子集,即大盘股和中小盘股是有差异的,而小盘股和中盘股是没有差异的,如图 5-15 所示,图基 HSD 相似性子集的划分与 S-N-K 方法一致。

4. 先验对比

假如研究者预先想要研究大盘股与中盘股、小盘股两者的净利润差异,可以通过如下设置完成,在【单因素 ANOVA 检验】对话框中单击【对比】按钮进入相应对话框,因为盘股的取值分类是 1=小盘股、2=中盘股、3=大盘股,在【第 1/1 项对比】选项组的【系数】文本框里按序填上 0.5、0.5、-1 并单击【添加】按钮添加到下方的方框中,如图 5-16 所示,这里 0.5、0.5、-1 分别指小盘股、中盘股、大盘股的系数。然后单击【继续】按钮返回到上一层对话框,最后单击【确定】按钮提交系统分析,结果如图 5-17 和图 5-18 所示。

净利润

	盘股板块	N	Alpha 的子集 = 0.05	
			1	2
S-N-K[a]	小盘股	12	3776.5875	
	中盘股	12	4779.0542	
	大盘股	12		8712.3650
	显著性		.184	1.000
图基 HSD[a]	小盘股	12	3776.5875	
	中盘股	12	4779.0542	
	大盘股	12		8712.3650
	显著性		.375	1.000

将显示齐性子集中各个组的平均值。
a. 使用调和平均值样本大小 = 12.000。

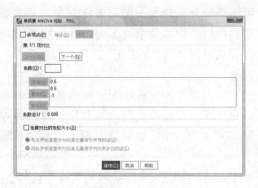

图 5-15 不同盘股板块多重比较检验的相似性子集

图 5-16 【单因素 ANOVA 检验:对比】对话框

对比系数

对比	盘股板块		
	小盘股	中盘股	大盘股
1	.5	.5	-1

图 5-17　对比系数

对比检验

		对比	对比值	标准误差	t	自由度	显著性（双尾）	95% 置信区间	
								下限	上限
净利润	假定等方差	1	-4434.5442	639.68356	-6.932	33	<.001	-5735.9902	-3133.0982
	不假定等方差	1	-4434.5442	720.11010	-6.158	16.409	<.001	-5958.0251	-2911.0632

图 5-18　对比检验结果

图 5-17 给出了各个水平系数的设置，主要关注图 5-18 所示的检验结果，图中一共给出了两个检验结果，一个假定等方差，一个不假定等方差，这里选择齐性(假定等方差)的检验结果，小盘股、中盘股两者与大盘股的对比值为-4 434.544 2，$t=-6.932$，df=33，$p<0.001$ 说明大盘股的净利润要大于小盘股和中盘股两者的净利润。

5.2　多因素方差分析

5.2.1　多因素方差分析的基本原理

多因素方差分析用来研究两个及以上自变量是否对因变量产生显著影响，两因素方差分析是其特例。多因素方差分析不仅能分析多个因素对因变量的独立影响，而且能够分析多个因素的交互作用是否对因变量产生显著影响，从而找到有利于因变量的最优组合方案。交互作用的影响是指多个自变量不同水平的各种组合对因变量产生的影响。例如，研究不同性别、不同学习方法是否对学习效率产生显著影响，假如性别分为男和女两种水平；方法有方法 1、方法 2 和方法 3 三种水平。此时，自变量有两个，即性别和学习方法，因变量有一个，即学习效率，所以可以采用多因素方差分析方法进行分析。多因素方差分析不仅可以单独分析性别及学习方法对学习效率的影响，还可以分析不同性别与不同学习方法的交互作用对学习效率的影响，即性别与学习方法的组合对学习效率的影响，总共有 6 种组合方式，即"男*方法 1""男*方法 2""男*方法 3""女*方法 1""女*方法 2""女*方法 3"。

多因素方差分析中因变量总离差平方和(SST)由三部分组成，即自变量独立作用、自变量交互作用及抽样误差。本节主要探讨两因素方差分析，两因素分别为 A 和 B，假设自变量 A 有 k 个水平，自变量 B 有 r 个水平。SST 的分解公式为

$$\text{SST} = \text{SSA} + \text{SSB} + \text{SSAB} + \text{SSE} \tag{5.6}$$

式中，SST 为因变量的总离差平方和；SSA、SSB 分别为自变量 A、B 独立作用引起的变差；SSAB 为自变量 A 和 B 交互作用引起的变差；SSE 为随机因素引起的变差。

$$\text{SST} = \sum_{i=1}^{k}\sum_{j=1}^{r}\sum_{k=1}^{n_{ij}}(x_{ijk}-\bar{x})^2 \tag{5.7}$$

式中，n_{ij} 为因素 A 第 i 个水平下和因素 B 第 j 个水平下的样本观测值的个数；x_{ijk} 为因素 A 第 i 个水平下和因素 B 第 j 个水平下的第 k 个观测值。

$$\text{SSA} = \sum_{i=1}^{k}\sum_{j=1}^{r} n_{ij}(\bar{x}_i^A - \bar{x})^2 \qquad (5.8)$$

式中，n_{ij} 为因素 A 第 i 个水平下和因素 B 第 j 个水平下的样本观测值的个数；$\bar{x}_i^A$ 为因素 A 第 i 个水平下因变量的均值。

$$\text{SSB} = \sum_{i=1}^{r}\sum_{j=1}^{k} n_{ij}(\bar{x}_j^B - \bar{x})^2 \qquad (5.9)$$

式中，n_{ij} 为因素 A 第 i 个水平下和因素 B 第 j 个水平下的样本观测值的个数；$\bar{x}_j^B$ 为因素 B 第 j 个水平下因变量的均值。

$$\text{SSE} = \sum_{i=1}^{k}\sum_{j=1}^{r}\sum_{k=1}^{n_{ij}} (x_{ijk} - \bar{x}_{ij}^{AB})^2 \qquad (5.10)$$

式中，x_{ijk} 为因素 A 第 i 个水平和因素 B 第 j 个水平下的第 k 个观测值。$\bar{x}_{ij}^{AB}$ 为因素 A 第 i 个水平下和因素 B 第 j 个水平下因变量的均值。

则最后计算因素 A 和因素 B 各自主效应以及两者的交互效应的检验统计量 F 如下：

$$F_A = \frac{\text{SSA}/(k-1)}{\text{SSE}/kr(l-1)} = \frac{\text{MSA}}{\text{MSE}} \qquad (5.11)$$

$$F_B = \frac{\text{SSB}/(r-1)}{\text{SSE}/kr(l-1)} = \frac{\text{MSB}}{\text{MSE}} \qquad (5.12)$$

$$F_{AB} = \frac{\text{SSAB}/(k-1)(r-1)}{\text{SSE}/kr(l-1)} = \frac{\text{MSAB}}{\text{MSE}} \qquad (5.13)$$

式中，l 为每小组样本量，MSA 和 MSB 为平均组间离差平方和，MSE 为平均组内离差平方和，$k-1$ 为 SSA 的自由度，$r-1$ 为 SSB 的自由度，$kr(l-1)$ 为 SSE 的自由度。

5.2.2 多因素方差分析的基本步骤

1. 前提条件检验

做多因素方差分析有下列几个条件要满足：第一，因变量是连续变量；第二，自变量要求是至少具有两个水平分类的离散变量；第三，因变量观测值无明显的异常值；第四，各分类的因变量观测值相互独立；第五，任一分类的因变量观测值服从正态分布；第六，各分类的因变量观测值的方差相等。这些条件的检验情况和单因素方差分析大体相同。

2. F 检验

假设自变量 A 的水平数为 p 个，自变量 B 的水平数为 q 个，则该两因素方差分析的原假设 H_0 主要有三个：①自变量 A 各水平的总体均值相等，即 $\mu_1=\mu_2=...=\mu_p$；或写为自变量 A 的处理效应(主效应)为 0，即 $\alpha_j=0$。②自变量 B 各水平的总体均值相等，即 $\mu_1=\mu_2=...=\mu_q$；或写为自变量 B 的处理效应(主效应)为 0，即 $\beta_k=0$。③自变量 A 和自变量 B 的交互效应为 0，即 $(\alpha\beta)_{jk}=0$。

在多因素方差分析中，优先分析交互效应，例如上述的两因素方差分析，如果自变量 A 和 B 间的交互作用显著，则无论 A 和 B 的主效应显著与否都不再需要分析，而是要分别进

行自变量 A 和自变量 B 的简单效应分析。如果自变量 A 和 B 的交互作用不显著，而 A 和 B 中任何一个的主效应显著时，就需要对该自变量各个水平下的因变量均值进行差异检验，这类似单因素方差分析的事后检验。

3. 主效应分析

交互效应不显著、主效应显著时，进一步检验各个因素不同水平均值间的差异，SPSS 系统提供了三种检验方法，即事后多重比较、对比检验和趋势检验，对于初学者，掌握事后多重比较便可。

1) 事后多重比较

如果各组被试相等，可以采用"事后多重比较"进行均值间的比较，这一比较方式与单因素方差分析的事后多重比较检验类似，也分为两类，一类是假定等方差(方差相等)时使用的方法，另外一类是不假定等方差(方差不相等)时使用的方法。如果方差相等，则直接采用【描述统计】和【事后多重比较】两个菜单命令的结果，与单因素方差分析不同，在多因素方差分析中，系统的方差不齐性(方差不相等)的方法是不可用的；如果各组间的被试不是相等的，在做均值比较时，可以估算边际均值，然后再做均值比较。

2) 对比检验

有时候我们不仅仅局限于对某因素的各水平均值进行两两比较，也有可能要比较各水平均值与总均值的差异，或者比较某个水平均值与其他三个水平均值的差异，又或者比较某两个水平均值与其他两个水平均值的差异，SPSS 的【对比】菜单中提供了此类均值对比的方法，主要提供了如下几种对比检验方式。

(1) 偏差：比较因素的各水平均值和总均值的差距。例如自变量 A 有 4 个水平，如果选择偏差比较法，则系统会比较以下三对关系：①水平 1 均值与总均值的差异；②水平 2 均值与总均值的差异；③水平 3 均值与总均值的差异。但系统会省略水平 4 均值与总均值的比较。

(2) 简单：比较因素各水平均值与参考水平的差距，参考水平通常是因素的第一水平或最后一水平上因变量的均值。例如自变量 B 有 4 个水平，如果选择简单比较法(以最后一个水平 4 均值为参照)，则系统会比较以下三对关系：①水平 1 均值与水平 4 均值的差异；②水平 2 均值与水平 4 均值的差异；③水平 3 均值与水平 4 均值的差异。

(3) 差值：除第一个水平外，其余水平均值与前面所有水平上的均值做比较。例如自变量 C 有 4 个水平均值，选择该方法，系统会比较以下三对关系：①水平 2 均值与水平 1 均值的差异；②水平 3 均值与水平 2、水平 1 两者均值的差异；③水平 4 均值与水平 3、水平 2、水平 1 三者均值的差异。

(4) 赫尔默特(Helmert)：指每个水平均值都与其后的所有水平的均值做比较。例如自变量 D 有 4 个水平，选择该方法，系统会比较以下三对关系：①水平 1 均值与水平 2、水平 3、水平 4 三者均值的差异；②水平 2 均值与水平 3、水平 4 两者均值的差异；③水平 3 均值与水平 4 均值的差异。

(5) 重复：指每个水平均值都与其后面的水平的均值比较。例如自变量 E 有 4 个水平，选择该方法，系统会比较以下三对关系：①水平 1 均值与水平 2 均值的差异；②水平 2 均值与水平 3 均值的差异；③水平 3 均值与水平 4 均值的差异。

3) 趋势检验

在 SPSS 的【对比】菜单中，提供了趋势检验的方法，即【多项式】命令。多项式是指多项式对照，比较线性、二次效应、三次效应等，常用于多项式趋势预测。和单因素方差分析类似。假如自变量的水平为 k，系统会给出 $k-1$ 个多项式趋势检验，如有 $k=3$，则系统会给出线性(一次)和二次效应的趋势检验。

4. 交互作用分析

1) 交互作用图形分析

自变量的交互作用可以通过绘制图形直观分析。如果自变量之间无交互作用，各水平对应的直线斜率是没有差异的，即是平行的，如图 5-19 所示；如果自变量间存在交互作用，各水平对应的直线斜率不相等，它们会相互交叉(或者延长线会交叉)，如图 5-20～图 5-22 所示。当然，交互作用是否显著，最终还是需要看交互作用的检验结果。

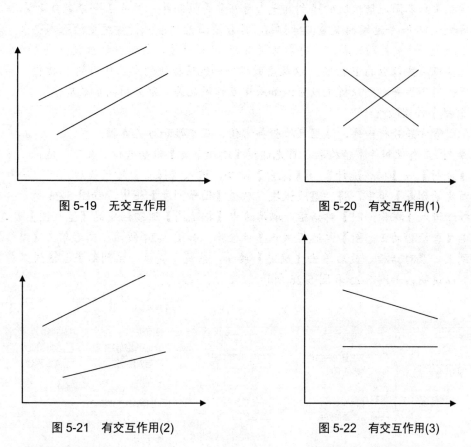

图 5-19　无交互作用　　　　　　图 5-20　有交互作用(1)

图 5-21　有交互作用(2)　　　　　图 5-22　有交互作用(3)

2) 简单效应分析

假如存在交互作用，就需要进行简单效应分析，所谓简单效应，就是某一个因素的各个水平在另外因素的不同水平下的效应，如果这些效应是有差异的，就会产生交互作用，因此需要对这些简单效应进行逐一分析。以 2×3 的多因素方差分析为例，A 有两个水平，B 有三个水平，假如存在交互作用，我们需要研究在 A1 水平下 B 的三个水平均值的差异情况、在 A2 水平下 B 的三个水平均值的差异情况。目前 SPSS 没有简单效应分析的可视窗口，需要用到 SPSS 的语法编辑，不过这个过程并不难，我们将在案例中做介绍。

5.2.3 多因素方差分析的 SPSS 过程

案例 5-2 根据数据"股票净利润.sav"研究净利润是否受不同盘股板块和不同地区板块的影响

根据案例 5-1 的分析结果,可知不同盘股板块对净利润的均值有显著影响,数据还有另一个自变量为地区板块,根据数据研究不同盘股板块和不同地区板块的净利润是否存在显著性差异,具体回答下列问题。

(1) 不同地区板块和盘股板块对净利润的主效应是否显著?
(2) 不同地区板块和盘股板块对净利润产生的交互作用是否显著?

案例分析: 多因素方差分析可以分三个步骤。第一,先对其前提假设做检验。要研究不同盘股板块和不同地区板块的净利润是否存在显著性差异,涉及 2 个分类自变量(盘股板块和地区板块)与一个连续因变量(净利润),符合多因素方差分析对变量的基本要求,其他条件需要做进一步的检验。第二,寻找方差分析 F 统计量,具体包括盘股板块主效应的 F 检验、地区板块主效应的 F 检验,以及盘股板块和地区板块的交互作用的 F 检验。第三,如果交互作用不显著,则分析主效应;如果交互作用显著,则分析简单效应。

1. 前提条件检验

和单因素方差分析一样,这里只检验异常值、正态性和方差齐性。

步骤1: 正态性和异常值检验。首先通过【选择个案】命令选择"北京"地区,然后依次选择【分析】→【描述统计】→【探索】命令,进入【探索】对话框后,将"净利润"放到【因变量列表】框中,将"盘股板块"放进【因子列表】框中,如图 5-23 所示。单击【图】按钮进入【探索:图】对话框,取消选中【描述图】选项组中的【茎叶图】复选框,另外选中【含检验的正态图】复选框做正态性检验,如图 5-24 所示。然后单击【继续】按钮返回到上一层对话框,最后单击【确定】按钮,系统会提供一系列结果,这里只截取部分结果加以说明,如图 5-25 和图 5-26 所示。

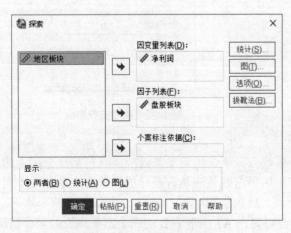

图 5-23 【探索】对话框

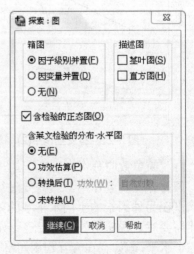

图 5-24 【探索:图】对话框

正态性检验[a]

盘股板块		柯尔莫戈洛夫-斯米诺夫[b]			夏皮洛-威尔克		
		统计	自由度	显著性	统计	自由度	显著性
净利润	小盘股	.241	3	.	.974	3	.690
	中盘股	.325	3	.	.875	3	.309
	大盘股	.250	3	.	.967	3	.652

a. 地区板块 = 北京板块

b. 里利氏显著性修正

图 5-25　正态性检验结果

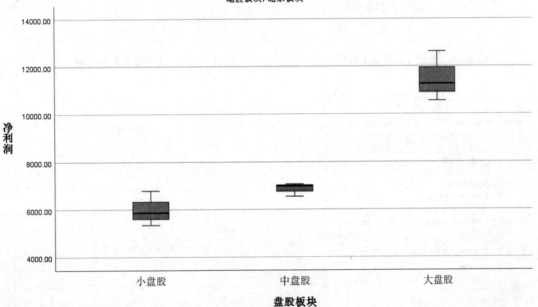

图 5-26　异常值检验结果

从图 5-25 可以看出，"北京"地区一共有小、中、大 3 个盘股，这 3 个盘股的净利润的正态检验 p 值都大于 0.05，即它们都服从正态分布。图 5-26 是 3 个盘股净利润中的箱图，由图 5-26 可以看出它们都没有异常值。其他地区的不同盘股净利润正态检验解读与此类似，由于篇幅问题，不一一呈现。

步骤 2：方差齐性检验。打开数据，依次选择【分析】→【一般线性模型】→【单变量】命令，如图 5-27 所示，进入【单变量】对话框。本题是以"净利润"为因变量，"地区板块""盘股板块"为自变量，所以分别把"净利润"添加到【因变量】框中，把"地区板块"和"盘股板块"添加到【固定因子】框中，如图 5-28 所示。单击【选项】按钮进入【单变量：选项】对话框，选中【齐性检验】复选框，如图 5-29 所示。设置完毕后单击【继续】按钮返回到上一层对话框，最后单击【确定】按钮提交系统分析，我们只截取方差齐性检验结果加以说明，如图 5-30 所示。

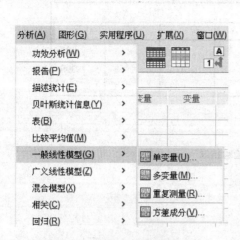

图 5-27　选择【单变量】命令

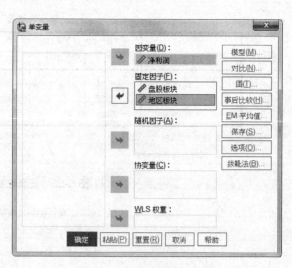

图 5-28　【单变量】对话框

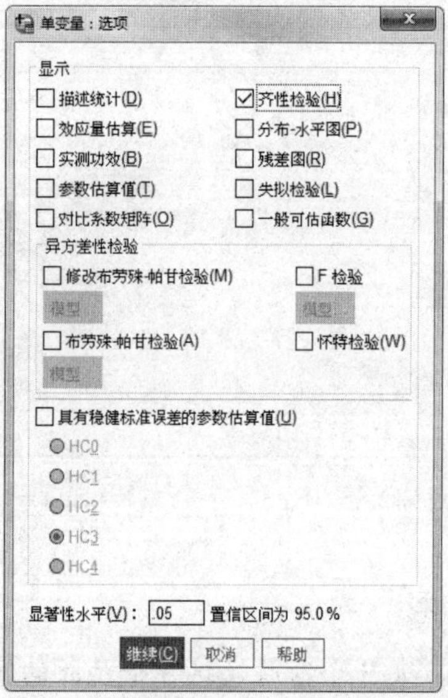

图 5-29　【单变量：选项】对话框

误差方差的莱文等同性检验[a,b]

		莱文统计	自由度 1	自由度 2	显著性
净利润	基于平均值	1.602	11	24	.161
	基于中位数	.595	11	24	.815
	基于中位数并具有调整后自由度	.595	11	15.900	.807
	基于剪除后平均值	1.513	11	24	.191

检验"各个组中的因变量误差方差相等"这一原假设。

a. 因变量：净利润

b. 设计：截距 + 盘股板块 + 地区板块 + 盘股板块 * 地区板块

图 5-30　方差齐性检验结果

从图 5-30 看到方差齐性检验的基于平均值的莱文统计量为 1.602，$p=0.161>0.05$，说明各组中的因变量误差方差是齐性的，经过上述检验，该案例符合多因素方差分析基本假设。

2. F 检验

在这一步，我们需要分析各因素的主效应和交互作用是否显著，其实在做方差齐性检验的过程中，也相应给出了结果，这里不再重复操作步骤。除了上述步骤，我们还可以单击【单变量】对话框中的【选项】按钮进入相应对话框，选中【描述统计】复选框，如图 5-31 所示。设置完毕后，单击【继续】按钮返回到上一层对话框，最后单击【确定】按钮提交系统分析，系统会提供一系列结果，我们只截取了主要的结果加以说明，如图 5-32 和图 5-33 所示。

描述统计

因变量: 净利润

盘股板块	地区板块	平均值	标准差	N
小盘股	北京板块	6002.4900	728.79586	3
	福建板块	3877.0000	621.29211	3
	湖南板块	3166.4500	965.14600	3
	广西板块	2060.4100	63.73463	3
	总计	3776.5875	1611.10366	12
中盘股	北京板块	6862.9767	277.05185	3
	福建板块	4965.7800	436.13255	3
	湖南板块	4135.6800	778.95787	3
	广西板块	3151.7800	275.68696	3
	总计	4779.0542	1483.79578	12
大盘股	北京板块	11484.8167	1047.64574	3
	福建板块	9519.5467	932.49773	3
	湖南板块	7852.4233	426.67521	3
	广西板块	5992.6733	876.37063	3
	总计	8712.3650	2241.28900	12
总计	北京板块	8116.7611	2635.54248	9
	福建板块	6120.7756	2661.11115	9
	湖南板块	5051.5178	2240.32926	9
	广西板块	3734.9544	1817.30020	9
	总计	5756.0022	2784.54196	36

图 5-31 选中【描述统计】复选框　　　图 5-32 描述统计结果

主体间效应检验

因变量: 净利润

源	III 类平方和	自由度	均方	F	显著性
修正模型	259939277[a]	11	23630843.36	49.578	<.001
截距	1192736217	1	1192736217	2502.395	<.001
盘股板块	163351092.2	2	81675546.12	171.358	<.001
地区板块	92584571.12	3	30861523.71	64.748	<.001
盘股板块 * 地区板块	4003613.572	6	667268.929	1.400	.255
误差	11439310.03	24	476637.918		
总计	1464114804	36			
修正后总计	271378587.0	35			

a. R 方 = .958 (调整后 R 方 = .939)

图 5-33 主体间效应检验结果

图 5-32 给出了变量的平均值、标准差和个案数 N。其中包括 3 个盘股的总均值, 也呈现了地区和盘股间 12 种组合的均值, 但是如果想要知道 4 个地区板块的总均值, 则需要做简单的加法才行, 如果将图 5-28 所示【单变量】对话框中【固定因子】框中的 "盘股板块" 和 "地区板块" 位置调换一下, 就会出现 4 个地区的总均值和 12 种组合的均值等指标。初步分析这 3 个盘股的均值(盘股主效应)、4 个地区的均值(地区主效应)、12 个组合的均值(交互作用)都有一定量的差异, 但是要检验这种差异是否达到统计学上的显著性水平, 则需要做方差检验。

利用图 5-33 所示的数据进行多因素方差分析。①原假设 H_{01}: 不同地区板块的净利润没有显著性差异(主效应不显著)。检验统计量 $F=64.748$, 显著性概率 $p<0.001$, 拒绝原假设, 即不同地区板块的净利润有显著性差异。②原假设 H_{02}: 不同的盘股板块的净利润没有显著

性差异(主效应不显著)。检验统计量 $F=171.358$，显著性概率 $p<0.001$，拒绝原假设，即不同盘股板块的净利润有显著性差异。③原假设 H_{03}：地区板块和盘股板块对净利润的交互作用不显著。检验统计量 $F=1.400$，显著性概率 $p=0.255>\alpha=0.05$ 时，接受原假设，即地区板块和盘股板块对净利润的交互作用不显著。

3. 主效应分析

因为地区板块和盘股板块的交互作用不显著，但是它们的主效应是显著的，所以需要进行主效应分析，即分析不同地区间、不同盘股间的净利润有怎样的差距。

(1) 实测平均值比较。因为该案例中的每组被试是平衡的，在如图 5-28 所示的【单变量】对话框中，单击【事后比较】按钮进入相应对话框，在【因子】框中，把"盘股板块""地区板块"添加到【下列各项的事后检验】框中。因为已经检验方差相等，所以选择【假定等方差】选项组中的分析方法，这里选择邦弗伦尼法；注意此时【不假定等方差】选项组中的方法并没有被激活，即不能用这些方法，设置完成后如图 5-34 所示。

提交系统分析后，我们截取了事后比较的两个结果，如图 5-35 和图 5-36 所示，多重比较的结果分析和单因素方差分析一致，这里不再赘述，可以从图 5-35 和图 5-36 中看出，在净利润上，大盘股>中盘股>小盘股，北京板块>福建板块>湖南板块>广西板块。

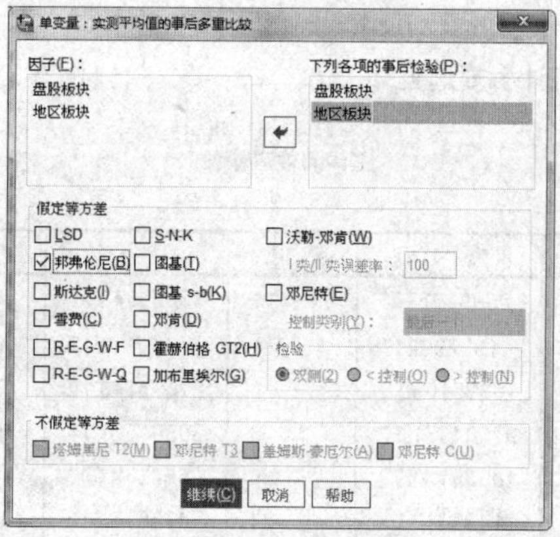

图 5-34 【单变量：实测平均值的事后多重比较】对话框

多重比较

因变量：净利润
邦弗伦尼

(I) 盘股板块	(J) 盘股板块	平均值差值 (I-J)	标准误差	显著性	95% 置信区间	
					下限	上限
小盘股	中盘股	-1002.4667*	281.85041	.005	-1727.8484	-277.0849
	大盘股	-4935.7775*	281.85041	<.001	-5661.1593	-4210.3957
中盘股	小盘股	1002.4667*	281.85041	.005	277.0849	1727.8484
	大盘股	-3933.3108*	281.85041	<.001	-4658.6926	-3207.9291
大盘股	小盘股	4935.7775*	281.85041	<.001	4210.3957	5661.1593
	中盘股	3933.3108*	281.85041	<.001	3207.9291	4658.6926

基于实测平均值。
误差项是均方（误差）= 476637.918
*. 平均值差值的显著性水平为 .05。

图 5-35 多重比较结果(1)

多重比较

因变量: 净利润
邦弗伦尼

(I) 地区板块	(J) 地区板块	平均值差值 (I-J)	标准误差	显著性	95% 置信区间 下限	95% 置信区间 上限
北京板块	福建板块	1995.9856*	325.45282	<.001	1060.2780	2931.6931
	湖南板块	3065.2433*	325.45282	<.001	2129.5358	4000.9509
	广西板块	4381.8067*	325.45282	<.001	3446.0991	5317.5142
福建板块	北京板块	-1995.9856*	325.45282	<.001	-2931.6931	-1060.2780
	湖南板块	1069.2578*	325.45282	.019	133.5502	2004.9653
	广西板块	2385.8211*	325.45282	<.001	1450.1135	3321.5287
湖南板块	北京板块	-3065.2433*	325.45282	<.001	-4000.9509	-2129.5358
	福建板块	-1069.2578*	325.45282	.019	-2004.9653	-133.5502
	广西板块	1316.5633*	325.45282	.003	380.8558	2252.2709
广西板块	北京板块	-4381.8067*	325.45282	<.001	-5317.5142	-3446.0991
	福建板块	-2385.8211*	325.45282	<.001	-3321.5287	-1450.1135
	湖南板块	-1316.5633*	325.45282	.003	-2252.2709	-380.8558

基于实测平均值。
误差项是均方(误差) = 476637.918。
*. 平均值差值的显著性水平为 .05。

图 5-36　多重比较结果(2)

(2) 边际平均值比较。尽管该案例的各组被试是平衡的,但为了与事后多重比较做对比,这里同时估算边际均值并进行比较,设置如下:在图 5-28 所示【单变量】对话框中,单击【EM 平均值】按钮,弹出【单变量:估算边际平均值】对话框。从左侧的【因子与因子交互】框中选择"盘股板块"和"地区板块",将其移入【显示下列各项的平均值】框中。接下来,选中【比较主效应】复选框。可以在【置信区间调整】下拉列表框中选择比较的方法,有 LSD、邦弗伦尼和斯达克三种方法,这里选择邦弗伦尼方法,如图 5-37 所示。

设置完后提交系统分析,可以得到盘股板块和地区板块的基于边际平均值比较的结果,限于篇幅,我们只截取盘股板块的比较结果,如图 5-38~图 5-40 所示,地区板块的解释与此类似,所以在此省略。图 5-38 是三个盘股板块净利润的估算值的描述统计指标。图 5-39 是三个盘股板块净利润的成对比较,其解释其实和事后多重比较是一样的,其结果在该案例中和事后多重比较的结果是一致的,即在净利润上,大盘股>中盘股>小盘股。图 5-40 是单变量检验总体检验结果,它和图 5-33 所示主体间效应检验结果中对盘股板块主效应的检验结果是一致的。

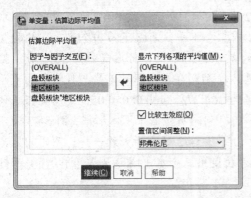

估算值

因变量: 净利润

盘股板块	平均值	标准误差	95% 置信区间 下限	95% 置信区间 上限
小盘股	3776.588	199.298	3365.256	4187.919
中盘股	4779.054	199.298	4367.723	5190.386
大盘股	8712.365	199.298	8301.033	9123.697

图 5-37　【单变量:估算边际平均值】对话框　　图 5-38　边际均值估算结果

成对比较

因变量：净利润

(I) 盘股板块	(J) 盘股板块	平均值差值 (I-J)	标准误差	显著性[b]	差值的 95% 置信区间[b]	
					下限	上限
小盘股	中盘股	-1002.467*	281.850	.005	-1727.848	-277.085
	大盘股	-4935.778*	281.850	<.001	-5661.159	-4210.396
中盘股	小盘股	1002.467*	281.850	.005	277.085	1727.848
	大盘股	-3933.311*	281.850	<.001	-4658.693	-3207.929
大盘股	小盘股	4935.778*	281.850	<.001	4210.396	5661.159
	中盘股	3933.311*	281.850	<.001	3207.929	4658.693

基于估算边际平均值

*. 平均值差值的显著性水平为 0.05。

b. 多重比较调节：邦弗伦尼法。

图 5-39　边际均值成对比较结果

单变量检验

因变量：净利润

	平方和	自由度	均方	F	显著性
对比	163351092.2	2	81675546.12	171.358	<.001
误差	11439310.03	24	476637.918		

F 检验 盘股板块 的效应。此检验基于估算边际平均值之间的线性无关成对比较。

图 5-40　边际均值单变量检验结果

(3) 对比检验方法。在如图 5-28 所示【单变量】对话框中，单击【对比】按钮进入相应对话框。默认不进行对比检验，如果进行对比检验方法分析，在【对比】下拉列表框中，选择一种对比方式，下拉列表框中的选项含义见第 5.2.2 节。然后单击【变化量】按钮，使【因子】框中的变量对比方法由"无"变成相应的方法，这里为"地区板块"选择"偏差"方法、为"盘股板块"选择"简单"方法，如图 5-41 所示，然后单击【继续】按钮返回到上一层对话框，最后单击【确定】按钮，提交系统分析。

我们截取了系统输出的对应结果，如图 5-42 和图 5-43 所示。图 5-42 为不同地区板块净利润的均值偏差对比检验结果，数据只显示了前三个水平，省略了第四个水平，检验值是所有水平的均值。级别 1(北京板块)与检验值的差为 2 360.759，标准误差为 199.298，显著性概率 $p<0.001$，说明北京板块的净利润与总体净利润存在显著性差异，且明显高于总体水平；级别 2(福建板块)的净利润与检验值的差为 364.773，$p=0.080>0.05$，说明其与总体净利润不存在差异；同理可知，级别 3(湖南板块)的净利润明显低于总体水平。图 5-43 为不同盘股板块净利润的均值对比检验结果，其分析也和图 5-42 的分析大致一样，不同的是，因为其选用的是"简单"方法，各水平对比的参考值是第三个水平(即大盘股)的均值，而非总平均值。

第 5 章 方差分析

对比结果（K 矩阵）

地区板块 偏差对比[a]			因变量 净利润
级别 1 与平均值	对比估算		2360.759
	假设值		0
	差异（估算 - 假设）		2360.759
	标准误差		199.298
	显著性		<.001
	差值的 95% 置信区间	下限	1949.427
		上限	2772.090
级别 2 与平均值	对比估算		364.773
	假设值		0
	差异（估算 - 假设）		364.773
	标准误差		199.298
	显著性		.080
	差值的 95% 置信区间	下限	-46.558
		上限	776.105
级别 3 与平均值	对比估算		-704.484
	假设值		0
	差异（估算 - 假设）		-704.484
	标准误差		199.298
	显著性		.002
	差值的 95% 置信区间	下限	-1115.816
		上限	-293.153

a. 省略类别 = 4

图 5-41 【单变量：对比】对话框　　图 5-42 不同地区板块净利润的均值偏差对比检验结果

对比结果（K 矩阵）

盘股板块 简单对比[a]			因变量 净利润
级别 1 与级别 3	对比估算		-4935.778
	假设值		0
	差异（估算 - 假设）		-4935.778
	标准误差		281.850
	显著性		<.001
	差值的 95% 置信区间	下限	-5517.488
		上限	-4354.067
级别 2 与级别 3	对比估算		-3933.311
	假设值		0
	差异（估算 - 假设）		-3933.311
	标准误差		281.850
	显著性		<.001
	差值的 95% 置信区间	下限	-4515.021
		上限	-3351.600

a. 参考类别 = 3

图 5-43 不同盘股板块净利润的均值简单检验结果

案例 5-3

心理韧性是指个体从消极经历中恢复过来,并且灵活地适应外界多变环境的能力,某心理学工作者从高中三个年级的男生和女生中各抽取了 10 名学生参加心理韧性水平的测查,见本章数据"心理韧性.sav",数据记录了性别、年级和心理韧性三个变量,试分析学生的心理韧性是否受到年级和性别的影响。

案例 5-3 利用数据"心理韧性.sav"分析学生的心理韧性是否受到年级和性别的影响

案例分析:该案例也是一个典型的两因素方差分析问题,可以分为前提条件检验、F 检验和均值比较三个步骤完成,但为了节约篇幅,对于前提条件这里只检验方差齐性,其他的不做严格检验,其他条件检验可以参考案例 5-2 的做法。该案例中我们将重点关注班级和性别的交互作用,但是目前 SPSS 没有交互作用分析的可视化命令,还只能使用语法指令。

1. 方差齐性检验

打开数据,依次选择【分析】→【一般线性模型】→【单变量】命令,进入【单变量】对话框,把"心理韧性"添加到【因变量】框中,把"性别""年级"添加到【固定因子】框中,如图 5-44 所示。单击【选项】按钮进入【单变量:选项】对话框,选中【齐性检验】复选框,如图 5-45 所示。设置完毕,单击【继续】按钮返回到上一层对话框,最后单击【确定】按钮提交系统分析,这里先截取方差齐性检验结果加以说明,如图 5-46 所示,由图可知,方差是齐性的。

图 5-44 【单变量】对话框

图 5-45 【单变量:选项】对话框

误差方差的莱文等同性检验[a,b]

		莱文统计	自由度1	自由度2	显著性
心理韧性	基于平均值	1.022	5	54	.414
	基于中位数	.939	5	54	.463
	基于中位数并具有调整后自由度	.939	5	50.058	.464
	基于剪除后平均值	1.052	5	54	.397

检验"各个组中的因变量误差方差相等"这一原假设。
a. 因变量:心理韧性
b. 设计:截距 + 性别 + 年级 + 性别 * 年级

图 5-46 方差齐性检验结果

2. F检验

在完成方差齐性检验时，系统也给出了方差分析结果，如图 5-47 所示，由图可知，年级、性别以及性别、年级的交互项都对心理韧性产生了影响，因为交互作用显著，所以不再分析性别和年级的主效应，需要分析的是简单效应。

主体间效应检验

因变量：心理韧性

源	III 类平方和	自由度	均方	F	显著性
修正模型	2440.550a	5	488.110	6.290	<.001
截距	107103.750	1	107103.750	1380.104	<.001
性别	432.017	1	432.017	5.567	.022
年级	1384.300	2	692.150	8.919	<.001
性别*年级	624.233	2	312.117	4.022	.024
误差	4190.700	54	77.606		
总计	113735.000	60			
修正后总计	6631.250	59			

a. R 方 = .368（调整后 R 方 = .310）

图 5-47　方差分析结果

3. 简单效应分析

步骤 1：生成交互作用图。在以上检验的基础上，在图 5-44 所示【单变量】对话框中单击【图】按钮，进入【单变量：轮廓图】对话框，在此绘制交互作用图。首先将"性别"添加到【水平轴】框中，"年级"添加到【单独的线条】框中，然后单击【添加】按钮，在【图】框中，将产生"性别*年级"字段，表示将生成以性别为 X 轴、年级为 Y 轴的交互作用图，如图 5-48 所示。

步骤 2：简单效应分析。在以上检验基础上，可以在图 5-44 所示【单变量】对话框中单击【粘贴】按钮，这时会出现一个语法命令窗口，如图 5-49 所示，里面的指令就是刚才设置的步骤语法指令。我们需要添加一条指令分析简单效应，指令为 "/EMMEANS= TABLES (性别*年级)COMPARE(年级)ADJ (BONFERRONI)"，如图 5-50 所示。指令中 "COMPARE (年级)" 是指分析年级简单效应，若要分析性别简单效应，则指令为 "COMPARE(性别)"。ADJ 是指对多重比较进行调

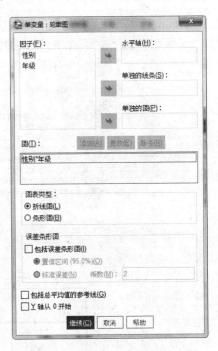

图 5-48　【单变量：轮廓图】对话框

整，调整的方法有 BONFERRONI 和 SIDAK，如果省略 ADJ 命令，则系统默认采用 LSD 方法进行比较，即不做任何调整，读者可以尝试。设置完毕后可以选择【运行】→【全部】命令，系统计算并提供相应的结果，如图 5-51～图 5-58 所示。

图 5-51 和图 5-52 是系统生成的结果。其中，图 5-51 给出的是估算的边际平均值，图 5-52 是边际平均值的交互作用图，可以初步看出，性别和年级存在交互作用，具体来说，

三个年级的男生的心理韧性分数差距是较大的，高年级高于低年级，但是三个年级的女生的心理韧性分数差距不大，其中二年级和三年级几乎没有差距。但是我们仍旧需要经过检验才能给出最终的判断结果。图 5-53 为均值比较结果，因为成对比较和多重比较在前面都有论述，这里不再详述，只提供简单的分析。由图 5-53 我们可以看出，一年级男生的心理韧性分数低于二年级和三年级，但是二年级和三年级之间没有显著性差异。而女生组是三个年级都没有显著性差异。图 5-54 所示的单变量检验是分别在男女生条件下对年级进行方差分析，男生条件下，$F=12.268$，$p<0.001$，是显著的；女生条件下，$F=0.673$，$p=0.514>0.05$，是不显著的。

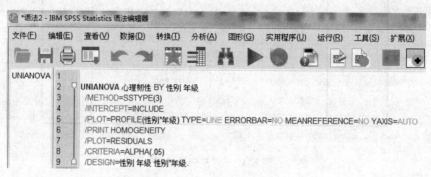

图 5-49　方差分析语法

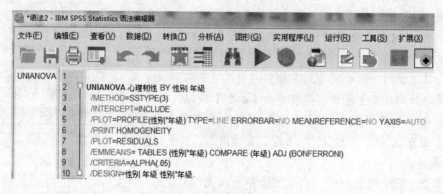

图 5-50　简单效应语法

估算值

因变量：心理韧性

性别	年级	平均值	标准误差	95% 置信区间	
				下限	上限
男	1.00	29.600	2.786	24.015	35.185
	2.00	40.000	2.786	34.415	45.585
	3.00	49.100	2.786	43.515	54.685
女	1.00	42.300	2.786	36.715	47.885
	2.00	46.400	2.786	40.815	51.985
	3.00	46.100	2.786	40.515	51.685

图 5-51　估算边际平均值

第 5 章 方差分析

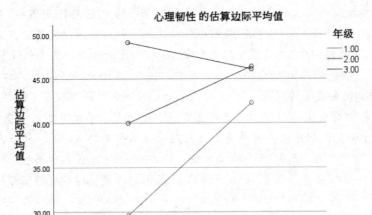

图 5-52 交互作用图

成对比较

因变量: 心理韧性

性别	(I) 年级	(J) 年级	平均值差值 (I-J)	标准误差	显著性[b]	差值的 95% 置信区间[b]	
						下限	上限
男	1.00	2.00	-10.400*	3.940	.032	-20.134	-.666
		3.00	-19.500*	3.940	<.001	-29.234	-9.766
	2.00	1.00	10.400*	3.940	.032	.666	20.134
		3.00	-9.100	3.940	.074	-18.834	.634
	3.00	1.00	19.500*	3.940	<.001	9.766	29.234
		2.00	9.100	3.940	.074	-.634	18.834
女	1.00	2.00	-4.100	3.940	.908	-13.834	5.634
		3.00	-3.800	3.940	1.000	-13.534	5.934
	2.00	1.00	4.100	3.940	.908	-5.634	13.834
		3.00	.300	3.940	1.000	-9.434	10.034
	3.00	1.00	3.800	3.940	1.000	-5.934	13.534
		2.00	-.300	3.940	1.000	-10.034	9.434

基于估算边际平均值

*. 平均值差值的显著性水平为 .05。

b. 多重比较调节: 邦弗伦尼法。

图 5-53 均值比较

单变量检验

因变量: 心理韧性

性别		平方和	自由度	均方	F	显著性
男	对比	1904.067	2	952.033	12.268	<.001
	误差	4190.700	54	77.606		
女	对比	104.467	2	52.233	.673	.514
	误差	4190.700	54	77.606		

每个 F 都将检验其他所示效应的每个级别组合中 年级 的简单效应。这些检验基于估算边际平均值之间的线性无成对比较。

图 5-54 单变量检验结果

对性别简单效应的生成和分析，只是把语法指令改为"/EMMEANS= TABLES (性别*年级) COMPARE (性别) ADJ (BONFERRONI)"，其他步骤与年级的简单效应分析基本一致。限于篇幅，我们省略详细步骤，只提供结果和简单分析，读者可以自己尝试设置。如图5-55~图5-58所示就是性别简单效应分析结果。其中，图5-55给出的是估算的边际平均值。图5-56是边际平均值的交互作用图，可以初步看出，性别和年级存在交互作用，具体来说，一年级和二年级的男女生的心理韧性是有差距的，而且是女生的分数高于男生，三年级男生的分数稍高于女生，但是这些差异是否达到显著性水平需要做检验。图5-57是检验的结果。由图5-57可以看出，只有一年级女生的心理韧性分数显著高于男生，二、三年级的男女生心理韧性分数没有显著性差异。图5-58所示的单变量检验也验证了这一结果。

估算值

因变量：心理韧性

性别	年级	平均值	标准误差	95% 置信区间	
				下限	上限
男	1.00	29.600	2.786	24.015	35.185
	2.00	40.000	2.786	34.415	45.585
	3.00	49.100	2.786	43.515	54.685
女	1.00	42.300	2.786	36.715	47.885
	2.00	46.400	2.786	40.815	51.985
	3.00	46.100	2.786	40.515	51.685

图 5-55 估算边际平均值

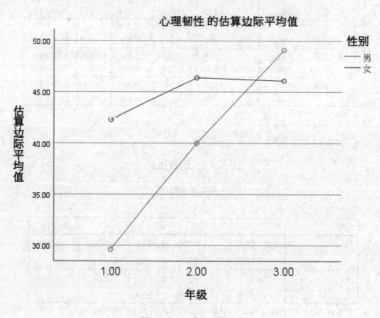

图 5-56 交互作用图

成对比较

因变量：心理韧性

年级	(I) 性别	(J) 性别	平均值差值 (I-J)	标准误差	显著性[b]	差值的 95% 置信区间[b] 下限	上限
1.00	男	女	-12.700*	3.940	.002	-20.599	-4.801
	女	男	12.700*	3.940	.002	4.801	20.599
2.00	男	女	-6.400	3.940	.110	-14.299	1.499
	女	男	6.400	3.940	.110	-1.499	14.299
3.00	男	女	3.000	3.940	.450	-4.899	10.899
	女	男	-3.000	3.940	.450	-10.899	4.899

基于估算边际平均值

*. 平均值差值的显著性水平为 0.05。

b. 多重比较调节：邦弗伦尼法。

图 5-57　均值比较

单变量检验

因变量：心理韧性

年级		平方和	自由度	均方	F	显著性
1.00	对比	806.450	1	806.450	10.392	.002
	误差	4190.700	54	77.606		
2.00	对比	204.800	1	204.800	2.639	.110
	误差	4190.700	54	77.606		
3.00	对比	45.000	1	45.000	.580	.450
	误差	4190.700	54	77.606		

每个 F 都将检验其他所示效应的每个级别组合中 性别 的简单效应。这些检验基于估算边际平均值之间的线性无关成对比较。

图 5-58　单变量检验结果

5.3　协方差分析

5.3.1　协方差分析的基本原理

协方差分析是指将很难人为控制的因素作为协变量，并在排除协变量对因变量影响的条件下，分析自变量对因变量的作用，从而更加准确地对自变量进行评价。

当有一个协变量时，称为一元协方差分析，当有两个或两个以上的协变量时，称为多元协方差分析。协方差分析是在方差分析基本思想的基础上考虑了协变量的影响，认为因变量总变差的变化受四个方面的影响，即自变量的独立作用、自变量的交互作用(当自变量为两个及以上时)、协变量的作用和随机因素的作用。但协方差分析是在剔除协变量的作用后，再分析自变量对因变量的影响。以一元协方差分析为例，协方差分析中总的离差平方和表示为

$$SST = SSA + SSC + SSE \qquad (5.14)$$

式中，SST 为总离差平方和；SSA 为自变量 A 独立作用引起的变差；SSC 为协变量 C 引起

的变差；SSE 为随机因素引起的变差。

协方差分析仍然采用 F 检验，其原假设 H_0 为自变量的不同水平下总体平均值没有显著性差异。F 统计量的计算公式为

$$F_A = \frac{SSA/df_A}{SSE/df_E} = \frac{MSA}{MSE} \quad (5.15)$$

$$F_C = \frac{SSC/df_C}{SSE/df_E} = \frac{MSC}{MSE} \quad (5.16)$$

式中，df_A 是 SSA 的自由度，df_C 是 SSC 的自由度，df_E 是 SSE 的自由度。

以上 F 统计量服从 F 分布，SPSS 将自动计算 F 值，并根据 F 分布表给出相应的概率值 p。如果 F_A 的概率 p 小于显著性水平 α，则自变量 A 的不同水平对观察变量产生了显著的影响；如果 F_C 的概率 p 小于显著性水平 α，则协变量 C 的不同水平对观察变量产生了显著的影响。

5.3.2 协方差分析的基本步骤

1. 前提条件检验

协方差分析需要满足的条件较多，包括：第一，因变量是连续变量；第二，自变量要求是具有至少两个水平分类的离散变量；第三，协变量是连续变量；第四，协变量的测量是没有误差的；第五，各组内的观测值相互独立；第六，各组的协变量和因变量有线性关系，可以通过做散点图加以说明(第 7 章有介绍)；第七，各组协变量和因变量的回归线是平行的(斜率相等)，即自变量和协变量之间不存在交互作用；第八，各组因变量残差没有异常值；第九，各组因变量残差方差齐性；第十，各组因变量残差呈现正态分布。

2. F 检验

协方差分析中，因变量受到以下四个方面效应的影响，即自变量(控制变量)的独立作用、自变量(控制变量)的交互作用、协变量的作用和随机因素的作用。协方差分析就是指在剔除协变量的影响下再分析自变量(控制变量)对因变量的影响，所以如果是一元协方差分析，在考虑协变量的情况下所作的方差分析，其原假设和单因素方差分析类似，其原假设 H_0 为在剔除协变量影响的条件下，自变量 A 各水平的总体均值相等，即 $\mu_1 = \mu_2 = ... = \mu_p$；或写为自变量 A 的处理效应为 0，即 $\alpha_j = 0$。如果是两因素方差分析，在考虑协变量的情况下所作的方差分析，其原假设大致和两因素方差分析一致，其原假设 H_0 为在剔除协变量影响的条件下，各自变量对因变量的主效应以及各自变量对因变量的交互作用不显著。

3. 均值比较

在确认剔除协变量对因变量的影响后，若自变量各个水平下的因变量总体均值差异是显著的，则接下来就需要做均值比较了。如果是单因素方差分析，就直接做均值间的比较；如果是多因素方差分析，就需要判断自变量的交互作用是否显著，交互作用显著则分析简单效应，交互作用不显著则分析主效应。这些过程和前面论述的单因素方差分析以及多因素方差分析是一样的，这里不再论述。

5.3.3 协方差分析的 SPSS 过程

案例 5-4

案例 5-4 利用数据"职业与工资.sav"并以工龄作为协变量分析职业对月工资的影响

为研究三种不同职业对月工资是否有影响，收集了 30 个个案数据，见本章数据"职业与工资.sav"，数据包括职业(销售人员、教师和银行职员)、工龄(单位：年)、月工资(单位：元)三个变量，按要求回答下列问题。

(1) 先考察不同职业是否对月工资有影响？
(2) 把工龄作为协变量，再分析职业对月工资的影响是否不同？

案例分析： 问题(1)其实就是单因素方差分析。问题(2)是在考虑协变量"工龄"的情况下，"职业"对"月工资"的影响，即进行涉及一个协变量的协方差分析，也就是一元协方差分析，它可以分为如下几步完成：第一，协方差前提条件检验；第二，进行协方差分析；第三，在考虑协变量的情况下进行均值比较。

因为问题(1)的单因素方差分析我们之前已经详细介绍过，见本章案例 5-1，这里只做简单介绍，依次选择【分析】→【比较平均值】→【单因素 ANOVA 检验】命令，将"月工资"放入【因变量列表】框中，将"职业"放入【因子】框中，单击【选项】按钮进入其对话框，选中【方差齐性检验】复选框。单击【继续】按钮这回到上一层对话框，其他选项默认，最后单击【确定】按钮，提交系统分析。将直接呈现其方差分析及方差齐性检验结果，如图 5-59 和图 5-60 所示。从图 5-59 可以看出，方差齐性检验中基于平均值的莱文统计量为 1.002，$p=0.380>0.05$，说明不同职业对应月工资的方差是齐性的，意味着接下来的 F 检验比较稳健。从图 5-60 中我们可以知道，$F=2.251$，$p=0.125>0.05$，说明不同职业的月工资水平没有显著性差异。

方差齐性检验

		莱文统计	自由度 1	自由度 2	显著性
月工资	基于平均值	1.002	2	27	.380
	基于中位数	.766	2	27	.475
	基于中位数并具有调整后自由度	.766	2	23.938	.476
	基于剪除后平均值	.917	2	27	.412

图 5-59 方差齐性检验结果

ANOVA

月工资

	平方和	自由度	均方	F	显著性
组间	18579545.91	2	9289772.953	2.251	.125
组内	111451204.7	27	4127822.396		
总计	130030750.6	29			

图 5-60 方差分析结果

尽管问题(1)已经证明了不同职业对月工资没有显著影响，但这似乎不太符合我们的认识，考虑到工龄与月工资的关系，将"工龄"作为协变量，重新分析职业对月工资的影响。

我们可以利用协方差分析回答该问题，可分如下两步完成。

1. 前提条件检验

协方差分析的前提假设有很多，在该例子中，我们主要检验因变量误差(残差)是否有异常值、方差是否齐性、是否为正态分布，同时检验回归线斜率是否相等。检验回归线斜率是否相等，即检验在不同的职业水平下工龄与月工资两者的回归线斜率是否相等，这可以通过考察工龄与职业是否存在交互作用来表示，如果工龄与职业对月工资不存在交互作用，则说明在不同职业水平下工龄与月工资的回归线斜率是相等的。

步骤1： 检验回归线斜率是否相等。打开数据"职业与收入.sav"，依次选择【分析】→【一般线性模型】→【单变量】命令，进入【单变量】对话框，选定因变量、固定因子(自变量)和协变量。在对话框中左边变量列表中选择"月工资"作为因变量，将其移入【因变量】框中。然后选择"职业"作为自变量，将其移入【固定因子】框中，再选择"工龄"作为协变量，将其移入【协变量】框中，如图5-61所示。

在图5-61所示的对话框中单击【模型】按钮，进入【单变量：模型】对话框。该对话框提供了三种不同形式的模型，即"全因子""构建项"和"构建定制项"模型。由于要进行回归线斜率相等的检验，即检验自变量"职业"和协变量"工龄"的交互作用是否显著，所以本例使用"构建项"模型。选中【构建项】单选按钮后，从左边的变量列表中选择"职业"，单击右向箭头将其移入【模型】框中。用同样的方法将变量列表中的"工龄"移入【模型】框中。在变量列表中同时选中"职业"和"工龄"，再单击右向箭头，【模型】方框中会出现"工龄*职业"字样，意味着进行交互作用分析，即检验回归线斜率相等的假设，如图5-62所示。然后单击【继续】按钮返回到上一层对话框，最后单击【确定】按钮，提交系统分析，主要输出结果如图5-63所示。

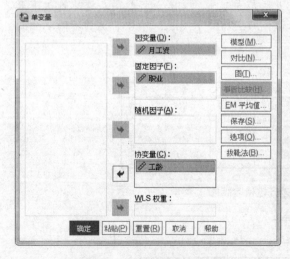

图 5-61　【单变量】对话框

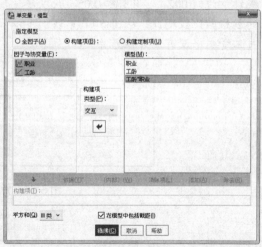

图 5-62　【单变量：模型】对话框

图5-63是组内回归线斜率是否相等的检验结果，"职业"与"工龄"的交互作用检验的 F 值为1.844，概率值 $p=0.180>0.05$，即没有达到显著性水平，表明月工资对三个水平的职业的回归线斜率相等，即各组的回归线为平行线，符合协方差分析的各组回归线斜率相等的假设。

步骤2： 因变量误差方差齐性检验。方差齐性的操作过程和多因素方差分析是一致的，这里不再提供详细图示。在如 5-61 所示【单变量】对话框中单击【选项】按钮,在【单变量:选项】对话框中选中【齐性分析】复选框,可以完成对方差齐性的假设检验,结果如图 5-64 所示。由图 5-64 可知,莱文统计检验统计量 $F=0.476$,$p=0.626>0.05$,接受原假设 H_0,即因变量误差方差是相等的,符合协方差分析的条件。

主体间效应检验

因变量:月工资

源	III 类平方和	自由度	均方	F	显著性
修正模型	82957007.1a	5	16591401.42	8.459	<.001
截距	19424225.48	1	19424225.48	9.903	.004
职业	110206.042	2	55103.021	.028	.972
工龄	60940187.41	1	60940187.41	31.070	<.001
职业 * 工龄	7235590.154	2	3617795.077	1.844	.180
误差	47073743.49	24	1961405.979		
总计	937469281.2	30			
修正后总计	130030750.6	29			

a. R 方 = .638 (调整后 R 方 = .563)

图 5-63 方差分析结果

误差方差的莱文等同性检验a

因变量:月工资

F	自由度1	自由度2	显著性
.476	2	27	.626

检验"各个组中的因变量误差方差相等"这一原假设。

a. 设计:截距 + 工龄 + 职业 + 职业 * 工龄

图 5-64 误差方差的莱文等同性检验

步骤 3:检验因变量残差异常值和正态性。首先需要把因变量的残差算出来。在图 5-61 所示【单变量】对话框中单击【保存】按钮进入其对话框,选中【残差】选项组中的【标准化】复选框,产生标准化残差,如图 5-65 所示,设置后提交系统分析,分析后系统会在原始数据后面生成一个新的变量 ZRE_1,如图 5-66 所示,这就是因变量的标准化残差。

图 5-65 【单变量:保存】对话框

职业	工龄	月工资	ZRE_1
1	1.5	4050.34	-.24
1	2.0	5000.32	-.07
1	1.0	4000.54	.24
1	3.0	5578.61	-.69
1	4.5	5789.76	-2.07
1	3.5	7785.56	.38
1	2.5	6547.21	.52
1	1.0	3876.45	.15
1	4.0	7980.31	.00
1	5.0	11896.01	1.77

图 5-66 标准化残差

接下来我们分析每个水平的标准化残差是否有异常值、是否符合正态分布。依次选择【分析】→【描述统计】→【探索】命令,进入【探索】对话框后,将"月工资的标准化残差"放入【因变量列表】框中,将"职业"放入【因子列表】框中,如图 5-67 所示。单击【图】按钮进入【探索:图】对话框,使用箱图可以检验异常值,保持【箱图】选项组的默认选项,取消选中【描述图】选项组中的【茎叶图】复选框,另外选中【含检验的正态图】复选框做正态性检验,如图 5-68 所示。单击【继续】按钮返回到上一层对话框,最后单击【确定】按钮,提交系统分析,系统计算出一系列结果,这里只截取部分结果加以说明,如图 5-69 和图 5-70 所示。

从图 5-69 中我们可以看出,各个组的因变量残差呈现正态分布。从图 5-70 中可以看出,销售人员、教师和银行职员各自都有两个数值偏离正常值,标准差在[-3,3]范围之外的一般被认定为异常值,该例中的异常值还未超出这个范围,所以综合判断该案例适合做协方差分析。读者也可以利用排序功能在数据窗口直接判断是否有数值超出±3 个标准差的范围。

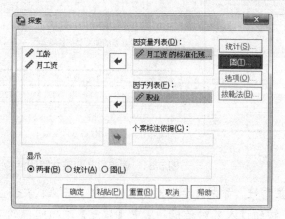
图 5-67　【探索】对话框

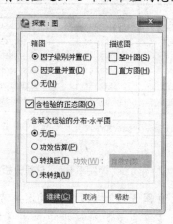
图 5-68　【探索:图】对话框

正态性检验

		柯尔莫戈洛夫-斯米诺夫[a]			夏皮洛-威尔克		
	职业	统计	自由度	显著性	统计	自由度	显著性
月工资 的标准化残差	销售人员	.204	10	.200[*]	.912	10	.295
	教师	.264	10	.047	.850	10	.059
	银行职员	.266	10	.044	.852	10	.062

*. 这是真显著性的下限。
a. 里利氏显著性修正

图 5-69　正态性检验结果

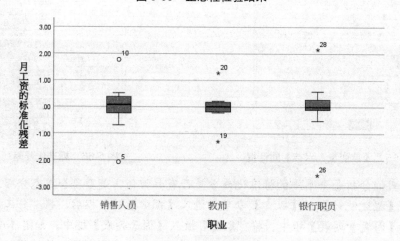
图 5-70　异常值检验结果

2. F 检验

确认符合协方差分析条件后,我们就要分析在剔除协变量影响下自变量的效应了。在第一步分析的基础上,我们对命令做一定调整。在图 5-61 所示【单变量】对话框中,单击【模型】按钮,在其对话框中,原来为了检验自变量和协变量是否有交互作用定制了模型,现在修改为"全因子"模型,如图 5-71 所示,然后单击【继续】按钮返回到上一层对话框,最后单击【确定】按钮,提交系统分析,主要的分析结果如图 5-72 所示。

图 5-71 "全因子"模型设定

主体间效应检验

因变量:月工资

源	III 类平方和	自由度	均方	F	显著性
修正模型	75721417.0[a]	3	25240472.32	12.084	<.001
截距	20932153.01	1	20932153.01	10.021	.004
工龄	57141871.06	1	57141871.06	27.356	<.001
职业	37863487.99	2	18931743.99	9.063	.001
误差	54309333.65	26	2088820.525		
总计	937469281.2	30			
修正后总计	130030750.6	29			

a. R 方 = .582(调整后 R 方 = .534)

图 5-72 方差分析结果

图 5-72 显示了加入协变量"工龄"之后(即剔除了"月工资"的影响后)的方差分析结果。由图 5-72 可知,协变量"工龄"检验统计量 $F=27.356$,其概率值 $p<0.001$,说明工龄对月工资产生了显著的影响,自变量"职业"检验统计量 $F=9.063$,$p=0.001<0.05$,说明职业对月工资也产生了显著的影响,该结果告诉我们至少一种职业与另一种职业间的工资有显著性差异,但哪些职业之间有差异,必须查看组间均值比较结果,这和单因素方差分析的做法类似。

3. 均值比较

在确认职业对月工资有影响后,需要对不同职业的月工资均值差异做比较,因为是协方差分析,需要考虑剔除协变量的影响后各组间的均值差异,我们需要估算边际平均值,这时就不能再用系统的【事后比较】命令做均值比较,因为其比较的是实际测量的均值而非边际均值，其实如果做协方差分析，该命令也会自动变为灰色，即不可用，可参考图 5-61。

在图 5-61 所示的【单变量】对话框中单击【EM 平均值】按钮，弹出【单变量：估算边际平均值】对话框，从左侧的【因子与因子交互】框中选择“职业”，将其移入【显示下列各项的平均值】框中，表示输出不同职业月工资调整后(考虑了协变量效应之后)的边际平均值。选中【比较主效应】复选框，意为对“职业”各组的月工资平均值进行组间比较，在【置信区间调整】下拉列表框中选择 LSD，意为采用 LSD 做均值间的比较，如图 5-73 所示，设置完提交系统分析，这里只截取对应的结果，如图 5-74 和图 5-75 所示。

图 5-74 给出的不是三个不同职业的原始月工资平均值，而是考虑了协变量加以调整后的各组平均值，即边际平均值，分别为 6 775.992(销售人员)、4 014.516(教师)和 4 773.281(银行职员)。从边际平均值可以初步看出，销售人员与教师、银行职员月工资的平均值差异较大，而教师和银行职员月工资的平均值比较接近，但是这些差异需要经过检验后才能知道是否达到统计学上的标准。

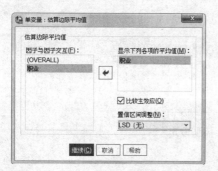

图 5-73 【单变量：估算边际平均值】对话框

估算值

因变量：月工资

职业	平均值	标准误差	95% 置信区间 下限	95% 置信区间 上限
销售人员	6775.992[a]	467.949	5814.110	7737.875
教师	4014.516[a]	462.062	3064.734	4964.298
银行职员	4773.281[a]	458.191	3831.457	5715.105

a. 按下列值对模型中出现的协变量进行求值：工龄 = 3.367。

图 5-74 调整后的边际平均值

图 5-75 是对三种职业的月工资差异分别进行检验，由该图可知，销售人员(I)和教师(J)的月工资均值差为 2 761.476，标准误差为 667.932，显著性水平值 $p<0.001$，说明两者的均值有差异，且均值差值为正值，因此可以知道销售人员的月工资要显著高于教师行业的月工资。销售人员(I)和银行职员(J)的月工资均值差为 2 002.711，标准误差为 659.883，显著性水平值 $p=0.005<0.05$，即销售人员的月工资要显著高于银行职员。而教师(I)与银行职员(J)的月工资均值差为−758.765，标准误差为 647.319，$p=0.252>0.05$，即两者的工资没有显著性差异。

成对比较

因变量：月工资

(I) 职业	(J) 职业	平均值差值 (I-J)	标准误差	显著性[b]	差值的 95% 置信区间[b] 下限	差值的 95% 置信区间[b] 上限
销售人员	教师	2761.476*	667.932	<.001	1388.521	4134.431
	银行职员	2002.711*	659.883	.005	646.302	3359.121
教师	销售人员	-2761.476*	667.932	<.001	-4134.431	-1388.521
	银行职员	-758.765	647.319	.252	-2089.348	571.818
银行职员	销售人员	-2002.711*	659.883	.005	-3359.121	-646.302
	教师	758.765	647.319	.252	-571.818	2089.348

基于估算边际平均值

*. 平均值差值的显著性水平为 .05。

b. 多重比较调节：最小显著性差异法（相当于不进行调整）。

图 5-75 成对比较检验结果

5.4 重复测量方差分析

5.4.1 重复测量方差分析概述

重复测量是指对同一批观察对象进行多次观察的过程，通过这个过程获得的数据被称为重复测量数据。假如对这类数据进行方差分析，则需要采用重复测量方差分析，它也有单因素重复测量方差分析和多因素重复测量方差分析之分。重复测量方差分析属于高级分析过程，在临床医学、化工实验、生命科学、经济学和心理学等研究中十分常见。重复测量可以考查测量的指标是否随次数的改变而改变，也可以考查测量指标是否受时间因素的影响；同时，重复测量克服了个体间的差距，分析时能更好地集中于研究效应；另外，它需要的被试量较少，被试利用率高。但重复测量的缺点是可能会出现练习效应和疲劳效应。练习效应是指被试由于多次重复实验，逐渐熟悉了实验情境，或对实验产生了兴趣和学习效果，出现被试实验成绩提高的现象。疲劳效应是指被试由于多次重复实验，被试的疲劳或厌倦情绪随实验进程逐步发展，出现被试实验成绩降低的现象。

在重复测量方差分析中有两个概念需要读者明白，即主体内变量和主体间变量。主体间变量也称被试间变量，这种变量的设计是让不同的被试接受该变量中不同的处理水平。例如学习方法有 3 种，我们随机抽取三组被试分别让他们接受不同的方法；又如药物有 4 种，我们随机抽取 4 组被试分别让他们接受不同的药物治疗，那么学习方法和药物都是主体间变量。主体内变量也称被试内变量，这种变量的设计是让同一批被试接受完该变量所有处理水平。例如，刚才的学习方法，假如我们让同一批被试都接受这 3 种学习方法，那么学习方法就变成了主体内变量；同理，如果让同一批被试都在不同时段分别服用 4 种药物，则此时药物这个变量也变成了主体内变量。在 SPSS 分析步骤中，设置主体内变量是重复测量方差分析中非常重要的一个环节。具体来说，它需要定义主体内变量的因子级别数，主体内变量因子级别数的赋值与预分析的重复测量的次数相同。例如，在化学实验中要研究某种酵母菌在不同温度下酶的活性，分别测试了在 4 种不同温度下的相关数据，则在利用 SPSS 软件进行重复测量方差分析时，主体内因子级别数的赋值为 4。

5.4.2 重复测量方差分析的基本步骤

1. 前提条件检验

重复测量方差分析需要满足的假设有：第一，因变量唯一，且为连续变量；第二，被试内(主体内)因素有三个或以上的水平；第三，不同处理水平下的因变量没有极端异常值；第四，独立性，不同处理水平下的个体应是相互独立的；第五，正态性，不同处理水平下总体服从正态分布；第六，方差齐性，不同处理水平下总体的方差应相同；第七，球形度检验，又称为处理差异方差齐性假设，指两个对象的协方差应该等于它们方差的均值减去一个常数。

球形度检验是重复测量方差分析中比较特殊的一个前提条件，所以这里重点介绍球形度检验。SPSS 采用莫奇来(Mauchly)法进行球形度检验，当 $p>0.05$ 时，说明多次测量的方差没有显著性差异或者不同次测量之间的相关系数没有显著性差异，此时满足球形度检验；

当 $p<0.05$ 时，说明多次测量的方差差异较大或者不同次测量之间的相关系数差异很大，此时不满足球形度检验，重复测量方差分析结果将导致统计推论的错误率增加。如果仍旧使用单变量检验，需要对与被试内变量有关的 F 统计量的分子和分母的自由度进行校正。常用的校正方法有格林豪斯-盖斯勒(Greenhouse-Geisser)、辛-费德特(Huynh-Feldt)和下限(Lower-bound)。当然，如果不符合球形度检验，可以采用多变量检验结果，这里不做介绍。

2. F 检验

重复测量方差分析中因变量受到以下几个方面效应的影响：主体内因素的独立作用、主体间被试的独立作用、变量间的交互作用以及随机因素的影响。但这些效应要视情况而定。如果是重复测量单因素方差分析，其原假设和单因素方差分析类似，其原假设 H_0 为主体内变量 A 各水平的总体均值相等，即 $\mu_1=\mu_2=...=\mu_p$；或者将 H_0 写为自变量 A 的处理效应为 0，即 $\alpha_j=0$。如果是重复测量多因素方差分析，其原假设和多因素方差分析大致一致，以重复测量两因素方差分析为例，其原假设 H_0 为：①自变量 A 各水平的总体均值相等，即 $\mu_1=\mu_2=...=\mu_p$；或写为自变量 A 的处理效应(主效应)为 0，即 $\alpha_j=0$。②自变量 B 各水平的总体均值相等，即 $\mu_1=\mu_2=...=\mu_q$；或写为自变量 B 的处理效应(主效应)为 0，即 $\beta_k=0$。③A 和 B 因素的交互作用为 0，即 $(\alpha\beta)_{jk}=0$。这里要求 A 和 B 至少有一个为重复测量变量，即主体内变量。

3. 均值比较

如果方差检验发现主体内(被试内)因素或主体间(被试间)因素对因变量有影响，则接下来就需要做均值比较了。如果是单因素重复测量方差分析，此时并没有主体间(被试间)因素，所以检验发现主体内(被试内)因素效应显著，就直接做主体内(被试内)因素不同水平均值间的比较，即单因素方差分析中的事后比较；如果是多因素重复测量方差分析，就需要判断交互作用是否显著，交互作用显著则分析简单效应，交互作用不显著则分析主效应，这和多因素方差分析的思路大体相同。

5.4.3 重复测量方差分析的 SPSS 过程

案例 5-5 利用数据"记忆方法.sav"分析不同记忆方法的效果是否存在差异

为研究不同记忆方法下的记忆效果，取 15 名被试，以随机的顺序让每个被试分别采用三种不同方法完成记忆实验，同时记录下他们的成绩，见本章数据"记忆方法.sav"，请对实验结果进行分析。

案例分析： 这是一个单因素重复测量方差分析案例，15 名被试共参与了三次实验，即同一批被试被测量了三次，目的就是要比较这三种方法记忆效果的差异，但是我们不能做单因素方差分析，因为这三次测量的数据来源于同一批被试，他们之间不是独立的，这违反了单因素方差分析的独立性假设。当然，就 SPSS 分析的步骤来说，它和单因素方差分析有很多相似之处。

步骤 1： 打开数据，依次选择【分析】→【一般线性模型】→【重复测量】命令，如图 5-76 所示。

步骤 2: 进入【重复测量定义因子】对话框,如图 5-77 所示,在【主体内因子名】文本框中输入"方法",因为记忆效果被测量了 3 次,在【级别数】文本框中输入 3,单击【添加】按钮,在【测量名称】文本框中输入"记忆效果",单击【添加】按钮完成设置。然后单击【定义】按钮,进入【重复测量】对话框。

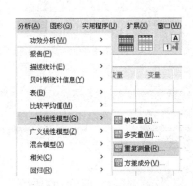

图 5-76 选择【重复测量】命令　　　　图 5-77 【重复测量定义因子】对话框

步骤 3: 未设置前的【重复测量】对话框如图 5-78 所示。把"方法 1""方法 2""方法 3"分别添加到【主体内变量】框中对应的 3 个级别中,如图 5-79 所示。

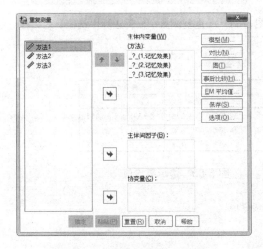

图 5-78 【重复测量】对话框(1)　　　　图 5-79 【重复测量】对话框(2)

步骤 4: 单击图 5-79 所示对话框中的【图】按钮设置轮廓图,如图 5-80 所示。把"方法"添加到【水平轴】框中,单击【添加】按钮完成设置,接着单击【继续】按钮返回到上一层对话框。

步骤 5: 单击图 5-79 所示对话框中的【EM 平均值】按钮检验方法的主效应。把"方法"添加到【显示下列各项的平均值】框中,并选中【比较主效应】复选框,然后选择【置信区间调整】下拉列表框中的【邦弗伦尼】选项,如图 5-81 所示,完成均值比较设置,接着单击【继续】按钮返回到上一层对话框,最后单击【确定】按钮提交系统分析,系统会生成一系列结果，这里只截取相应的结果加以说明，如图 5-82 和图 5-83 所示。

步骤 6： 结果解释。

(1) 基本描述。图 5-82 给出的是主体内因子的个数，主体内因子就是被试内因子，指被试被重复测量的次数。图 5-83 给出的是边际平均值的描述统计指标。图 5-84 是边际平均值的趋势图，从图 5-84 中我们可以很直观地看出不同记忆方法下的记忆效果是有差异的，具体而言，方法 1 好于方法 2 和方法 3，方法 2 好于方法 3，但是是否达到统计学上的显著性标准，需要做进一步的检验。

图 5-80 【重复测量：轮廓图】对话框

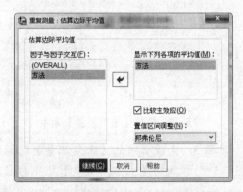

图 5-81 【重复测量：估算边际平均值】对话框

主体内因子

测量：记忆效果

方法	因变量
1	方法1
2	方法2
3	方法3

图 5-82 主体内因子

估算值

测量：记忆效果

方法	平均值	标准误差	95% 置信区间	
			下限	上限
1	29.200	1.335	26.336	32.064
2	24.067	.870	22.201	25.933
3	17.467	.768	15.820	19.113

图 5-83 边际平均值

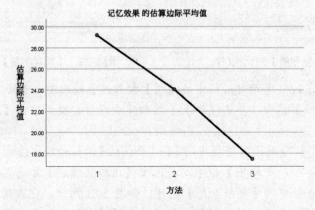

图 5-84 边际均值趋势图

(2) 球形度检验及 F 检验。图 5-85 给出的是 Mauchly(莫奇来)球形度检验的结果,它是重复测量方差分析中很重要的一个前提条件。球形度检验的近似卡方值为 1.018,$p=0.601>0.05$,说明符合球形度检验,如果 $p<0.05$ 说明不符合球形度检验,需要做修正。系统给了三种修正方法,即格林豪斯-盖斯勒(Greenhouse-Geisser)、辛-费德特(Huynh-Feldt)和下限(Lower-bound)。在实际应用中一般只用前面两种方法,它们计算的 Epsilon 越小,说明违反球形度检验的程度越大,当它们计算的 Epsilon 等于 1 时,则说明完美符合球形度检验。

Mauchly 球形度检验[a]

测量:记忆效果

主体内效应	Mauchly W	近似卡方	自由度	显著性	Epsilon[b]		
					格林豪斯-盖斯勒	辛-费德特	下限
方法	.925	1.018	2	.601	.930	1.000	.500

检验"正交化转换后因变量的误差协方差矩阵与恒等矩阵成比例"这一原假设。

a. 设计:截距
　主体内设计:方法

b. 可用于调整平均显著性检验的自由度。修正检验将显示在"主体内效应检验"表中。

图 5-85　球形度检验结果

图 5-86 为主体内效应检验结果,本例符合球形度检验,所以需要查看"假设球形度"这一行的数据。由图可知,方法的Ⅲ类平方和为 1 037.911,自由度 df=2,均方为 518.956,$F=33.996$(其计算方式为方法的均方 518.956 除以误差的均方 15.265),显著性 $p<0.001$。检验的结果说明不同记忆方法下的记忆效果之间存在显著性差异,也说明了三种方法之间至少有两种方法下的记忆效果是有差异的,但具体是哪两种方法有差异,需要做均值比较。

主体内效应检验

测量:记忆效果

源		Ⅲ类平方和	自由度	均方	F	显著性
方法	假设球形度	1037.911	2	518.956	33.996	<.001
	格林豪斯-盖斯勒	1037.911	1.860	558.049	33.996	<.001
	辛-费德特	1037.911	2.000	518.956	33.996	<.001
	下限	1037.911	1.000	1037.911	33.996	<.001
误差 (方法)	假设球形度	427.422	28	15.265		
	格林豪斯-盖斯勒	427.422	26.038	16.415		
	辛-费德特	427.422	28.000	15.265		
	下限	427.422	14.000	30.530		

图 5-86　主体内效应检验结果

(3) 均值比较。图 5-87 给出的是均值两两比较的结果,在本章的案例中已经多次提到均值两两比较的解读方式,这里不再赘述,只将结论呈现如下:使用方法 1 的记忆效果要好于方法 2,使用方法 1 的记忆效果也好于方法 3,使用方法 2 的记忆效果要好于方法 3,即方法 1>方法 2>方法 3。

成对比较

测量：记忆效果

(I) 方法	(J) 方法	平均值差值 (I-J)	标准误差	显著性[b]	差值的 95% 置信区间[b]	
					下限	上限
1	2	5.133*	1.480	.011	1.112	9.155
	3	11.733*	1.557	<.001	7.502	15.964
2	1	-5.133*	1.480	.011	-9.155	-1.112
	3	6.600*	1.222	<.001	3.279	9.921
3	1	-11.733*	1.557	<.001	-15.964	-7.502
	2	-6.600*	1.222	<.001	-9.921	-3.279

基于估算边际平均值

*. 平均值差值的显著性水平为 .05。

b. 多重比较调节：邦弗伦尼法。

图 5-87　不同记忆方法下记忆效果的均值两两比较

案例 5-6

案例 5-6 利用数据"降压药与收缩压.sav"研究三种降压药对高血压患者的降压效果

为研究三种降压药对高血压患者的降压效果，选择 30 名年龄为 30～35 岁女性高血压患者为研究对象，将这 30 名高血压患者随机分成 3 组，分别服用三种降压药，分别测量并记录患者服药前的收缩压(收缩压 0)，服药一周后的收缩压(收缩压 1)，服药两周后的收缩压(收缩压 2)，服药三周后的收缩压(收缩压 3)，见本章数据"降压药与收缩压.sav"。

(1) 哪种降压药药效最好？
(2) 服药多久后药效最好？
(3) 降压药和服药时间是否存在交互作用？

案例分析：该案例中主体间因子有 1 个，即降压药，有 3 个水平，主体内因子也有 1 个，有 4 个水平，适合采用多因素重复测量方差分析。但该案例的问题稍微特殊，因为要研究哪种药物药效更好，所以对服药一周后、服药两周后和服药三周后的收缩压进行了 3 次测量，我们知道个体间服药前的收缩压可能有差距，这种差距可能对服药后的收缩压产生影响，所以服药前的收缩压可以理解成协变量，我们可以对该协变量加以控制，然后再对不同药的药效做对比。但这样问题就复杂了，它变成了含有协变量的多因素重复测量分析。如果前测是没有差距的，目的只是为了了解哪种降压药药效更好，那么可以不分析前测，所以为了教学方便起见，我们的数据设定为被试服用药物前的收缩压是没有差距的(读者可以利用单因素方差分析证明)，因此在该题中我们将主体内因子定为 3 个而非 4 个(即不将前测考虑进来)。如果前测无法做到随机，那么就应该控制前测(协变量)后再做分析，这样结果才更为精确。

多因素重复测量方差分析，其 SPSS 分析的步骤和多因素方差分析是相似的，即先进行前提条件检验，然后进行 F 检验并依次判断是否有交互作用，如果有交互作用则做简单效应分析，没有交互作用则做主效应分析。限于篇幅，关于前提条件检验这里也只进行球形度检验和方差齐性检验，其他的默认符合要求，有兴趣的读者可以按照前面的检验方式加以检验。

1. 判断是否有交互作用

步骤 1：重复测量定义因子。打开数据，依次选择【分析】→【一般线性模型】→【重复测量】命令,进入【重复测量定义因子】对话框。在【主体内因子名】文本框中输入"时间",因为被试在服药后被测量了 3 次,在【级别数】文本框中输入 3,单击【添加】按钮添加进下方框中。在【测量名称】文本框中输入"收缩压",单击【添加】按钮添加进下方框中,如图 5-88 所示。设置完毕后单击【定义】按钮,进入【重复测量】对话框。

步骤 2: 在【重复测量】对话框中把"用药一周后收缩压 1""用药两周后收缩压 2""用药三周后收缩压 3"分别添加到【主体内变量】框中对应的 3 个级别中,把"降压药"添加到【主体间因子】框中,如图 5-89 所示。在图 5-89 所示对话框中单击【选项】按钮,在弹出的【重复测量: 选项】对话框中,选中【齐性检验】复选框,可进行方差齐性检验,单击【继续】按钮,返回到上一层对话框,单击【确定】按钮,完成操作。

图 5-88　【重复测量定义因子】对话框　　　图 5-89　【重复测量】对话框

步骤 3: 结果解释。

我们截取了部分结果加以说明,如图 5-90～图 5-93 所示。从图 5-90 可知,主体内的观测值满足球形度检验。图 5-92 是主体间的因变量观测值的方差齐性检验结果,由图可知方差是齐性的,所以符合对主体间差异检验的条件。我们从图 5-91 中的"假设球形度"一行数据可以知道"时间"的 F 检验是有差异的($F=287.129$, $p<0.001$),由图 5-93 可知"降压药"的 F 检验也是显著的($F=72.322$, $p<0.001$),但是,从图 5-91 中可以看出"时间"和"降压药"的交互作用也是显著的,所以我们不需要分析"时间"和"降压药"的主效应,直接分析交互作用就行了。

Mauchly 球形度检验[a]

测量: 收缩压

主体内效应	Mauchly W	近似卡方	自由度	显著性	Epsilon[b]		
					格林豪斯-盖斯勒	辛-费德特	下限
时间	.948	1.391	2	.499	.950	1.000	.500

检验"正交化转换后因变量的误差协方差矩阵与恒等矩阵成比例"这一原假设。

a. 设计: 截距 + 降压药
　主体内设计: 时间

b. 可用于调整平均显著性检验的自由度。修正检验将显示在"主体内效应检验"表中。

图 5-90　球形度检验对结果

主体内效应检验

测量：收缩压

源		III 类平方和	自由度	均方	F	显著性
时间	假设球形度	3304.467	2	1652.233	287.129	<.001
	格林豪斯-盖斯勒	3304.467	1.901	1738.330	287.129	<.001
	辛-费德特	3304.467	2.000	1652.233	287.129	<.001
	下限	3304.467	1.000	3304.467	287.129	<.001
时间 * 降压药	假设球形度	327.467	4	81.867	14.227	<.001
	格林豪斯-盖斯勒	327.467	3.802	86.133	14.227	<.001
	辛-费德特	327.467	4.000	81.867	14.227	<.001
	下限	327.467	2.000	163.733	14.227	<.001
误差 (时间)	假设球形度	310.733	54	5.754		
	格林豪斯-盖斯勒	310.733	51.325	6.054		
	辛-费德特	310.733	54.000	5.754		
	下限	310.733	27.000	11.509		

图 5-91 主体内因素方差分析结果

误差方差的莱文等同性检验[a]

		莱文统计	自由度1	自由度2	显著性
用药一周后收缩压1	基于平均值	.809	2	27	.456
	基于中位数	.114	2	27	.893
	基于中位数并具有调整后自由度	.114	2	20.553	.893
	基于剪除后平均值	.747	2	27	.483
用药两周后收缩压2	基于平均值	1.455	2	27	.251
	基于中位数	1.443	2	27	.254
	基于中位数并具有调整后自由度	1.443	2	21.854	.258
	基于剪除后平均值	1.454	2	27	.251
用药三周后收缩压3	基于平均值	2.049	2	27	.148
	基于中位数	1.890	2	27	.171
	基于中位数并具有调整后自由度	1.890	2	24.638	.172
	基于剪除后平均值	2.015	2	27	.153

检验"各个组中的因变量误差方差相等"这一原假设。

a. 设计：截距 + 降压药
主体内设计：时间

图 5-92 方差齐性检验结果

主体间效应检验

测量：收缩压
转换后变量：平均

源	III 类平方和	自由度	均方	F	显著性
截距	1802002.500	1	1802002.500	147720.071	<.001
降压药	1764.467	2	882.233	72.322	<.001
误差	329.367	27	12.199		

图 5-93 主体间因素方差分析结果

2. 简单效应分析

步骤 1: 交互作用图设置。单击图 5-89 所示【重复测量】对话框中的【图】按钮，弹出如图 5-94 所示的对话框，把"降压药"和"时间"分别添加到【水平轴】和【单独的线条】框中，单击【添加】按钮完成设置，接着单击【继续】按钮返回到上一层对话框。

图 5-94 【重复测量:轮廓图】对话框

步骤 2: 简单效应设置。返回到图 5-89 所示【重复测量】对话框后，单击【粘贴】按钮，这时会出现一个语法命令窗口，如图 5-95 所示，里面的指令就是刚才设置的分析语法指令，我们需要添加一条指令分析简单效应，指令为 "/EMMEANS= TABLES (降压药*时间) COMPARE (时间) ADJ (BONFERRONI)"，如图 5-96 所示，相关解释请参考多因素方差分析案例。设置完毕后可以选择【运行】菜单中的【全部】命令，系统会计算并提供相应的结果。

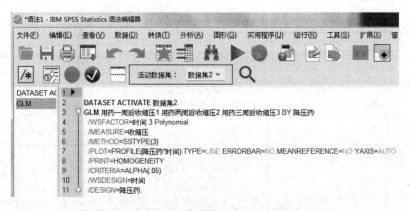

图 5-95 不含简单效应分析的方差分析语法指令

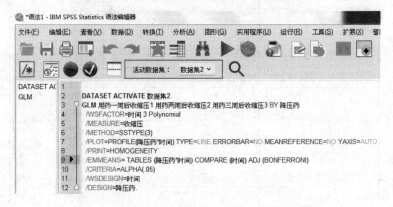

图 5-96 简单效应分析语法指令

步骤 3: 结果解释。

(1) "时间"简单效应分析。图 5-97 给出的是服务不同降压药后，三次收缩压的边际平均值，图 5-98 将这些结果以图形的形式呈现出来，可以初步看出，服用三种降压药后在不同时间测量的收缩压是有一定差距的，都是时间3<时间2<时间1，但是服用降压药2后的差距更大一些，不过这种差异是否达到统计学上的显著性标准需要做检验才能下结论。图5-99提供了检验结果，由图可知，服用三种降压药在三次不同的时间上进行测量的收缩压都有差异，而且都是时间3<时间2<时间1。综上所述，"时间"的简单效应在三种降压药下没有区别，无论服用什么降压药，随着时间的增长收缩压都有显著的下降。

估算值

测量：收缩压

降压药	时间	平均值	标准误差	95% 置信区间	
				下限	上限
降压药1	1	151.600	.769	150.022	153.178
	2	146.100	.979	144.090	148.110
	3	140.900	.906	139.042	142.758
降压药2	1	146.100	.769	144.522	147.678
	2	135.800	.979	133.790	137.810
	3	124.800	.906	122.942	126.658
降压药3	1	148.600	.769	147.022	150.178
	2	143.500	.979	141.490	145.510
	3	136.100	.906	134.242	137.958

图5-97　边际平均值

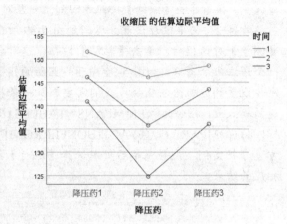

图5-98　降压药*时间交互作用图

成对比较

测量：收缩压

降压药	(I) 时间	(J) 时间	平均值差值 (I-J)	标准误差	显著性[b]	差值的 95% 置信区间[b]	
						下限	上限
降压药1	1	2	5.500*	1.125	<.001	2.629	8.371
		3	10.700*	1.140	<.001	7.791	13.609
	2	1	-5.500*	1.125	<.001	-8.371	-2.629
		3	5.200*	.943	<.001	2.794	7.606
	3	1	-10.700*	1.140	<.001	-13.609	-7.791
		2	-5.200*	.943	<.001	-7.606	-2.794
降压药2	1	2	10.300*	1.125	<.001	7.429	13.171
		3	21.300*	1.140	<.001	18.391	24.209
	2	1	-10.300*	1.125	<.001	-13.171	-7.429
		3	11.000*	.943	<.001	8.594	13.406
	3	1	-21.300*	1.140	<.001	-24.209	-18.391
		2	-11.000*	.943	<.001	-13.406	-8.594
降压药3	1	2	5.100*	1.125	<.001	2.229	7.971
		3	12.500*	1.140	<.001	9.591	15.409
	2	1	-5.100*	1.125	<.001	-7.971	-2.229
		3	7.400*	.943	<.001	4.994	9.806
	3	1	-12.500*	1.140	<.001	-15.409	-9.591
		2	-7.400*	.943	<.001	-9.806	-4.994

基于估算边际平均值

*. 平均值差值的显著性水平为 .05。

b. 多重比较调节：邦弗伦尼法。

图5-99　服用降压药后不同时间的收缩压均值比较

(2)"降压药"简单效应分析。单击图 5-89 所示对话框中的【图】按钮,把"时间"添加到【水平轴】框中,"降压药"添加到【单独的线条】框中。将图 5-96 所示的添加的指令修改为 "/EMMEANS=TABLES(时间*降压药)COMPARE(降压药)ADJ(BONFERRONI)",便可以获得降压药简单效应分析结果,如图 5-100~图 5-102 所示。图 5-100 给出的是在不同时间下,服用三种降压药后收缩压的边际平均值。图 5-101 将这些结果以图形的形式呈现出来。从图 5-101 可以看出,三次不同的时间下三种降压药的效果是不同的,都是"降压药 2>降压 3>降压药 1",但是在时间点 1 上这三者的效果差距不大,时间点 2 上差距增大,时间点 3 上差距最大,但是这些差距也是需要通过检验才可判断是否达到显著性水平。图 5-102 提供了这些差距的检验结果,由图可知,在时间点 1 上三种药的效果是"降压药 2=降压药 3>降压药 1",在时间点 2 上三种药的效果是"降压药 1=降压药 3<降压药 2",在时间点 3 上三种药的效果是"降压药 2=降压药 3>降压药 1"。综上所述,降压药的简单效应在三个时间段上是有区别的。

估算值

测量:收缩压

时间	降压药	平均值	标准误差	95% 置信区间	
				下限	上限
1	降压药1	151.600	.769	150.022	153.178
	降压药2	146.100	.769	144.522	147.678
	降压药3	148.600	.769	147.022	150.178
2	降压药1	146.100	.979	144.090	148.110
	降压药2	135.800	.979	133.790	137.810
	降压药3	143.500	.979	141.490	145.510
3	降压药1	140.900	.906	139.042	142.758
	降压药2	124.800	.906	122.942	126.658
	降压药3	136.100	.906	134.242	137.958

图 5-100 边际平均值

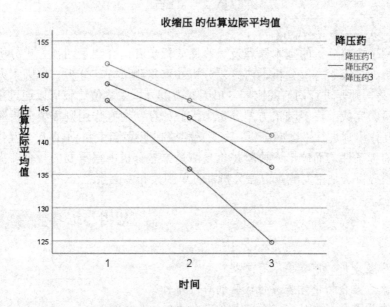

图 5-101 时间*降压药交互作用图

成对比较

测量：收缩压

时间	(I) 降压药	(J) 降压药	平均值差值 (I-J)	标准误差	显著性[b]	差值的 95% 置信区间	
						下限	上限
1	降压药1	降压药2	5.500*	1.088	<.001	2.724	8.276
		降压药3	3.000*	1.088	.031	.224	5.776
	降压药2	降压药1	-5.500*	1.088	<.001	-8.276	-2.724
		降压药3	-2.500	1.088	.089	-5.276	.276
	降压药3	降压药1	-3.000*	1.088	.031	-5.776	-.224
		降压药2	2.500	1.088	.089	-.276	5.276
2	降压药1	降压药2	10.300*	1.385	<.001	6.765	13.835
		降压药3	2.600	1.385	.214	-.935	6.135
	降压药2	降压药1	-10.300*	1.385	<.001	-13.835	-6.765
		降压药3	-7.700*	1.385	<.001	-11.235	-4.165
	降压药3	降压药1	-2.600	1.385	.214	-6.135	.935
		降压药2	7.700*	1.385	<.001	4.165	11.235
3	降压药1	降压药2	16.100*	1.281	<.001	12.831	19.369
		降压药3	4.800*	1.281	.003	1.531	8.069
	降压药2	降压药1	-16.100*	1.281	<.001	-19.369	-12.831
		降压药3	-11.300*	1.281	<.001	-14.569	-8.031
	降压药3	降压药1	-4.800*	1.281	.003	-8.069	-1.531
		降压药2	11.300*	1.281	<.001	8.031	14.569

基于估算边际平均值

*. 平均值差值的显著性水平为 .05。

b. 多重比较调节：邦弗伦尼法。

图 5-102　服用不同降压药后收缩压的均值比较

小　结

本章介绍了方差分析的基本原理及一般性分析步骤，介绍了四种方差分析方法：即单因素方差分析、多因素方差分析、协方差分析和重复测量方差分析。单因素方差分析中如果 F 检验显著，则要进行均值的比较，单因素方差分析中均值比较可以通过事后多重比较和先验对比检验完成；在多因素方差分析中，假如存在交互作用则需要分析简单效应，如果不存在交互作用则进行主效应分析；协变量和控制变量(自变量)不存在交互作用是协方差分析的重要前提条件，而球形度检验是重复测量方差分析中很重要的一个前提条件。无论是协变量方差分析还是重复测量方差分析都有单因素和多因素之分。

思考与练习

1. 进行方差分析的前提要求有哪些？
2. 单因素方差分析中方差齐性检验的目的是什么？
3. 多因素方差分析中的交互作用指的是什么？
4. 重复测量方差分析与其他一般方差分析的不同之处有哪些？

5. 中国金融期货交易所包括大连商品交易所、上海期货交易所、郑州商品交易所、中国金融期货交易所(中金所)。现收集到某年 1 月到 6 月的四大交易所期货的成交额(单位：亿元)，见本章数据"四大交易所成交额.sav"，请用单因素方差分析方法回答下列问题。

(1) 四大交易所的期货成交额的方差是否齐性？
(2) 四大交易所的期货成交额是否存在显著性差异？
(3) 四大交易所的成交额如有差异，则四者间谁和谁有差异？

6. 为研究不同地区、不同商业银行对不良贷款率的影响情况，收集到了 30 个银行的数据，见本章数据"不良贷款率.sav"，按要求回答下列问题。

(1) 不同地区对不良贷款率是否产生显著影响？
(2) 不同商业银行对不良贷款率是否产生显著影响？
(3) 不同地区与不同商业银行对不良贷款率是否存在显著的交互作用？
(4) 若存在交互作用，则分析地区和商业银行对不良贷款率的简单效应。

7. 为研究三种减肥药的效果，将 30 名体重相当的肥胖者随机分为三组，分别服用三种不同的减肥药，期间禁止使用任何影响体重的药物，且 30 名研究对象的行为、饮食、运动与服药前平衡期保持一致。分别测得并收集 0 周、4 周、8 周、12 周的体重(单位：千克)，见本章数据"减肥药效果.sav"，按要求回答下列问题。

(1) 该数据资料是否满足重复测量方差分析的前提？
(2) 分析三种减肥药的减肥效果有没有显著性差异，哪一种减肥药的减肥效果最好？
(3) 判断减肥药和体重是否存在交互作用，并绘制减肥药和体重的交互作用图。

第 6 章

卡方检验

教学目标

- 了解 χ^2 检验的一般原理。
- 掌握拟合优度检验的 SPSS 操作及结果解释。
- 掌握 2×2 列联表 χ^2 检验的 SPSS 操作及结果解释。
- 掌握 r×c 列联表 χ^2 检验的 SPSS 操作及结果解释。
- 掌握配对 χ^2 检验和 Kappa 检验的 SPSS 操作及结果解释。
- 掌握分层 χ^2 检验的 SPSS 操作及结果解释。
- 掌握分类变量关联强度的 SPSS 操作及结果解释。

科学研究中，分类数据(也称定类数据)是使用非常普遍的一种数据类型，为了分析这类数据，学者们提出了许多方法，其中 χ^2 检验就是一种适合分析分类数据的检验方法。

6.1 卡方检验的原理

卡方检验最早由卡尔·皮尔逊(Karl Pearson，1857—1936)发明，是指一类以频数数据(或称为定类数据、计数数据)为对象的假设检验，它以实际观测频数和理论频数之间的差值构造出 χ^2 统计量，从而利用 χ^2 分布进行假设检验。χ^2 统计量的公式为

$$\chi^2 = \sum_{i}^{k} \frac{(f_o - f_e)^2}{f_e} \tag{6.1}$$

式中，k 为样本分类数；f_o 表示实际观测到的频数；f_e 表示与 f_o 对应的理论分布下的频数，常称为理论频数或期望频数。

根据皮尔逊定理，当总频数 n 充分大时，χ^2 统计量渐进服从 χ^2 分布。如果从样本计算出的 χ^2 统计量很大，则它所对应的概率值 p 就会很小，说明总体在原假设条件下样本取到该实际观测频数的可能性是非常小的。若该 p 值小于事先确定的显著性水平 α（习惯上我们设定为 0.05 或 0.01），则拒绝原假设 H_0，即样本的观测频数和理论频数差异显著；χ^2 值越小，假设检验的 p 值就越大，若该 p 值大于事先确定的显著性水平 α，则接受原假设 H_0，即样本的观测频数与理论频数差距不显著。

卡方检验的基本假设涉及如下几方面：第一，研究的变量为分类变量；第二，各分类观测值之间相互独立，且频数的分组相互排斥，互不包容；第三，各分类的理论频数大于 5。当然卡方检验因研究的问题不同，可以细分为多种类型，每种类型还有针对性的假设。本章主要以分布拟合检验和独立性检验为例介绍卡方检验所需的 SPSS 数据组织方式和操作步骤。

6.2 拟合优度检验

6.2.1 χ^2 拟合优度检验

1. χ^2 拟合优度检验的原理

拟合优度检验(goodness of fit test)主要用于检验单一变量的实际观测频数分布与某理论频数是否有差别。它针对的是一个因素多项分类的计数数据，它的原假设 H_0 为实际观察频数与理论频数之间无差异或相等。分布拟合优度检验需满足的基本假设涉及如下几方面：①研究的变量为一个分类变量；②各分类观测值之间相互独立，且频数的分组相互排斥，互不包容；③各分类的理论频数大于 5。

只要每个分类的理论频数 $f_e \geqslant 5$，χ^2 统计量就会渐近服从 χ^2 分布，此时可以使用 χ^2 检验的基本公式进行拟合优度检验，即公式(6.1)

$$\chi^2 = \sum_{i}^{k} \frac{(f_o - f_e)^2}{f_e}$$

理论频数 f_e 的计算是拟合优度检验的关键步骤。理论频数的计算，一般是根据某种理论，按一定的概率通过样本(即实际观察频数)计算。这种理论分布有的是经验概率，有的是理论概率，如均匀分布、二项分布、正态分布等，需要视情况而定。

当某分类的理论频数小于 5 时，用公式(6.1)计算的 χ^2 统计量对应的概率 p 偏小，为了弥补这一点，耶茨(Yates)建议将实际观测频数与理论频数之差的绝对值减去 0.5，使 χ^2 值减少一点，这样根据 χ^2 值得到的概率 p 就增大一些，校正公式如下

$$\chi^2 = \sum_i^k \frac{(|f_o - f_e| - 0.5)^2}{f_e} \qquad (6.2)$$

当变量分类只有两类，有单元格的期望频数小于 5，用连续性矫正公式计算卡方值，可得到较满意的近似结果，其结果与二项分布计算的概率很接近。如果变量有三项及以上的分类时，出现某一单元格的理论频数小于 5，一般情况不需要用校正公式计算，用基本公式计算 χ^2 值，仍然可以得到较满意的结果。

2. χ^2 拟合优度检验的 SPSS 过程

某企业拟实施一项新的规章制度，于是随机抽查了一批员工共 30 人，调查他们对该项制度的态度，态度分为赞同、反对和弃权三种，分别取值为 1、0 和-1，如图 6-1 所示，三种态度的具体人数见本章数据"制度评价.sav"，分析员工对该项规章制度的态度是否存在差异。

案例 6-1 利用数据"制度评价.sav"分析员工对该项规章制度的态度是否存在差异

案例分析：这是一个拟合优度检验。假设员工对规章制度的态度不存在差异，那么可以认为持三种态度的人数是相等的，而此次抽样的总人数为 30 人，所以持三类态度的理论人数应各为 10 人，我们所要比较的就是持三种态度的实际观测人数与 10 这个理论人数差距的大小，即原假设 H_0 为不同态度的观测人数与理论人数不存在显著性差异。

步骤 1：打开数据，依次选择【分析】→【非参数检验】→【旧对话框】→【卡方】命令，如图 6-2 所示。

图 6-1 制度评价

图 6-2 选择【卡方】命令

步骤 2： 进入【卡方检验】对话框，把变量"态度"置入右侧的【检验变量列表】框中，选中【期望值】选项组中的【所有类别相等】单选按钮，即假设持三种态度的人数相等，如图 6-3 所示。最后单击【确定】按钮，提交系统分析。

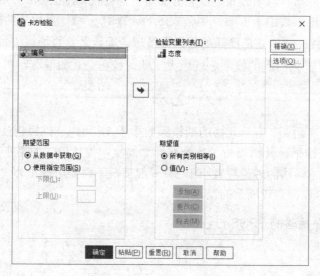

图 6-3　【卡方检验】对话框

步骤 3： 结果解释。

图 6-4 和图 6-5 为系统输出的主要结果。图 6-4 给出的是观察数、期望数和残差的描述统计，利用这些数据系统可以计算出统计量 χ^2，对观察数和期望数的差异做差异检验，有兴趣的读者也可以利用公式(6.1)计算 χ^2 值。从图 6-5 中我们可以看出，χ^2 统计量的值为 3.200，对应的 p 值(渐近显著性)为 0.202，即 $p>0.05$，因此应该接受原假设，该例题的原假设 H_0 是不同态度的观测人数与理论人数不存在显著性差异，因此可以认为员工的态度间没有差异。

态度

	实测个案数	期望个案数	残差
反对	14	10.0	4.0
中立	6	10.0	-4.0
赞成	10	10.0	.0
总计	30		

图 6-4　描述统计结果

检验统计

	态度
卡方	3.200[a]
自由度	2
渐近显著性	.202

a. 0 个单元格 (0.0%) 的期望频率低于 5。期望的最低单元格频率为 10.0。

图 6-5　卡方检验结果

案例 6-2

有研究者的研究显示不同年级的大学生的心理问题检出率是存在差别的，他们之间的比例大概是 3∶2∶1∶3。某校对本校学生做了大

案例 6-2 利用数据"检出人数.sav"分析该校的学生情况是否符合预期结果

学生心理健康普查,各个年级的检出人数见本章数据"检出人数.sav",分析该校的学生情况是否符合该研究者的研究结果?

案例分析: χ^2 值计算公式采用的是频数,该例中的理论假设是比例,所以首先需要计算出理论频数。计算步骤如下:首先计算出本次普查检出问题的学生数量是多少,然后按照比例算出相应频数。由数据可知检出问题总人数为 900,则四个年级的理论人数分别为 300、200、100 和 300,即该例题的原假设 H_0 为该校学生心理问题检出率符合 3:2:1:3 分布。与案例6-1的原始数据不同,该例给的是汇总数据,如图6-6所示,所以需要对数据进行加权处理,读者一定要注意,这是利用汇总数据进行 χ^2 检验不可缺少的一步。加权的目的是让每个分组的数值表示各组的人数而不是组序号本身,该案例年级变量含有四个年级,分别用 1、2、3 和 4 代替,但是我们要比较的不是这 4 个数字是否有差异,而是每个数字代表的分类后的人数。

步骤1: 对个案进行加权。"个案加权"的详细操作过程参考第 2.3.6 小节,这里只提供主要过程。选择【数据】→【个案加权】命令进入【个案加权】对话框,并将变量"检出人数"置入右侧的【频率变量】框中,如图6-7所示。

图6-6 数据结构

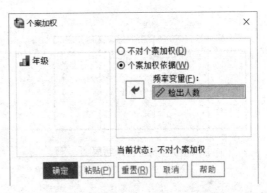

图6-7 【个案加权】对话框

步骤2: 分组变量进行个案加权之后就可以开始进行 χ^2 拟合优度检验了。依次选择【分析】→【非参数检验】→【旧对话框】→【卡方】命令,如图6-8所示。

步骤3: 进入【卡方检验】对话框,把变量"年级"置入右侧的【检验变量列表】框中,选中【期望值】选项组中的【值】单选按钮,以便输入理论人数。需要强调的是,输入理论人数的顺序要与组序号的顺序一致,才能保证卡方检验正确进行。按照题意,依次在"值"文本框中填入 4 个理论分布值,即 300、200、100 和 300,分别对应一年级到四年级的理论人数,如图6-9所示。最后单击【确定】按钮,提交系统分析。

步骤4: 结果解释。

图 6-10 和图 6-11 是系统分析的主要结果。图 6-10 给出的是观察数、期望数和残差的描述统计,利用这些数据系统可以计算出统计量 χ^2,对观察数和期望数的差异做差异检验,有兴趣的读者也可以利用公式(6.1)计算 χ^2 值。从图 6-11 中我们可以看出 χ^2 统计量的值为 33.333,对应的 p 值(渐近显著性)<0.001,因此应该拒绝原假设,即该校学生心理问题的检出率不符合这位研究者的研究结果。

图 6-8　选择【卡方】命令

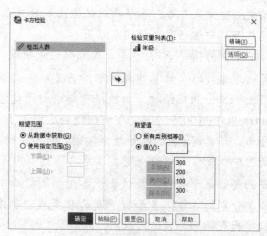

图 6-9　【卡方检验】对话框

年级

	实测个案数	期望个案数	残差
一年级	300	300.0	.0
二年级	200	200.0	.0
三年级	150	100.0	50.0
四年级	250	300.0	-50.0
总计	900		

图 6-10　描述统计结果

检验统计

	年级
卡方	33.333[a]
自由度	3
渐近显著性	<.001

a. 0 个单元格 (0.0%) 的期望频率低于 5。期望的最低单元格频率为 100.0。

图 6-11　卡方检验结结果

6.2.2　二项检验

1. 二项检验的原理

二项检验(binomial test)，即二项分布检验，仅适用于二分类数据，即取值只有两类的数据。这种二分类既可以是自然的，如性别中的男女；也可以是根据需要人为划分的，如将考试成绩分为及格和不及格两类。从这种二分类总体中抽取样本量为 n 的样本，其频数分布服从二项分布，等于独立地重复 n 次贝努利试验。二项检验就是一种用来检验样本是否来自参数为 (n, p) 的二项分布总体的方法，其原假设 H_0 为观测数据某一类别的比例与某二项分布的比例没有差距，即 $p_1=p_0$。

当二项分布样本量较小时，可由排列组合公式精确计算出 x 取每个值的概率，然后进行统计假设检验，公式如下

$$P = C_n^x p^x q^{n-x} \tag{6.3}$$

当 np 或者 $nq \geqslant 10$ 时，二项分布近似正态分布，根据理论推导，可以得到该二项分布的平均数和标准差，然后利用它们做正态检验，具体公式如下

$$\mu = n \tag{6.4}$$

$$\sigma = \sqrt{npq} \tag{6.5}$$

2. 二项检验的 SPSS 过程

某地区的职业考试通过率为 60%,某组织一共 600 人参加考试,通过人数 420 人,见本章数据"职业考试.sav",判断该组织的考试通过率与该地区 60%的通过率是否有显著性差异。

案例 6-3 利用数据"职业考试.sav"判断某考试通过率与所属地区通过率是否有显著性差异

案例分析: 做二项检验前应先观察数据是汇总数据还是非汇总数据,因为前者需要对数据进行个案加权,后者不需要。本例数据如图 6-12 所示,其中职业考试取值为 1 表示通过考试,取值为 0 表示不通过考试,这是汇总数据,因此在进行检验之前要先对分组变量进行个案加权。

步骤 1: 依次选择【数据】→【个案加权】命令进入【个案加权】对话框,把变量"人数"置入【频率变量】框中,如图 6-13 所示,然后单击【确定】按钮即可完成对分组变量的个案加权。

图 6-12 职业考试数据

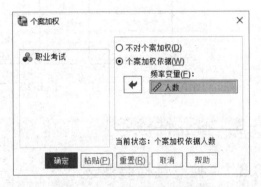

图 6-13 【个案加权】对话框

步骤 2: 依次选择【分析】→【非参数检验】→【旧对话框】→【二项】命令,如图 6-14 所示。

步骤 3: 进入【二项检验】对话框,将"职业考试"置入【检验变量列表】框中。因为该地区职业考试通过率为 60%,我们要检验的是样本数据是否符合这个比例,因此在【检验比例】文本框中输入 0.60,其他选项默认系统设置,如图 6-15 所示。最后,单击【确定】按钮,提交系统分析。

步骤 4: 结果解释。

图 6-16 为系统输出的结果。由图 6-16 可看出,该组织职业考试通过率与 60%有显著性差异,该组织考试通过率的实测比例是 0.7,所以可以认为该组织的考试通过率高于该地区的考试通过率。如果我们按照拟合优度 χ^2 检验的步骤,也可以比较观察数据与理论数据间的差异,即先计算出通过和未通过的理论人数,因为该地区的通过率为 60%,该组织测试的人数 600,所以通过与未通过的理论人数应该为 360 和 240,读者可以参考案例 6-1 和案例 6-2 完成余下的操作步骤,这里直接给出最后的检验结果,即 $\chi^2=25$,渐近显著性 $p<0.001$,检验的结果和二项检验的结果是一致的。

图 6-14 选择【二项】命令

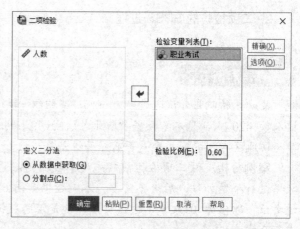

图 6-15 【二项检验】对话框

二项检验

	类别	N	实测比例	检验比例	精确显著性（单尾）
职业考试	组 1 通过	420	.7	.6	<.001
	组 2 没通过	180	.3		
	总计	600	1.0		

图 6-16 二项检验结果

6.3 独立性检验

6.3.1 独立性检验概述

1. 列联表与独立性检验

假设有变量 x 和变量 y 都为定类变量，x 的分类为 r 个，y 的分类为 c 个。我们可以将数据先以 x 分类，然后再分别统计在 x 的不同取值下 y 的分类情况，于是我们可以获得如表 6-1 所示的表格，这种表格可以称为 $r×c$ 列联表，也可以叫二维列联表。每一个变量可以分为两个或两个以上的类别，因为分类数目不同，$r×c$ 列联表有多种形式，最简单的是四格表，即 2×2 列联表。当然，变量也可以是两个以上，这种表被称为多维列联表(multiple contingency table analysis)。显然，维数越多分析越复杂，本教材只探讨二维列联表和三维列联表。

表 6-1 $r×c$ 列联表

	x_1	x_2	x_3	……	x_c	∑
y_1	N_{11}	N_{21}	N_{31}	……	N_{c1}	f_{y1}
y_2	N_{12}	N_{22}	N_{32}	……	N_{c2}	f_{y2}
……	……	……	……	……	……	……
y_r	N_{1r}	N_{2r}	N_{3r}	……	N_{cr}	f_{yr}
∑	f_{x1}	f_{x2}	f_{x3}	……	f_{xc}	N

如果我们要研究表 6-1 所示列联表中两分类变量间的关系,或两个以上分类变量之间是否具有独立性,或有无关联,就需要用到 χ^2 独立性检验。独立性检验是指从样本数据中推断总体两个分类变量是否彼此独立的检验,相当于独立样本比率差异的显著性检验。假如两个变量是独立的无关联的,此时 χ^2 检验不显著,即统计量对应的 p 值大于显著性水平 α,这就意味着对其中一个自变量来说,另一个变量的多项分类次数上的变化是在取样误差的范围之内。假如两个变量是非独立的,此时 χ^2 检验是显著的,即统计量对应的 p 值小于显著性水平 α,这就说明两变量间是有关联的。值得注意的是,假如研究者的目的是研究一个变量的不同分类是否在另一个变量的多项分类上有差异或者是否一致,也可以用独立性检验来完成。换句话说,独立性检验既可以理解成检验变量间是否关联,也可以理解成差异性检验。通常来说,如果两变量独立,则两者在分类上的差异不显著;如果两变量是有关联的,那么在分类上的差异就是显著的。

2. 独立性检验的一般步骤

第一,提出假设。独立性检验的统计假设多用文字描述,较少使用统计符号表示。其原假设 H_0 为两变量(或多变量)间是独立的或差异不显著,备择假设 H_1 为两变量(或多变量)间有关联或差异显著。

第二,理论频数的计算。如表 6-1 所示,如果用 f_{xi} 表示第 i 列的和,f_{yj} 表示第 j 行的和,则每个格子理论频数 f_e 的通式可以表示为

$$f_e = \frac{f_{xi} f_{yi}}{N} \tag{6.6}$$

例如,当 $i=1$,$j=2$ 时,表示的是第一列和第二行交叉的表格,则其理论频数就是第一列的总和 f_{x1} 乘以第二行的总和 f_{y2} 然后除以总频数 N。

第三,自由度的确定。两变量列联表($r×c$)的自由度与两变量各自的分类项目数有关,其自由度 df $=(r-1)(c-1)$。

第四,统计量计算。独立性检验的统计量 χ^2 的计算与样本是否相关、是否为大样本、分类数多少有关。我们将在下面章节中做介绍,当然 SPSS 系统会自动计算 χ^2 值,对于初学者而言,并不需要专门研究 χ^2 统计量的计算方式,只需要懂得使用的条件便可。

第五,统计决策。假如 χ^2 对应的概率 p 值大于指定显著性水平 α,则说明两个变量无关联或差异不显著,即两者是独立的;假如 χ^2 对应的概率 p 值小于指定显著性水平 α,则说明两个变量有关联或差异显著。

6.3.2 随机设计 2×2 列联表

1. 2×2 四格表简介

最简单的 $r×c$ 列联表就是四格表,即 2×2 列联表,如表 6-2 所示数据的表现形式。有两个因素(变量),每个因素都有两个分类,于是可以将被试分成 4 类,我们称这种四格表为独立设计 2×2 表,或者随机设计 2×2 表。

表 6-2 四格表

因素 2	因素 1	
	分类 1	分类 2
分类 1	a	b
分类 2	c	d

当随机设计 2×2 表各个单元的理论频数 $f_e \geqslant 5$、样本 $N \geqslant 40$ 时，可用计算 χ^2 值的基本公式，即用公式(6.1)求 χ^2 值，或者使用 2×2 的简捷公式计算 χ^2 值，即

$$\chi^2 = \frac{N(ad-bc)^2}{(a+b)(c+d)(a+c)(b+d)} \tag{6.7}$$

当四格表任意一个格的理论频数 $1 \leqslant f_e \leqslant 5$、样本 $N \geqslant 40$ 时，需要用耶茨(Yates)连续性矫正公式，即公式(6.2)计算 χ^2 值，可以进一步改善近似程度，当然也可以使用简捷公式进行矫正，公式为

$$\chi^2 = \frac{N[(ad-bc)-N/2]^2}{(a+b)(c+d)(a+c)(b+d)} \tag{6.8}$$

当四格表任意一个格的理论频数 $f_e \leqslant 1$ 或样本 $N < 40$ 时，用费舍(Fisher)精确概率检验法代替 χ^2 检验。如果两个变量是独立的，当边缘频数保持不变时，列联表单方格内的数值 a, b, c, d 任一特定安排的概率 p 是

$$p = \frac{(a+b)!(c+d)!(a+c)!(b+d)!}{a!b!c!d!(a+b+c+d)} \tag{6.9}$$

利用公式(6.9)计算在边缘频数固定不变的情况下，所有可能的四格频数排列下的概率以及它们的概率和 p，然后使用该概率与显著性水平 α 做比较，如果 $p<\alpha$，说明超过了独立性样本各单元格实计数的取样范围，即两样本独立的假设不成立，或者说两样本间存在显著关联。

2. 四格表检验的 SPSS 过程

本章数据"性别与偏好.sav"是男性和女性购买日用品时对名牌的偏好类型(偏好名牌和不偏好名牌)，试分析消费者购买日用品时对名牌的偏好是否与性别有关，或者说男性和女性购买日用品时的名牌偏好比率是否存在差异。

案例 6-4 利用数据"性别与偏好.sav"分析消费者购买日用品时对名牌的偏好是否与性别有关

案例分析：该例属于 2×2 列联表，运用 SPSS 进行卡方检验时，适用的数据格式有两种：一种是未汇总的原始数据，如案例 6-1 所示的数据；另一种是汇总后的分组频数数据，如案例 6-2 和案例 6-3 所示的数据。本例中的数据"性别与偏好.sav"为原始调查数据的格式，如图 6-17 所示(注：此图仅为部分数据)，不需要做加权。与案例 6-1 不同的是，本案例中的数据为字符串类型，但卡方检验也可以分析这样的数据。

步骤 1：打开本章数据"性别与偏好.sav"，依次选择【分析】→【描述统计】→【交

叉表】命令，如图 6-18 所示。

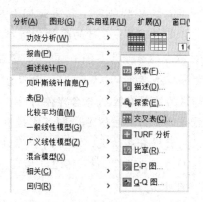

图 6-17　性别与偏好数据　　　　　图 6-18　选择【交叉表】命令

步骤 2：进入【交叉表】对话框，将两个变量分别置入【行】和【列】框中，这里将"性别"放入【行】框中，将"名牌偏好"放入【列】框中，如图 6-19 所示。这一过程实际上就是第 3 章的交叉表分析。如果将【行】和【列】的变量调换也可以，所得卡方检验结果是一致的。

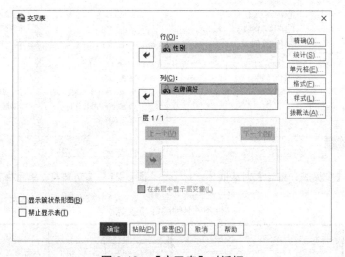

图 6-19　【交叉表】对话框

步骤 3：单击【统计】按钮进入相应对话框，选中【卡方】复选框，如图 6-20 所示。单击【继续】按钮返回到上一层对话框。然后，单击【单元格】按钮进入相应对话框，选中【计数】选项组中的【期望】复选框表示输出期望值，选中【百分比】选项组中的【行】复选框，如图 6-21 所示，因为该例【行】为"性别"，所以选中【行】复选框表示分别输出男和女两组被试名牌偏好和不偏好的人数比例。设置完毕后单击【继续】按钮返回到上一层对话框，最后单击【确定】按钮，提交系统分析。

步骤 4：结果解释。

图 6-22 和图 6-23 是系统分析的主要结果。图 6-22 给出了实测和理论频数，以及男女各自在品牌偏好上的人数比例，图 6-23 给出的是检验结果。当各个单元的理论频数 $f_e \geq 5$，样本 $N \geq 40$ 时，选"皮尔逊卡方"行的检验结果；当理论频数 $1 \leq f_e \leq 5$，样本 $N \geq 40$ 时，

选"连续性修正"行的检验结果；当理论频数 $f_e \leq 1$，或样本 $N<40$ 时，选"费希尔精确检验"一行的检验结果。因为该例中总人数 $N=60$，期望频数都大于 5，所以我们选择图 6-23 中"皮尔逊卡方"行的统计指标对原假设 H_0 进行检验。皮尔逊卡方检验的统计量 χ^2 为 6.157，对应的 p 值为 0.013，即"渐进显著性(双侧)"列的值。该例的原假设 H_0 为性别与名牌偏好是没有关联的(独立的)，因为 χ^2 统计量的检验概率 $p=0.013<0.05$，因此拒绝原假设 H_0，即认为消费者性别与名牌偏好存在关联，关联的强度如何我们将在第 6.4 节讲解。当然这个结果还有另一种解答，即不同性别在名牌偏好上是有差异的，进一步对照图 6-22 所示的交叉表数据分布情况，男生的名牌偏好和不偏好的数据分别为 69(62.7%)和 41(37.3%)，而女生的为 71(78.9%)和 19(21.1%)，可以初步推断出女性消费者比男性消费者更偏爱购买名牌的日用品。

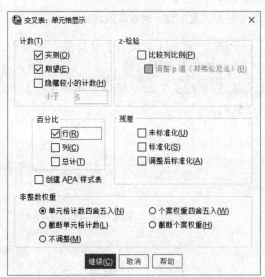

图 6-20 【交叉表：统计】对话框　　图 6-21 【交叉表：单元格显示】对话框

性别 * 名牌偏好 交叉表

			名牌偏好		总计
			不偏好名牌	偏好名牌	
性别	男	计数	41	69	110
		期望计数	33.0	77.0	110.0
		占 性别 的百分比	37.3%	62.7%	100.0%
	女	计数	19	71	90
		期望计数	27.0	63.0	90.0
		占 性别 的百分比	21.1%	78.9%	100.0%
总计		计数	60	140	200
		期望计数	60.0	140.0	200.0
		占 性别 的百分比	30.0%	70.0%	100.0%

图 6-22 交叉表描述统计结果

卡方检验

	值	自由度	渐进显著性（双侧）	精确显著性（双侧）	精确显著性（单侧）
皮尔逊卡方	6.157[a]	1	.013		
连续性修正[b]	5.411	1	.020		
似然比(L)	6.283	1	.012		
费希尔精确检验				.014	.010
有效个案数	200				

a. 0 个单元格 (0.0%) 的期望计数小于 5。最小期望计数为 27.00。
b. 仅针对 2x2 表进行计算

图 6-23　卡方检验结果

6.3.3　$r×c$ 列联表独立性检验

1. $r×c$ 列联表检验简介

对于变量超过两个分类的二维列联表，我们用通式 $r×c$ 表示，2×2 四格表只是其特例。当各个单元的理论频数 $f_e \geq 5$，样本 $N \geq 40$ 时，采用的是 χ^2 基础公式做独立性检验，即公式(6.1)，如下

$$\chi^2 = \sum_i^k \frac{(f_o - f_e)^2}{f_e}$$

当任意一个格的理论频数 $1 \leq f_e \leq 5$ 且样本 $N \geq 40$ 时，用耶茨(Yates)连续性矫正公式计算 χ^2 值，即公式(6.2)，如下

$$\chi^2 = \sum_i^k \frac{(|f_o - f_e| - 0.5)^2}{f_e}$$

当任意一个格的理论频数 $f_e \leq 1$，或样本 $N < 40$，用费舍(Fisher)精确概率检验法代替 χ^2 检验。

2. $r×c$ 列联表两两比较

对于 $r×c$ 列联表，因为变量分类超出了两类，如果独立性检验发现两变量间并不是独立的(有差异的)，这时说明至少有两个组之间存在差异，但是哪些组间存在差异呢？这时就需要做两两比较，这其实类似单因素方差分析的两两比较。

χ^2 独立性检验的两两比较可以将 $r×c$ 列联表分割成若干 2×2 四格表，然后分别对四格表做卡方检验。因为将 $r×c$ 分成四格表分别做卡方检验会增加犯一类错误的可能性，所以要对显著性水平做调整，通常用邦弗伦尼(Bonferroni)调整法，其调整方式为用显著性水平 α 除以独立比较的次数 k，即 α/k，每一次检验以 α/k 为显著性水平进行差异显著与否的判断。当然，邦弗伦尼调整法过于保守，两两比较的次数越多越保守。一种改进的邦弗伦尼调整法是这样的：如果有 k 个独立的检验，在给定的显著性水平(α)下，把每个检验对应的 p 值从小到大排列($p_1...p_k$)。首先看最小的 p 值(p_1)，如果 $p_1 \leq \alpha/k$，就认为对应的检验在显著性水平 α 上显著；如果不是，就认为所有的检验都不显著；当且仅当 $p_1 \leq \alpha/k$ 时，再来看第二个 p 值(p_2)，如果 $p_2 \leq \alpha/(k-1)$，就认为对应的检验在 α 水平上是显著的；之后再进行下一个

p 值的比较；一直进行这个过程，直到 $p_i \leqslant \alpha/(k-i)$ 不成立，进而判断第 i 个和以后所有的检验都不显著。

当然，如果 $r \times c$ 列联表的变量分类很多，分割成四格表做两两比较就比较麻烦，这时可以用卡方检验的事后检验进行各组之间的差别判断。它的基本做法是，计算出每个单元格调整后的标准化残差(adjusted standardized residuals)，调整后的标准化残差服从均值为 0、标准差为 1 的正态分布。因为标准正态分布的 95%置信区间的边界为 1.96，所以当调整后的标准化残差大于 1.96 时，我们便认为观测值与理论值之间的差异达到了统计学上的显著性水平。

3. $r \times c$ 列联表检验 SPSS 过程

案例 6-5 利用数据"影视评价.sav"分析不同年龄群体对某影视作品的评价是否有区别

某研究者抽取了青少年、老年、中年三个群体的人对某影视作品做评价，评价情况如表 6-3 所示，详细数据见本章数据"影视评价.sav"，分析不同年龄群体对该影视作品的评价是否有区别？如果有区别，到底是哪两个群体之间有区别？

表 6-3 影视评价

	好	差
青	45	15
中	30	20
老	10	30

案例分析：这是一个 3×2 列联表。如果要研究不同年龄群体对影视的评价是否有差异(有关联)，可以将其拆分成三个 2×2 四格表做卡方检验，以判断这三个群体两两间的评价是否有差异，但是拆分成独立的四格表进行卡方检验时，其显著性水平需要做调整，假如原定显著性水平为 0.05，采用邦弗伦尼调整需要将显著性水平调整为 0.05/3，即调整为 0.016 7。

步骤 1：个案加权。打开本章数据"影视评价.sav"，如图 6-24 所示。依次选择【数据】→【个案加权】命令进入【个案加权】对话框，把变量"人数"置入【频率变量】框中，如图 6-25 所示，然后单击【确定】按钮即可完成对分组变量的个案加权。

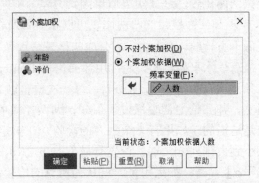

图 6-24 影视评价数据   图 6-25 【个案加权】对话框

步骤 2: 依次选择【分析】→【描述统计】→【交叉表】命令进入【交叉表】对话框，将"年龄"放入【行】框中，将"评价"放入【列】框中，如图 6-26 所示。

步骤 3: 单击【统计】按钮进入相应对话框，选中【卡方】复选框，如图 6-27 所示。单击【继续】按钮返回到上一层对话框，输出如图 6-28 所示的结果。由图 6-28 可知，因为没有单元格的理论频数小于 5，所以选择皮尔逊卡方检验，其 χ^2 值为 24.774，$p<0.001$，说明不同的年龄群体对该影视作品的评价是不同的。这里需要提醒的是，变量分类频数大于 2 的 $r×c$ 列联表不像四格表卡方检验那样会默认输出费舍精确卡方检验，如果有单元格的期望频数小于 5，读者可以在【交叉表】对话框中单击【精确】按钮进入相应对话框设置费舍精确检验。

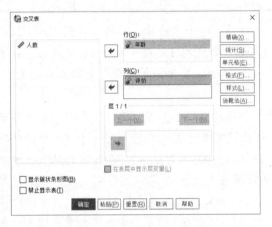

图 6-26 【交叉表】对话框

图 6-27 【交叉表：统计】对话框

卡方检验

	值	自由度	渐进显著性（双侧）
皮尔逊卡方	24.774[a]	2	<.001
似然比	25.501	2	<.001
线性关联	23.279	1	<.001
有效个案数	150		

a. 0 个单元格 (0.0%) 的期望计数小于 5。最小期望计数为 17.33。

图 6-28 卡方检验结果

结果证明了不同年龄群体对影视的评价是有区别的，但是这个结果还不能帮助我们判断到底是哪两个群体间的评价不同，要得到这个结果，需要进行两两比较。下面的步骤 4 和步骤 5 是对不同组进行两两比较，对于初学者，可以暂时不用往下学习。首先对原列联表进行拆分，然后进行类似四格表的卡方检验。该案例我们可以拆分成以下三个四格表，如表 6-4～表 6-6 所示。

表 6-4 青少年与中年比较

	好	差
青	45	15
中	30	20

表 6-5　青少年与老年比较

	好	差
青	45	15
老	10	30

表 6-6　中年与老年比较

	好	差
中	30	20
老	10	30

步骤 4： 这里以表 6-4 为例对表格进行拆分并进行卡方检验，其他的步骤一致。依次选择【数据】→【选择个案】→【如果条件满足】命令进入【选择个案：If】对话框。在选择条件框里填入"年龄=1 | 年龄=2"，如图 6-29 所示，其含义是选择年龄取值为 1(青少年)和取值为 2(中年)的被试。

步骤 5： 重新进行卡方检验。重复步骤 2 和步骤 3，就会得到只计算青少年和中年两组情况的卡方检验值，结果如图 6-30 所示。因为没有单元格的期望频数小于 5，所以可用皮尔逊卡方检验的结果，即 2.829，其概率值 $p=0.093>0.016\,7(\alpha/3)$，没有达到显著性水平，可以看出青少年组和中年组对该影视的评价没有差异。利用同样的步骤，我们可以计算出青少年组和老年组、中年组和老年组差异比较的结果，这里省略详细步骤，为方便比较，现直接将结果整理在一起(注：非 SPSS 生成表格)，如表 6-7 所示。由表可见青年组和老年组($p<0.001$)、中年组和老年组($p=0.001<0.016\,7$)对该影视的评价存在显著性差异，青年组和中年组($p=0.093>0.016\,7$)对该影视的评价不存在显著性差异。

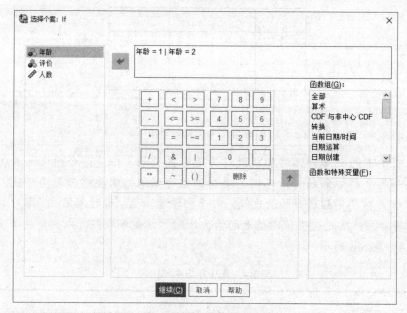

图 6-29　【选择个案：If】对话框

第 6 章 卡方检验

	值	自由度	渐进显著性（双侧）	精确显著性（双侧）	精确显著性（单侧）
皮尔逊卡方	2.829[a]	1	.093		
连续性修正[b]	2.179	1	.140		
似然比(L)	2.827	1	.093		
费希尔精确检验				.104	.070
线性关联	2.803	1	.094		
有效个案数	110				

a. 0 个单元格 (0.0%) 的期望计数小于 5。最小期望计数为 15.91。

图 6-30 卡方检验结果

表 6-7 两两比较后的结果

	好	差	χ^2	p
青	45	15	2.829	0.093
中	30	20		
青	45	15	24.242	<0.001
老	10	30		
中	30	20	11.025	0.001
老	10	30		

案例 6-6

案例 6-6 利用数据"就业意愿.sav"分析学生所学专业与求职意愿是否有差异

某研究拟探讨学生所学专业和求职意愿的关系，分别研究了三个专业的学生在学校、企业、机关和创业上的就业意愿情况，如表 6-8 所示，见本章数据"就业意愿.sav"，分析学生所学专业与求职意愿是否有差异。

表 6-8 就业意愿

	学校	企业	机关	创业
专业 1	10	15	45	17
专业 2	50	10	20	15
专业 3	8	40	19	13

案例分析：这是一个 3×4 列联表，尽管水平数增多了，但要做的卡方检验和案例 6-5 是一样的。这里主要演示当发现不同专业的学生就业意愿有差异时要如何做进一步的分析。读者当然可以把这个列联表分割成相应的 2×2 四格表，然后做卡方检验。但是这样分割一共有 18 个四格表，比较烦琐，这里提供另外一种对列联表做进一步分析的方法，即 Haberman(1978)介绍的标准残差比较法。

步骤 1：个案加权。打开本章数据"就业意愿.sav"，如图 6-31 所示。依次选择【数据】→【个案加权】命令，进入【个案加权】对话框。把变量"人数"放入【频率变量】框中，如图 6-32 所示，最后单击【确定】按钮即可完成对分组变量的个案加权。

步骤 2：依次选择【分析】→【描述统计】→【交叉表】命令进入【交叉表】对话框，将"专业"放入【行】框中，将"就业意愿"放入【列】框中，如图 6-33 所示。

	专业	就业意愿	人数
1	1	1	10
2	1	2	15
3	1	3	45
4	1	4	17
5	2	1	50
6	2	2	10
7	2	3	20
8	2	4	15
9	3	1	8
10	3	2	40
11	3	3	19
12	3	4	13

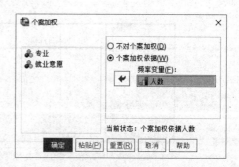

图 6-31　就业意愿数据

图 6-32　【个案加权】对话框

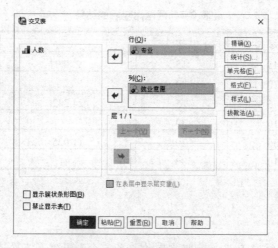

图 6-33　【交叉表】对话框

步骤 3：单击【统计】按钮进入【交叉表：统计】对话框，选中【卡方】复选框，如图 6-34 所示。单击【继续】按钮返回到上一层对话框。然后单击【单元格】按钮进入【交叉表：单元格显示】对话框，选中【计数】选项组中的【期望】复选框，表示输出期望值，选中【残差】选项组中的【调整后标准化】复选框，表示输出调整后的标准化残差，如图 6-35 所示。设置完毕单击【继续】按钮返回到上一层对话框，最后单击【确定】按钮，提交系统分析。

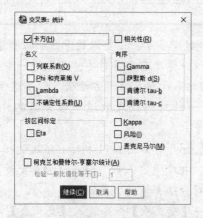

图 6-34　【交叉表：统计】对话框

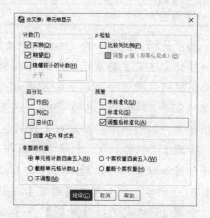

图 6-35　【交叉表：单元格显示】对话框

步骤 4：结果解释。

图 6-36 和图 6-37 是系统分析给出的主要结果。由图 6-36 可知，因为没有单元格的期望频数小于 5，所以采用皮尔逊卡方检验，其值为 87.422，$p<0.001$，拒绝 H_0，即不同专业学生的就业意愿是有差异的。通过图 6-37 的标准化残差可以对各专业的学生在不同就业意愿上的差异做对比，但是这种方法只能对某因素的某一水平在另外因素上的不同分类是否有不同做对比，和案例所说的 2×2 四格表所做的检验不同。现在我们详细说明图 6-37 的结果：如果以 1.96 为临界值，可以看出专业 1 的学生在学校、企业和机关上的就业意愿都与期望值有显著性差异，相比较而言，专业 1 的学生更倾向机关就业，不倾向学校和企业就业；专业 2 的学生倾向学校就业，不倾向企业和机关就业；专业 3 的学生倾向企业就业，不倾向学校就业。或者可以按列加以说明，对于学校的就业方向而言，专业 2 的学生更倾向选择，专业 1 和专业 3 的学生不倾向选择；企业就业方向，专业 3 的学生更倾向选择，专业 1 和专业 2 的学生不倾向选择；机关就业方向，专业 1 的学生倾向选择，专业 2 的学生不倾向选择；创业方面，没有专业倾向选择它，各专业间没有差异。

卡方检验

	值	自由度	渐进显著性（双侧）
皮尔逊卡方	87.422[a]	6	<.001
似然比	82.389	6	<.001
线性关联	4.604	1	.032
有效个案数	262		

a. 0 个单元格 (0.0%) 的期望计数小于 5。最小期望计数为 13.74。

图 6-36 卡方检验结果

专业 * 就业意愿 交叉表

			就业意愿				总计
			学校	企业	机关	创业	
专业	专业1	计数	10	15	45	17	87
		期望计数	22.6	21.6	27.9	14.9	87.0
		调整后残差	-3.8	-2.0	4.8	.7	
	专业2	计数	50	10	20	15	95
		期望计数	24.7	23.6	30.5	16.3	95.0
		调整后残差	7.4	-4.0	-2.9	-.4	
	专业3	计数	8	40	19	13	80
		期望计数	20.8	19.8	25.6	13.7	80.0
		调整后残差	-3.9	6.3	-1.9	-.3	
总计		计数	68	65	84	45	262
		期望计数	68.0	65.0	84.0	45.0	262.0

图 6-37 标准化残差

6.3.4 配对设计 $r \times r$ 列联表

1. 配对卡方检验

有时候我们需要分析这样的数据,例如,检验两种方法对同一群被试进行评定归类是否有差别、检验两个评分者对同一群被试进行评定归类是否有差别、检验同一个评分者对同一群被试进行前后两次评定归类是否有差别。这些数据结构和独立样本列联表数据结构不同,独立样本列联表是对同一被试的两种及以上属性进行归类,即行和列分别属于被试的不同属性;而配对样本列联表是同一被试的同一属性被用两种方式进行归类,即行与列表示的是被试的同一属性。对于配对样本列联表而言,我们可以采用配对卡方检验分析不同的评定方式是否有差异。配对设计列联表的一个重要特征是行和列的数目是相等的,故称为配对设计 $r \times r$ 列联表,这里仅对其最简单的形式,即配对设计 2×2 四格表,进行介绍。例如,利用两种方法诊断某群被试是否患有某种疾病,每种方法评估的结果分为阴性和阳性两种,整理成列联表,如表 6-9 所示。

表 6-9 配对四格表

		方法 1	
		阴性	阳性
方法 2	阴性	a	b
	阳性	c	d

两种方法的差异性体现在 b 和 c 两个格子的数量上,而 a 和 d 两个格子是两种方法判断一致的数量,所以这里主要分析的是 b 和 c 两个格子,假如两者没有差异,则两个格子的理论频数应该为 (b+c)/2,将该理论频数代入卡方基本公式(6.1)中,便可以得到配对设计四格表的卡方值,有兴趣的读者可以代入公式(6.1)进行演算,也可使用其简便公式

$$\chi^2 = \frac{(b-c)^2}{b+c} \tag{6.10}$$

以上公式在 $(b+c) \geq 40$ 时使用,如果 $(b+c) < 40$ 时,需要对其进行矫正,矫正公式为

$$\chi^2 = \frac{(|b-c|-1)^2}{b+c} \tag{6.11}$$

以上便是配对列联表的麦克尼马尔(McNemar)检验,这种检验方法关注的只是不一致的信息,即表 6-9 中的 b 和 c,不关注 a 和 d 两个格的信息,即没有使用全部的数据信息,如果是一份一致性非常好的大数据,使用 McNemar 检验可能会失去其价值。例如,对 1 万个被试进行两种方式的分类,有 9980 个人是在 a 和 d 两个格,而 20 个人在 b 和 c 中,假设 b=4,c=16,那么 $\chi^2 = 7.2$,而 df=1 时,$\chi^2_{0.05} = 3.84$,$\chi^2_{0.01} = 6.63$,可见计算的卡方值都大于这两个临界值,于是可以推出两种方法有差异的结论,但是这样的结论显然是不太符合数据实际情况的,这时候应该参考 Kappa 一致性系数。

2. Kappa 一致性系数

对两种方法测定结果的一致部分进行检验,分析一致部分是否是由偶然因素影响的结果,叫做一致性检验,也称为 Kappa 检验,用以说明两种方法测定结果的实际一致率与随

机一致率之间的差别是否具有统计学意义上的显著性。Kappa 一致性系数适用于配对设计的列联表分析。Kaapa 统计量的公式如下

$$\text{Kappa} = \frac{p_0 - p_e}{1 - p_e} \tag{6.12}$$

其中，p_0 为两次观察实际一致性，具体为

$$p_0 = \frac{a+d}{N} \tag{6.13}$$

其中，p_e 为两次观察机遇一致性，具体为

$$p_e = \frac{(a+b)(c+d)+(a+c)(b+d)}{N^2} \tag{6.14}$$

SPSS 可以计算 Kappa 系数，初学者不需要记计算的公式，只需要明白使用条件便足够。通过 Kappa 系数的具体数据，我们便可以判断一致性程度。假如 Kappa ≥ 0.75，说明一致性较好；0.4 ≤ Kappa < 0.75，说明一致性一般；Kappa < 0.4，说明一致性较差。Kappa 检验和配对卡方检验各有侧重：Kappa 检验主要是判断两种方法的评定是否存在一致性，Kappa 值能用于评断一致性程度；而配对卡方检验主要确定两种方法的评定是否有差异，但 χ^2 检验值只能说明两者的差异是否达到统计学意义，却不能说明差异的大小。

3. 配对设计列联表检验的 SPSS 过程

案例 6-7

案例 6-7 利用数据"考核方法.sav"判断 B 方法是否可靠

某公司一直采用 A 方法对员工的绩效进行考评，考评结果为合格与不合格，A 方法考核效果良好，但该方法较为烦琐，效率较为低下，现公司计划引进新的 B 方法作为考核方法，该方法相对简单易行，为了研究 B 方法是否可靠，研究人员选择了 51 名员工利用两种方法进行考核，考核结果见本章数据"考核方法.sav"，试判断 B 方法是否可靠。

案例分析：该例是一个典型的配对设计 $r \times r$ 列联表。同一群人被用两种方法分别做了测试。假如我们想要知道两种方法是否有差别，可以用配对 χ^2 检验；如果想知道两种方法检验效果的一致性程度如何，可以用 Kappa 系数。这其实是一个问题的两个方面，就像我们要去了解两个事物有什么相似的地方和有什么区别的地方一样。因为数据为汇总数据，如图 6-38 所示，所以要先对其进行加权再计算。

步骤 1：个案加权。打开本章数据"考核方法.sav"，依次选择【数据】→【个案加权】命令进入【个案加权】对话框，把变量"人数"放入【频率变量】框中，如图 6-39 所示，然后单击【确定】按钮即可完成对分组变量的个案加权。

步骤 2：依次选择【分析】→【描述统计】→【交叉表】命令，进入【交叉表】对话框，将"方法 A"放入【行】框中，将"方法 B"放入【列】框中，如图 6-40 所示，【行】和【列】两者内容对换分析结果也是一致的。

步骤 3：单击【统计】按钮进入【交叉表：统计】对话框，选中 Kappa 和【麦克尼马尔】(即 McNemar) 复选框，如图 6-41 所示，单击【继续】按钮返回到上一层对话框，然后单击【确定】按钮，提交系统分析。

图 6-38 考核结果数据

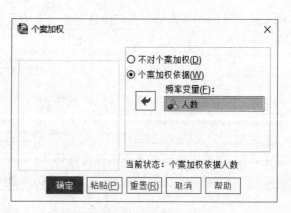

图 6-39 【个案加权】对话框

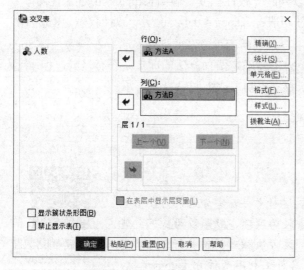

图 6-40 【交叉表】对话框

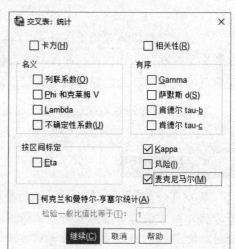

图 6-41 【交叉表：统计】对话框

步骤 4：结果解释。

这里只截取了 Kappa 系数和麦克尼马尔检验结果，如图 6-42 和图 6-43 所示。图 6-42 显示麦克尼马尔检验的精确显著性(双侧)为 0.687，没有达到显著性水平，因此两种考核方法的评定结果没有显著性差异，即方法 B 值得考虑作为新方法。但从图 6-43 可以看出其 Kappa 系数为 0.628，说明两种考核方法一致性一般。

卡方检验

	值	精确显著性（双侧）
麦克尼马尔检验		.687[a]
有效个案数	51	

a. 使用了二项分布。

图 6-42 麦克尼马尔检验结果

对称测量

	值	渐近标准误差a	近似T^b	渐进显著性
协议测量 Kappa	.628	.138	4.518	<.001
有效个案数	51			

a. 未假定原假设。
b. 在假定原假设的情况下使用渐近标准误差。

图 6-43 Kappa 系数

6.3.5 多维列联表独立性检验

1. 多维列联表简介

独立性检验主要讨论两个变量之间的关系,并对其显著性进行检验,如果变量多于两个以上,就要进行多重列联表分析,可以用分层卡方检验对其进行分析,在 SPSS 中通过柯克兰和曼特尔-亨塞尔统计检验(Cochran-Mantel-Haenszel,CMH)完成。显然,随着变量数的增加,分析难度也就越大,如果是四个及以上的变量,必须设置多个控制变量,这样的分析就比较复杂了。这里以最简单的 2×2×2 三维列联表为例做分析。例如,要讨论年级(高年级和低年级)、性别(男与女)和学业满意状态(满意与不满意)三个变量间的关系,可以将其中一个变量作为分层变量(或控制变量),分别就控制变量每一个水平下另两个变量所形成的列联表进行比较分析。在该例中,如果以性别作为控制变量,分别分析男性和女性条件下年级和学业满意状态的列联表,此时三维列联表就被划分成两个列联表,即男性和女性都会得到一个 2×2 列联表,然后就两个列联表进行独立性检验,再加以比较即可。如果对于控制变量的不同水平所进行的单个列联表分析,发现列联表的检验不显著,即不存在差别,可以考虑合并数据,合并后再分析。如果各水平列联表的分布情形不一致,就必须单独就个别列联表来解释。

2. 多维列联表检验的 SPSS 过程

某研究者随机抽取了一些学生,欲研究大学生年级和学业满意度的关系。其中,低年级满意人数 118 人,不满意人数 17 人,而高年级满意人数 98 人,不满意人数 27 人,经卡方检验发现,卡方值 χ^2=3.746,p=0.053>0.05,即年级与学业满意度之间没有关系,但是概率值 p=0.053,已经接近显著性水平,该研究者认为性别的不同可能会影响到年级和学业满意度的关系,于是计划把性别作为控制因素,再做年级和学业满意度的关联研究,数据如表 6-10 所示。

案例 6-8 控制性别后分析年级和学业满意度的关联

案例分析:这是一个 2×2×2 分层卡方检验。分层卡方检验可以通过控制性别这个因素,来分析年级和学业满意度的关联。如果在控制性别后,卡方检验显著,则说明性别是一个干扰因素,即它影响了年级和学业满意度的关系;如果不显著,则说明年级和学业满意度确实没有关联。分层卡方检验显著后,可以报告两者的关联强度 OR 值(关于 OR 值,我们将在第 6.4.3 小节做详细讲解)。如果控制因素的不同分类下的关联强度是同质的,可以报告总的 OR 值;如果不同质,则分别报告控制因素不同分类下的关联强度。

表 6-10 三维列联表

		满意	不满意
男	低年级	56	10
	高年级	38	39
女	低年级	65	9
	高年级	60	10

步骤 1: 个案加权。打开本章数据"学业满意度.sav",如图 6-44 所示。依次选择【数据】→【个案加权】命令进入【个案加权】对话框,把变量"人数"放入【频率变量】框中,如图 6-45 所示,然后单击【确定】按钮即可完成对分组变量的个案加权。

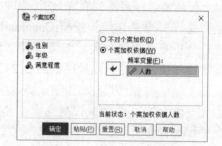

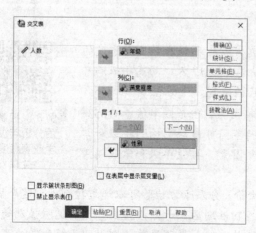

图 6-44 学业满意度数据　　　　图 6-45 【个案加权】对话框

步骤 2: 依次选择【分析】→【描述统计】→【交叉表】命令,进入【交叉表】对话框,将"年级"放入【行】框中,将"满意程度"放入【列】框中,将"性别"放入【层】框中表示对性别这一变量进行控制,如图 6-46 所示。

步骤 3: 单击【统计】按钮进入【交叉表: 统计】对话框,选中【卡方】、【风险】和【柯克兰和曼特尔-亨塞尔统计】复选框,如图 6-47 所示,单击【继续】按钮返回到上一层对话框,然后单击【确定】按钮,提交系统分析。

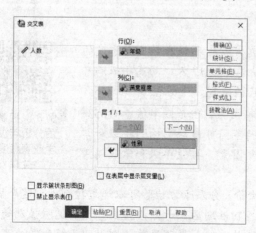

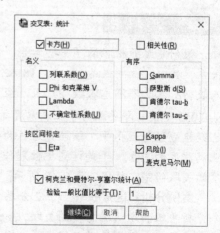

图 6-46 【交叉表】对话框　　　　图 6-47 【交叉表: 统计】对话框

步骤 4: 结果解释。

图 6-48~图 6-52 是检验的主要结果。图 6-48 所示的是男性条件下、女性条件下和男女加总时年级和学业满意度的卡方检验结果。因为没有单元格的期望频数小于 5,所以选用皮尔逊卡方检验值。其中,男性条件下 $\chi^2 = 6.565$,$p=0.010<0.05$,即男性条件下年级和学业满意度有关联;女性条件下 $\chi^2=0.009$,$p=0.923>0.05$,即女性条件下年级和学业满意度无关联;总的情况下 $\chi^2=3.746$,$p=0.053>0.05$,即年级和学业满意度无关联。

图 6-49 显示的是在控制了性别这一变量之后,进行的卡方检验结果,柯克兰检验 $\chi^2=3.948$,$p=0.047<0.05$,即达到了显著性水平;而曼特尔-亨塞尔检验 $\chi^2=3.287$,$p=0.070>0.05$,即没有达到显著性水平。柯克兰检验是对曼特尔-亨塞尔检验的改进,如选用柯克兰的检验结果说明,在控制了性别这一变量后,原来年级与学业满意度卡方检验由不显著变成了显著,说明年级与学业满意度是存在关联的。

卡方检验

性别		值	自由度	渐进显著性(双侧)	精确显著性(双侧)	精确显著性(单侧)
男	皮尔逊卡方	6.565c	1	.010		
	连续性修正b	5.475	1	.019		
	似然比(L)	6.660	1	.010		
	费希尔精确检验				.014	.009
	线性关联	6.509	1	.011		
	有效个案数	119				
女	皮尔逊卡方	.009d	1	.923		
	连续性修正b	.000	1	1.000		
	似然比(L)	.009	1	.923		
	费希尔精确检验				1.000	.561
	线性关联	.009	1	.923		
	有效个案数	141				
总计	皮尔逊卡方	3.746a	1	.053		
	连续性修正b	3.132	1	.077		
	似然比(L)	3.763	1	.052		
	费希尔精确检验				.068	.038
	线性关联	3.731	1	.053		
	有效个案数	260				

图 6-48 卡方检验结果(1)

条件独立性检验

	卡方	自由度	渐进显著性(双侧)
柯克兰	3.948	1	.047
曼特尔-亨塞尔	3.287	1	.070

在条件独立性假定下,仅当层固定,而曼特尔-亨塞尔统计始终渐近分布为 1 自由度卡方分布时,柯克兰统计才渐近分布为 1 自由度卡方分布。请注意,当实测值与期望值之差的总和为 0 时,曼特尔-亨塞尔统计将不会进行连续性修正。

图 6-49 卡方检验结果(2)

图 6-50 给出的是控制变量后不同分层下的比值比 OR 值同质性(齐性)检验结果,分层卡方检验显著时,需要报告 OR 值,如果不同分层下的 OR 值同质,那么要报告总的 OR 值,

即图 6-51 所示的结果。从图 6-50 可以看出，Breslow-Day 检验和塔罗内检验的卡方值分别为 2.716 和 2.715，显著性 p 都为 0.099 大于 0.05，即不同层的比值比 OR 是同质的，所以报告图 6-51 所示的合并 OR 值，即 1.933，其 95%置信区间为[0.998，3.745]，OR 值的具体理解请参考本章第 6.4.3 小节。如果同质性检验发现异质，则需要分开报告男性和女性条件下的 OR 值，即图 6-52 所示的结果，男性条件下，OR=3.257，95%置信区间为[1.285，8.252]；女性条件下，OR=1.050，95%置信区间为[0.390，2.824]。

比值比齐性检验

	卡方	自由度	渐进显著性（双侧）
Breslow-Day	2.716	1	.099
塔罗内	2.715	1	.099

图 6-50　OR 齐性检验结果

曼特尔-亨塞尔一般比值比估算

估算		1.933
ln(估算值)		.659
ln(Estimate) 标准误差		.337
渐进显著性（双侧）		.051
渐近 95% 置信区间　一般比值比	下限	.998
	上限	3.745
ln(一般比值比)	下限	-.002
	上限	1.320

曼特尔-亨塞尔一般比值比估算在假定一般比值比为 1.000 的前提下进行渐近正态分布。自然对数估算也是如此。

图 6-51　总 OR 值估算

风险评估

性别		值	95% 置信区间	
			下限	上限
男	年级 (低年级 / 高年级) 的比值比	3.257	1.285	8.252
	对于 cohort 满意程度 = 满意	1.287	1.050	1.577
	对于 cohort 满意程度 = 不满意	.395	.186	.837
	有效个案数	119		
女	年级 (低年级 / 高年级) 的比值比	1.050	.390	2.824
	对于 cohort 满意程度 = 满意	1.006	.887	1.142
	对于 cohort 满意程度 = 不满意	.958	.404	2.271
	有效个案数	141		
总计	年级 (低年级 / 高年级) 的比值比	1.912	.985	3.712
	对于 cohort 满意程度 = 满意	1.115	.997	1.247
	对于 cohort 满意程度 = 不满意	.583	.334	1.016
	有效个案数	260		

图 6-52　风险评估结果

6.4　分类变量关联强度分析

通过统计量 χ^2 值的检验，我们可以判断列联表变量间是否存在关联，在确定存在关联之后，我们将分析这种关联的强度如何。关联程度的度量方法根据变量测量水平的不同而有所不同,因为列联表主要为定类数据(类别数据),所以这里主要探讨定类数据的相关性问题,关于定序、定距和定比类型变量间的关系,将在第 7 章做讲解。

6.4.1 2×2 四格表关联强度

1. Phi 系数

Phi(ϕ)系数适用于 2×2 列联表,而且此时列联表的两个变量的分类不是人为划分的,而是真正的二分变量,其公式可以表示为

$$\phi = \frac{ad-bc}{\sqrt{(a+b)(c+d)(a+c)(b+d)}} \tag{6.15}$$

或

$$\phi = \sqrt{\frac{\chi^2}{n}} \tag{6.16}$$

当 $\phi=1$ 时,称完全正相关,全体个案落于四格表中的 a、d 两格;当 $\phi=-1$ 时全体个案落于 b、c 两格;当 $\phi=0$,两变量相互独立,全体个案均匀落在四个格子中。列联表中变量的排列是任意的,因此 ϕ 系数的正负符号并无实际意义,通常不讨论其正负相关,只关心其关联的强度。当 ϕ 绝对值小于 0.3 时,表示相关较弱;当 ϕ 绝对值大于 0.6 时,表示相关较强。

2. Phi 系数的 SPSS 过程

案例 6-4 已经证明了性别与名牌偏好是有关联的,试问两者的关联强度如何?

案例分析:案例 6-4 中性别与名牌偏好属于 2×2 四格表,可以直接用专门针对四格表的 Phi 系数衡量其关联强度,也可以用列联系数 C 和克莱姆 V 系数衡量。

案例 6-9 利用"性别与偏好.sav"分析性别和偏好的关联强度

在案例 6-4 分析的基础上,在【交叉表】对话框中单击【统计】按钮打开【交叉表:统计】对话框,选中【名义】选项组下的【Phi 和克莱姆 V】复选框,选中【卡方】复选框,如图 6-53 所示。单击【继续】按钮返回到上一层对话框,然后单击【确定】按钮提交系统分析,这里只截取关联系数结果,如图 6-54 所示。可见 Phi 系数为 0.175,$p=0.013$,达到了显著性水平,但是这个系数只能说明性别与名牌偏好的关联是较弱的。

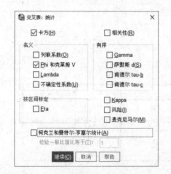

对称测量

		值	渐进显著性
名义到名义	Phi	.175	.013
	克莱姆 V	.175	.013
有效个案数		200	

图 6-53 【交叉表:统计】对话框   图 6-54 Phi 系数

6.4.2 r×c 列联表关联强度

1. C 系数和 V 系数

当列联表为 2×2 时，ϕ 值可以控制在[-1，1]之间，但是当表格数增加时，ϕ 值也会增加，并且没有上限，这样 ϕ 系数就不利于比较了。皮尔逊定义了新的系数作为 r×c 列联表关联强度的指标，即列联系数(contingency coefficient)，简称 C 系数，C 系数可写为

$$C = \sqrt{\frac{\chi^2}{\chi^2 + n}} \tag{6.17}$$

式中，χ^2 为列联数据资料的检验统计量；n 为样本容量。

C 系数克服了 ϕ 系数无上限的缺陷，但是即使两变量完全相关时，C 系数也不能等于 1，其取值范围为 $0 \leq C < 1$。因此又出现了克莱姆 V(Cramer's V)系数，V 系数公式为

$$V = \sqrt{\frac{\phi^2}{\min[(R-1),(C-1)]}} \tag{6.18}$$

式中，分母表示选择 R-1 和 C-1 中较小者作为除数。V 的取值范围为[0，1]。可以看出，如果是四格表，$\min[(R-1),(C-1)]$ 为 1，此时 V 系数等于 Phi(ϕ)系数。

此外，SPSS 系统中还提供了 Lamda 系数和不确定性系数来度量分类变量的关联强度，有兴趣的读者可以查阅相应资料，在此不做介绍。

2. C 系数和 V 系数的 SPSS 过程

案例 6-10 分析学生所学专业与求职意愿的关联强度

案例 6-6 已经证明了学生所学专业与就业意愿是有关联的，试问两者的关联强度如何？

案例分析：案例 6-6 中的专业与就业意愿属于 3×4 四格表，可以用列联系数 C 和克莱姆 V 系数衡量。在案例 6-6 已有分析的基础上，在【交叉表】对话框中单击【统计】按钮，在弹出的【交叉表：统计】对话框中选择【名义】选项组中的【列联系数】和【Phi 和克莱姆 V】复选框，如图 6-55 所示。单击【继续】按钮返回到上一层对话框，然后单击【确定】按钮提交系统分析，这里只截取关联系数结果，如图 6-56 所示。可见列联系数 C 为 0.500，$p<0.001$，克莱姆系数 V 为 0.408，$p<0.001$，都达到了显著性水平，但关联强度只是中等程度。

对称测量

		值	渐进显著性
名义到名义	Phi	.578	<.001
	克莱姆 V	.408	<.001
	列联系数	.500	<.001
有效个案数		262	

图 6-55 【交叉表：统计】对话框   图 6-56 列联系数 C 和克莱姆系数 V

6.4.3 RR 和 OR 系数

在医学研究中,经常要研究人群暴露于某种因素和未暴露于某因素对其发病的影响,以此判断该因素是危险因素还是保护因素,暴露因素可以是某项特征(年龄、性别、职业等)、某种行为(吸烟、酗酒等)或者接触物质(重金属、污染水质等),这样的研究经常可以用 2×2 四格表表示。通过卡方独立性检验,可以告诉我们某暴露因素是否与发病相关,但是它只能提示变量间相关,却不能告诉我们关联程度的强弱,所以研究者们经常用相对危险度(Relative Risk,RR)和优势比(Odds Ratio,OR)来衡量暴露因素和发病的关联程度。

1. 相对危险度

RR 值是指暴露组人群发病率与非暴露组人群发病率的比值,是反映暴露因素与发病关联强度的主要指标。RR 的解释和理解都比较简单和方便,适用于队列研究,如表 6-11 所示。RR 可以表示为

$$\text{RR} = \frac{P_t}{P_c} = \frac{a/(a+b)}{c/(c+d)} \tag{6.19}$$

式中,p_t 为暴露组人群发病概率,p_c 为非暴露组人群发病概率,a 为暴露组发病人数,b 为暴露组非病人数,c 为非暴露组发病人数,d 为非暴露组非病人数。RR 的取值从 0 到无穷大。RR 小于 1,表明暴露因素导致发病率下降,即为负相关,这时暴露因素是疾病的保护因素;RR 等于 1,表明暴露因素与发病率无关联;RR 大于 1,表明暴露因素导致发病率增加,即为正相关,这时暴露因素是疾病的危险因素。更为具体的数值请参考表 6-12。在实际应用中,我们最好同时通过 RR 的 95%置信区间判断其意义,如果该区间包括无效值(RR=1),那么说明暴露因素与发病不存在关联性。

表 6-11 队列研究

	病 例	非 病	合 计
暴露组	a	b	$a+b$
非暴露组	c	d	$c+d$
合 计	$a+c$	$b+d$	$N(a+b+c+d)$

表 6-12 RR 值与关联强度

	RR 或 OR 值	关联强度
1	0.9~1 或 1.0~1.1	说明暴露因素与发病无关联
2	0.7~0.8 或 1.2~1.4	说明暴露因素与发病有弱的关联(前者为负相关,后者为正相关)
3	0.4~0.6 或 1.5~2.9	说明暴露因素与发病有中的关联(前者为负相关,后者为正相关)
4	0.1~0.3 或 3.0~9.9	说明暴露因素与发病有强的关联(前者为负相关,后者为正相关)
5	小于 0.1 或大于 10	说明暴露因素与发病有很强的关联(前者为负相关,后者为正相关)

2. 优势比

在队列研究中,将某一特定人群按是否暴露于某可疑因素或暴露程度分为不同的组,

追踪观察不同组成员结局(如疾病)发生的情况，比较各组之间结局发生率的差异，从而判定这些因素与该结局之间有无因果关联及关联程度如何。但是在回顾性研究(病例对照研究)中，因为不能计算发病率，所以无法计算 RR 值。在回顾性研究中，以现在确诊的患有某特定疾病的病人作为病例，以不患有该病但具有可比性的个体作为对照，通过询问、实验室检查或复查病史，搜集既往各种可能的危险因素的暴露史，测量并比较病例组与对照组中各因素的暴露比例，以此判断危险因素与疾病之间的关联程度。病例对照研究如表 6-13 所示，表中暴露组中的 b 和非暴露组中的 d 不再是指非病例人数，而是对照组的人数，因此无法计算出发病率，从而无法计算相对危险度 RR 值。但是可以计算 OR 指标来代替 RR。

表 6-13　病例对照研究

	病　例	对　照	合　计
暴露组	a	b	$a+b$
非暴露组	c	d	$c+d$
合计	$a+c$	$b+d$	$N(a+b+c+d)$

首先，计算病例组的暴露比例与非暴露比例之比，我们称其为优势(Odds)，即

$$\text{Odds}_1 = \frac{a/(a+c)}{c/(a+c)} = \frac{a}{c} \tag{6.20}$$

其次，计算对照组的暴露比例与非暴露比例之比，即

$$\text{Odds}_2 = \frac{b/(b+d)}{d/(b+d)} = \frac{b}{d} \tag{6.21}$$

最后，将公式(6.20)和公式(6.21)相除，就得到了优势比 OR 值

$$\text{OR} = \frac{ad}{cb} \tag{6.22}$$

由上可知，优势(Odds)指事件发生的概率与事件不发生的概率的比值，即

$$\text{Odds} = \frac{p}{1-p} \tag{6.23}$$

而 OR 就是病例组中暴露人数比例与非暴露人数比例的比值除以对照组人群中暴露人数比例与非暴露人数比例的比值。OR 与 RR 的解释类似：OR 小于 1，表明暴露因素导致发病率下降，即为负相关，这时暴露因素是疾病的保护因素；OR 等于 1，表明暴露因素与发病率无关联；OR 大于 1，表明暴露因素导致发病率增加，即为正相关，这时暴露因素是疾病的危险因素。更为具体的数值可参考表 6-12。在实际应用中，我们最好同时通过 RR 的 95%置信区间判断其意义，如果该区间包括无效值(OR=1)，那么说明暴露因素与发病不存在关联性。

从 RR 公式和 OR 公式可以看出，当发病率很小的时候，即 a 和 c 很小的时候，RR≈OR，即

$$\text{RR} = \frac{a/(a+b)}{c/(c+d)} \approx \frac{ad}{bc} = \frac{ad}{cb} = \text{OR} \tag{6.24}$$

所以，当发病率很小的时候，可以用 OR 近似代替 RR。当然，RR 的意义清晰(即暴露组发病率是非暴露组发病率的多少倍)，而 OR 的意义相对模糊且不好解释，所以在可以计

算 RR 的时候一般不用 OR，使用 OR 是在无法计算 RR 情况下的一种替代方案。在队列研究中 RR 和 OR 都可以报告，但随着发病率的增大，RR 和 OR 的差别会变大，这是需要注意的。

3. RR 和 OR 系数的 SPSS 过程

案例 6-11 利用数据"暴露与患病.sav"

欲研究某暴露因素 A 是否和患某疾病 B 有关联，所以抽取 100 人，计算 RR 值和 OR 值暴露组和非暴露组各 50 人，一段时间后，暴露组有 10 人患病，非暴露组有 1 人患病，如表 6-14 所示，详细数据见本章数据"暴露与患病.sav"，试计算 RR 值和 OR 值。

表 6-14 暴露与患病

	病 例	非 病
暴露组	10	40
非暴露组	1	49

案例分析：在卡方检验达到显著性水平时，我们才会计算 RR 值和 OR 值。卡方检验可以判断暴露因素是否与发病有关联，而通过 RR 值和 OR 值可以判断出这种关联的强度。有三点读者需要注意，第一，因为该案例是队列研究，所以最合适的就是计算相对危险度 RR 值，这里主要是为了对比才同时计算 OR 值。在具体的研究中需要读者做出合适的判断。第二，很多读者习惯用 0 表示非病、用 1 表示发病，或用 0 表示非暴露组、用 1 表示暴露组，但是在 SPSS 系统构建的列联表中，它习惯将小的数值(即取值为 0 的组)放在前面，这样所得的四格表和表 6-14 所示的顺序有差别，为了与我们所呈现的公式和表格统一，我们建议按照 1 表示发病、2 表示非病，同时用 1 表示暴露组、2 表示非暴露组，如图 6-57 所示。第三，因为 SPSS 计算 RR 值时对四格表行与列的位置设置是固定的，即如表 6-14 所示，将暴露与否作为行变量，发病与否作为列变量，但 OR 值无论行列怎么设置值都一样。

步骤 1：个案加权。依次选择【数据】→【个案加权】命令进入【个案加权】对话框，把变量"人数"放入【频率变量】框中，如图 6-58 所示，然后单击【确定】按钮即可完成对分组变量的个案加权。

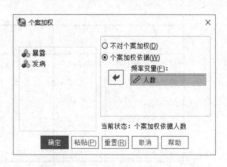

图 6-57 暴露与患病数据   图 6-58 【个案加权】对话框

步骤 2：依次选择【分析】→【描述统计】→【交叉表】命令，进入【交叉表】对话框，将"暴露"放入【行】框中，将"发病"放入【列】框中，如图 6-59 所示。

步骤 3：单击【统计】按钮进入【交叉表：统计】对话框，选中【卡方】和【风险】复选框，如图 6-60 所示，单击【继续】按钮返回到上一层对话框，最后单击【确定】按钮，提交系统分析。

图 6-59 【交叉表】对话框

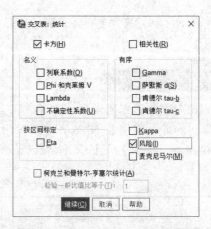

图 6-60 【交叉表：统计】对话框

步骤 4：结果解释。

图 6-61 和图 6-62 是系统分析的主要结果。由图 6-61 可知，因为没有单元格的期望频数小于 5，所以选用图 6-61 中的皮尔逊卡方检验值，即 $\chi^2=8.274$，$p=0.004<0.05$，说明暴露因素和发病有关联。要说明两者的关联强度，可以用 RR 值和 OR 值，但因为本例适合的是 RR 值，所以我们先分析 RR 值，即图 6-62 中的"对于 cohort 发病=是"这一行的结果，可见 RR=10，95%置信区间为[1.329, 75.226]，不包括 1，可以理解为暴露组的人比非暴露组的人的发病率高 10 倍，有很强的正相关，说明这是一个危险因素。我们也可以手动计算 RR 值，参考表 6-14，先计算暴露组的发病率为 $p_1=10/(40+10)=1/5$，再计算非暴露组的发病率为 $p_2=1/(1+49)=1/50$，所以 RR=10。为了做对比，我们也查看 OR 值，即图 6-62 中的"暴露(暴露组/非暴露)的比值比"，其值为 12.250，95%置信区间为[1.504, 99.798]，不包括 1，也属于很强的正相关，它的含义是，发病的人暴露与非暴露的比值是非病的人暴露与非暴露的比值的 12 倍，简单来说，就是暴露更容易发病。我们也可以手动计算 OR 值，先计算发病组的优势，$Odds_1=10/1$，再计算非病组的优势 $Odds_2=40/49$，两者相除 OR=12.250。

卡方检验

	值	自由度	渐进显著性（双侧）	精确显著性（双侧）	精确显著性（单侧）
皮尔逊卡方	8.274[a]	1	.004		
连续性修正[b]	6.537	1	.011		
似然比(L)	9.459	1	.002		
费希尔精确检验				.008	.004
线性关联	8.191	1	.004		
有效个案数	100				

a. 0 个单元格 (0.0%) 的期望计数小于 5。最小期望计数为 5.50。
b. 仅针对 2x2 表进行计算

图 6-61 卡方检验结果

风险评估

	值	95%置信区间	
		下限	上限
暴露 (暴露组 / 非暴露) 的比值比	12.250	1.504	99.798
对于 cohort 发病 = 是	10.000	1.329	75.226
对于 cohort 发病 = 否	.816	.707	.943
有效个案数	100		

图 6-62　OR 和 RR 的计算

小　结

　　本章首先介绍了卡方检验的相关概念和检验的一般步骤；其次介绍了拟合优度检验，拟合优度检验主要处理样本分布与理论分布是否一致的问题；再次介绍了卡方的独立性检验，包括四格表的独立性检验、$r×c$ 列联表的独立性检验、$2×2×2$ 三维列联表的独立性检验；最后介绍了列联强度分析，包括 Phi 系数、列联系数、克莱姆 V 系数、相对危险度 RR 和比值比 OR。Phi 系数适用于四格表，列联系数和克莱姆 V 系数适用于一般性的列联表，相对危险度 RR 和比值比 OR 则主要衡量的是暴露因素与发病的关系。

思考与练习

1. 什么是卡方检验？为什么说它是一种非参数检验？
2. 卡方检验一般要符合哪些基本假设？
3. 已知某手机零件厂商的 8 条生产线每小时的产量(单位：个)分别为 30、43、37、40、42、48、38、39，试问该厂家不同生产线的生产能力有无显著性差异？(见本章数据"生产能力.sav")
4. 已知某地区手机平均使用率达 74%。某社区 70 岁以上的老年男性总数为 1 278 人，其中使用智能手机的有 748 人，不使用的有 530 人。那么该社区 70 岁以上的男性智能手机使用率与该地区平均使用率 74%是否有显著性差异？(见本章数据"手机使用率.sav")
5. 某企业为了了解员工对企业薪酬制度是否满意，做了抽样调查，结果如表 6-15 所示，分析性别与态度是否有关联？如果有关联，其关联的强度如何？

表 6-15　态度调查结果

	满　意	不满意
男	20	15
女	25	4

6. 某公司执行了一项新的规章制度，一段时间过后，为了了解公司员工是否支持该制度继续实施下去，公司组织了随机调查，调查结果如表 6-16 所示。试问不同类型的员工对

该规章制度的态度是否一样？如果不一样，试分析哪两种类型员工的态度不一样？(见本章数据"员工类型与态度.sav")

表 6-16 态度调查结果

员工类型	同 意	弃 权	不同意
管理人员	20	1	6
普通员工	30	5	10

7. 采用两个量表对学生进行心理健康普查，两个量表的普查情况如表 6-17 所示，分析两个量表测试的结果是否有差异？同时计算两个量表测试的 Kappa 系数，判断两者测评结果的一致性。

表 6-17 心理健康普查结果

	阳性(量表 B)	阴性(量表 B)
阳性(量表 A)	20	15
阴性(量表 A)	25	4

8. 某研究者搜集了人群中重度吸烟者和非吸烟者患有某肺部疾病的数据，如表 6-18 所示，计算相对危险度 RR 和比值比 OR。判断该数据使用 RR 还是 OR 更合适？从指标中判断重度吸烟和患该疾病的关系强弱。

表 6-18 吸烟与患肺病

	阳 性	阴 性
吸烟	40	100
非吸烟	5	100

第 7 章

相 关 分 析

教学目标

- 掌握相关分析的概念。
- 掌握散点图的绘制。
- 掌握简单相关的 SPSS 操作和结果解释。
- 掌握偏相关分析的 SPSS 操作和结果解释。
- 了解距离相关的 SPSS 操作和结果解释。
- 掌握信度和效度的 SPSS 操作和结果解释。

客观事物或现象之间总是存在一定的联系，例如，投资额和国民收入，教育水平和薪酬水平，药物剂量和药效等，都存在一定的依存关系。这种依存关系可以通过一定的数量关系反映出来，而这种数量关系一般可以分为两种类型：一种是函数关系；另一种是相关关系。

函数关系是指事物或现象之间存在严格的依存关系，通常可以用函数式 $y=f(x)$ 来表示，它意味着对于变量 x 取任何一个值，另一个变量 y 都可以根据确定的函数关系取唯一确定的值与之相对应。例如，存款利息 y 与存款 x 和利率 P 可以用公式 $y=xP$ 来表示，销售额 y 与价格 x 和销售量 Q 的关系也可以写成 $y=xQ$。

相关关系又称统计相关，是指事物之间存在相互依存的关系，但是这种关系只是大致的、不是精确关系，即在这种关系中，不是某事物的每一个变化都会引起与之相联系的另一个变量的确定变化。例如，假设学生的智商水平越高，其学业成就也越高，那么就可以简单地认为智商和学业成就存在统计学上的相关，但它只是一种大概的趋势，智商和学业成就并非一一对应，即总体而言，智商越高，学业成就越高，但是具体到某个个体上，这个规律并不是确定的。例如，A 同学的智商是 100 标准分数，B 同学也是 100 标准分数，但两者的学业成就有可能并不一致，也许还会存在不小的差别。

相关分析可以分为线性相关和非线性相关两大类，本书主要介绍线性相关。线性相关可以按照强度分为强相关、弱相关和零相关(即不相关)；也可以按照方向分为正相关和负相关。正相关是指两变量变化方向相同，两者同时增大或同时减小；负相关是指两变量的变化方向相反，一个增大另一个减小。当然还可以按照涉及变量的多少做分类，只涉及两个变量的相关可以称为简单相关；如果研究的是一个变量和两个或两个以上变量的相关关系时，称为复相关；如果某一变量与多个变量有关系，但是只想研究排除其他变量的影响下，其与另一个变量的关系，此时的相关叫作偏相关。本章主要介绍简单线性相关和偏相关，同时介绍如何利用相关分析估算问卷的信度和效度。

7.1 散点图

7.1.1 散点图概述

相关分析可以通过图示法和计算相关系数法来完成。图示法主要是通过绘制散点图找出变量间的相关情况。计算相关系数则是在散点图的基础上进一步给出具体的量化数据以判断变量间的相关程度。

散点图可以是表示两个变量关系的二维图，也可以是表达多个变量的多维图，如三维散点图。这里主要研究表示两变量关系的散点图。如果没有特指，本书中提到的散点图都是指二维散点图。散点图一般以横轴和纵轴分别表示一个变量，将两个变量之间相对应的变量值以坐标点的形式标识在直角坐标系中，从点的分布情况形象地描述两个变量的相关关系。如图 7-1 所示，散点完全聚集在一条直线上，是完全正相关，其实两变量此时为一一对应的函数关系。图 7-2 表示的也是一个函数关系，不同的是其线的趋势从左上角到右下角，斜率为负，为完全负相关。图 7-3 中的散点虽然不在一条直线上，但是这些点很有规律地围绕在一条趋势线周围，这条线的趋势从左下角往右上角，斜率为正，说明两变量是强正相关关系。而图 7-4 与图 7-3 相比，散点的趋势相同，只是斜率为负，它表示的是强负相关。图 7-5 的散点不在一条直线上，但仍然有从左下角到右上角的趋势，只是与图 7-3 和图 7-4 相比，其点更加分散，说明此时两变量的正相关关系相对来说是比较弱的，与此相对的图 7-6 表示的是弱负相关。图 7-7 的散点完全随机地出现在坐标系中，没有任何规律，此时变量间不相关。可以看出，散点越有规律地聚集在最优拟合直线周围，相关程度就越强，反之就会越弱，但要强调的是，这里探讨的是线性相关。

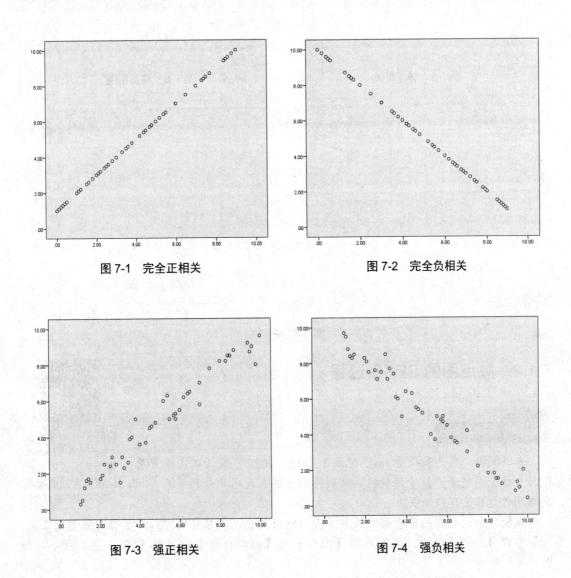

图 7-1　完全正相关　　　　　　　　图 7-2　完全负相关

图 7-3　强正相关　　　　　　　　图 7-4　强负相关

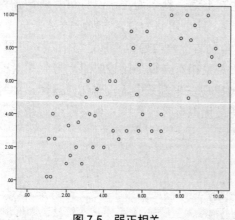
图 7-5 弱正相关

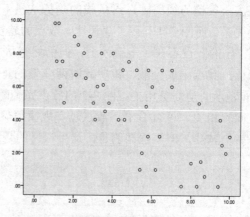
图 7-6 弱负相关

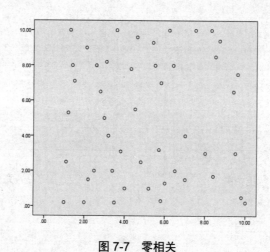
图 7-7 零相关

7.1.2 散点图的 SPSS 过程

案例 7-1

案例 7-1 利用数据"生产和投资.sav"做出我国国内生产总值与全社会固定资产间的散点图

本章数据"生产和投资.sav"记录了 1985—2022 年我国国内生产总值与全社会固定资产投资的数据，试利用散点图来表示两者的关系，并判断两者是否呈现线性关系。

案例分析：判断两变量间的关系是否为线性关系，作散点图可以非常直观地看出来。

步骤 1：打开数据，依次选择【图形】→【旧对话框】→【散点图/点图】命令，如图 7-8 所示。

步骤 2：进入【散点图/点图】对话框，可以看到，有多种类型的散点图可供选择。这里选择【简单散点图】选项，如图 7-9 所示，然后单击【定义】按钮进入【简单散点图】对话框，将"国内生产总值"放入【Y轴】框中，将"全社会固定资产投资"放入【X轴】框中，如图 7-10 所示；如果将两变量位置互换也是可以的，所得结论一样。最后单击【确定】按钮，提交系统分析。

第 7 章 相关分析

图 7-8 选择【散点图/点图】命令　　　图 7-9 【散点图/点图】对话框

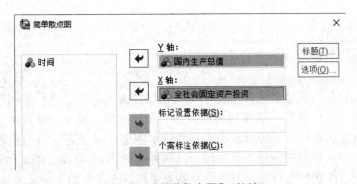

图 7-10 【简单散点图】对话框

步骤 3：结果解释。

图 7-11 就是系统给出的散点图，从散点图上判断变量间的关系可以按如下步骤进行。

首先，判断变量间是否为线性关系。这需要观察散点图上的点的聚散情况，如果点的大概趋势为直线状态，则为线性关系，特别要强调的是，这里说的直线是一种拟合的趋势，大部分情况下相关关系都不是一条笔直的直线；如果点的趋势为非直线状态，如抛物线、U 形曲线等，则称为非线性关系。从图 7-11 中我们可以直观地看出，国内生产总值和全社会固定资产投资之间大致是一种线性相关关系。

其次，判断变量间关系的强弱。点越聚拢于某条直线上则线性相关越强，当点全部都在一条直线上时，变量间便是完全线性关系了，这时变量间的关系也可以称为函数关系。从图 7-11 中可以看到，除少数几个点外，大部分的点几乎拟合成了一条直线，因此，可以判断国内生产总值和全社会固定资产投资间的线性相关是十分强的。

最后，判断变量间关系的性质。如果随着某一变量的增长另一变量在减小，称这种关系为负相关；相反，如果随着某一变量的增长另一变量也在增长，称这种关系为正相关。从图 7-11 可知，随着国内生产总值的增长，全社会固定资产投资也在增长，即它们为正相关关系。

181

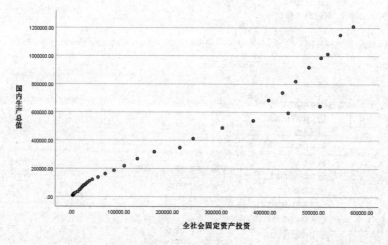

图 7-11　散点图

综上所述，国内生产总值和全社会固定资产投资之间存在较强的线性关系，而且是正相关。

7.2　简单线性相关

散点图可以较为直观地展现两变量间是否为线性关系，但它不是量化数据，所以变量间的关系有时难以判断准确，也难与其他关系做量化比较，因此，统计学上常常用相关系数来表示两事物间的线性相关程度。相关系数常用字母 r 来表示，其取值范围为-1～+1，负号表示负相关，正号表示正相关，正相关习惯性地把"+"去掉。取相关系数的绝对值，结果越接近 1 表示线性相关越强，越接近 0 则表示线性相关越弱。一般来说，$|r|<0.3$ 为低度相关，$0.3<|r|<0.5$ 为中低度相关，$0.5<|r|<0.8$ 为中度相关，$|r|>0.8$ 为高度相关，如果为 0，说明变量间不存在线性相关。这里特别强调的是，不存在线性相关不代表变量间就没有关系，很有可能变量间有强的非线性相关。

常用的相关系数有皮尔逊相关系数、斯皮尔曼等级相关系数和肯德尔相关系数。

7.2.1　皮尔逊相关系数

1. 皮尔逊相关概述

谈到相关系数，首先需要提到的就是皮尔逊相关系数，也叫皮尔逊积差相关系数，该系数最早由皮尔逊提出，并因此而得名。皮尔逊积差相关系数的计算一般需要满足以下条件：第一，两列数据呈现正态分布；第二，数据必须成对出现；第三，成对样本数量应该大于 30；第四，两列数据必须是连续型数据。

值得注意的是，因为条件较为苛刻，在很多相关分析实践中，似乎很多研究者并没有严格按照这几个条件去执行皮尔逊相关系数分析。

皮尔逊相关系数的计算公式为

$$r = \frac{\sum_{i=1}^{n}(x_i - \bar{x})(y_i - \bar{y})}{\sqrt{\sum_{i=1}^{n}(x_i - \bar{x})^2 \sum_{i=1}^{n}(y_i - \bar{y})^2}} \tag{7.1}$$

式中，x_i 和 y_i 是两列样本数据的各个观测值；$\bar{x}$ 和 $\bar{y}$ 是两列样本数据的算术平均数；n 是样本容量，即两列数据共组成了多少对数据。

通常情况下，采用 t 分布检验皮尔逊相关系数的显著性，检验统计量为

$$t = \frac{r\sqrt{n-2}}{\sqrt{1-r^2}} \tag{7.2}$$

想要深入了解完整检验过程的读者可以参考相应的统计学教材。SPSS 可以自动计算皮尔逊相关系数并对其进行显著性检验。

2. 皮尔逊相关的 SPSS 过程

案例 7-2 利用数据"生产和投资.sav"计算出我国国内生产总值与全社会固定资产间的相关系数

在案例 7-1 确定了国内生产总值和全社会固定资产投资间存在较强的线性关系的情况下，请计算出两者的相关系数。

案例分析：要计算变量间的相关系数，一般先判断变量的基本情况。从案例 7-1 中已经知道，"国内生产总值"和"全社会固定资产投资"都属于连续变量，而且数据的对数达到了 30 对。假设两变量的总体分布属于正态分布，这时就可以用皮尔逊相关法计算变量间的相关系数了。

步骤 1：打开本章数据"生产和投资.sav"，依次选择【分析】→【相关】→【双变量】命令，如图 7-12 所示。

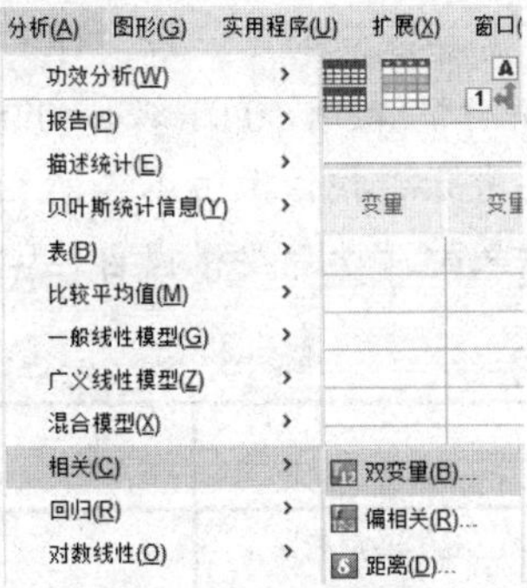

图 7-12 选择【双变量】命令

步骤 2：进入【双变量相关性】对话框，将需要分析的变量放入右侧的【变量】框中，这里要分析"国内生产总值"和"全社会固定资产投资"的关系，所以将它们放入【变量】框中，如图 7-13 所示。如果要分析多个变量间的两两关系，可以把这些变量一次性放入【变量】框中。系统在【相关系数】选项组中默认选中【皮尔逊】复选框，因为"国内生产总值"和"全社会固定资产投资"两个变量都是连续变量，所以保持该默认状态。如果变量不满足皮尔逊相关法的条件，则选择其他相关法，后面的小节将对此做介绍。对于检验

的类型,系统在【显著性检验】选项组中提供了【双尾】和【单尾】两个选择,一般情况下选择默认状态的【双尾】,最后单击【确定】按钮,提交系统分析。

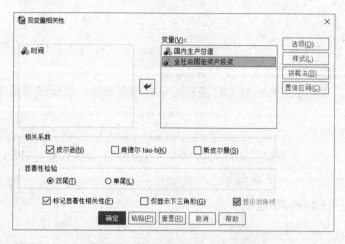

图 7-13　【双变量相关性】对话框

步骤 3: 结果解释。

图 7-14 是系统分析的结果,它提供了两变量相关的相关系数、显著性检验情况以及成对数据的数量等信息。从图 7-14 中我们可以看出,"国内生产总值"和"全社会固定资产投资"的皮尔逊相关系数 $r=0.978$,数值上表明其为正相关,且两者相关程度非常高;相关系数的显著性检验 $p<0.001$,说明"国内生产总值"和"全社会固定资产投资"的相关关系达到了统计学上的显著性水平,即两者为显著的正相关;表中的个案数为 38,表示有 38 对数据。综上所述,"国内生产总值"和"全社会固定资产投资"存在显著的正相关关系。假如相关系数显著,系统会在相关系数右上角标识"*",如本例中相关系数标识了两个"*",即"0.978**"。相关性表格标注一般会有"*表示在 0.05 级别相关性显著""**表示在 0.01 级别相关性显著"的解释字样。需要注意的是,许多学科的研究在报告显著性水平时,习惯将 0.05 级($p<0.05$)显著性水平用"*"表示、0.01 级($p<0.01$)显著性水平用"**"表示、0.001 级($p<0.001$)显著性水平用"***"表示,按该做法本例的相关系数应该标识为"0.978***",而非"0.978**"。因此在汇报结果时,读者要根据自己学科情况做出相应的调整。

相关性

		国内生产总值	全社会固定资产投资
国内生产总值	皮尔逊相关性	1	.978**
	显著性(双尾)		<.001
	个案数	38	38
全社会固定资产投资	皮尔逊相关性	.978**	1
	显著性(双尾)	<.001	
	个案数	38	38

**.在 0.01 级别(双尾),相关性显著。

图 7-14　相关矩阵

第 7 章 相关分析

案例 7-3

有研究者研究了公司员工工作满意度的影响因素，研究者初步选定员工的工资水平、福利待遇、工作压力、晋升机会、人际关系作为影响员工工作满意度的 5 个因子，并且对这几个因子进行了测定，见本章数据"工作满意度.sav"。请利用数据分析工作满意度和这几个因子是否存在关系。

案例 7-3 利用数据"工作满意度.sav"分析工作满意度的影响因素

案例分析：分析一个变量分别和几个变量的关系如何是研究中常见的问题，如果分别做简单相关分析，在这个案例中需要重复 5 次，这样做显然是非常浪费时间的，我们可以一次性将所有的相关分析一起完成，这样可以提高分析的效率。

步骤 1：打开本章数据"工作满意度.sav"，依次选择【分析】→【相关】→【双变量】命令，进入【双变量相关性】对话框，由于该步骤和其他双变量分析步骤一致，在此省略步骤图示。

步骤 2：将需要分析的变量一次性放入【变量】框中，这里要研究工作满意度与其他因子的相关性，所以所有的变量都应该放进去，如图 7-15 所示，保持系统默认选中的【皮尔逊】复选框，最后单击【确定】按钮，提交系统分析。

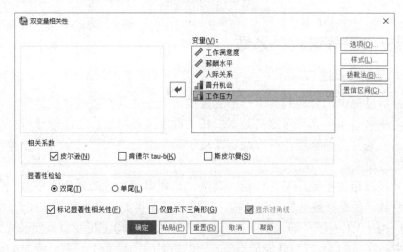

图 7-15 【双变量相关性】对话框

步骤 3：结果解释。

图 7-16 是系统分析的结果，由图 7-16 可以看到一个相关系数矩阵，这个矩阵的对角线为 1，是每个变量自己与自己的相关系数。以对角线为对称轴，右上角和左下角的相关系数是重复的，所以在读取或报告相关系数时，只需要呈现右上角或左下角部分就行，通常相关矩阵呈现的是左下角。在这个相关矩阵中，我们看到工作满意度和四个变量都存在显著的相关关系，相对应的 4 个显著性水平 $p < 0.001$，其中工作满意度和薪酬水平、人际关系、晋升机会为正相关，相关系数 r 分别为 0.466、0.197 和 0.266；与工作压力的关系为负相关，相关系数 r 为 -0.245。所以，工作满意度和薪酬水平、人际关系、晋升机会为显著正相关，工作满意度和工作压力的关系为显著负相关。

相关性

		工作满意度	薪酬水平	人际关系	晋升机会	工作压力
工作满意度	皮尔逊相关性	1	.466**	.197**	.266**	-.245**
	显著性（双尾）		<.001	<.001	<.001	<.001
	个案数	522	522	522	522	522
薪酬水平	皮尔逊相关性	.466**	1	.442**	.305**	-.274**
	显著性（双尾）	<.001		<.001	<.001	<.001
	个案数	522	522	522	522	522
人际关系	皮尔逊相关性	.197**	.442**	1	.368**	.061
	显著性（双尾）	<.001	<.001		<.001	.161
	个案数	522	522	522	522	522
晋升机会	皮尔逊相关性	.266**	.305**	.368**	1	.031
	显著性（双尾）	<.001	<.001	<.001		.477
	个案数	522	522	522	522	522
工作压力	皮尔逊相关性	-.245**	-.274**	.061	.031	1
	显著性（双尾）	<.001	<.001	.161	.477	
	个案数	522	522	522	522	522

**. 在 0.01 级别（双尾），相关性显著。

图 7-16　相关矩阵

7.2.2　斯皮尔曼等级相关系数

1. 斯皮尔曼相关概述

在相关分析过程中，会遇到其中一个变量或两个变量具有等级属性的情况，这种情况下不适合采用皮尔逊相关系数对这类数据的相关程度进行考量，正确的分析方法是采用等级相关方法。较为常用的等级相关方法有斯皮尔曼等级相关和肯德尔等级相关，这里先介绍斯皮尔曼等级相关。

斯皮尔曼等级相关系数，又称秩相关系数，是利用两变量的秩次大小做线性相关分析所得的相关系数。秩是指数据的等级结构，简单而言，其实就是将数据按照升序进行排名。例如，表 7-1 中的"工人年平均工资的秩"，是把工人年平均工资变量按照升序排列，工人年平均工资中石家庄的 48 272.00 为最小值，所以相对应的秩为 1，郑州 49 756.00 为倒数第二，所以相对应的秩为 2，以此类推。斯皮尔曼等级相关是由英国统计学家斯皮尔曼根据皮尔逊相关公式推导出来的，但它的使用范围更为广泛，因为它并不要求数据呈正态分布，也不要求成对样本数量大于 30，当两列变量值为等级(定序)数据时就可以使用斯皮尔曼等级相关分析变量的相关性了。另外，当变量为连续型数据时，也可以将数据降为等级结构做斯皮尔曼等级相关分析。例如，表 7-1 记录了全国某些城市"工人年平均工资"和"年末储蓄额"数据，这两个变量都是连续型数据，如果满足皮尔逊相关分析的条件则可以采用皮尔逊相关系数考量两者关系的强弱，如果不考虑这些限制条件则可以将这两个变量的连续型数据属性降为等级数据属性，采用斯皮尔曼等级相关法研究两者的关系。当然，如果原来的数据为连续型数据，也符合皮尔逊相关分析的条件，不是特殊情况一般不建议将其降为等级数据进行分析，因为此时斯皮尔曼等级相关不如皮尔逊相关精确。

表 7-1 工资和储蓄数据

城 市	工人年平均工资/元	年末储蓄额/亿元	工人年平均工资的秩	年末储蓄额的秩
北京	103 400.00	24 158.40	20	20
长春	56 977.00	3 380.11	7	6
大连	63 609.00	4 666.71	14	12
福州	58 838.00	3 483.72	9	7
哈尔滨	51 554.00	3 768.82	4	9
杭州	70 823.00	6 694.55	16	17
合肥	59 648.00	2 539.50	10	4
呼和浩特	50 469.00	1 480.88	3	1
济南	62 323.00	3 541.36	12	8
南昌	51 848.00	2 149.33	5	3
南京	77 286.00	5 055.77	18	15
宁波	70 228.00	4 780.31	15	13
青岛	62 097.00	4 435.90	11	11
上海	10 0623.00	2 1269.30	19	19
沈阳	56 590.00	5 147.63	6	16
石家庄	48 272.00	4 387.67	1	10
太原	57 771.00	3 325.78	8	5
天津	73 839.00	7 916.90	17	18
厦门	63 062.00	1 972.02	13	2
郑州	49 756.00	4 839.26	2	14

注：数据来自国家统计局。

斯皮尔曼等级相关的计算公式为

$$r_R = 1 - \frac{6\sum_{i=1}^{n} d^2}{n(n^2-1)} \tag{7.3}$$

式中，r_R 为等级相关系数；n 为样本容量；$d=y_i-x_i$ 指的是变量 y 第 i 个观测值 y_i 和变量 x 第 i 个观测值 x_i 的秩的差值。

斯皮尔曼相关系数的检验和皮尔逊相关系数的检验类似，通常情况下，采用 t 分布检验它的显著性，检验统计量为

$$t = \frac{r_R\sqrt{n-2}}{\sqrt{1-r_R^2}} \tag{7.4}$$

想要深入学习的读者可以参考相应的统计学教材了解完整假设检验过程，SPSS 可以自动计算斯皮尔曼相关系数并对其进行显著性检验。

2. 斯皮尔曼等级相关的 SPSS 过程

案例 7-4 计算工人年平均工资的秩和年末储蓄额的秩的相关系数

以表 7-1 为例，试计算工人年平均工资的秩和年末储蓄额的秩的相关系数。

案例分析：从案例中我们知道，"工人年平均工资的秩"和"年末储蓄额的秩"都属于等级变量，数据的对数有 20 对。可以看出例子中的数据特征不满足皮尔逊相关法的计算条件，这种情况我们就可以用斯皮尔曼相关法计算变量间的关系了，它的要求没有皮尔逊相关法这么苛刻，只要变量是等级数据就满足条件了。需要强调的是，该例子中的"工人年平均工资的秩"和"年末储蓄额的秩"都是从原来的连续型数据降级而来的，如果原数据符合皮尔逊相关法的计算条件，是不建议将数据降为等级数据计算等级相关的，因为这时斯皮尔曼等级相关不如皮尔逊相关精确，这里主要是为了案例的演示才将数据降级。

步骤 1：先将表 7-1 所示的数据（见本章数据"工资和储蓄.sav"）录入 SPSS 中，建好的数据如图 7-17 所示。

步骤 2：数据建立后，依次选择【分析】→【相关】→【双变量】命令，该步骤和案例 7-2 及其他双变量相关分析的步骤一致，因此这里省略图示。

	城市	工人年平均工资	年末储蓄额	工人年平均工资的秩	年末储蓄额的秩
1	北京	103400.00	24158.40	20.00	20.00
2	长春	56977.00	3380.11	7.00	6.00
3	大连	63609.00	4666.71	14.00	12.00
4	福州	58838.00	3483.72	9.00	7.00
5	哈尔滨	51554.00	3768.82	4.00	9.00
6	杭州	70823.00	6694.55	16.00	17.00
7	合肥	59648.00	2539.50	10.00	4.00
8	呼和浩特	50469.00	1480.88	3.00	1.00
9	济南	62323.00	3541.36	12.00	8.00
10	南昌	51848.00	2149.33	5.00	3.00

图 7-17 工资与储蓄数据

步骤 3：进入【双变量相关性】对话框，将需要分析的变量放入右侧的【变量】框中，这里选择"工人年平均工资的秩"和"年末储蓄额的秩"，SPSS 系统默认选用皮尔逊相关法，因为要分析的是工人年平均工资和年末储蓄额两者秩的关系，它们是等级变量，所以在【相关系数】选项组中选中【斯皮尔曼】复选框，其他选项保持系统默认状态，如图 7-18 所示。最后单击【确定】按钮，提交系统分析。

步骤 4：结果解释。

图 7-19 是系统提供的分析结果，从图 7-19 中可以看出，两变量的斯皮尔曼相关系数 r 为 0.576，双侧显著性检验显示其 p 值为 0.008，即 $p<0.05$，个案数 20 表示有 20 对数据，故两变量之间有显著的正相关，即随着工资的上升，储蓄额也会增多，但是这种相关只达到中度相关水平。假设原数据符合皮尔逊相关法的条件，可以计算出"工人年平均工资"和"年末储蓄额"的相关系数 r 为 0.895（$p<0.001$），也说明两变量的相关是显著的，相关程度非常高，该过程读者可以自己尝试完成。可见，两种方法计算的相关关系都是显著的，但是系数的大小却有非常大的区别。

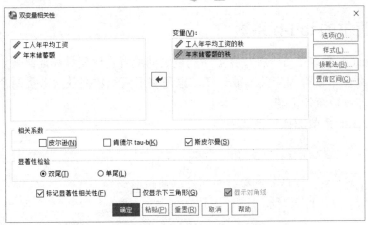

图 7-18 【双变量相关性】对话框

相关性

			工人年平均工资的秩	年末储蓄额的秩
斯皮尔曼 Rho	工人年平均工资的秩	相关系数	1.000	.576**
		显著性（双尾）	.	.008
		个案数	20	20
	年末储蓄额的秩	相关系数	.576**	1.000
		显著性（双尾）	.008	.
		个案数	20	20

**. 在 0.01 级别（双尾），相关性显著。

图 7-19 斯皮尔曼等级相关矩阵(1)

为了做对比，可以用斯皮尔曼等级相关分析没有降为等级数据的年平均工资和年末储蓄额的关系，除了选择的变量不同外，其余步骤和上例是一样的，所以省略详细图示步骤，这里只呈现最后的相关系数，如图 7-20 所示。由图 7-20 可知，其相关系数为 0.576，和案例 7-4 是一样的，即如果数据为连续型数据，利用斯皮尔曼等级相关分析时，它也会将其降为等级数据进行计算。

相关性

			工人年平均工资	年末储蓄额
斯皮尔曼 Rho	工人年平均工资	相关系数	1.000	.576**
		显著性（双尾）	.	.008
		N	20	20
	年末储蓄额	相关系数	.576**	1.000
		显著性（双尾）	.008	.
		N	20	20

**. 在 0.01 级别（双尾），相关性显著。

图 7-20 斯皮尔曼等级相关矩阵

7.2.3 肯德尔的 tau-b 系数

肯德尔的 tau-b 系数是另一种计算定序变量之间或者定序变量和连续变量之间相关系数的方法，它与斯皮尔曼等级相关系数一样，也是利用两组数据秩次考量两个变量间的相关程度，都属于非参数统计范畴。

肯德尔的 tau-b 系数的计算公式为

$$\tau = \frac{4P}{n(n-1)} - 1 \tag{7.5}$$

式中，n 是项目的个数，P 是一个变量各个秩的贡献值之和。

在小样本下 τ 服从肯德尔分布，在大样本下采用 Z 检验，检验统计量为

$$Z = \tau \sqrt{\frac{9n(n-1)}{2(2n+5)}} \tag{7.6}$$

SPSS 可以自动计算肯德尔相关系数并对其进行显著性检验，如果利用肯德尔的 tau-b 系数估算案例 7-4，可以得到如图 7-21 所示的结果。可以看出其系数为 0.453，和斯皮尔曼等级相关系数稍有不同，但是两者都达到了显著性水平。

相关性

肯德尔 tau_b			工人年平均工资	年末储蓄额
	工人年平均工资	相关系数	1.000	.453**
		显著性（双尾）	.	.005
		N	20	20
	年末储蓄额	相关系数	.453**	1.000
		显著性（双尾）	.005	.
		N	20	20

**. 在 0.01 级别（双尾），相关性显著。

图 7-21 肯德尔 tau-b 系数矩阵

7.3 偏相关分析

7.3.1 偏相关概述

前面介绍的简单相关分析方法都是计算两个变量的相关程度，其前提是假设其他因素对它们的关系不存在影响。但是在实际研究中，两个变量的相互关系常常受到其他因素的制约，在这种情况下，如果单纯地分析两个变量的简单相关关系，可能误判两者的实质关系。例如表 7-2 所示的数据，表面上看该地区房价的提升同时伴随着房子成交量的提升，如果只是简单地分析这两个变量，就很容易得出房价越高销量越好的结论，难道价格越高消费者越喜欢吗？这让人难以理解。但仔细研究发现，这两个变量的关系很有可能受到了第三方变量的影响，致使两者呈现表面上的正相关关系，如居民的收入水平就有可能影响这两者关系，因为房价增长的同时居民的收入水平也在增长，而收入水平的提高使得居民有了更高的消费能力。因此，需要引入新的方法对这样的第三方变量加以控制，以研究变量间的真实关系。

表 7-2　商品房成交量与价格

年　份	商品房销售面积/万平方米	商品房平均销售价格/元	居民平均工资水平/元
2014 年	802.57	6 627.00	54 330.00
2013 年	702.60	6 959.00	49 806.00
2012 年	629.01	6 002.89	44 144.00
2011 年	711.73	5 196.00	40 119.00
2010 年	669.40	5 135.00	37 040.00
2009 年	731.74	4 557.00	32 596.00
2008 年	497.23	3 952.00	29 376.00
2007 年	628.84	3 404.00	24 791.00
2006 年	456.00	2 872.42	20 652.00
2005 年	455.72	2 605.03	18 055.00
2004 年	333.67	2 761.11	17 809.00
2003 年	192.20	2 252.00	16 670.00
2002 年	110.80	2 372.00	15 060.00

偏相关分析是在控制第三方可能影响两目标变量关系的情况下去分析两个目标变量的相关程度。第三方变量又称控制变量，它可以是一个变量，也可以是多个变量。现以一个控制变量为例，其偏相关系数的计算公式为

$$r_{yx_1,x_2} = \frac{r_{y1} - r_{y2}r_{12}}{\sqrt{(1-r_{y2}^2)(1-r_{12}^2)}} \tag{7.7}$$

式中，r_{yx_1,x_2} 表示控制因素 x_2 后，y 和 x_1 的偏相关系数；r_{y1}，r_{y2}，r_{12} 分别表示 y 和 x_1 的相关系数，y 和 x_2 的相关系数，x_1 和 x_2 的相关系数。有兴趣的读者可以查阅相关教材了解有多个控制变量时偏相关系数的计算。偏相关系数的取值范围及含义与简单相关系数相同。

通常情况下，采用 t 分布检验偏相关系数的显著性，检验统计量为

$$t = r\sqrt{\frac{n-q-2}{1-r^2}} \tag{7.8}$$

式中，r 为偏相关系数；n 为样本量；q 为阶数(控制变量的个数)。t 服从自由度 df=$n-q-2$ 的 t 分布，SPSS 可以自动计算偏相关系数并对其进行显著性检验。

7.3.2　偏相关的 SPSS 过程

案例 7-5　分析商品房销售价格和面积的关系是否受居民工资水平的影响

以表 7-2 所示数据为例，分析商品房销售价格和面积的关系是否受居民工资水平的影响。

案例分析：需要研究两变量的关系是否受到第三方变量(即控制变量)的影响，我们采用偏相关分析。通常情况下，如果两变量的相关是显著的，在我们加入第三方变量的影响后，

这两个变量的关系不再显著，则我们认为这两个变量的关系受到了第三方变量的影响。该例中的第三方变量只有 1 个。但是，第三方变量可以有多个，无论第三方变量有几个，其操作过程是一致的。

步骤 1： 先将表 7-2 所示的数据录入 SPSS 中，建好的数据如图 7-22 所示(见本章数据"房价和需求.sav")。

步骤 2： 依次选择【分析】→【相关】→【偏相关】命令，如图 7-23 所示。

	年代	商品房销售面积	商品房平均销售价格	居民平均工资水平
1	2014	802.57	6627.00	54330.00
2	2013	702.60	6959.00	49806.00
3	2012	629.01	6002.89	44144.00
4	2011	711.73	5196.00	40119.00
5	2010	669.40	5135.00	37040.00
6	2009	731.74	4557.00	32596.00
7	2008	497.23	3952.00	29376.00
8	2007	628.84	3404.00	24791.00
9	2006	456.00	2872.42	20652.00
10	2005	455.72	2605.03	18055.00
11	2004	333.67	2761.11	17809.00
12	2003	192.20	2252.00	16670.00
13	2002	110.80	2372.00	15060.00

图 7-22 房价和需求　　　　　　　图 7-23 选择【偏相关】命令

步骤 3： 进入【偏相关性】对话框，将需要分析的变量放入右侧的【变量】框中，将要控制的变量放入右侧的【控制】框中。这里选择"商品房销售面积"和"商品房平均销售价格"作为分析变量，放入【变量】框中，把"居民平均工资水平"作为控制变量，放入【控制】框中，如图 7-24 所示。

步骤 4： 单击【选项】按钮进入其对话框，如图 7-25 所示，选中【零阶相关性】复选框，即考查没有控制变量时两目标变量的相关情况，相当于计算前面的简单相关系数，目的是比较未控制变量前和控制变量后两目标变量的相关系数是否有变化。单击【继续】按钮返回上一层对话框。系统提供了【双尾】和【单尾】两种检验选择，一般情况下，选择默认状态的【双尾】，最后单击【确定】按钮，提交系统分析。

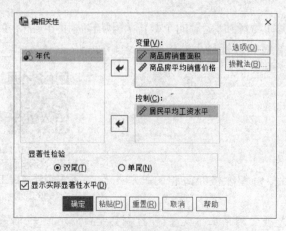 

图 7-24 【偏相关性】对话框　　　图 7-25 【偏相关性：选项】对话框

步骤 5：结果解释。

图 7-26 是系统提供的偏相关分析结果。从图 7-26 中我们可以看出，"商品房销售面积"和"商品房平均销售价格"两变量的零阶相关系数 r 为 0.829，其对应的 $p<0.001$，说明两变量之间有显著的正相关，然而当控制了"居民平均工资水平"的时候，却发现两变量的相关系数 r 变为-0.046，p 变为 0.887，即 $p>0.05$，这时两变量的相关关系不再显著，如何解释这种现象呢？对于这种情况，我们认为"商品房销售面积"和"商品房平均销售价格"两变量的关系受到了"居民平均工资水平"的影响。虽然单纯计算两者的相关系数确实能得出表面上的显著相关关系，但是这种关系不是真实的，从偏相关分析的结果来看，实际上两者关系并不显著。

相关性

控制变量			商品房销售面积	商品房平均销售价格	居民平均工资水平
-无-a	商品房销售面积	相关性	1.000	.829	.840
		显著性（双尾）	.	<.001	<.001
		自由度	0	11	11
	商品房平均销售价格	相关性	.829	1.000	.991
		显著性（双尾）	<.001	.	<.001
		自由度	11	0	11
	居民平均工资水平	相关性	.840	.991	1.000
		显著性（双尾）	<.001	<.001	.
		自由度	11	11	0
居民平均工资水平	商品房销售面积	相关性	1.000	-.046	
		显著性（双尾）	.	.887	
		自由度	0	10	
	商品房平均销售价格	相关性	-.046	1.000	
		显著性（双尾）	.887	.	
		自由度	10	0	

a. 单元格包含零阶（皮尔逊）相关性。

图 7-26 偏相关分析结果

任何两个变量都可以通过相关公式计算出相关系数，两个没有实质关系的事物也可以计算出统计学上的显著相关，这给我们的启示是，做相关分析应该有一定的理论假设和实证观察，不能单纯以数据为出发点，对任何两个变量都做相关分析，那样得到的结果经常是一些"数据驱动"的虚假关系。如果两现象在理论或经验上判断都是有关系的，但相关分析过程中却发现两者的相关系数有悖常理，这时就应该尝试通过偏相关分析寻找两者关系是不是还受到其他因素的影响，以探究两者的真实关系。

案例 7-6

本章数据"医疗经费投入.sav"记录了一些地区的医疗经费投入(单位：万元)、疾病报告人数(每万人报告疾病的人数)和就医人数(每万人报告就医的人数)三个变量，分析医疗经费投入和疾病报告人数的关系是怎样的？其关系是否受到就医人数的影响。

案例 7-6 利用数据"医疗经费投入.sav"分析医疗经费投入和疾病报告人数的关系是否受到就医人数的影响

案例分析：例题的第一个问题研究的是两个变量间的关系，是简单相关，通过计算两变量的简单相关系数，看其是否符合研究的预期，如果关系和预期差别太大，则需要进一步研究。第二个问题涉及第三个变量，研究医疗经费的投入和疾病报告人数的关系是否受第三个变量的影响,这是偏相关研究的范式。

步骤1: 计算简单相关系数和案例7-2的步骤是一致,所以省略图示,依次选择【分析】→【相关】→【双变量】命令,将"医疗经费投入"和"疾病报告人数"放入【变量】框中,单击【确定】按钮,提交系统分析,得到图7-27所示的结果。可以看到两者的相关系数 r 是0.737,达到了统计学上的显著性水平($p<0.001$),是显著的正相关,意味着投入医疗经费越多,每万人报告疾病的人数就越多,这和预期的结果相反,有必要深入研究两者的关系。经分析后发现,医疗经费的投入使得医疗基础设施得以完善以及医疗队伍人员在数量和质量上得以提升,那么就医的便利性可能大大提高,让很多原来无处就医的民众有了就医的可能性,就医人数的基数就变大了,报告疾病的人数就有可能增大。为了验证这种假设,可以做偏相关分析,在控制就医人数的基础上重新分析两者的关系。

相关性

		医疗经费投入	疾病报告人数
医疗经费投入	皮尔逊相关性	1	.737**
	显著性(双尾)		<.001
	个案数	50	50
疾病报告人数	皮尔逊相关性	.737**	1
	显著性(双尾)	<.001	
	个案数	50	50

**.在0.01级别(双尾),相关性显著。

图7-27 相关矩阵

步骤2: 计算偏相关系数的步骤和案例7-5一样,这里省略图示,依次选择【分析】→【相关】→【偏相关】命令进入【偏相关性】对话框,选择"医疗经费投入"和"疾病报告人数"作为分析变量,放入【变量】框中,把"就医人数"作为控制变量,放入【控制】框中,单击【确定】按钮,提交系统分析,得到如图7-28所示的结果。由图可知,原来医疗经费投入和疾病报告人数是显著正相关的,现在系数已经降到了0.013,没有达到统计学上的显著性水平,即两者关系在控制了就医人数这个变量后,关系不再显著,说明两者关系受到了就医人数的影响。

相关性

控制变量			医疗经费投入	疾病报告人数
就医人数	医疗经费投入	相关性	1.000	.013
		显著性(双尾)	.	.928
		自由度	0	47
	疾病报告人数	相关性	.013	1.000
		显著性(双尾)	.928	.
		自由度	47	0

图7-28 偏相关矩阵

7.4 距离相关

7.4.1 距离相关的概念

在研究者确定要研究某两个变量的关系时，可以采用简单相关分析，如果研究者知道某些变量将影响这两个变量的关系，则可以利用偏相关分析，这两种分析都有一个特点，即研究者对研究领域有一定的了解，同时对自己研究的变量有一定的了解。然而在具体的数据分析过程中，研究者很有可能遇到一些自己没有接触过的领域的数据，研究者没有这方面的具体知识背景，也谈不上对数据中的变量和个案有预先的了解，在这种情况下，研究者可以对变量和个案间的相关关系做一种探索性的分析，即预分析，为进一步有目的的分析做好准备，这时可以采用距离分析。

距离分析就是估算个案间和变量间的相似和不相似程度的一种方法，用于计算一对个案或一对变量间的广义距离。这种相似性或距离分析可以用于其他更复杂的分析过程，例如聚类分析、因子分析、多维尺度分析等。

7.4.2 距离相关的估算方法

距离分析可以分为个案间距离分析和变量间距离分析两种，分析的方法有相似分析和不相似分析两种，所以距离分析可以有个案的相似分析与不相似分析和变量的相似分析与不相似分析四种情况。相似分析和不相似分析根据不同数据类型也有不同的方法，简单介绍如下。

1. 不相似分析

不相似分析可以以计算距离作为指标，通俗的理解就是距离越大越不相似。距离的计算方式很多，根据不同的数据类型需要采用不同的公式。如果数据为定比数据和定距数据，不相似分析可以采用以下几种指标：欧氏距离、平方欧氏距离、契比雪夫距离、绝对值距离、明可夫斯基距离等；如果是定序数据，可以采用卡方不相似测量和 Phi 不相似测量；如果是二分数据，可以用欧氏距离和平方欧氏距离。关于这些公式，有兴趣的读者可以查阅相应文献和资料。

2. 相似分析

分析变量和个案间的相似性，同样需要根据不同的数据类型选择不同的方法。如果是定距变量，相似分析指标有皮尔逊相关系数和夹角余弦距离；对于二分变量的相似分析，指标主要包括简单匹配系数、杰卡德相似性指数、哈曼相似性指数等。

7.4.3 距离相关的 SPSS 分析过程

案例 7-7 利用"公司营业情况.sav"分析公司间的不相似和相似程度

本章数据"公司营业情况.sav"记录了 8 家企业在某季度的营业情况，涉及的指标有销售净利率、销售毛利率、净资产收益率、资产净利率、资产负债率、主营业务利润率、资产报酬率和每股收益，请分析这几家公司的不相似和相似程度。

案例分析：8家公司属于个案，这里是要分析个案间的不相似和相似程度，经分析发现，数据属于定比数据(连续型数据)，不相似分析可以采用欧氏距离作为指标，相似分析可以选用皮尔逊相关系数作为指标。

步骤1：依次选择【分析】→【相关】→【距离】命令，如图7-29所示。

步骤2：进入【距离】对话框，把8个变量都放入【变量】框中，【个案标注依据】选择"企业名称"，表示用企业的名称标识分析的个案，如果不选，系统会默认依照个案序号标注个案，这样不方便结果的读取。这里要比较的是个案间的不相似性，所以在【计算距离】选项组中选中【个案间】单选按钮，同时在【测量】选项组中选中【非相似性】单选按钮。因为是连续型数据，采用的测量指标可以是系统默认的欧氏距离，如图7-30所示。

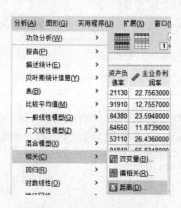

图7-29　选择【距离】命令

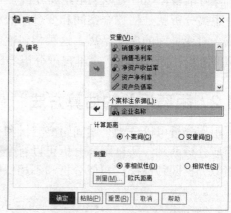

图7-30　【距离】对话框

当然，除了欧氏距离，也可以选用其他的指标，可以单击【测量】按钮进入【距离：非相似性测量】对话框，选择自己想用的指标，如图7-31所示。假如不是连续型数据，而是"计数"或"二元"，可以根据数据类型寻找其对应的测量指标。选择完后就可以单击【继续】按钮返回到上一层对话框，最后单击【确定】按钮，提交系统分析。

图7-31　【距离：非相似性测量】对话框

步骤 3： 结果解释。

图 7-32 为系统给出的主要结果，其给出的是各个企业间的非相似性矩阵，利用的测量指标是系统默认的欧氏距离，数据越小表示越相似，数据越大表示越不相似。可以看出，因为对角线是个案和自己本身做对比，所以距离为 0；距离最大的是 ST 慧球和桂林三金两个企业，数值为 147.409，表示两者最不相似；距离最小的是黑芝麻和南宁百货，数据为 17.784，说明相比较而言，这两家企业是最相似的。如果要计算的是个案间的相似性，则可以在图 7-33 所示对话框中的【测量】选项组中选中【相似性】单选按钮，测量指标利用默认的皮尔逊相关系数，单击【确定】按钮可以生成图 7-34 所示的结果，这是一个相似性矩阵，其实就是简单相关的结果，数值越接近 1 表示越相似，反之亦然。从图 7-34 可以看到对角线上的系数最大为 1，是因为对角线上是个案和自己本身做相关。除对角线之外最大的数值是南宁百货和柳工，系数为 0.991，说明两者是相似度最高的。而桂林三金和南宁糖业的数值最小，为 0.130，在非相似性矩阵中，这两者的欧氏距离也比较大，为 107.418，但不是最大的，说明使用不同的测量指标产生的结果会有所不同。

如果要分析变量间的相似性与不相似性，绝大部分的步骤都是相同的，只需要在【计算距离】选项组中选中【变量间】单选按钮就可以了，如图 7-35 所示。图 7-36 和图 7-37 分别为变量间的非相似性矩阵和相似性矩阵，其解读方式和个案间的距离分析基本相同，在此不再赘述。

近似值矩阵

	欧氏距离							
	1:柳工	2:南宁百货	3:黑芝麻	4:南宁糖业	5:桂林旅游	6:桂林三金	7:ST慧球	8:两面针
1:柳工	.000	18.815	18.789	28.896	43.503	80.720	108.674	33.058
2:南宁百货	18.815	.000	17.784	33.484	42.558	88.429	113.845	20.012
3:黑芝麻	18.789	17.784	.000	45.207	45.004	71.308	118.672	30.931
4:南宁糖业	28.896	33.484	45.207	.000	48.363	107.418	98.707	39.162
5:桂林旅游	43.503	42.558	45.004	48.363	.000	88.067	114.309	29.480
6:桂林三金	80.720	88.429	71.308	107.418	88.067	.000	147.409	94.223
7:ST慧球	108.674	113.845	118.672	98.707	114.309	147.409	.000	115.236
8:两面针	33.058	20.012	30.931	39.162	29.480	94.223	115.236	.000

这是非相似性矩阵

图 7-32 个案间非相似性矩阵

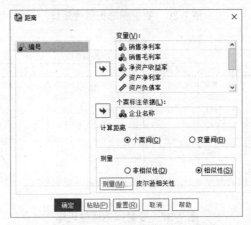

图 7-33 【距离】对话框

近似值矩阵

	值 的向量之间的相关性						
	1:柳工	2:南宁百货	3:黑芝麻	4:南宁糖业	5:桂林旅游	6:桂林三金	7:ST慧球	8:两面针
1:柳工	1.000	.991	.973	.954	.803	.405	.793	.912
2:南宁百货	.991	1.000	.935	.984	.795	.287	.790	.928
3:黑芝麻	.973	.935	1.000	.861	.799	.599	.757	.855
4:南宁糖业	.954	.984	.861	1.000	.777	.130	.782	.933
5:桂林旅游	.803	.795	.799	.777	1.000	.467	.631	.949
6:桂林三金	.405	.287	.599	.130	.467	1.000	.341	.291
7:ST慧球	.793	.790	.757	.782	.631	.341	1.000	.730
8:两面针	.912	.928	.855	.933	.949	.291	.730	1.000

这是相似性矩阵

图 7-34　个案间相似性矩阵

图 7-35　【距离】对话框

近似值矩阵

	欧氏距离							
	销售净利率	销售毛利率	净资产收益率	资产净利率	资产负债率	主业务利润率	资产报酬率	每股收益
销售净利率	.000	103.418	101.460	48.679	186.780	94.978	45.546	48.555
销售毛利率	103.418	.000	154.914	93.891	125.471	9.639	92.512	93.943
净资产收益率	101.460	154.914	.000	98.948	238.029	146.569	97.566	98.922
资产净利率	48.679	93.891	98.948	.000	163.734	85.216	3.946	.229
资产负债率	186.780	125.471	238.029	163.734	.000	126.895	164.686	163.808
主业务利润率	94.978	9.639	146.569	85.216	126.895	.000	83.754	85.264
资产报酬率	45.546	92.512	97.566	3.946	164.686	83.754	.000	3.837
每股收益	48.555	93.943	98.922	.229	163.808	85.264	3.837	.000

这是非相似性矩阵

图 7-36　变量间非相似性矩阵

近似值矩阵

	值 的向量之间的相关性							
	销售净利率	销售毛利率	净资产收益率	资产净利率	资产负债率	主业务利润率	资产报酬率	每股收益
销售净利率	1.000	.510	.111	.613	-.293	.556	.844	.697
销售毛利率	.510	1.000	.013	.940	-.473	.997	.655	.561
净资产收益率	.111	.013	1.000	.101	-.767	.070	.393	.056
资产净利率	.613	.940	.101	1.000	-.627	.946	.733	.720
资产负债率	-.293	-.473	-.767	-.627	1.000	-.511	-.601	-.412
主业务利润率	.556	.997	.070	.946	-.511	1.000	.703	.588
资产报酬率	.844	.655	.393	.733	-.601	.703	1.000	.775
每股收益	.697	.561	.056	.720	-.412	.588	.775	1.000

这是相似性矩阵

图 7-37　变量间相似性矩阵

7.5 信度

7.5.1 信度的概念

信度是指测量结果的一致性程度,即两次测量结果的稳定性程度。例如,第一次测量一个人的体重为 80 公斤,间隔一段时间后(假定这段时间内其体重是不变的),再次测量这个人的体重,结果越靠近 80 公斤,就说明测量结果的一致性或稳定性越高,测量工具的信度就越高;结果偏离 80 公斤越多,则说明测量工具的信度就越低。信度是用以评估测量工具好坏的重要指标之一,可以说信度高是测量工具测量准确性的前提,信度低的测量工具是不可能准确测量其对象的。在教育学、心理学、管理学、社会学、市场调查等涉及问卷调查的领域,报告问卷的信度是一种不成文的规定。

7.5.2 信度的种类及其估算

1. 重测信度

重测信度,也叫再测信度,是指用同一工具在两次不同的时间对同一群体测量两次后结果的一致性程度。因为两次测量是不同时间,重测信度是考查这两次测量是否一致和稳定,所以重测信度常被称为稳定性系数。重测信度的估算主要采用皮尔逊积差相关法。

2. 复本信度

复本信度,也叫副本信度,是指用两个复本测量同一批被试所得结果的一致性程度。复本是指两个在信度、效度、难度、区分度、题型、题量等各个测量学指标上都等值的测验。假如两次测量是同时进行,这时比较两次测试结果的一致性,实质上考查的是两个复本的内容是否相等,所以这时的信度称为等值性系数;如果两次测量间隔了一定的时间,此时比较两次测试结果的一致性,实质上既考查了两个复本的内容是否相等,也考查了两次结果在时间跨度上的稳定性(参考重测信度),所以这时的信度被称为稳定等值性系数,也可以叫做重测复本信度。和重测信度一样,复本信度的估算主要采用的也是皮尔逊积差相关法。

3. 内部一致性系数

内部一致性系数可以分为两种:分半信度和同质性信度。

分半信度是指将测试的问卷分成两半,例如分成奇数和偶数两半,然后计算两半结果的皮尔逊积差相关系数,因为分成了两半,所以需要对所计算的皮尔逊相关系数进行校正得到最后的信度系数,即

$$r_{xx} = \frac{2r_{hh}}{1 + r_{hh}} \tag{7.9}$$

式中,r_{xx} 是指纠正后的信度系数,r_{hh} 是指两半测验分数间的相关系数。

因为分半信度需要分半,而分半的可能性很多,所以不同的分半计算出来的信度是不同的,利用这个方法计算出来的信度就很多,所以这个做法其实不常用,常用的是同质性信度。所谓同质性信度,是指计算一套问卷中所有题目间的一致性程度,简单的理解就是

所有的题目间有较高的正相关。我们常称同质性系数为克隆巴赫α系数，其公式为

$$\alpha = \frac{k}{k-1}\left(1 - \frac{\sum S_i^2}{S_x^2}\right) \quad (7.10)$$

式中，k 为一个测验的题目个数，S_i^2 为所有被试在第 i 题上的分数变异，S_x^2 为测验总分的变异。

克隆巴赫α系数是测验报告最为常见的一种信度系数，因为它的通用性非常好，同时它的设计过程较为简便，即只需要测量一次便可，而其他系数会稍微复杂，如重测信度需要测试两次，复本信度需要设计复本，分半信度需要分半。克隆巴赫α系数的取值范围为 0～1，系数越接近 1，说明测量工具的信度越好。一般而言，克隆巴赫α系数在 0.70～0.98 间都可认为是高信度，低于 0.35 则认为是低信度。但克隆巴赫α系数的判断并没有绝对的标准，需要结合研究的类型和研究工具做综合考虑。例如，有人认为在基础性研究中，系数为 0.8 以上才可接受，但在探索性研究中，系数为 0.7 以上就可以接受；又如有人认为智力测量系数大于 0.9 时，才说明量表信度很好，但是人格测量系数在 0.80～0.85 之间就算很好了。

4. 评分者信度

评分者信度是指多个评分者给同一批人的答卷进行评分的一致性程度。重测信度、复本信度和内部一致性信度都是针对客观题的，而评分者一致性信度针对的是主观题。当评分者为两人时，评分者信度等于两个评分者给同一批被试的分数的相关系数(相当于积差相关或等级相关)。当评分者人数多于两人时，评分者信度可用肯德尔和谐系数进行估计，其公式为

$$W = \frac{12\left[\sum R_i^2 - (\sum R_i)^2 / N\right]}{K^2(N^3 - N)} \quad (7.11)$$

式中，K 是评分者人数，N 是被评的对象数，R_i 是第 i 个被评对象被评的水平等级之和。

肯德尔和谐系数的 SPSS 分析过程可以参考第 9 章的案例 9-6。

7.5.3 信度分析的 SPSS 过程

某研究者编制了一份主观幸福感问卷，一共 9 个题目，每个题目有 7 个答案，从 1 表示"非常不满意"到 7 表示"非常满意"，全问卷只有一个因子，因为 9 道题目都是同向的题目，因此 9 道题目分数的加总为主观幸福感总分，分数越高，主观幸福感也越高。为了验证新编制的问卷的信度是否符合测量学要求，于是研究者计划利用多种信度综合研究该问卷的信度系数，经过调查，搜集了原始数据，包括原始问卷第一次测试数据(从 A1 至 A9)、复本问卷测试的数据(从 B1 至 B9)、原始问卷第二次测试的数据(从 A1_1 至 A9_1)，见本章数据"主观幸福感.sav"。

案例 7-8

利用本章数据"主观幸福感.sav"研究该问卷的重测信度和复本信度如何？

案例分析：重测信度和复本信度的估算都是将两次测试的结果做相

案例 7-8 利用数据"主观幸福感.sav"研究问卷的重测信度和复本信度

关分析，但是这里首先要做的并不是马上计算相关，因为是原始数据，所以先将问卷的各题分加总得到主观幸福感前测总分、后测总分以及复本总分，然后再计算相应的重测信度和复本信度。如果一个问卷的因子数不止一个，那么也应该先将每个因子的因子得分计算出来，再依次计算它们的重测信度，这是非常值得注意的地方。

步骤 1：先分别计算问卷前测、后测和复本问卷的主观幸福感总分，该步骤请读者参考第 2 章的【计算变量】命令(即第 2.3.7 小节)，在此不做详细说明，计算后生成"幸福感前测""幸福感后测"和"幸福感复本 B"三个幸福感总分数，分别对应前测、后测和复本的总分，如图 7-38 所示。

	A7_1	A8_1	A9_1	幸福感前测	幸福感后测	幸福感复本B
1	7	7	6	39	52	30.00
2	6	7	5	40	48	36.00
3	4	6	5	31	45	25.00
4	3	6	6	34	44	35.00
5	5	5	5	30	42	31.00
6	5	5	7	31	42	26.00
7	3	2	4	24	34	24.00
8	3	4	3	23	35	34.00
9	1	1	6	28	37	31.00
10	5	4	5	29	38	30.00

图 7-38 主观幸福感问卷

步骤 2：依次选择【分析】→【相关】→【双变量】命令，进入【双变量相关性】对话框，这个步骤和本章前面的相关分析步骤是一致的，然后将"幸福感前测""幸福感后测"和"幸福感复本 B"三个变量放入【变量】框中，如图 7-39 所示。

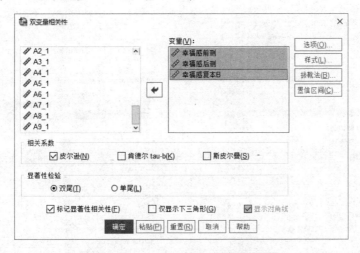

图 7-39 【双变量相关性】对话框

步骤 3：因为"幸福感前测""幸福感后测"和"幸福感复本 B"三个变量在这里被认为是连续变量，所以相关系数选择皮尔逊，即系统默认的相关方法，因此这里只需要单击【确定】按钮就可以生成结果了，如图 7-40 所示。可以看到"幸福感前测"和"幸福感后测"的皮尔逊相关系数 r 是 0.870，说明问卷两次测试的稳定性不错，即重测信度不错；同时可以看到"幸福感前测"和"幸福感复本 B"的皮尔逊相关系数 r 为 0.674，这便是问卷的复本信度，但是其系数没有重测信度系数高。

相关性

		幸福感前测	幸福感后测	幸福感复本B
幸福感前测	皮尔逊相关性	1	.870**	.674**
	显著性（双尾）		<.001	<.001
	个案数	171	171	171
幸福感后测	皮尔逊相关性	.870**	1	.744**
	显著性（双尾）	<.001		<.001
	个案数	171	171	171
幸福感复本B	皮尔逊相关性	.674**	.744**	1
	显著性（双尾）	<.001	<.001	
	个案数	171	171	172

**.在 0.01 级别（双尾），相关性显著。

图 7-40　重测信度和复本信度相关矩阵

案例 7-9 利用数据"主观幸福感.sav"计算幸福感问卷的内部一致性信度

请利用本章数据"主观幸福感.sav"计算幸福感问卷的内部一致性信度。

步骤 1：依次选择【分析】→【刻度】→【可靠性分析】命令，如图 7-41 所示。

步骤 2：进入【可靠性分析】对话框后，选择要分析的所有试题，即将 A1 至 A9 移入【项】框中，如图 7-42 所示。

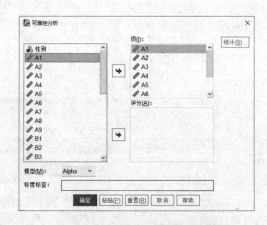

图 7-41　选择【可靠性分析】命令　　　　图 7-42　【可靠性分析】对话框

步骤 3：一般情况下只需要进行到步骤 2 就可以得到相应的信度系数了，如果要获取更多的信息，可以单击【统计】按钮，进入【可靠性分析：统计】对话框，选择需要的分析，这里选中【删除项后的标度】(即假如删除某个题目后问卷的信度变成多少)和【项之间】选项组中的【相关性】(即各个项目间的相关矩阵)复选框，如图 7-43 所示，然后单击【继续】按钮返回上一层对话框，最后单击【确定】按钮，提交系统分析。

第 7 章 相关分析

图 7-43 【可靠性分析：统计】对话框

步骤 4：结果解释。

图 7-44～图 7-46 是系统生成的主要结果。一般情况下，我们只需要查看图 7-44 中的数据，可以看出其克隆巴赫 α 系数为 0.796，属于可以接受的信度范围。图 7-45 给出的是假如删除某个题目(项目)相应指标的变化情况，假如删除 A1，那么整个问卷的克隆巴赫 α 系数是 0.768，以此类推，便可以知道删除任何一道题目后问卷的信度是多少了，这样方便问卷的编制者对原始题目做取舍。

可靠性统计

克隆巴赫 Alpha	基于标准化项的克隆巴赫 Alpha	项数
.796	.798	9

图 7-44 克隆巴赫 α 系数

图 7-46 给出的是所有题目间的相关系数，由图可知项目相关最高的是 A6 和 A7，为 0.709，而相关最低的是 A2 和 A8，为 0.010。因为内部一致性系数就是要考查项目之间是否有较高的正相关，只有较高的正相关才有可能让其克隆巴赫 α 系数升高，所以对于低相关的题目，问卷编制者需要做相应的分析与修改，以提高其内部一致性系数。

项总计统计

	删除项后的标度平均值	删除项后的标度方差	修正后的项与总计相关性	平方多重相关性	删除项后的克隆巴赫 Alpha
A1	30.46	40.050	.544	.458	.768
A2	30.39	39.910	.490	.476	.775
A3	30.49	39.357	.476	.414	.777
A4	30.43	40.023	.469	.316	.778
A5	30.25	39.186	.489	.325	.775
A6	31.89	39.095	.576	.577	.764
A7	31.74	39.254	.523	.595	.770
A8	31.38	41.943	.350	.443	.794
A9	31.53	42.451	.472	.482	.779

图 7-45 删除某项目后的各项指标

项目间相关性矩阵

	A1	A2	A3	A4	A5	A6	A7	A8	A9
A1	1.000	.573	.483	.368	.451	.342	.175	.107	.140
A2	.573	1.000	.548	.489	.378	.179	.136	.010	.086
A3	.483	.548	1.000	.428	.474	.183	.118	.018	.093
A4	.368	.489	.428	1.000	.366	.240	.201	.054	.183
A5	.451	.378	.474	.366	1.000	.243	.235	.092	.182
A6	.342	.179	.183	.240	.243	1.000	.709	.496	.498
A7	.175	.136	.118	.201	.235	.709	1.000	.525	.589
A8	.107	.010	.018	.054	.092	.496	.525	1.000	.611
A9	.140	.086	.093	.183	.182	.498	.589	.611	1.000

图 7-46 项目间相关性矩阵

在计算信度的时候，一定要先了解和分析问卷的结构，本案例的问卷结构简单，只有一个因子，但是其实大部分问卷是比较复杂的，遇到下列情况时，在估算问卷的信度时应该要注意。第一，问卷中的题目有正向和反向两种计分方式。如果遇到这种情况，需要先将所有题目的答题方向统一，然后再计算内部一致性系数，否则反向试题会影响整个问卷的内部一致性。第二，问卷含有多个因子。有些问卷有多个因子，所有因子可以加总，那么我们可以算总分，然后按照例题步骤计算总问卷的内部一致性系数；有的问卷因为总分没有实际意义，是不计算总分的，它只有各因子得分，此时应该分别计算各个因子的信度，这种类型的问卷其总信度的计算在 SPSS 中还没有对应的指令可以完成，需要另外计算，当然这种类型的问卷其各个因子信度的大小才是关键的，很多论文都不会报告总问卷的信度。

7.6 效度

7.6.1 效度的概念

效度是指所要测量的结果和实际测量结果的吻合程度。例如利用某一心理学量表测量出某个学生是一个非常外向的人，但实际上同学和老师以及家长都评价他是一个很内向的人，即测量的结果和实际的结果出入太大，于是可以判断出这个心理学量表的效度不高。效度其实就是测量工具测量准确性和有效性的指标，一个测量工具的效度要达到一定的测量标准，其测量出的结果才能令人信服，所以在使用到量表或问卷调查的研究领域，都需要对测量工具进行效度的验证。前面一节提到的信度和效度同属测量的关键指标，它们有如下关系：信度低，效度也低；信度高，效度有可能高，也有可能低；效度高，信度一定高。换言之，信度高是效度高的必要非充分条件。

7.6.2 效度的种类及其估算

1. 内容效度

内容效度是指测量内容对所要测量事物具有适用性，即测量内容是所要测量事物的有代表的样本。例如，想要测量一个人的几何数学能力，那么问卷的内容就应该是测量几何数学能力的有代表性的题目，而不能随便抽取其他题目作为问卷的内容。

内容效度的主要估算方法是专家判断法，也叫做逻辑分析法。基本做法是专家首先考查问卷编制者的编题计划，然后考查所编制的试卷的题目是否符合这个编题计划。如果是符合的，则内容效度就高；如果是不符合的，则内容效度就低。如果是一个专家对问卷进行评价，只需要记录下专家的评价等级就行，不再需要进行更高级的数据分析。但是为了让测验的结果更加客观，往往有人会邀请多个专家对题目进行评价，这个时候就需要考查多个专家对同一套问卷评价的一致性程度，评价越一致，说明内容效度越高。我们可以参考评分者一致性信度的估算公式(即肯德尔和谐系数)来估算内容效度，要强调的是，这里计算的是效度，只是利用评分者一致性信度的估算公式而已，目的是不一样的。

2. 结构效度

结构效度是指问卷内容测量理论结构的有效性程度。通常有一些领域，例如心理学中的智力、人格、创造力等测量内容是抽象的概念，无法直接测量，于是研究者从理论的角度为这些概念构思相应的结构，然后利用收集到的数据去验证自己假设的结构。如果实践数据验证了自己的假设，那么就证明问卷的结构效度比较好；如果没有验证，则需要对结构进行必要的修正。验证结构效度的方法有很多，这里介绍两种：一种是相容效度，一种是因子分析，因子分析可以参考第 10 章。相容效度是指所编制的问卷与已证明的高质量的同性质问卷的相关情况，如果相关程度高则相容效度高，如果相关程度低则相容效度低。例如，某研究者编制了一份创造力问卷，可以拿以往已经证明的高效度的创造力问卷和该问卷一起施测，假如编制的问卷的所得分数和高效度的问卷存在较高的正相关，则说明其相容效度高。

3. 实证效度

实证效度是指问卷对效标的预测的有效程度。所谓效标，是指问卷将要预测的行为或者事物，它可以作为验证问卷好坏的标准。例如有人编制了一套销售岗位胜任力素质问卷，为了验证其问卷是否有效，他利用该问卷做了一次调查，同时搜集这批被试的销售业绩，然后可以计算问卷的分数与销售业绩的相关性，假设存在高相关，则说明所编制的问卷不错，可以用来预测未来销售人员的销售业绩，这个案例中，销售业绩就是效标。实证效度的估算常常是计算问卷分数与效标的相关系数，所以它也被称为效标关联效度。

7.6.3 效度分析的 SPSS 过程

案例 7-10 利用数据"大五人格.sav"分析问卷的效度

大五人格的研究是管理学中研究的重要领域，大五人格包括外向性、宜人性、情绪稳定性、尽责性和开放性，但是现有的大五人格问卷都比较长，于是有研究者编制了一份简版的大五人格问卷 A，为了验证问卷的效度如何，研究者同时找了一份已经被证明效度非常好的大五人格问卷 B 和自己的问卷一起施测，整理后的数据见本章数据"大五人格.sav"，请分析这份自编问卷的效度如何。

案例分析：问卷效度的验证方法很多，如果将自己编制的问卷与现有的被证明效度不错的问卷做相关分析，相关系数越高，则说明自编问卷的效度也不错，这种效度被称为相容效度,要注意的是案例中的问卷是五种人格,不能计算总分,所以需要对每一种人格分量表的效度进行单独检验。

步骤 1: 依次选择【分析】→【相关】→【双变量】命令,进入相关分析对话框,这步和其他双变量相关分析步骤一致,在此省略图示。

步骤 2: 这里先验证外向性因子的相容效度,其他因子效度的验证是一样的。将"外向性_问卷 A"和"外向性_问卷 B"两个变量同时放入【变量】框中,如图 7-47 所示。因为两个变量都是连续变量,这里使用系统默认选择的皮尔逊相关法,单击【确定】按钮,提交系统分析。

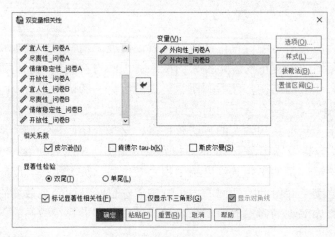

图 7-47 【双变量相关性】对话框

步骤 3: 结果解释。

图 7-48 为系统分析的主要结果,从图 7-48 可知,两份问卷的外向性因子的相关系数 $r=0.543$,其对应的概率 $p<0.001$,达到了统计学上的显著性水平。相关系数取值为$[-1, 1]$,相容效度系数达到什么水平可以认为是效度高,目前还没有确定的标准,相关系数为 0.543 说明相关强度并不是非常高,但是对于一份自编问卷的初次调查来说,应该属于可以接受的范围。通常情况下效度和问卷的题量有一定的关系,因为编制的问卷非常简短,会在一定程度上影响问卷的效度。有兴趣的读者可以按照该方法去分析其他各个因子的效度。效度的验证方式很多,这里介绍的只是其中的一种方式。

相关性

		外向性_问卷A	外向性_问卷B
外向性_问卷A	皮尔逊相关性	1	.543**
	显著性(双尾)		<.001
	个案数	43	43
外向性_问卷B	皮尔逊相关性	.543**	1
	显著性(双尾)	<.001	
	个案数	43	43

**. 在 0.01 级别(双尾),相关性显著。

图 7-48 相关矩阵

小　结

　　本章主要介绍了相关分析的相关概念，通过绘制散点图和计算相关系数法进行相关分析，以及三种简单线性相关系数：皮尔逊相关系数、斯皮尔曼等级相关系数和肯德尔的tau-b系数；如果想要研究变量间的关系是否受到第三方变量的影响，可以进行偏相关分析；如果希望对数据变量和个案的相关性做探索性分析，可以进行距离相关分析。相关分析在信度和效度的估算中都可以使用。

思考与练习

　　1. 什么叫相关关系？有哪些种类？
　　2. 比较皮尔逊相关系数和斯皮尔曼相关系数的适用条件有何异同？
　　3. 什么叫偏相关？它与简单相关有何区别？在什么情况下使用偏相关？
　　4. 什么叫距离相关？它与简单相关和偏相关有何区别？在什么情况下使用距离相关？
　　5. 什么是信度和效度？常用什么统计方法估计它们？
　　6. 本章数据"收入与恩格尔系数.sav"记录了1995—2022年我国城镇居民家庭人均可支配收入与城镇居民家庭恩格尔系数的数据，试作散点图判断两者是否为线性关系。
　　7. 本章数据"信用与营业额.sav"是银行记录的15家公司的信用等级和其营业额等级，信用最高者评分为5，最低者评分为1，营业额最高等级为1，营业额最低等级为5。请按要求回答下列问题。
　　(1) 如果要计算"信用等级"和"营业额等级"的相关性，采用哪种方法较好？
　　(2) 请根据这种方法计算出两者的相关系数，并判断两者关系的强弱。
　　8. 本章数据"工资与教育年限.sav"记录了某公司30名员工的相关数据，包括编号、工资(单位：元)、教育年限(单位：年)和工作时间(单位：月)四个变量，请按要求回答下列问题。
　　(1) "工资"和"教育年限"之间是什么关系？
　　(2) 控制"工作时间"这一变量，"工资"和"教育年限"的关系有怎样的变化？说明了什么问题？
　　9. 研究者利用自尊量表对大学生进行了测试，量表包含10道题目，每道题目有4个答案选项，每个选项表示的意思如下：1-非常符合；2-符合；3-不符合；4-非常不符合。其中第3、5、9、10题为反向计分题，具体内容如表7-3所示。详细见本章数据"自尊调查.sav"，请分析此次测量的问卷内部一致性信度如何？

表 7-3　自尊量表

1.我感到我是一个有价值的人，至少与其他人在同一水平上	1	2	3	4
2.我感到我有许多好的品质	1	2	3	4
3.归根结底，我倾向于觉得自己是一个失败者	1	2	3	4
4.我能像大多数人一样把事情做好	1	2	3	4
5.我感到自己值得自豪的地方不多	1	2	3	4
6.我对自己持肯定态度	1	2	3	4
7.总地来说，我对自己是满意的	1	2	3	4
8.我希望我能为自己赢得更多尊重	1	2	3	4
9.我确实时常感到自己毫无用处	1	2	3	4
10.我时常认为自己一无是处	1	2	3	4

第 8 章

回 归 分 析

教学目标

- 掌握回归分析的概念。
- 掌握简单线性回归分析的 SPSS 操作及结果解释。
- 掌握多元线性回归分析的 SPSS 操作及结果解释。
- 掌握多二元 Logistic 回归的 SPSS 操作及结果解释。
- 掌握层级回归和虚拟变量在回归分析中的应用。
- 能够利用 SPSS 完成中介效应和调节效应的检验。

前面我们已经学习了相关分析,相关分析可以利用相关系数研究变量间的关系,但是它只能描述出变量间关系的强弱,如果想要通过一个变量的值去推测另一个变量的值,就需要用到回归分析了。回归分析是指通过构建变量之间的数学表达式来定量描述变量间关系的数学过程。在回归分析中,通常要确定出谁是自变量,谁是因变量,构建回归方程其实就是根据自变量去估计因变量取值的过程。一般而言,如果相关系数显示变量间存在较高的相关性,接下来便会进行回归分析。相关和回归都是研究变量间的关系的,是一个问题的两个方面,可以简单地理解为相关系数倾向于在质上判断变量间的关系强弱,而回归分析偏重于在量上构建变量间的数量关系。有人简单地把回归分析当作研究事物的因果关系式,把自变量当因,把因变量当成果,这是不严谨的。本质上回归分析只是研究变量间相互依存的关系,至于这种依存关系是不是因果关系,还需要严格控制其余条件后进行验证。

回归分析可以用下列方程表示,即

$$y = f(x_1, x_2, \ldots, x_n) + \varepsilon \tag{8.1}$$

式中,y 为因变量或响应变量;x_1, x_2, ..., x_n 为自变量、解释变量或者预测变量;f 为回归函数;ε 为随机误差,它是一个独立于自变量的随机变量,常被假设为均值为 0 的正态分布变量,即 $\varepsilon \sim N(0, \sigma^2)$。

根据 f 的形式,可以把回归方程分为线性回归方程和非线性回归方程。

线性回归方程可以表示为

$$y = \beta_0 + \beta_1 x_1 + \beta_2 x_2 + \ldots + \beta_n x_n + \varepsilon \tag{8.2}$$

式中,β_0 为常数项或者截距;β_1, β_2, ..., β_n 被称为回归系数;ε 是随机误差。当 $n=1$ 时,方程被称为一元线性回归方程,或简单线性回归方程(simple linear regression);当 $n \geq 2$ 时,被称为多元线性回归方程(multiple linear regression)。

如果方程不能表示为线性,我们称该回归方程为非线性回归,SPSS 的【回归】菜单命令中有"非线性""二元 Logistic""多项 Logistic"和"Probit 回归"等非线性回归程序,本章主要介绍线性回归方程的构建,也涉及二元 Logistic 回归等部分非线性回归方程。

8.1 回归方程的构建步骤

尽管回归方程的种类繁多,但是其构建的步骤却具有一定的共性。

步骤 1:确定回归方程的变量。在构建回归方程过程中首先要确定方程的自变量(一般用 x 表示)和因变量(一般用 y 表示),通过建立起 x 和 y 的回归方程可以知道随着 x 的变化 y 将会有怎样的取值变化。一般情况下,自变量和因变量需要根据研究者的意图和理论假设设定。例如,有两个变量"科研投入"与"利润",到底该选择哪个为自变量,哪个为因变量?如果研究者想了解某种程度的科研投入能产生多大的利润,那么这里应该把"科研投入"设置为自变量 x,把"利润"设置为因变量 y;但是如果研究者想了解要获得某种程度的利润需要多大的科研投入,就应该把"利润"设置为自变量 x,把"科研投入"设置为因变量 y。

步骤 2:确定回归方程种类。通过散点图判断回归方程的性质,如果自变量和因变量之间存在的是线性关系,那么应该构建线性回归方程;如果散点图显示自变量和因变量之间的关系是非线性的，则应该进行非线性回归分析，构建非线性回归方程。当然还需要注意自变量的个数，如果是一个自变量，则构建一元回归方程；如果是多个自变量，则构建多元回归方程。

步骤3：构建回归方程。在一定的统计拟合准则下估算出回归方程中的各个参数，得到一个完整的方程。

步骤4：对回归方程进行参数检验。SPSS会根据样本数据估算出回归方程的参数，同时对估算出的回归方程中的参数进行检验，研究者需要根据检验的结果对参数做出取舍。

步骤5：利用回归方程进行预测。有了回归方程后，便可以依照回归方程在某种条件下对因变量的取值进行预测。

8.2 一元线性回归方程

在一元线性回归方程中，只有两个变量，一个为因变量，另一个为自变量，其回归方程可以表示为

$$y = \beta_0 + \beta_1 x_x + \varepsilon \tag{8.3}$$

式中，y为因变量或响应变量；x为自变量或预测变量；β_0为常数项或截距；β_1为自变量x的回归系数；ε为随机误差，通常假设$\varepsilon \sim N(0,\ \sigma^2)$，且假设$\varepsilon$与自变量$x$无关。

要构建一元线性回归方程，需要满足下列条件。

第一，线性关系假设。y和x在总体上具有线性关系，这个是最基本的假设。如果y和x的真正关系不是线性，构建线性方程就没有意义了。

第二，正态性假设。正态性假设是指回归分析中的y服从正态分布。与某个x对应的系列y值可以构成y的一个子总体，这些子总体都需要服从正态分布。

第三，独立性假设。首先一个x值对应的一组y值与另一个x值对应的一组y值之间彼此独立；另外，不同x所产生的误差之间应相互独立；最后，误差项与自变量x相互独立。

第四，误差等分散性假设。特定x水平的误差，除了应呈现随机化的常态分配外，其变异量也应该是相等的。

8.2.1 一元线性回归方程求解

如果公式8.3中β_0和β_1是已知的，对于给定的x值，利用该公式就能计算出y的值，但是总体回归参数β_0和β_1是未知的，需要利用样本数据对β_0和β_1进行估计，分别用$\hat{\beta}_0$和$\hat{\beta}_1$代替回归方程中的参数β_0和β_1，这时就得到了估计的回归方程，即根据样本数据求出估计的回归方程，可以表达为

$$\hat{y} = \hat{\beta}_0 + \hat{\beta}_1 x \tag{8.4}$$

通常情况下，采用最小二乘法估算出$\hat{\beta}_0$和$\hat{\beta}_1$，即

$$\hat{\beta}_1 = \frac{\sum_{i=1}^{n}(y_i - \bar{y})(x_i - \bar{x})}{\sum_{i=1}^{n}(x_i - \bar{x})^2} \tag{8.5}$$

$$\hat{\beta}_0 = \bar{y} - \hat{\beta}_1 \bar{x} \tag{8.6}$$

公式(8.5)和公式(8.6)中，x_i 和 y_i 是指两列样本数据的各个观测值；$\bar{x}$ 和 $\bar{y}$ 是指两列样本数据的算术平均数。最小二乘法的估算过程有兴趣的读者可以参考相关统计书籍。

8.2.2 一元线性回归方程拟合优度检验

当研究者建立回归方程后，紧接着要考虑这个方程是否有效？是否能真正反映变量间的线性关系？因此，建立回归方程后，要对它进行检验和评价。

1. 回归方程的有效性检验

回归方程的有效性检验，就是对求得的回归方程进行显著性检验，看是否真实地反映了变量间的线性关系。线性回归方程的有效性检验通常使用方差分析的思想和方法进行。总平方和 SST 反映了因变量 y 的波动程度或者不确定性，它可以分解成回归平方和 SSR 以及误差平方和 SSE，即 SST=SSR+SSE。其中，SSR 是由回归方程确定的，即由自变量 x 可以解释的部分，SSE 是由自变量 x 之外的因素引起的波动。当 SSR 越大，即 SSE 越小时，说明估计的一元线性方程与原始数据的线性关系越吻合；当 SSE 为 0 时，SST=SSR，说明所有原始数据的点都被成功地拟合成了一条直线。所以，考查 SSR 是否显著大于 SSE，可以证明拟合的方程是否真实反应了自变量和因变量的线性关系。但 SSR 到底要大 SSE 多少才算是显著的大于呢？可以参照方差分析思想构建出 F 统计量进行检验，即

$$F = \frac{\text{SSR}/1}{\text{SSE}/(n-2)} \tag{8.7}$$

式中，SSR 为回归平方和；SSE 为误差平方和；n 为样本数。F 统计量服从第一个自由度为 1、第二个自由度为 $n-2$ 的 F 分布。如果 F 值达到显著性水平，意味着自变量造成因变量的变动要远远大于随机因素对因变量造成的影响，亦即因变量与自变量间存在显著的线性关系。SPSS 在回归输出结果的 ANOVA 表中给出 SST、SSR、SSE 的值及其自由度，并且计算出 F 统计量以及 F 值对应的概率 p 值。

2. 回归系数的显著性检验

一元线性回归方程需要检验两个参数 $\hat{\beta}_0$ 和 $\hat{\beta}_1$，常数项 $\hat{\beta}_0$ 的检验一般通过 T 检验完成，其统计量为

$$t = \frac{\hat{\beta}_0 - \beta_0}{\text{SE}\left(\hat{\beta}_0\right)} \tag{8.8}$$

式中，$\text{SE}\left(\hat{\beta}_0\right)$ 为 $\hat{\beta}_0$ 的标准误差，有兴趣的读者可以参考相关统计教材获得公式。

回归系数 $\hat{\beta}_1$ 的检验同样也是通过 T 检验完成，其统计量为

$$t = \frac{\hat{\beta}_1 - \beta_1}{\text{SE}\left(\hat{\beta}_1\right)} \tag{8.9}$$

式中，$\text{SE}(\hat{\beta}_1)$ 为 $\hat{\beta}_1$ 的标准误差，有兴趣的读者可以参考相关统计教材获得公式。

SPSS 在回归系数输出表中给出 $\hat{\beta}_0$ 和 $\hat{\beta}_1$ 的标准与非标准化估计值，同时给出两个系数检验的统计量 t 以及 t 值的显著性水平 p 值。

3. 判定系数 R^2 的估计

前面提到，总平方和 SST 反映了因变量 y 的波动程度或者不确定性，它可以分解成回归平方和 SSR 与误差平方和 SSE，即 SST=SSR+SSE。SSR 是由自变量 x 造成的，SSE 是由 x 以外的因素造成的。回归直线拟合的好坏取决于 SSR 以及 SSE 的大小，或者说取决于回归平方和 SSR 占总平方和 SST 的比例大小。因为各观测值越靠近直线，SSR 占 SST 的比例就越大，直线拟合就越好。因此，将回归平方和占总平方和的比例称为判定系数，记为 R^2，判定系数度量了回归直线对观测数据的拟合程度，所以常被称为拟合优度检验，公式为

$$R^2 = \frac{\text{SSR}}{\text{SST}} = 1 - \frac{\text{SSE}}{\text{SST}} \tag{8.10}$$

判定系数的取值范围为[0，1]，当 R^2 为 0 时，说明 y 的变化与 x 无关；当 $R^2=1$ 时，所有的观测点都落在回归直线上，此时 SSE=0，直线的拟合优度是最好的。可见，R^2 越接近 1 说明回归平方和占总平方和的比例越大，回归直线与各观测点越接近，x 能解释 y 值的变差部分就越多，回归直线的拟合程度就越好；相反，R^2 越接近 0 时，回归直线的拟合程度就越差。在一元线性回归中，判定系数 R^2 是自变量和因变量相关系数 r 的平方。SPSS 可以输出复相关系数 R，判定系数 R^2，以及调整后的 R^2 等数据。

8.2.3 一元线性回归的 SPSS 过程

案例 8-1 利用数据"生产与投资.sav"为国内生产总值与全社会固定资产投资构建一元线性回归方程

以第 7 章案例 7-1 的数据"生产与投资.sav"为例，为国内生产总值与全社会固定资产投资构建一元线性回归方程。

案例分析：假设我们想要了解的是投资对生产的影响，则可以将"国内生产总值"设为因变量 y，将"全社会固定资产投资"设为自变量 x。当然，如果想要通过生产总值预测当年大概的投资额，可以将两者关系对调，这取决于研究者的研究目的和假设。接下来以"国内生产总值"为因变量，以"全社会固定资产投资"为自变量，为两者构建一元线性回归方程。有兴趣的读者可以完成以"国内生产总值"为自变量，以"全社会固定资产投资"为因变量的一元线性回归方程的构建。

步骤1：打开第 7 章数据"生产与投资.sav"，依次选择【分析】→【回归】→【线性】命令，如图 8-1 所示。

步骤2：进入【线性回归】对话框，这里把"国内生产总值"放入【因变量】框中，把"全社会固定资产投资"放入【自变量】框中，其他选项保持系统默认值便可，如图 8-2 所示，然后单击【确定】按钮，提交系统分析。

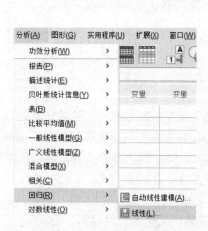

图 8-1 选择【线性】命令 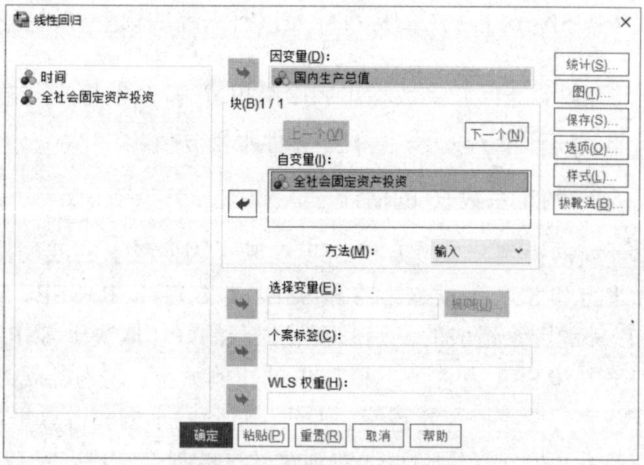　　　　　图 8-2 【线性回归】对话框

步骤 3： 结果解释。

(1) 方程拟合优度检验。图 8-3 表示的是回归方程的拟合优度检验结果。从图 8-3 所示的结果我们可以看出复相关系数 $R=0.978$，复相关系数和第 7 章的相关系数类似，反映的是自变量和因变量间的密切程度，其数值在 0~1 之间，越大越好。当只有一个自变量时，其值和自变量与因变量的相关系数一致。判定系数 $R^2=0.956$，它是复相关系数的平方，说明该回归方程自变量"全社会固定资产投资"可以解释因变量"国内生产总值"95.6%的变异，提示拟合效果很好。

模型摘要

模型	R	R方	调整后R方	标准估算的错误
1	.978[a]	.956	.954	78503.86109

a. 预测变量：(常量)，全社会固定资产投资

图 8-3 方程拟合优度检验结果

图 8-4 表示的是方程显著性检验结果，可以看出它是一个标准的方差分析表。从"平方和"一栏可以看出总平方和(SST，即表上的总计)、组间平方和(SSR，即表上的回归)和组内平方和的大小(SSE，即表上的残差)；从"自由度"一栏可以知道各个部分的自由度。各自的平方和除以其自由度便得到了"均方"一栏的数据，F 值就是组间(回归)均方除以组内(残差)均方的取值。从结果上看 $F=773.382$，其检验的概率水平 $p<0.001$，说明一元线性回归方程在 0.001 的显著性水平上有统计学意义。

(2) 回归系数检验及方程构建。图 8-5 为线性回归方程的系数估计，系统给出了未标准化回归系数及其标准误差，同时也给出了标准化的回归系数。t 值为未标准化回归系数除以标准误差所得值，"显著性"为 t 统计量的概率 p 值。一般情况下，在构建方程时，常数项不管显著与否都保留其数值，该例常数项的显著性检验统计量 $t=0.940$，$p=0.353(>0.05)$；自变量的回归系数的显著性水平检验统计量 $t=27.810$，$p<0.001$，达到了极其显著的水平。读者要注意 t 值是对未标准化回归系数 1.733 的检验，即 $t=1.733/0.062=27.810$，而非对标准化回归系数 0.978 的检验。

ANOVA[a]

模型		平方和	自由度	均方	F	显著性
1	回归	4.766E+12	1	4.766E+12	773.382	<.001[b]
	残差	2.219E+11	36	6162856206		
	总计	4.988E+12	37			

a. 因变量：国内生产总值
b. 预测变量：(常量), 全社会固定资产投资

图 8-4　方程显著性检验结果

系数[a]

模型		未标准化系数		标准化系数	t	显著性
		B	标准错误	Beta		
1	(常量)	16149.057	17174.010		.940	.353
	全社会固定资产投资	1.733	.062	.978	27.810	<.001

a. 因变量：国内生产总值

图 8-5　回归系数估计

自变量的回归系数一般采用未标准化系数，可以根据上述结果构建起全社会固定资产投资(x)和国内生产总值(y)的方程，即

$$y = 1.733x + 16149.057 \tag{8.11}$$

当然也可以构建标准化的方程，即

$$y = 0.978x \tag{8.12}$$

在标准化方程中，标准化系数等于自变量和因变量的 Pearson 相关系数，即 Beta(β)=r。

如果想要从数据上了解两变量的关系强度，可以观察标准化回归系数，因为$|\beta| \leq 1$，绝对值越靠近 1 说明自变量与因变量相关性越强，这和 Pearson 相关系数的含义一样。如果打算根据自变量的取值预测因变量的值，需要采用非标准化系数方程，即公式(8.11)。例如，当全社会固定资产投资 x 取值 100 000(亿元)时，则国内生产总值

$$y = 1.733x + 16149.057 = 173\,300 + 16149.057 = 189\,449.057$$

8.3　多元线性回归方程

在多元线性回归方程中，有一个因变量，有多个自变量，其回归方程可以表示为

$$y = \beta_0 + \beta_1 x_1 + \beta_2 x_2 + \ldots + \beta_n x_n + \varepsilon \tag{8.13}$$

式中，β_0 为常数项或者截距；β_1，β_2，...，β_n 为回归系数，也叫作偏回归系数，表示在其他变量固定不变的情况下，x_i 每改变一个单位所引起的因变量 y 的平均改变量；ε 是随机误差，与一元线性回归的假设类似。

8.3.1　多元线性回归方程求解

如果 β_0，β_1，β_2，...，β_n 是已知的，对于给定的任何一组 x_1，x_2，...，x_n 值，利用公式(8.11)就能计算出 y 的估计值，但是总体回归参数 β_0，β_1，β_2，...，β_n 是未知的，只能

通过样本数据对 β_0，β_1，β_2，…，β_n 进行估计，分别用 $\hat{\beta}_0$，$\hat{\beta}_1$，$\hat{\beta}_2$，…，$\hat{\beta}_n$ 代替回归方程中的参数 β_0，β_1，β_2，…，β_n，这时就得到了估计的回归方程，即根据样本数据求出估计的回归方程，可以表达为

$$\hat{y} = \hat{\beta}_0 + \hat{\beta}_1 x + \hat{\beta}_2 x_2 + \ldots + \hat{\beta}_n x_n \tag{8.14}$$

多元线性回归方程中偏回归系数的估计同样采用最小二乘法，通过使因变量的观察值与估计值之间的残差平方和达到最小，求得 $\hat{\beta}_0$，$\hat{\beta}_1$，$\hat{\beta}_2$，…，$\hat{\beta}_n$ 的值。因为计算过程复杂，有兴趣的读者可以参考相关教材了解其中的详细求解过程，而这一过程在 SPSS 中只需要十分简单的操作便可以估算出来。

8.3.2 多元线性回归方程拟合优度检验

1. 回归方程的有效性检验

与一元线性回归方程类似，多元线性回归方程的有效性检验利用方差分析的思想和方法通过 F 检验完成，即

$$F = \frac{SSR/k}{SSE/(n-k-1)} \tag{8.15}$$

式中，SSR 为回归平方和；SSE 为误差平方和；n 为样本数，k 为自变量个数。F 统计量服从第一个自由度为 k，第二个自由度为 $n-k-1$ 的 F 分布。同样地，如果 F 值到达显著性水平，说明构建的回归方程是成立的，即自变量和因变量间存在线性关系。

2. 回归系数的显著性检验

与一元线性回归方程一样，采用 T 检验检验各个系数是否显著大于 0，即

$$t = \frac{\hat{\beta}_i - \beta_i}{\text{SE}\left(\hat{\beta}_i\right)} \tag{8.16}$$

式中，$\text{SE}\left(\hat{\beta}_i\right)$ 为各个 $\hat{\beta}_i$ 对应的标准误差，有兴趣的读者可以参考相关统计教材获得公式。

SPSS 在回归系数输出表中给出常数项 $\hat{\beta}_0$ 值以及 $\hat{\beta}_i$ 的标准化与非标准化估计值，同时给出回归系数检验的统计量 t 以及 t 值的显著性值水平 p 值。

在建立多元回归方程时，通常希望以最少的变量构建最简洁的模型，那么这就涉及到变量的筛选问题，SPSS 提供了以下几种变量的筛选方法。

方法一：输入法(enter)。也叫强制进入法，这种方法是系统默认的方法，是将所有变量都引进方程，不管显著性与否都不会剔除任何变量，因此也被称为强制进入法。如果研究者在研究前已经依据自己的理论假设强制构建确定自变量数目的方程，那么可以根据自己的理论假设将需要的变量按序放入方程。

方法二：向前法(forward)。这种方法是不断将变量加入到回归方程中。首先，选择与因变量相关最高的自变量进入方程并做检验，如果检验显著则在剩下的变量中选择与因变量

偏相关系数最高并通过显著性检验的变量进入回归方程，再做检验。这一过程一直持续到没有符合条件的变量进入为止。

方法三：向后法(backward)。这种方法是不断剔除回归方程中的变量。首先，将所有的变量全部引入回归方程，并对回归方程进行检验。然后，剔除不显著的回归系数中的 t 值最小的自变量并重新做检验。如果新方程里所有变量的回归系数都显著，则方程构建完成，否则就一直持续以上步骤，直到没有变量可剔除为止。

方法四：步进法(stepwise)。也叫逐步法，逐步法实际上是向前法和向后法的综合。向前法是变量只进不出，即变量一旦进入就不再被剔除；向后法是变量只出不进，即变量不断地被剔除。而逐步法是在向前法的基础上加上向后法的策略，具体思路是先依据相关性高低依次引进变量，如果检验发现已引进的自变量系数因为某种原因(常见的是多重共线性问题)不再显著，那么这样的变量仍旧会被剔除。

方法五：删除法(remove)。SPSS 可以提供多层回归分析模式，即把某一些变量合在一起，称为"组块"，几个变量可以组成若干组块，它们以组块的整体模式进入方程，这个过程可以通过 SPSS 回归界面的"下一个"完成，有多少个组块就有多少层。各个组块可以选用不同的方法筛选变量，如果某个组块采用删除法，则一旦这个组块未能达到统计标准，将会被整体删除。

3. 判定系数 R^2 的估计

多元线性回归方程判定系数 R^2 的计算和一元线性回归是类似的，其公式为

$$R^2 = \frac{\text{SSR}}{\text{SST}} = 1 - \frac{\text{SSE}}{\text{SST}} \tag{8.17}$$

与一元线性回归方程一样，R^2 越接近 1，回归直线拟合程度越高；反之，R^2 越接近 0，拟合程度越小。但是，判定系数 R^2 的大小受到自变量个数的影响，一般随着自变量个数的增多，R^2 就会增大。由于增加自变量个数引起的 R^2 增大与方程的拟合好坏无关，因此，统计学家提出公式对其加以修正，即

$$R_n^2 = 1 - (1 - R^2)\frac{n-1}{n-k-1} \tag{8.18}$$

R_n^2 为多重判定系数；SPSS 输出结果称其为调整的 R^2 (adjusted R^2)；n 为样本数；k 为自变量的个数。R_n^2 度量了回归直线对观测数据的拟合程度，被称为拟合优度检验；而 R_n^2 的平方根被称为多重相关系数 R，也称为复相关系数，它度量的是因变量与 k 个自变量的相关程度。

8.3.3 多重共线性

多元线性回归常常包含两个或两个以上的自变量，而这些自变量有可能因为彼此相关性较高而存在某种线性关系，这个时候，某个自变量往往可以用其他自变量的线性函数来表示，这种现象被称为多重共线性(multi-collinearity)。共线性问题是多元线性回归中的一个常见问题，它经常会让我们误判自变量和因变量的关系。衡量多重线性回归的指标有以下几个。

(1) 容忍度(tolerance)：容忍度越小，则说明被其他自变量预测的精度越高，多重共线

性越严重；如果容忍度小于 0.1，就说明存在严重的多重共线性。

（2）方差膨胀因子(variance inflation factor，VIF)：容忍度的倒数，数值越大，多重共线性越严重，一般不应该大于 5，大于 10 时，提示有严重的多重共线性。

（3）特征值(eigenvalue)：特征根越接近 0，则提示多重共线性越严重。

（4）条件指标(condition index)：当某些维度的条件指标大于 30 时，则提示存在多重共线性。

8.3.4 多元线性回归的 SPSS 过程

案例 8-2 利用数据"年薪影响因素.sav"构建年薪影响因素的回归方程

本章数据"年薪影响因素.sav"记录了某公司 30 名员工的信息，包括教育水平(指接受教育年限，单位：年)、雇佣时间(指进入该公司的工作时间，单位：月)、行业经验(指从事该行业的时间，单位：月)。试研究该公司员工的年薪是否受到其教育水平、雇佣时间、行业经验的影响。如果有影响，是否可以将它们构建起回归方程？如果可以，最终构建的方程是怎样的？

案例分析：这里研究的是某个因素受到多个因素影响的问题，即因变量只有 1 个，而自变量有多个，我们可以采用多元回归方程命令来解决此类问题。

1. 采用逐步法构建回归方程

步骤 1：打开数据，依次选择【分析】→【回归】→【线性】命令，如图 8-6 所示。

步骤 2：进入【线性回归】对话框。因为研究的是年薪的影响因素，所以"年薪"被假设为因变量，而影响因素就被假设为自变量。因此，这里把"年薪"放入【因变量】框中，把"教育水平""雇佣时间"和"行业经验"放到【块】框中，在【方法】下拉列表框中选择【步进】选项，如图 8-7 所示。

图 8-6 选择【线性】命令

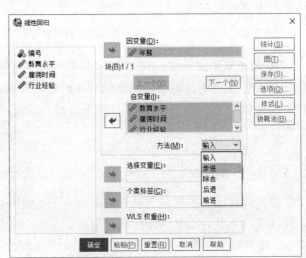

图 8-7 【线性回归】对话框

步骤 3：单击【统计】按钮进入【线性回归：统计】对话框，逐步法通常会构建多个方程,需要从中选出拟合程度更好的方程,这里选中【R方变化量】复选框作为方程筛选的一个标准。而多元回归方程中,因为存在多个自变量,需要研究各个自变量间是否存在共线性问题,因此在默认选项的基础上选中【共线性诊断】复选框,如图 8-8 所示。然后单击【继续】按钮返回到上一层对话框,最后单击【确定】按钮,提交系统分析,输出结果如图 8-9~图 8-13 所示。

图 8-8 【线性回归:统计】对话框

步骤 4: 结果解释。

(1) 方程拟合优度检验。图 8-9 给出了方程拟合优度检验结果,从这里可看到系统拟合了两个回归方程,我们需要从这些方程中选择最优的方程。从数据上看,第一个方程的判定系数 R^2 是 0.201,第二个方程的判定系数 R^2 是 0.371,第二个方程的判定系数比第一个大 0.17(R^2 变化量),该变化量达到了统计学上的显著性水平($p=0.012<0.05$),我们可以初步选定第二个方程。如果第二个方程在增加了自变量后与第一个方程判定系数相比,其 R^2 变化量不显著,依照简洁原则可以选择第一个方程。第二个方程的判定系数说明年薪有 37.1%的变异可以由自变量来解释,这个解释比例不算高,只能说拟合程度可以接受,调整后的判定系数为 0.325,与 R^2 接近。

模型摘要

模型	R	R方	调整后R方	标准估算的错误	R方变化量	F变化量	自由度1	自由度2	显著性F变化量
1	.448a	.201	.172	55129.966	.201	7.042	1	28	.013
2	.609b	.371	.325	49802.757	.170	7.310	1	27	.012

a. 预测变量:(常量),教育水平
b. 预测变量:(常量),教育水平,行业经验

图 8-9 方程拟合优度检验结果

图 8-10 给出了两个回归方程的显著性检验结果,其解读和一元回归方程是一样的。从方差分析结果来看,两个方程的 F 统计量分别为 7.042 和 7.970,相应的 p 值分别为 0.013 和 0.002,都小于 0.05 水平,说明两个方程都在 0.05 的显著性水平上有统计学意义,即两个方程的线性关系都是显著的。

(2) 回归系数检验及方程构建。图 8-11 给出了两个方程回归系数检验的多项结果,其结果的解读和一元回归方程的基本一致,也提供了标准化和非标准化回归系数及其检验情况。通过逐步法纳入到方程中的变量都是显著的,可以从图 8-11 中看出,纳入两个方程的自变量的显著性水平 p 值都是小于 0.05 的,综合上面的分析,这里仍旧倾向于采纳第二个

方程,所以可以构建起因变量和自变量的方程为

$$y = -171817.594 + 20088.830x_1 + 327.624x_2 \tag{8.19}$$

式中,y 指"年薪";x_1 指"教育水平";x_2 指"行业经验"。

ANOVA[a]

模型		平方和	自由度	均方	F	显著性
1	回归	2.140E+10	1	2.140E+10	7.042	.013[b]
	残差	8.510E+10	28	3039313199		
	总计	1.065E+11	29			
2	回归	3.953E+10	2	1.977E+10	7.970	.002[c]
	残差	6.697E+10	27	2480314622		
	总计	1.065E+11	29			

a. 因变量:年薪
b. 预测变量:(常量),教育水平
c. 预测变量:(常量),教育水平,行业经验

图 8-10 方程显著性检验结果

系数[a]

模型		未标准化系数		标准化系数	t	显著性	共线性统计	
		B	标准误差	Beta			容差	VIF
1	(常量)	-63580.909	114427.300		-.556	.583		
	教育水平	16438.636	6194.769	.448	2.654	.013	1.000	1.000
2	(常量)	-171817.594	110850.872		-1.550	.133		
	教育水平	20088.830	5756.708	.548	3.490	.002	.945	1.058
	行业经验	327.624	121.172	.424	2.704	.012	.945	1.058

a. 因变量:年薪

图 8-11 回归系数检验结果

如果一个人的教育水平和行业经验已知,就可以通过公式(8.19)预测出其年薪水平。

当然,也可以构建其标准化的回归方程,即

$$y = 0.548x_1 + 0.424x_2 \tag{8.20}$$

如果想要了解哪个因素对因变量的影响更大,可以比较标准化回归方程中自变量的标准化回归系数。例如,该例中教育水平的标准化回归系数 $\beta_1=0.548$,行业经验的标准化回归系数 $\beta_2=0.424$,可以看出,该例子中教育水平对年薪的影响要比行业经验大一些。

(3) 共线性分析。通常情况下,多元线性回归分析需要分析变量之间是否有共线性问题。从图 8-12 可以看出,容忍度(即容差)接近 1,VIF 的值较小,都提示变量之间不存在多重共线性问题。而图 8-13 的特征值也不等于 0,条件指标(即条件索引)小于 30,这些条件也说明了变量之间多重共线性问题不严重。总之,本例题的回归方程共线性的问题不严重。

2. 采用输入法构建回归方程

输入法的步骤和步进法基本一样,它们的不同主要体现在结果的解读上。现把案例 8-1 用输入法进行分析,如图 8-14 所示。其他步骤和步进法一样,因此,省略具体的操作步骤,只呈现结果并进行解释。

排除的变量[a]

模型		输入 Beta	t	显著性	偏相关	共线性统计		
						容差	VIF	最小容差
1	雇佣时间	.263[b]	1.579	.126	.291	.974	1.027	.974
	行业经验	.424[b]	2.704	.012	.462	.945	1.058	.945
2	雇佣时间	.094[c]	.536	.597	.104	.776	1.289	.753

a. 因变量：年薪
b. 模型中的预测变量：(常量), 教育水平
c. 模型中的预测变量：(常量), 教育水平, 行业经验

图 8-12 排除的变量分析

共线性诊断[a]

模型	维	特征值	条件指标	方差比例		
				(常量)	教育水平	行业经验
1	1	1.996	1.000	.00	.00	
	2	.004	22.693	1.00	1.00	
2	1	2.792	1.000	.00	.00	.03
	2	.204	3.695	.00	.01	.88
	3	.004	28.159	.99	.99	.09

a. 因变量：年薪

图 8-13 共线性诊断

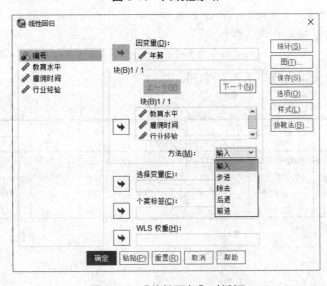

图 8-14 【线性回归】对话框

输入法是指无论自变量的回归系数显著还是不显著都强制把自变量留在方程中，所以它只建立一个回归方程。从图 8-15 可知，回归方程的判定系数 $R^2=0.378$，说明自变量能解释因变量 37.8% 的变差，调整的判定系数 $R^2=0.306$，和逐步法获得的 R^2 相差不大。从图 8-16 可知，方程显著性检验的统计量 $F=5.268$，$p=0.006<0.05$，说明方程达到了统计学上的显著性水平。

模型摘要

模型	R	R 方	调整后 R 方	标准估算的误差
1	.615a	.378	.306	50473.610

a. 预测变量：(常量), 行业经验, 教育水平, 雇佣时间

图 8-15 方程拟合优度检验结果

ANOVAa

模型		平方和	自由度	均方	F	显著性
1	回归	4.027E+10	3	1.342E+10	5.268	.006b
	残差	6.624E+10	26	2547585278		
	总计	1.065E+11	29			

a. 因变量：年薪
b. 预测变量：(常量), 行业经验, 教育水平, 雇佣时间

图 8-16 方程显著性检验结果

如图 8-17 所示，回归系数的显著性检验结果显示只有教育水平(t=3.147, p=0.004<0.05)和行业经验(t=2.140, p=0.042<0.05)两个变量具有统计学上的显著性。但是因为采用的是输入法，无论是否显著都将自变量保留下来，因此，可以构建其年薪和其他几个自变量的回归方程，即

$$y = -194\,599.728 + 19\,158.701x_1 + 562.949x_2 + 294.412x_3 \tag{8.21}$$

式中，y 是"年薪"；x_1, x_2, x_3 分别表示"教育水平""雇佣时间"和"行业经验"。或者构建标准化回归方程，即

$$y = 0.522x_1 + 0.094x_2 + 0.381x_3 \tag{8.22}$$

式中，各自变量指代与公式 8.21 相同。

系数a

模型		未标准化系数		标准化系数	t	显著性	共线性统计	
		B	标准误差	Beta			容差	VIF
1	(常量)	-194599.728	120122.188		-1.620	.117		
	教育水平	19158.701	6087.070	.522	3.147	.004	.868	1.152
	雇佣时间	562.949	1050.733	.094	.536	.597	.776	1.289
	行业经验	294.412	137.563	.381	2.140	.042	.753	1.328

a. 因变量：年薪

图 8-17 回归系数检验结果

8.4 二元 Logistic 回归

在前面的章节中，我们介绍的线性回归方程有一个特征，即因变量是连续变量。但是有时因变量可能不是连续的，它可能是二分数据，例如是否患有某种疾病、是否辍学、是否离婚等，如果我们想用预测变量对其进行预测，就需要用到二元 Logistic 回归。有的因变量数据可能不止一个分类，例如患者在选择医院上，有医院 1、医院 2、医院 3 和医院 4 四

种选择，要用预测变量预测，则需要采用多元 Logistic 回归；还有的是多个分类，同时这些分类还存在明显的等级或顺序之分，例如药物的疗效分为无效、有效、痊愈三个水平，如果我们要用预测变量预测，则需要采用多元有序 Logistic 回归。使用较为频繁的是二元 Logistic 回归，多元 Logistic 回归和多元有序 Logistic 回归也是利用二元 Logistic 回归的思路进行构建的，在这里我们只介绍二元 Logistic 回归。

8.4.1 方程的构建

二元 Logistics 回归方程的基本构建思路与线性回归方程类似，我们先回顾多元线性回归方程的通式

$$y = \beta_0 + \beta_1 x_1 + \beta_2 x_2 + \ldots + \beta_n x_n + \varepsilon \tag{8.23}$$

因为前面章节介绍的因变量 y 的数据类型是连续型数据，而方程的右边也是可以连续变化的，这种情况下这个方程的构建没有什么问题。但如果因变量 y 是二分变量，其取值是二项分布，即 y 只可以取 1 和 0 两个值，而方程右边自变量仍旧是可以连续变化的，那么方程的两边就不匹配了。为了解决这个问题，研究者们提出用事件发生的概率 p 来代替 y，这样我们就可以将原来的二分取值数据转变为概率分布数据，即因变量可以在[0, 1]之间连续变化，而不是只能取 1 和 0 两个值了，这样就可以使方程左右两边能够匹配起来。

但即使如此，研究者们还是发现有问题，因为这样转变后，因变量 p 的取值范围是[0, 1]，最大值为 1，最小值为 0，而等式的右边取值却可以在 $-\infty \sim +\infty$ 上变化，这样用一般线性方程也还不够完美。实践中，研究者们发现，如果自变量从 $-\infty \sim +\infty$ 变化，而概率 p 从 0~1 变化，因变量和自变量的关系为一种非线性关系，如图 8-18 所示。

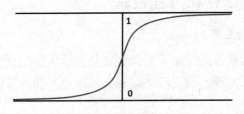

图 8-18 呈 S 形分布的曲线

所以研究者们引入了一个 S 形曲线来表达这种非线性关系，即

$$p = \frac{1}{1+e^{-z}} \tag{8.24}$$

这个公式中，当 Z 为负无穷时，p 为 0；当 Z 为正无穷时，p 为 1。

如果我们将 Z 用一个函数 $g(x)$ 代替，假设 $g(x) = \beta_0 + \beta_1 x_1 + \beta_2 x_2 + \ldots + \beta_n x_n$，那么公式(8.24)可以写成

$$p = \frac{1}{1+e^{-g(x)}} \tag{8.25}$$

$g(x)$ 函数其实是一个线性函数，如果再将公式(8.25)两边做一定的调整，我们可以得到下列公式

$$\frac{p}{1-p} = e^{g(x)} \tag{8.26}$$

再将公式(8.26)两边取对数，我们便得到了新的公式，即

$$\ln\left(\frac{p}{1-p}\right) = g(x) = \beta_0 + \beta_1 x_1 + \beta_2 x_2 + \ldots + \beta_n x_n \tag{8.27}$$

这便是 Logistic 回归的线性方程，这样我们就可以按照一般线性回归方程的思路去估算方程的参数了。不同的是，一般线性回归方程等式的左边为因变量 y，而 Logistic 线性方程等式的左边为 $\ln\left(\frac{p}{1-p}\right)$，而非因变量 p，所以 Logistic 回归方程的解读没有一般线性回归方程那样直观。当然，只要 $\ln\left(\frac{p}{1-p}\right)$ 已知，算出 p 也不是难事，只是在 Logistic 回归中，研究者并不是直接计算 p，他们关心的是 Odds 和 OR(Odds Ration)。

Odds，即优势或发生比，是指事件发生的概率与事件不发生的概率的比值，即

$$\text{Odds} = \frac{p}{1-p} \tag{8.28}$$

OR，即优势比，是指事件在 a 情况下的发生比与在 b 情况下的发生比的比值。例如，在医学研究中，可以分别计算出暴露组和对照组在某种疾病上的发生比，然后取两者比值即为 OR，OR 公式可以写为

$$\text{OR} = \frac{p_1/(1-p_1)}{p_0/(1-p_0)} \tag{8.29}$$

8.4.2 方程的参数估计和方程检验

1. 方程参数的估计与检验

逻辑回归方程的参数估算方法主要是最大似然估计，因为这里涉及高级统计学知识，对于初中级学习者而言比较难，有兴趣的读者，可以查阅相关的统计书籍，在此不再过多论述。

对回归系数的检验主要用到两种方法，一种为 Wald 检验，另一种为似然比检验。

当样本规模加大时，可以采用 Wald 检验，其统计量 W 服从自由度为 1 的卡方分布，统计量 W 可以写为

$$W = \left(\frac{\hat{\beta}_j}{SE_{\hat{\beta}_j}}\right)^2 \tag{8.30}$$

式中，$\hat{\beta}_j$ 为各个估算的回归系数，$SE_{\hat{\beta}_j}$ 为 $\hat{\beta}_j$ 的标准误差。

Wald 检验的缺点是当回归系数的绝对值很大时，标准误差就会迅速膨胀，导致 W 的统计量变小，导致误认为自变量对 y 事件发生的可能性无影响。因此，这种情况下需要采用另外的方法进行检验，可以采用似然比检验代替 Wald 检验。

似然比检验的逻辑如下。

令方程 1 有 j 个自变量，即 $x_1, x_2, \ldots, x_k, \ldots, x_j$，方程 2 含有方程 1 中除了 x_k 之外的所有变量，那么两个方程的对数似然值乘以-2 的结果之差近似服从卡方分布，于是我们可以构

造似然比检验统计量

$$L.R. = (-2L\hat{L}_2) - (-2L\hat{L}_1) = -2Ln\left(\frac{\hat{L}_2}{\hat{L}_1}\right) \tag{8.31}$$

当自变量 x_k 显著有效时，$\hat{L}_1$ 显著大于 $\hat{L}_2$，则 $L.R.$ 为很大的正数；相反，当自变量 x_k 没有显著性有效时，则 $\hat{L}_1$ 近似等于 $\hat{L}_2$，而 $L.R.$ 近似为零。所以 $L.R.$ 越大，自变量 x_k 越显著。

2. 拟合优度

对于方程的整体，可以利用下列三个指标进行判断，第一个是 $-2L\hat{L}_s$，第二个是 CoxSnell R^2 和 Nagelkerke R^2，第三个是 Hosmer-Lemeshow 拟合优度。

1) $-2L\hat{L}_s$

$-2L\hat{L}_s$ 是指 $\hat{L}_s$ 最大似然值 $L\hat{L}_s$ 的对数乘以 -2 的统计量，它的取值从 $0 \sim +\infty$，越接近 0 拟合越好。

2) CoxSnell R^2 和 Nagelkerke R^2

线性回归中的 R^2 指标可以用来表示方程的拟合优度，Lagistic 回归方程也有一个类似 R^2 的指标。R^2 是指回归平方和与总平方和的比值。类似的，可以将 $-2L\hat{L}_0$（即只含有常数参数模型的最大似然值 $L\hat{L}_0$ 乘以 -2）作为类似线性方程中的总平方和，而 $-2L\hat{L}_s$ 类似于误差平方和，那么可以构造 CoxSnell R^2 指标

$$R^2 = 1 - \left(\frac{\hat{L}_0}{\hat{L}_s}\right)^{2/n} \tag{8.32}$$

但公式(8.32)计算出来的 R^2 的最大值小于 1，经调整后，得到了 Nagelkerke R^2 指标

$$R^2_{adj} = \frac{R^2}{R^2_{max}} = \frac{1 - \left(\frac{\hat{L}_0}{\hat{L}_s}\right)^{2/n}}{1 - (\hat{L}_0)^{2/n}} \tag{8.33}$$

R^2_{adj} 和线性回归方程 R^2 的解释是一样的，越接近 1 说明方程的拟合优度越好。

3) Hosmer-Lemeshow 拟合优度

Hosmer-Lemeshow 的检验思路是根据预测概率值将数据分成大致相同规模的 10 个组，将观测数据按其预测概率做升序排列，第一组是预测概率最小的观测数据，最后一组是预测概率最大的观测数据，则其指标可以写为

$$HL = \sum_{g=1}^{G} \frac{(y_g - n_g \hat{p}_g)}{n_g \hat{p}_g (1 - \hat{p}_g)} \tag{8.34}$$

式中，G 为分组数，G 不超过 10；n_g 为第 g 组的样本数；$\hat{p}_g$ 为第 g 组的预测事件概率；y_g 为第 g 组事件的观测数据。HL 服从自由度为 $G-2$ 的卡方分布，可以进行卡方检验。如果卡方值大于显著性水平，说明方程拟合良好；如果小于显著水平，说明方程拟合不好。

3. 回归系数的解释

一般线性回归方程中，对于某个自变量 x_k，回归系数 β_k 的含义是，在其他变量不变的情况下，其每增加一个单位，因变量 y 可以增加 β_k 个单位，同样地，在 Logistic 回归方程

中,对于某个自变量 x_k,在其他变量不变的情况下,其每增加一个单位,因变量的增加量可以写为

$$\ln\left(\frac{p_{(x_k+1)}}{1-p_{(x_k+1)}}\right) - \ln\left(\frac{p_{x_k}}{1-p_{x_k}}\right) = \beta_k \tag{8.35}$$

即

$$\ln\left[\left(\frac{p_{(x_k+1)}}{1-p_{(x_k+1)}}\right) \bigg/ \left(\frac{p_{x_k}}{1-p_{x_k}}\right)\right] = \beta_k \tag{8.36}$$

所以把公式(8.36)两边取对数,就得到了发生比 OR,即

$$\left(\frac{p_{(x_k+1)}}{1-p_{(x_k+1)}}\right) \bigg/ \left(\frac{p_{x_k}}{1-p_{x_k}}\right) = \mathrm{OR} = \mathrm{e}^{\beta_k} \tag{8.37}$$

如果 x 为连续变量,我们可以解释为,其每增加一个单位,发生比 OR 会增加 e^{β_k} 个单位;如果 x 为二分变量,我们可以解释为,当 x 从 0 变为 1 时,事件的发生比 OR 变化 e^{β_k} 个单位。

8.4.3 二元 Logistic 回归 SPSS 过程

案例 8-3 利用数据"抑郁症.sav"构建抑郁症影响因素的回归方程

研究者想要研究影响抑郁症的因素,搜集了相应的数据,见本章数据"抑郁症.sav"。数据记录了是否被诊断为抑郁症、性别、家族史(直系亲属是否有人患有抑郁症)和抑郁气质(一种气质类型)四个变量,试构建抑郁症与其他三个变量的回归方程。

案例分析:抑郁症为二分变量,0 为否,1 为是,欲构建回归方程,应该选用二元 Logistic 回归。自变量性别和家族史也是二分变量(离散变量),但自变量抑郁气质为连续变量,对于自变量,Logistic 回归没有要求,既可以是离散的也可以是连续的。

步骤 1:打开数据"抑郁症.sav",依次选择【分析】→【回归】→【二元 Logistic】命令,如图 8-19 所示。

步骤 2:进入【Logistic 回归】对话框,把"抑郁症"放入【因变量】框中,把"性别""家族史""抑郁气质"三个变量放入【块】框中,方法默认选择输入法,如图 8-20 所示。方法的选择类似一般多元线性回归,有兴趣的读者可以参考相应资料,这里不做详细介绍。

步骤 3:因为"性别"和"家族史"都是离散变量(分类),其中性别 0 为女,1 为男;家族史 0 为无,1 为有。它们本身是没有顺序的,要对其进行必要的设置,建立比较的基础,这是 Logistic 回归很重要的一步。单击【分类】按钮进入其对话框,将"性别"和"家族史"放进【分类协变量】框中,【更改对比】选项组中【对比】默认选择【指示符】选项,【参考类别】默认选中【最后一个】单选按钮,意思是以最后一个取值作为比较的标准,如图 8-21 所示。因为性别取值最后一个是 1,所以是以男为标准,而家族史的最后一个取值也为 1,意指以有家族史为比较标准。如果要改成"第一个",则需要选中【第一个】单选按钮并且单击【变化量】按钮,此时自变量后会生成一个英文单词 first,如图 8-22 所示,变量"家族史"后添加了"指示符(first)"。这里选用"最后一个"作为参考类别,单击【继续

按钮返回到上一层对话框。

图 8-19 选择【二元 Logistic】命令

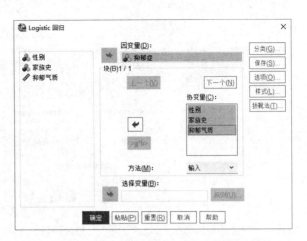

图 8-20 【Logistic 回归】对话框

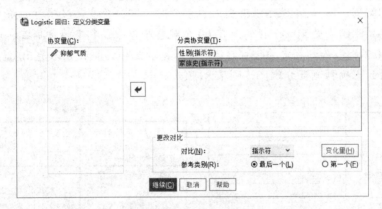

图 8-21 定义分类变量(1)

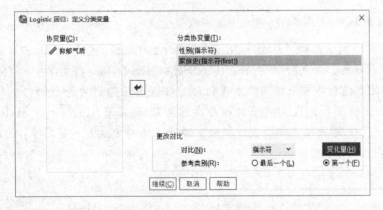

图 8-22 定义分类变量(2)

步骤 4：单击【选项】按钮进入其对话框，选中【霍斯默-莱梅肖拟合优度】(Hosmer-Lemeshow)、【Exp(B)的置信区间】复选框，Exp(B)的置信区间默认为 95%，如图 8-23 所示。然后单击【继续】按钮返回到上一层对话框，最后单击【确定】按钮提交系统分析，系统将会生成一系列的表格，这里只摘取重要的表格加以说明，如图 8-24~图 8-28 所示。

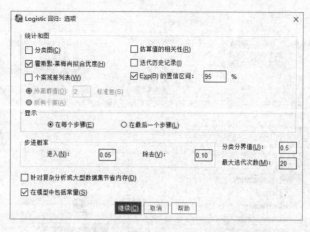

图 8-23 【Logistic 回归：选项】对话框

步骤 5： 结果解释。

(1) 预测比例。图 8-24 表示没有引入自变量时，即仅含有常数项时的正确预测结果，此例中的正确预测结果是 50%。指的是在 60 个观察个体中，判定为抑郁症和未判定为抑郁症的人各有 30 人，假如都判定为抑郁症，则可以得到正确预测百分比是 50%。图 8-25 是加入了自变量时的正确预测百分比，达到了 81.7%。

分类表 a,b

实测		预测		
		抑郁症		正确百分比
		否	是	
步骤 0	抑郁症 否	0	30	.0
	是	0	30	100.0
	总体百分比			50.0

a. 常量包括在模型中。
b. 分界值为 .500

图 8-24 分类表(1)

分类表 a

实测		预测		
		抑郁症		正确百分比
		否	是	
步骤 1	抑郁症 否	23	7	76.7
	是	4	26	86.7
	总体百分比			81.7

a. 分界值为 .500

图 8-25 分类表(2)

(2) 方程拟合优度检验。从图 8-26 可以看出 -2 对数似然值（$-2L\hat{L}_s$）为 47.501，该值越接近 0 说明方程越好。考克斯-斯奈尔 R^2（CoxSnell R^2）为 0.448，内戈尔科 R^2（Nagelkerke R^2）为 0.589，这两个指标类似一般回归方程的 R^2，但是其检验效力并不如 R^2，因此使用也不如它普及，相比较而言，我们更多的是参考霍斯默-莱梅肖(Hosmer-Lemeshow)检验。由图 8-27 可知，霍斯默-莱梅肖拟合优度检验发现卡方值为 12.095，显著性 $p=0.097>0.05$，说明拟合优度较好。

模型摘要

步骤	-2 对数似然	考克斯-斯奈尔 R 方	内戈尔科 R 方
1	47.501a	.448	.598

a. 由于参数估算值的变化不足 .001，因此估算在第 5 次迭代时终止。

图 8-26 方程拟合优度检验结果

霍斯默-莱梅肖检验

步骤	卡方	自由度	显著性
1	12.095	7	.097

图 8-27 霍斯默-莱梅肖检验结果

(3) 回归系数检验及解释。图 8-28 中的信息是最关键的。从图 8-28 中可以看到三个自变量的回归系数、标准误差、瓦尔德(Wald)检验统计量、显著性、Exp(B)值以及其95%的置信区间。经过检验后，"性别"和"抑郁气质"的回归系数是显著的(p值分别为0.034和<0.001，都小于0.05)，但"家族史"的回归系数不显著(p为0.973)。"性别"的回归系数B为1.616，即OR值为$e^{1.616}$=Exp(1.616)=5.033，因为在"分类"设定中以最后一个取值(即1=男)作为对比，则这里的回归系数的意义是指：女(取值为0)抑郁症的发生比是男(取值为1)抑郁症发生比的5.033倍，即本次数据说明女性更容易患有抑郁症。而"抑郁气质"变量的回归系数是0.081，因为它是一个连续变量，我们可以理解为，在其他变量不变的情况下，抑郁气质分数每增加1个单位，因变量改变$e^{0.081}$个单位，即OR值改变$e^{0.081}$=Exp(0.081)=1.084个单位。

方程中的变量

		B	标准误差	瓦尔德	自由度	显著性	Exp(B)	Exp(B)的95%置信区间	
								下限	上限
步骤1ª	性别(1)	1.616	.761	4.507	1	.034	5.033	1.132	22.375
	家族史(1)	-.029	.868	.001	1	.973	.971	.177	5.324
	抑郁气质	.081	.022	13.213	1	<.001	1.084	1.038	1.132
	常量	-5.117	1.296	15.576	1	<.001	.006		

a. 在步骤1输入的变量：性别，家族史，抑郁气质。

图8-28　方程中的变量

8.5　多元层级回归方程

8.5.1　层级回归的概念

层级回归(hierarchy regression)是指将自变量(预测变量)的结构按照层级关系逐步放入方程以预测因变量的回归方法。它也是一种回归方法，在这一点上和普通回归方法没有什么区别，其主要特点是将自变量(预测变量)分成不同的层级，而一般回归方程的所有自变量都是一个层级。所谓层级(hierarchy)，是指自变量之间的关系或等级，根据自变量之间的关系，从其相互产生影响的顺序，将自变量分成多个层次。自变量的影响作用越是基础，其层级等级越高，层级高的自变量可能会影响等级低的自变量。在进行层级回归分析时，自变量按由高层级到低层级的顺序被逐步加入回归方程，可以说有多少个层级，就要计算相应个数的回归方程。例如，为了预测博士生的收入，搜集了三个预测变量的数据：性别、毕业时间、出版专著数量。因为这几个变量有明显的顺序关系，即性别出现的最早，其次才是学习然后毕业，最后才能统计出其一共出版的专著的数量。因此我们可以把性别、毕业时间、出版专著数量按照三个层次依次代入方程。当然，每层的变量还可以不止一个，例如我们要利用性别、家庭经济状况、父母教养方式、教育状况、气质、性格、应对方式、社会支持等变量预测一个人的心理健康状况，我们可以将性别、家庭经济状况、父母教养方式作为一个层级，将气质和性格作为一个层级，将应对方式和社会支持作为一个层级，分层次放入回归方程，这样一共需要估算三个方程。在这个例子中，人口学变量，即性别、家庭经济状况、父母教养方式属于层级高的变量，这些变量会影响一个人的气质和性格，而一个人的气质和性格又常常影响他的应对方式以及他能获取的社会支持系统，所以我们按照这个逻辑顺序依次将变量按层次加入方程中。

8.5.2 层级回归的适用情况

因为层级回归至少应该有两个变量,所以实质上它是多元层级回归,其使用条件和多元回归分析基本一致,包括:因变量是连续变量,自变量不少于 2 个,具有相互独立的观测值,自变量和因变量间存在线性关系、等方差性,不存在多重共线性,残差近似正态分布。

层级回归的做法使人很容易想起多元回归的逐步法,但是实质上两者有很大的差别。首先,自变量进入方程的标准不一样。逐步法在自变量加入方程时,没有逻辑顺序,逐步法按照自变量对因变量贡献的大小来确定变量的去留,即一个自变量能否进入方程,需要考查其对方程的贡献是否达到了系统默认标准。而层级回归衡量自变量是否进入方程的标准不是其对因变量贡献量的大小,而是其对因变量起作用的逻辑顺序。其次,数据分析的意图不同。逐步回归法可以理解成一种自下而上的数据分析,研究者对自变量的关系不做深入探索和考虑,只是利用现有数据对自变量做出筛选,这个过程其实是研究者把分析完全交给分析软件,可以理解成一种"数据驱动"型分析。而层次回归分析需要研究者对自变量进行必要的分层,这个分层需要很多理论、已有研究或者个人经验的支撑,只有这样才能确定各个自变量的层级顺序关系,所以层级回归带有很强的研究者的假设在其中,之后才将这种假设和观点交给数据进行验证。所以可以把层级回归理解成一种自上而下的"理论驱动"型的回归分析。显然,两者不是非此即彼,也没有孰优孰劣之分,主要看研究者的研究意图,逐步法更多是在探索,而层级回归偏重验证。最后,两者分析针对的层次是不一样的。逐步回归法侧重在变量层次上,按照自变量对因变量的贡献大小对自变量逐个进行筛选。而层级回归侧重在模型层次上,层级回归主要为了解加入不同的层级产生的新模型是否能够显著地好于原模型,从而对模型进行筛选。在自变量的选择上,层次回归可以在每个层次中逐个进行,也可以对整个层次中的多个变量同时进行处理。

8.5.3 层级回归的 SPSS 过程

案例 8-4 利用数据"人际关系.sav"构建人际关系影响因素的回归方程

某研究者欲研究大学生人际关系的影响因素,经文献分析发现,性别对大学生人际关系存在一定的影响,但是研究者想在此基础上对人际关系展开更广泛的研究。研究者认为影响大学生人际关系的因素应该包括性格方面的因素,也包括学生应对人际关系问题的方式,可能班级氛围也会影响到学生的人际交往。所以研究者搜集了相应的信息,包括人际关系(分数越高表示人际关系越好)、大五人格问卷的五个因子(外向性、宜人性、情绪稳定性、尽责性和开放性)、积极应对方式、消极应对方式和班级氛围。试利用本章数据"人际关系.sav"验证研究者的假设。

案例分析:如果已经有研究证明了某些结论,我们可以利用层级回归把这些变量按照一定的理论分层加以控制。研究者搜集的变量存在一定的层级关系,它们是人格因素、应对方式、环境因素,我们可以理解成它们是三个阶层关系,判断每一层对因变量的影响是否显著,如果显著我们就保留这个层级关系,如果不显著我们就不再增加某层变量。即我们关心的是整层结构的增加是否可以增加模型的解释力度。

步骤 1:打开数据"人际关系.sav"依次选择【分析】→【回归】→【线性】命令进入【线性回归】对话框,这个步骤和一般回归方程的构建一致,不再重复论述。

步骤 2:将"人际关系"放入【因变量】框中,将"性别"放入【自变量】框中,如图 8-29 所示,然后单击【下一个】按钮进入第二层变量的选择,把五个人格因子放入第二层,如图 8-30 所示。重复该过程,把"应对方式"当作第三层,把"班级氛围"当作第四层,最终设置有四层,如图 8-31 所示。

图 8-29　线性回归(1)

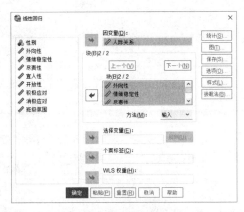

图 8-30　线性回归(2)

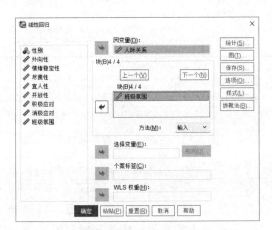

图 8-31　线性回归(3)

步骤 3:单击【统计】按钮进入【线性回归:统计】对话框,选中【R方变化量】复选框,对于层级回归来说这一步很关键,其他保持系统默认值,如图 8-32 所示。然后单击【继续】按钮返回到上一层对话框,最后单击【确定】按钮,提交系统分析,系统会出现一系列的分析表格,这里只截取主要的表格加以解释说明,如图 8-33~图 8-35 所示。

步骤 4:结果解释。

(1) 方程拟合优度和 R^2 变化量检验。从图 8-33 我们可以看出系统总共构建了四个方程,还包括每个方程的 R、R^2、调整后 R^2、R^2 变化量、F 变化量、显著性 F 变化量等信息。我们最关心的就是 R^2 变化量,从第一个方程到第二个方程的 R^2 变化量是 0.150,其显著性水

平 $p<0.001$，说明增加第二层变量(即人格变量)进入方程是可以的。第二个方程到第三个方程的 R^2 变化量是 0.060，其显著性水平 $p<0.001$，说明加入第三层变量(即应对方式)预测人际关系也是可以的。第三个方程到第四个方程的 R^2 变化量是 0.003，其显著性水平 $p=0.200>0.05$，说明加入第四层变量"班级氛围" R^2 变化量并不显著，即对解释因变量而言并没有实质帮助，所以可以不加入第四层变量，只加入三层变量，构建第三个方程就行。

图 8-32 【线性回归：统计】对话框

模型摘要

模型	R	R方	调整后R方	标准估算的错误	更改统计				
					R方变化量	F变化量	自由度1	自由度2	显著性F变化量
1	.029[a]	.001	-.001	11.743	.001	.428	1	505	.513
2	.388[b]	.151	.141	10.880	.150	17.650	5	500	<.001
3	.459[c]	.211	.198	10.508	.060	18.997	2	498	<.001
4	.462[d]	.214	.199	10.502	.003	1.644	1	497	.200

a. 预测变量：(常量)，性别
b. 预测变量：(常量)，性别，开放性，宜人性，外向性，尽责性，情绪稳定性
c. 预测变量：(常量)，性别，开放性，宜人性，外向性，尽责性，情绪稳定性，消极应对，积极应对
d. 预测变量：(常量)，性别，开放性，宜人性，外向性，尽责性，情绪稳定性，消极应对，积极应对，班级氛围

图 8-33 方程拟合优度检验结果

(2) 方程检验和回归系数的检验。通常情况下，层级回归最关心的就是新层级的增加是否会带来显著性的 R^2 改变，这是最重要的地方。如果需要提供方程的显著性检验以及回归系数的检验情况，可以参考图 8-34 和图 8-35，其中，图 8-34 给出了四个方程的 F 值及其概率水平，我们看到后三个方程都是显著的。限于篇幅，图 8-35 只截取了第一到第三个方程的系数检验。因为这里最终选定了第三个方程，所以可以报告这个方程中的回归系数检验情况。因为这里使用的每一层变量都采用了输入法，所以第一层的"性别"和第二层中的三个人格因子"外向性""情绪稳定性""尽责性"的回归系数虽然不显著，但还是被强制进入方程。层级回归最关心的还是整个模型是否显著，个别回归系数的显著性并不是其关心的重点，只要有理论上的依据便可以利用输入法，保留该变量，以保证方程的完整性。如果要把不显著的变量除去，可以在每一层中选择相应的方法，而非输入法，有兴趣的读者可以将第二层人格因子的回归方法设置成逐步回归法，然后分析所得结果和本案例分析结果的异同。

第 8 章 回归分析

ANOVA[a]

模型		平方和	自由度	均方	F	显著性
1	回归	58.987	1	58.987	.428	.513[b]
	残差	69634.412	505	137.890		
	总计	69693.399	506			
2	回归	10505.480	6	1750.913	14.791	<.001[c]
	残差	59187.919	500	118.376		
	总计	69693.399	506			
3	回归	14700.927	8	1837.616	16.641	<.001[d]
	残差	54992.473	498	110.427		
	总计	69693.399	506			
4	回归	14882.244	9	1653.583	14.994	<.001[e]
	残差	54811.156	497	110.284		
	总计	69693.399	506			

图 8-34 方程检验结果

系数[a]

模型		未标准化系数		标准化系数	t	显著性
		B	标准错误	Beta		
1	(常量)	43.359	.653		66.362	<.001
	性别	.709	1.085	.029	.654	.513
2	(常量)	16.573	3.165		5.235	<.001
	性别	.879	1.007	.036	.872	.383
	外向性	.322	.195	.072	1.656	.098
	情绪稳定性	.384	.277	.067	1.389	.166
	尽责性	-.127	.259	-.023	-.491	.624
	宜人性	1.048	.270	.184	3.884	<.001
	开放性	1.320	.267	.234	4.939	<.001
3	(常量)	21.246	3.524		6.028	<.001
	性别	.986	.973	.040	1.013	.312
	外向性	.168	.190	.038	.886	.376
	情绪稳定性	.165	.270	.029	.611	.542
	尽责性	-.195	.250	-.036	-.781	.435
	宜人性	.841	.263	.148	3.199	.001
	开放性	1.101	.262	.195	4.207	<.001
	积极应对	.444	.107	.180	4.165	<.001
	消极应对	-.461	.092	-.206	-5.024	<.001

图 8-35 回归系数检验结果

8.6 虚拟变量与回归分析

8.6.1 虚拟变量的概念

虚拟变量(dummy variable)也叫哑变量,是指取值只能为 1 和 0 的变量。它是用于反映事物性质的,是数量化了的定性数据。例如,性别上的男和女,是事物性质上的划分,我们可以将其定义为虚拟变量 D，D 的取值为 1 代表男性，D 的取值为 0 代表女性。对于多分类的变量，也可以设置为虚拟变量，例如"季节"这一变量有四个分类，我们可以设置为三个虚拟变量，$D1$(取值 1 为春季，取值 0 为其他季节)，$D2$(取值 1 为夏季，取值 0 为其他季节)，$D3$(取值 1 为秋季，取值 0 为其他季节)，当三者都取 0 时表示冬季。注意我们并不需要设置四个虚拟变量，是因为设置 $k-1$ 个虚拟变量也能够表达出应有的意思；另外一个重要原因是假如变量分类取值为 k，设置了 k 个虚拟变量，那么在做回归分析中会存在严重的共线性问题。

8.6.2 含有虚拟变量的回归方程构建

只有一个虚拟变量时，用 D 表示虚拟变量，y 表示因变量，方程可以写成

$$y = \beta_0 + \beta_1 D + \varepsilon \tag{8.38}$$

式中，β_0 为截距；β_1 不再叫回归系数，而是差别截距系数；ε 为误差项。

对方程进行估计，当 $D=0$ 时，$y = \hat{\beta}_0$，指的是取值为 0 组的个案在 y 上的平均值；当 $D=1$ 时，$y = \hat{\beta}_0 + \hat{\beta}_1$，指的是取值为 1 组的个案在 y 上的平均值，我们发现两者刚好相差的值为 $\hat{\beta}_1$，在回归方程中只要检验出 $\hat{\beta}_1$ 值为显著的，就说明取值为 1 和 0 的两组个案在 y 的取值上的差异是显著的。其实这个结果和独立样本 T 检验，以及单因素方差分析的结果是一致的，所以如果方程中只含有虚拟变量，一般研究者做的是独立样本 T 检验，或者是单因素方差分析，较少用到虚拟变量这种做法。但如果方程中不仅有虚拟变量也有其他连续自变量，此时加入虚拟变量构建方程，有其独特优势。

现以自变量一个为连续变量，一个为虚拟变量举例，那么公式(8.38)可以改写成

$$y = \beta_0 + \beta_1 D + \beta_2 x + \beta_3 Dx + \varepsilon \tag{8.39}$$

式中，β_2 为连续变量 x 的回归系数；β_3 为虚拟变量 D 和连续变量 x 的乘积项的回归系数；其余的和公式(8.38)相同。

对方程进行估计：

当 $D=0$ 时，

$$\hat{y} = \hat{\beta}_0 + \hat{\beta}_2 x \tag{8.40}$$

当 $D=1$ 时，

$$\hat{y} = \hat{\beta}_0 + \hat{\beta}_1 + \hat{\beta}_2 x + \hat{\beta}_3 x = (\hat{\beta}_0 + \hat{\beta}_1) + (\hat{\beta}_2 + \hat{\beta}_3)x \tag{8.41}$$

可以看出，两个方程在截距项处的差距为 $\hat{\beta}_1$ 个单位，在斜率上相差 $\hat{\beta}_3$ 个单位。对这两个系数进行检验，可以了解在 D 的两种取值情况下，自变量 x 对 y 的影响是否存在差异。可能出现下列几种情况：第一，$\hat{\beta}_1$ 和 $\hat{\beta}_3$ 差异检验不显著($\hat{\beta}_1 = \hat{\beta}_3 = 0$)，那么可以理解为 D 的两种取值下，x 对 y 的预测模式是一样的，即截距和斜率都没有区别，这种情况被称为一致回归，如图 8-36 所示；第二，$\hat{\beta}_1$ 差异检验显著($\hat{\beta}_1 \neq 0$)，但是 $\hat{\beta}_3$ 差异检验不显著($\hat{\beta}_3 = 0$)，说明在分组情况下，两组的截距有差异，但是斜率没有差异，这种情况被称为平行回归，如图 8-37 所示；第三，如果 $\hat{\beta}_1$ 差异检验不显著($\hat{\beta}_1 = 0$)，但是 $\hat{\beta}_3$ 差异检验显著($\hat{\beta}_3 \neq 0$)，说明在分组情况下，两组的截距无显著差异，但是斜率有显著的差异，这种情况被称为并发回归，如图 8-38 所示；第四，$\hat{\beta}_1$ 差异检验显著，$\hat{\beta}_3$ 差异检验也显著($\hat{\beta}_1$ 和 $\hat{\beta}_3$ 都不为 0)，说

明在分组情况下，两组的截距有差异，但是斜率也有差异，这种情况被称为相异回归，如图 8-39 所示。后两种情况也可以理解成虚拟变量在自变量 x 和因变量 y 之间的关系上存在调节作用，关于调节作用，在第 8.7.2 小节有更为详细的介绍。

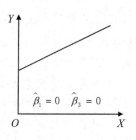

图 8-36　一致回归

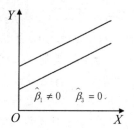

图 8-37　平行回归

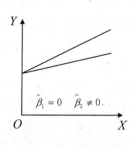

图 8-38　并发回归

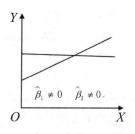

图 8-39　相异回归

8.6.3　虚拟变量回归分析的 SPSS 过程

案例 8-5　利用数据"人际矛盾与攻击.sav"分析男性和女性在人际关系出现紧张时的攻击倾向是否相同

有研究者认为男性和女性在人际关系出现紧张时的攻击倾向是不同的，于是搜集了相应的数据，见本章数据"人际矛盾与攻击.sav"，其中"性别"取值为 0 指代女性，取值为 1 指代男性，"人际矛盾"变量分数越高说明最近人际关系越紧张，"攻击倾向"分数越高说明攻击的可能性越大。试利用数据验证研究者的假设。

案例分析：在这个数据中，"性别"是一个名义变量，只有两种取值，可以将其理解为虚拟变量，研究者的目的是要研究男性和女性的人际矛盾和攻击倾向的关系是不同的，我们可以利用虚拟变量研究的模式进行问题的探讨。

步骤 1：为方便对问题的理解，首先构建方程，根据题意，该题的方程可以写成

$$y = \beta_0 + \beta_1 D + \beta_2 x + \beta_3 Dx + \varepsilon \tag{8.42}$$

式中，β_0 是截距项；β_1 为虚拟变量性别 D 的回归系数；β_2 为连续变量人际矛盾 x 的回归系数；β_3 为虚拟变量 D 和连续变量 x 的乘积项的回归系数。

当 $D=0$ 时，为女性

$$y = \hat{\beta}_0 + \hat{\beta}_2 x \tag{8.43}$$

指女性的人际矛盾和攻击倾向的关系。

当 $D=1$ 时，为男性
$$y = \hat{\beta}_0 + \hat{\beta}_1 + \hat{\beta}_2 x + \hat{\beta}_3 x = (\hat{\beta}_0 + \hat{\beta}_1) + (\hat{\beta}_2 + \hat{\beta}_3) x \qquad (8.44)$$
指男性的人际矛盾和攻击倾向的关系。

从方程中可以看出，如果 $\hat{\beta}_3$ 是显著的，则能说明男性的人际矛盾和攻击倾向的关系和女性不一样。另外，也可以通过比较加入交互项后方程的 R^2 变化判断是否加入交互项。

步骤2：构建虚拟变量"性别"和连续变量"人际矛盾"的乘积项，乘积项顾名思义就是将两个变量相乘。有学者建议在构建变量乘积项时，为了避免出现多重共线性问题，可以将变量进行中心化，即用变量原始数据减去其平均值。如果共线性不严重也不一定需要中心化，因为是否中心化对方程的回归系数没有影响。当然，构建乘积项还有一个重要目的，是使方程便于解释，即让乘积项中的调节变量的 0 取值有意义，但是因为该案例中的虚拟变量本来的取值就包括0，即虚拟变量取0本来是有具体含义的(本例中取值为0指代女性)，所以这里不对变量进行中心化，只是将两个变量相乘，变量的相乘参考第2.3.7小节【计算变量】命令的操作，在此省略详细步骤。构建好乘积项为"性别×人际矛盾"，如图8-40所示。

步骤3：构建层级回归方程。依次选择【分析】→【回归】→【线性】命令，进入【线性回归】对话框，将"性别"和"人际矛盾"放入第一层变量，如图8-41所示，将乘积项放入第二层变量，如图8-42所示，方法为系统默认的输入法。另外单击【统计】按钮进入【线性回归：统计】对话框，选中【R方变化】复选框以衡量加入交互项后方程的变化情况，如图8-43所示，然后单击【继续】按钮返回到上一层对话框，最后单击【确定】按钮，提交系统分析，这里只截取主要的分析结果，如图8-44～图8-46所示。

步骤4：结果解释。

从图8-44可以看出，方程1(只有"性别"和"人际矛盾"两个自变量)不显著，加入交互项后(性别×人际矛盾)构建的方程 2 的 $F=2.886$，$p=0.037<0.05$，即达到了统计学上的显著性水平。从图8-45可以看出，方程2比方程1的 R^2 增加了 0.023，达到了统计学上的显著性水平($p=0.03<0.05$)。另外从图8-46可知，交互项(性别×人际矛盾)回归系数的检验也达到了显著性水平 ($p=0.030<0.05$)，"性别"的非标准化回归系数(-3.737)也是显著的($p=0.033<0.05$)。综合上述指标，女性和男性的回归方程为相异回归，可以认为不同的性别其人际矛盾和攻击倾向的关系是不同的，也可以理解为性别在人际矛盾和攻击倾向关系中起到了调节作用。

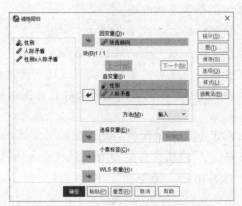

图 8-40　构建乘积项　　　　　　　　图 8-41　层级回归第一层

第 8 章 回归分析

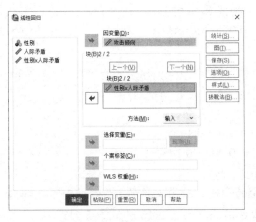

图 8-42 层级回归第二层

图 8-43 【线性回归：统计】对话框

ANOVA[a]

模型		平方和	自由度	均方	F	显著性
1	回归	39.264	2	19.632	1.893	.153[b]
	残差	2104.955	203	10.369		
	总计	2144.218	205			
2	回归	88.138	3	29.379	2.886	.037[c]
	残差	2056.081	202	10.179		
	总计	2144.218	205			

a. 因变量：攻击倾向
b. 预测变量：(常量)，人际矛盾，性别
c. 预测变量：(常量)，人际矛盾，性别，性别X人际矛盾

图 8-44 方程检验结果

模型摘要

模型	R	R方	调整后R方	标准估算的误差	更改统计				
					R方变化量	F变化量	自由度1	自由度2	显著性F变化量
1	.135[a]	.018	.009	3.220	.018	1.893	2	203	.153
2	.203[b]	.041	.027	3.190	.023	4.802	1	202	.030

a. 预测变量：(常量)，人际矛盾，性别
b. 预测变量：(常量)，人际矛盾，性别，性别X人际矛盾

图 8-45 方程拟合优度检验结果

系数[a]

模型		未标准化系数		标准化系数	t	显著性
		B	标准错误	Beta		
1	(常量)	16.861	.936		18.011	<.001
	性别	-.074	.477	-.011	-.155	.877
	人际矛盾	.059	.032	.132	1.830	.069
2	(常量)	18.316	1.141		16.058	<.001
	性别	-3.737	1.737	-.565	-2.151	.033
	人际矛盾	.006	.040	.014	.159	.874
	性别X人际矛盾	.145	.066	.555	2.191	.030

a. 因变量：攻击倾向

图 8-46 回归系数检验结果

我们也可以根据题意构建方程加以详细说明，由图 8-46 可知

$$y = 18.316 - 3.737D + 0.006x + 0.145Dx \tag{8.45}$$

当 $D=0$ 时，为女性

$$y = 18.316 + 0.006x \tag{8.46}$$

此时女性的人际矛盾对攻击倾向的预测是不显著的。

当 $D=1$ 时，为男性

$$\begin{aligned}y &= 18.316 - 3.737 + 0.006x + 0.145x \\ &= (18.316 - 3.737) + (0.006 + 0.145)x \\ &= 14.579 + 0.151x\end{aligned} \tag{8.47}$$

即相比女性而言，男性的人际矛盾对攻击倾向的预测系数由女性的 0.006 增加了 0.145，即变成了 0.151，这个增量是显著的；另外截距项也由原来的 18.316 降低了 3.737，即变成了 14.579，这个减量也是显著的。

综上所述，可以认为在该案例中，不同性别的人际矛盾对攻击倾向的预测是不同的，具体体现在女性的人际矛盾对其攻击倾向的预测作用不显著，但是男性的是显著的正向预测，即人际矛盾分数越高，攻击倾向分数也越高。

8.7 中介模型和调节模型

中介模型和调节模型分析是社会科学研究的重要模型，这两种模型都和回归有关系。中介模型和调节模型都有显变量和潜变量，这里只介绍显变量的中介模型和调节模型。

8.7.1 中介模型的构建

1. 中介模型简介

要研究自变量 x 对因变量 y 的影响，如果 x 通过变量 m 来影响 y，则称 m 为中介变量，m 所起的作用叫中介效应，这样构建起来的模型被称为中介模型。例如，有研究者研究组织创新氛围、员工创新效能感和员工创新行为三者的关系，发现组织创新氛围和员工的创新效能感会促进员工的创新行为，进一步研究发现组织创新氛围是通过员工创新效能感这一变量影响员工的创新行为的，那么我们就可以将组织创新氛围当作 x，员工创新行为当作 y，而员工创新效能感为 m，即员工创新效能感为中介变量，在创新氛围对创新行为的作用中起到了中介作用。如果 x 对 y 的作用全部通过 m 影响 y，我们称 m 所起的作用为完全中介作用，所构建的模型为完全中介模型；如果 x 对 y 的作用部分通过 m 影响 y，则称 m 所起的作用为部分中介作用，所构建的模型为部分中介模型。

2. 中介模型构建

中介模型可以用图 8-47 表示。

x 对 y 的总效应是 c，a 和 b 的乘积 ab 指的是 x 通过 m 间接作用 y 的量，即中介效应，c' 为 x 对 y 的直接效应，则 $c=ab+c'$，中介效应 $ab=c-c'$。

中介模型的构建，我们可以通过下面几个步骤实现。

第一步：做 y 对 x 的回归，建立未标准化回归方程 $y = \beta_1 + \hat{c}x$，检验回归系数 $\hat{c}$ 的估计

值 $\hat{c}$ 是否显著。如果 $\hat{c}$ 是显著的，则继续进行余下步骤分析；如果不显著，则停止中介效应分析。

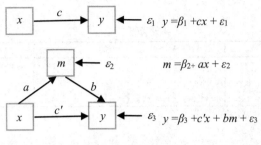

图 8-47　中介模型

第二步：做 m 对 x 的回归，建立未标准化回归方程 $m = \beta_2 + \hat{a}x$，得到回归系数 a 的估计值 $\hat{a}$，并检验其显著性。

第三步：做 y 对 m 和 x 的回归，建立标准化回归方程 $y = \beta_3 + \hat{c'}x + \hat{b}m$，得到回归系数 c' 和 b 的估计值 $\hat{c'}$ 和 $\hat{b}$。

在 $\hat{c}$ 显著的前提下，如果发现 $\hat{a}$、$\hat{b}$ 和 $\hat{c'}$ 都显著，那么模型被称为部分中介模型；如果发现 $\hat{a}$ 和 $\hat{b}$ 显著，但 $\hat{c'}$ 不显著，则这个模型为完全中介模型。

在 $\hat{c}$ 显著的前提下，如果发现 $\hat{a}$ 和 $\hat{b}$ 至少有一个不显著，不能由此断定没有中介效应，这时可以做 Sobel 检验，检验统计量为

$$Z = \hat{a}\hat{b} / \sqrt{\hat{a}^2 S_b^2 + \hat{b}^2 S_a^2} \tag{8.48}$$

式中，$\hat{a}$ 和 $\hat{b}$ 分别为 a 和 b 的估计值；S_a^2 和 S_b^2 分别为 $\hat{a}$ 和 $\hat{b}$ 的标准误差。

如果 Z 达到显著性水平，则还是认为存在中介效应；如果 Z 未达到显著性水平，则认为不存在中介效应。

读者需要注意的是，以上检验采用的是未标准化回归系数进行，假如采用标准化回归系数，所得结果是一致的。

3. 中介模型构建的 SPSS 过程

案例 8-6(1) 利用数据"职业倦怠.sav"构建中介模型

研究者要研究工作压力和职业倦怠的关系，认为工作压力过大可能会使员工感觉不能掌控自己的工作，不能胜任自己的岗位需求，从而使其产生职业上的疲惫感，所以研究者搜集了员工的工作压力、胜任感和职业倦怠三个变量的数据，见本章数据"职业倦怠.sav"，试利用数据分析研究者的假设是否正确。

案例分析：要研究工作压力是否通过影响胜任感影响员工的职业倦怠，其实就是要构建一个中介模型，其中，中介变量为"胜任感"。

步骤 1：先做"职业倦怠"对"工作压力"的回归，依次选择【分析】→【回归】→【线性】命令，进入【回归分析】对话框，将"职业倦怠"放入【因变量】框中，将"工作压力"放入【块】框中，单击【确定】按钮，得到第一步回归结果，如图 8-48 所示，回归步

骤参考第 8.2 节一元线性回归的步骤，在此省略详细图示。由图 8-48 可知该方程是成立的 ($F=35.382$，$p<0.001$)，"工作压力"的未标准化回归系数为 0.447 ($t=5.948$，$p<0.001$)，达到了显著性水平，构建方程 $y=18.791+0.447x$，即 $c=0.447$，可以继续中介效应的分析。

ANOVA^a

模型		平方和	自由度	均方	F	显著性
1	回归	786.976	1	786.976	35.382	<.001^b
	残差	2624.615	118	22.243		
	总计	3411.592	119			

a. 因变量：职业倦怠
b. 预测变量：(常量), 工作压力

系数^a

模型		未标准化系数		标准化系数	t	显著性
		B	标准错误	Beta		
1	(常量)	18.791	2.708		6.940	<.001
	工作压力	.447	.075	.480	5.948	<.001

a. 因变量：职业倦怠

图 8-48　模型和系数检验结果(1)

步骤 2：做"胜任感"对"工作压力"的回归，与步骤 1 类似，只是换了一个变量而已。打开数据后，依次选择【分析】→【回归】→【线性】命令，进入【回归分析】对话框，将"胜任感"放入【因变量】框中，将"工作压力"放入【块】框中，其他选项保持系统默认值即可，得到如图 8-49 所示结果。可知该方程是成立的($F=11.780$，$p=0.001<0.05$)，"工作压力"的未标准化回归系数是 -0.375($t=-3.432$，$p=0.001<0.05$)，达到了显著性水平，构建未标准化回归方程 $m=40.872-0.375x$，即 $a=-0.375$。

ANOVA^a

模型		平方和	自由度	均方	F	显著性
1	回归	552.404	1	552.404	11.780	<.001^b
	残差	5533.296	118	46.892		
	总计	6085.700	119			

a. 因变量：胜任感
b. 预测变量：(常量), 工作压力

系数^a

模型		未标准化系数		标准化系数	t	显著性
		B	标准错误	Beta		
1	(常量)	40.872	3.931		10.396	<.001
	工作压力	-.375	.109	-.301	-3.432	<.001

a. 因变量：胜任感

图 8-49　模型和系数检验结果(2)

步骤 3：做"职业倦怠"对"胜任感"和"工作压力"的回归，同步骤 1 和步骤 2，只是多增加了一个自变量而已。打开数据后，依次选择【分析】→【回归】→【线性】命令，进入【回归分析】对话框，把"职业倦怠"放入【因变量】框中，把"胜任感"和"工作压力"放到【块】框中，其他选项保持系统默认值即可，得到如图8-50所示结果。由图8-50可知，该方程是成立的(F=53.695，$p<0.001$)，"工作压力"的未标准化回归系数为0.301(t=4.613，$p<0.001$)，"胜任感"的未标准化回归系数为-0.391(t=-7.458，$p<0.001$)，两者都达到了显著性水平，构建未标准化方程y=34.770+0.301x-0.391m，即c'=0.301，b=-0.391。

ANOVA^a

模型		平方和	自由度	均方	F	显著性
1	回归	1632.749	2	816.375	53.695	<.001^b
	残差	1778.843	117	15.204		
	总计	3411.592	119			

a. 因变量：职业倦怠
b. 预测变量：(常量), 胜任感, 工作压力

系数^a

模型		未标准化系数		标准化系数	t	显著性
		B	标准错误	Beta		
1	(常量)	34.770	3.099		11.221	<.001
	工作压力	.301	.065	.323	4.613	<.001
	胜任感	-.391	.052	-.522	-7.458	<.001

a. 因变量：职业倦怠

图8-50 模型和系数检验结果(3)

步骤4： 结果解释。

(1) 中介效应类型判断。经过中介效应检验的三个步骤，我们发现c、a、b和c'的系数都是显著的，所以可以证明胜任感在工作压力和职业倦怠之间起到部分中介效应，即一方面工作压力通过降低胜任感提升职业倦怠，另一方面工作压力可以直接影响职业倦怠。

本例也可以采用Sobel检验，计算如下

$$Z = \hat{a}\hat{b}/\sqrt{\hat{a}^2 S_b^2 + \hat{b}^2 S_a^2}$$
$$= (-0.375)\times(-0.391)/\sqrt{(-0.375)^2 \times 0.052^2 + (-0.391)^2 \times 0.109^2}$$
$$= 0.146\,625/\sqrt{0.000\,380\,25 + 0.001\,816\,379\,161}$$
$$= 3.12$$

可见$Z>1.96$，即中介效应达到了显著性水平。实际上，当a和b都显著时，用Sobel检验中介效应$a*b$一般都会显著，所以研究者简化程序，在这种情况下不检验而直接认定中介效应显著。但是当两者有一个不显著时，就需要对$a*b$进行检验后再下结论。不过读者要注意，因为Sobel检验为正态检验，即假设$a*b$为正态分布，然而实际上$a*b$并非正态分布，所以目前研究者基本上不再采用Sobel检验了，取而代之的是Bootstrap法，我们将在后面做讲解。

(2) 中介效应分析。中介变量的中介效应为$a*b$=(-0.375)*(-0.391)=0.146 625，可以发现$ab+c'=c$，即0.146 625+0.301=0.447 625。中介效应占工作压力总效应的百分比为：$(a*b)/c$=0.146 625/0.447=32.80%。如果读者采用标准化回归系数，也能得到一样的结果，此时中介效应=(-0.301)*(-0.522)=0.157 122，其占总效应的百分比为 0.157 122/0.480=32.73%，与未

标准化回归系数所计算的比例有些许差距,这种差距是因为系统四舍五入造成的,可以忽略不计。

8.7.2 调节模型的构建

1. 调节模型简介

假如 x 对 y 作用的方向或大小会随着 m 的变化而发生变化,我们称 m 为 x 和 y 关系的调节变量,m 所起的作用叫调节作用,这样构建起来的模型被称为调节模型。可以这样理解调节作用,随着调节变量 m 的变化,x 对 y 的作用很有可能由原来较大的作用变成较小的作用,甚至可能变成没有显著作用,或者从没有作用变为具有一定作用甚至很大的作用;也有可能随着 m 的变化,x 对 y 的预测作用的方向发生了改变,即从原来的正向预测,变成了反向预测,或者从反向预测作用变为正向预测作用。

案例8-6(2) 利用Process构建案例8-6的中介模型

调节变量可以是离散的,例如,性别就是典型的离散变量,假如发现用男性的智力水平预测其学习成绩的作用比较小,但是用女性的智力水平预测其成绩时作用显著大于男性,我们可以称性别为离散型的调节变量。当然,调节变量也可以是连续的,例如,我们发现在压力和心理健康的关系中,同样的压力环境,如果一个人的社会支持系统完善,那么压力对这个人的心理健康影响作用就会被减小,如果一个人缺乏有效的社会支持系统,那么压力对这个人的心理健康的影响就会被放大,这就说明社会支持系统在压力和心理健康之间起到的作用是调节作用,因为社会支持的测量通常都是连续型的数据,我们可以称社会支持系统为连续型的调节变量。

2. 调节模型的构建

调节模型可以用图 8-51 表示。

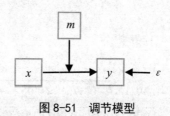

图 8-51 调节模型

如果用方程来表示可以写成

$$y = ax + bm + cxm + \varepsilon \qquad (8.49)$$

如果将等式进行调整,可以得到新公式

$$y = (a + cm)x + bm + \varepsilon \qquad (8.50)$$

可以看出 x 的回归系数是 $(a+cm)$,即 x 的回归系数不是一个确定的值,它会随着 m 值的改变而发生改变。

因为自变量和调节变量的数据类型不同,所以调节效应的分析步骤也不同。

(1) 当自变量和调节变量都为定类变量时,可以用多因素方差分析考查调节效应。在多因素方差分析中,变量的交互作用就可以作为分析调节效应的依据,可以参考第 5.2 节多因素方差分析的知识点。

(2) 当调节变量是类别变量、自变量是连续变量时,做分组回归分析,检验不同组别的回归系数是否有差异,有差异说明存在调节效应,也有人建议可以将调节变量设置成虚拟变量,再利用调节变量和自变量的乘积项做层次回归分析。但当自变量是类别变量、调节变量是连续变量时,不能做分组回归,而是将自变量重新编码成为虚拟变量,用带有乘积项的回归方程做层次回归分析。可以参考第 8.6 节涉及虚拟变量的回归分析。

(3) 较为常见的是当自变量和调节变量都是连续变量时,做调节效应分析可以用带有乘积项的回归方程做层级回归分析,具体分析步骤如下。

第一步:先对 x 和 m 做中心化处理,即将两个变量的取值各自减去自己的均值,并且计算出两者中心化后的 x' 和 m' 的乘积项 $x'm'$。一些学者认为,对变量进行中心化并计算乘积项,一方面是为了降低共线性对方程的影响,因为未中心化的乘积项与自变量和调节变量都有较强的相关;另一方面,中心化是为了使回归方程的系数更具解释意义,因为在调节效应回归方程中经常需要分析 $m=0$ 时的情况,但是原始数据中 $m=0$ 常常是没有意义的,如果将调节变量进行中心化处理,则调节变量 m' 取值为 0 就是指调节变量取平均值的意思。当然,现在也有学者认为中心化是没有必要的,目前流行的中介调节效应分析 Process 插件便是如此,我们将在本章第 8.7.3 小节做介绍。

第二步:做 y 对 x' 和 m' 的回归,得测定系数 R_1^2。

第三步:做 y 对 x'、m' 和 $x'm'$ 的回归,得 R_2^2。

第四步:检验 R_2^2 是否显著大于 R_1^2,如果是,则说明存在调节效应;另外可以做 $x'm'$ 的未标准化回归系数 $\hat{c}$ 检验,若 $\hat{c}$ 显著,也说明存在调节效应。

值得注意的是,因为做的是层级回归分析,所以第二步和第三步是一次性完成的,并不像中介效应检验步骤那样分多次构建方程。

3. 调节模型构建的 SPSS 过程

案例 8-7(1) 利用数据"压力和健康.sav" 构建调节模型

压力影响人们的心理健康,但是面对同样的压力事件,有的人一蹶不振,有的人却越挫越勇。有研究者认为这和每个人应对压力的方式有关,有的人常常采用消极的方式应对压力,采用这种应对方式的人压力对其影响会被放大。试利用本章数据"压力和健康.sav"验证该假设,数据中"压力"得分越高表示压力越大,"消极应对"得分越高表示越倾向于采用消极方式应对压力,"心理健康"得分越高表示心理不良症状越严重。

案例分析:自变量"压力"和"消极应对"以及因变量"心理健康"都是连续变量,通常的做法是先将两个自变量进行中心化,然后将两者的中心化变量相乘构成交互项。通过层级回归,判断方程的 R^2 变化量或交互项系数是否显著,来确定调节效应是否存在。

步骤 1:构建自交互项。第一,计算出"压力"和"消极应对"的平均值,分别是 9.8136 和 1.9098。获得这一结果的详细图示可以参考第 3.4 节【频率】命令或第 3.5 节【描述】命令的操作步骤(详见第 3 章案例 3-4 和案例 3-5),这里只提供文字描述。打开数据"压力和健康.sav",依次选择【分析】→【描述统计】→【描述】命令,进入其对话框,将"压力"和"消极应对"放入【变量】框中,单击【确定】按钮就可以在输出窗口看到平均值了。第二,依次选择【转换】→【计算变量】命令,进入其对话框,将两个变量进行中心化,分别如图 8-52 和图 8-53 所示。第三，继续选择【转换】→【计算变量】命令，进入其对话框，将中心化后的两个变量相乘得到交互项，如图 8-54 所示。最后计算所得数据如图 8-55 所示。

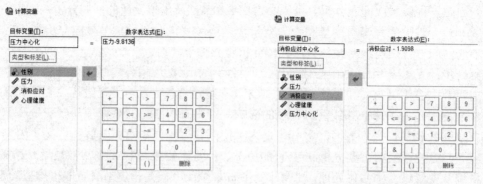

图 8-52 "压力"中心化　　　　　图 8-53 "消极应对"中心化

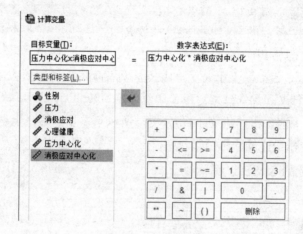

图 8-54 构建交互项

	性别	压力	消极应对	心理健康	压力中心化	消极应对中心化	压力中心化x消极应对中心化
1	2	13.00	3.00	60.00	3.19	1.09	3.47
2	1	13.00	3.00	40.00	3.19	1.09	3.47
3	2	12.00	3.00	50.00	2.19	1.09	2.38
4	1	8.00	3.00	27.00	-1.81	1.09	-1.98
5	2	8.00	3.00	25.00	-1.81	1.09	-1.98
6	2	14.00	2.92	61.00	4.19	1.01	4.22
7	2	14.00	2.92	60.00	4.19	1.01	4.22
8	2	14.00	2.92	60.00	4.19	1.01	4.22
9	1	13.00	2.92	56.00	3.19	1.01	3.21
10	2	11.00	2.92	62.00	1.19	1.01	1.19

图 8-55 中心化后数据

步骤 2： 构建层级回归方程。在完成步骤 1 后，依次选择【分析】→【回归】→【线性】命令，进入其对话框，将"心理健康"放入【因变量】框中，将"压力中心化"和"消极应对中心化"放入方程第一层，如图 8-56 所示；将两者交互项放入第二层，如图 8-57 所示，两层都默认选用输入法，然后单击【统计】按钮进入【线性回归：统计】对话框，选中【R方变化量】复选框，如图 8-58 所示，然后单击【继续】按钮返回到上一层对话框，最后单击【确定】按钮，提交系统分析。

第 8 章 回归分析

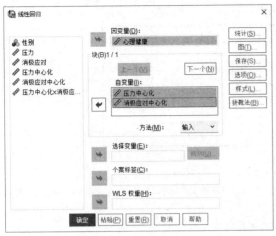

图 8-56 层级回归第一层

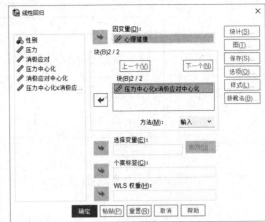

图 8-57 层级回归第二层

图 8-58 【线性回归：统计】对话框

步骤 3：结果解释。

（1）指标解读。从图 8-59 可以看出，层级回归对应的两个方程的 R^2 分别是 0.248 和 0.275，方程 2 比方程 1 的 R^2 增加了 0.027，达到了统计学上的显著性水平（$p<0.001$）。从图 8-60 中可以看出两个方程的 F 分别为 86.472 和 66.239，也都达到了统计学上的显著性水平。图 8-61 显示，交互项的回归系数为 1.745，达到了统计学上的显著水平（$p<0.001$）。这些指标说明消极应对的调节效应是显著的。

模型摘要

模型	R	R 方	调整后 R 方	标准估算的错误	更改统计				
					R 方变化量	F 变化量	自由度 1	自由度 2	显著性 F 变化量
1	.498[a]	.248	.245	10.98110	.248	86.472	2	524	<.001
2	.525[b]	.275	.271	10.79100	.027	19.624	1	523	<.001

a. 预测变量：(常量), 消极应对中心化, 压力中心化
b. 预测变量：(常量), 消极应对中心化, 压力中心化, 压力中心化x消极应对中心化

图 8-59 模型摘要

ANOVA^a

模型		平方和	自由度	均方	F	显著性
1	回归	20854.408	2	10427.204	86.472	<.001^b
	残差	63186.271	524	120.584		
	总计	84040.679	526			
2	回归	23139.580	3	7713.193	66.239	<.001^c
	残差	60901.099	523	116.446		
	总计	84040.679	526			

a. 因变量：心理健康
b. 预测变量：(常量)，消极应对中心化，压力中心化
c. 预测变量：(常量)，消极应对中心化，压力中心化，压力中心化x消极应对中心化

图 8-60　方程检验结果

系数^a

模型		未标准化系数		标准化系数	t	显著性
		B	标准错误	Beta		
1	(常量)	40.975	.478		85.661	.000
	压力中心化	3.146	.244	.507	12.885	<.001
	消极应对中心化	-.971	1.050	-.036	-.924	.356
2	(常量)	40.525	.481		84.265	<.001
	压力中心化	3.176	.240	.511	13.232	<.001
	消极应对中心化	-.674	1.034	-.025	-.652	.515
	压力中心化x消极应对中心化	1.745	.394	.165	4.430	<.001

a. 因变量：心理健康

图 8-61　回归系数检验结果

(2) 利用方程对调节效应做进一步的解答。根据图 8-61 可以构建回归方程

$$y = 40.525 + 3.176x' - 0.674m' + 1.745x'm' \qquad (8.51)$$

如果将等式进行调整，可以得到新公式

$$y = 40.525 + (3.176 + 1.745m')x' - 0.674m' \qquad (8.52)$$

从方程中，我们可以看到，压力(x')对心理健康(y)的回归系数是 $3.176+1.745m'$，可以理解成，当消极应对 $m'=0$ 时(因为 m' 已经中心化，m' 取值为 0，指的是原消极应对的平均值，即 $m=1.9098$)，压力对心理健康的回归系数为 3.176，具有正向预测作用。但是这种作用并不稳定，如果消极应对 m' 增加 1 个单位(即消极应对实际取值为 $m=1.9098+1=2.9098$)，那么压力对心理健康的回归系数由原来的 3.176 增加为 4.921(3.176+1.745×1=4.921)，即压力此时对心理健康的预测作用增大了；如果消极应对 m' 减少 1 个单位(即消极应对实际取值为 $m=1.9098-1=0.9098$)，那么压力对心理健康的回归系数由原来的 3.176 降低为 1.431[3.176+ 1.745×(-1)=1.431]，即压力此时对心理健康的预测作用在降低。综上所述，可以认为消极应对在压力对心理健康影响的预测中起到了调节作用。具体来说，消极应对分数越高，压力对心理健康的影响就越大；反之，消极应对分数越低，压力对心理健康的影响就越小。

案例 8-7(2) 利用 Process 构建案例 8-7 的调节模型

8.7.3 用 Process 做中介效应和调节效应分析

Process 是由 Hayes 研发的一个处理中介效应和调节效应的插件，使用起来非常方便，下面我们将对该插件做简单的介绍。

1. 用 Process 做中介效应分析

因为 Process 不是 SPSS 系统默认菜单，读者需要先安装 Process 插件,插件安装完毕后，可以在 SPSS 的【分析】→【回归】中看到安装的插件(PROCESS v4.0 by Andrew F. Hayes)，如图 8-62 所示，本书以安装 4.0 版本为例。

这里仍旧以本章案例 8-6 为例呈现 Process 做中介效应分析的过程，打开数据"职业倦怠.sav"，依次选择【分析】→【回归】→PROCESS v4.0 by Andrew F. Hayes 命令，进入 PROCESS_v4.0 对话框，如图 8-63 所示。

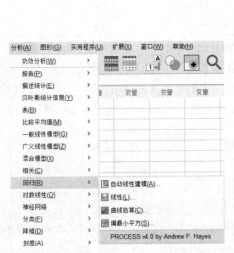

图 8-62　选择 Process 指令

图 8-63　进入 PROCESS_v4.0 对话框

目前 Process 插件还没有汉化版本，但可以看到其布局和一般 SPSS 界面是一致的。现对该界面中的核心功能做简单介绍，Model number 指分析所采用的模型，使用 Process 需要配合 Hayes 制作的模型图才能进行分析，例如模型 1 是调节模型，如图 8-64 所示；模型 4 是中介模型，如图 8-65 所示。Hayes 设计了近百种模型，读者只要根据需要选择相应的模型便可，这极大地方便了中介效应和调节效应的分析。Number of bootstrap samples 指采用自助抽样法对模型进行分析，该方法的基本思路是通过有放回的抽样形式对已有样本反复抽样来对参数进行估计。系统默认的抽样次数是 5000，读者可以根据自己的需要对其进行设置。Y variable 指的是因变量，X variable 指的是自变量，Mediator(s) M 指的是中介变量，中介变量可以设置多个，Moderator variable W 和 Moderator variable Z 都是指调节变量，目前插件只允许设置最多两个调节变量。

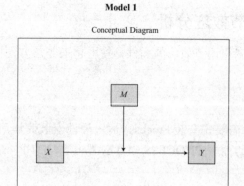
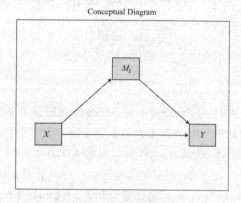

图 8-64　调节模型　　　　　　　　　图 8-65　中介模型

在案例 8-6 中，自变量为"工作压力"，中介变量为"胜任感"，因变量为"职业倦怠"，因为 Process 无法分析中文字符，所以需要将中文变量名改为英文，然后再将这些变量依次放入相应的位置，如图 8-66 所示，其中 YaLi 表示"工作压力"，ShengRen 表示"胜任感"，JuanDai 表示"职业倦怠"。

单击 Options 按钮进入其对话框，选中 Show total effect model 和 Standardized effects 复选框，前者表示呈现自变量对因变量的总效应、直接效应、间接效应等信息，后者表示呈现标准化回归方程(因为 Process 默认呈现未标准化回归方程)，如图 8-67 所示。单击【继续】按钮返回上一层对话框，然后单击【确定】按钮提交系统分析，得到如图 8-68～图 8-71 所示的结果。

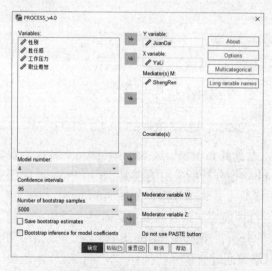
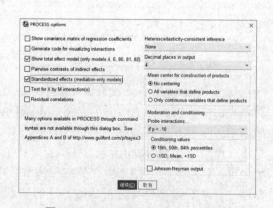

图 8-66　将变量放入相应位置　　　　　图 8-67　PROCESS options 对话框

结果解释如下。

(1) 检验中介效应是否成立。Process 的结果输出方式与 SPSS 的输出方式不同，解读起来相对困难。图 8-68 呈现了基本的模型信息，即模型 4，因变量(Y)为 JuanDai，自变量(X)为 YaLi，中介变量(M)为 ShengRen，样本量(Size)为 120。接下来呈现的是"胜任感"对"工作压力"的回归,其 R^2(R-sq)为 0.090 8,方程检验 F=11.780 3(p=0.0008<0.001),"工作压力"的未标准化回归系数(coeff)为-0.374 8(p=0.000 8<0.001),达到了显著性水平,这对应中介效应分析中的 a 值,最后一行呈现的是其标准化回归系数为-0.3013。依次类推,可以在图 8-69 中找到中介效应分析的核心数据,由图中可知"工作压力"对"职业倦怠"的未标准化回归系数为 0.300 8(p<0.001),这对应中介效应分析的 c' 系数,其标准化系数为 0.323 0。"胜任感"对职业倦怠的未标准化回归系数为-0.391 0(p<0.001),这对应于中介效应分析的 b 系数,其标准化系数为-0.522 2。可见,其分析结果与用 SPSS 回归分析是一致的。

```
**************************************************
Model : 4
    Y : JuanDai
    X : YaLi
    M : ShengRen

Sample
Size: 120
**************************************************
OUTCOME VARIABLE:
ShengRen

Model Summary
        R      R-sq    MSE      F       df1     df2        p
     .3013   .0908  46.8923  11.7803  1.0000  118.0000   .0008

Model
            coeff    se      t       p      LLCI    ULCI
constant  40.8721  3.9315  10.3961  .0000  33.0867  48.6574
YaLi      -.3748   .1092  -3.4322  .0008  -.5911   -.1586

Standardized coefficients
            coeff
YaLi       -.3013
```

图 8-68 "胜任感"对"工作压力"的回归

```
**************************************************
OUTCOME VARIABLE:
JuanDai

Model Summary
        R      R-sq    MSE      F       df1     df2        p
     .6918   .4786  15.2038  53.6955  2.0000  117.0000   .0000

Model
            coeff    se      t       p      LLCI    ULCI
constant  34.7701  3.0986  11.2212  .0000  28.6335  40.9068
YaLi       .3008   .0652   4.6132  .0000   .1717    .4300
ShengRen  -.3910   .0524  -7.4585  .0000  -.4948   -.2872

Standardized coefficients
            coeff
YaLi        .3230
ShengRen   -.5222
```

图 8-69 "职业倦怠"对"工作压力"和
"胜任感"的回归

(2) 计算中介效应的大小。Process 可以直接计算出中介效应的大小,但是在 Process 中,作者将中介效应用间接效应(indirect effect)代替,与间接效应对应的是直接效应(direct effect),直接效应指的是 X 对 Y 的直接效应。图 8-70 呈现了"工作压力"(自变量)对"职业倦怠"(因变量)的总效应(未标准化为 0.447 4,标准化为 0.480 3)。图 8-71 呈现了总效应、间接效应和直接效应,由图可知,总效应量为 0.447 4(未标准化),直接效应量为 0.300 8(未标准化),间接效应量为 0.146 5(未标准化),直接效应量和间接效应量相加为总效应量。Process 中间接效应通过 Bootstrap 法进行检验,如果其置信区间包括 0 则表示间接效应不显著,不包括 0 则表示间接效应显著,本例中间接效应的 Bootstrap 下限(BootLLCI)为 0.056 7,上限(BootULCI)为 0.256 8,没有包含 0,所以间接效应是显著的。标准化间接效应为 0.1573,其 Bootstrap 置信区间为[0.065 7,0.254 5],也不包含 0。未标准化中介效应占总效应量比重为 32.74%(即 0.1465/0.4474),标准化中介效应占总效应量比重为 32.75%(即 0.157 3/0.480 3)。

2. 用 Process 做调节效应分析

接下来使用 Process 完成本章案例 8-7 的调节效应分析。打开数据"压力与健康.sav",然后依次选择【分析】→【回归】→PROCESS v4.0 Andrew F. Hayes 命令,进入 PROCESS_v4.0 对话框,如图 8-72 所示。

先把数据的中文变量改为英文，然后将YaLi(压力)作为自变量选入X variable框中，将JianKang(心理健康)作为因变量选入Y variable框中，将XiaoJi(消极应对)作为调节变量放入Moderator variable W框中，其他选项保持系统默认即可，如图8-73所示。最后单击【确定】按钮，提交系统分析，得到如图8-74～图8-75所示的结果。

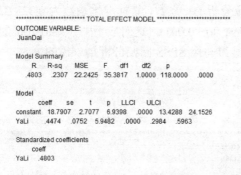

图8-70　"工作压力"对"职业倦怠"的总效应

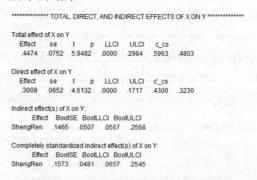

图8-71　总效应、直接效应和间接效应

图8-72　PROCESS_v4.0对话框

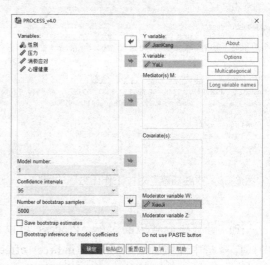

图8-73　设置变量

结果解释如下。

(1) 判定调节效应是否显著。图8-74给出了模型的基本信息，本次使用的模型1，即调节模型(可参考图8-64)。调节模型主要关注交互项和R^2改变量是否显著，从图8-74可知，交互项(int_1)系数为1.744 6($p<0.001$)，由图8-75可知，R^2改变量(R2-chng)为0.027 2 ($p<0.001$)，两者都达到了显著性水平，可以判定消极应对在压力对心理健康的影响上起到了调节作用。

(2) 对调节效应做进一步解释。Process通过取调节变量的低、中、高值来展现其调节效应，如图8-75所示，低、中、高值分别对应其16%、50%、84%的百分位数。具体来说，当消极应对为1.500 0(低值)时，压力对心理健康的效应量为2.460 8，当消极应对为1.916 7(中值)时，压力对心理健康的效应量为3.187 7，当消极应对为2.333 3(高值)时，压力对心理健康的效应量为3.914 7，从p值和置信区间可以看出，三个效应量都是显著的，只是大小有别。可以简单理解为，消极应对分值低，压力对心理健康的影响相对小，消极应对分值高，压力对心理健康的影响相对大。

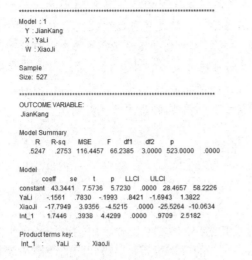

```
**************************************************************************
Model  : 1
  Y  : JianKang
  X  : YaLi
  W  : XiaoJi

Sample
Size:  527

**************************************************************************
OUTCOME VARIABLE:
 JianKang

Model Summary
      R       R-sq        MSE          F        df1        df2          p
    .5247      .2753   116.4457    66.2385     3.0000   523.0000      .0000

Model
              coeff         se          t          p       LLCI       ULCI
constant    43.3441     7.5736     5.7230      .0000    28.4657    58.2226
YaLi         -.1561      .7830     -.1993      .8421    -1.6943     1.3822
XiaoJi     -17.7949     3.9356    -4.5215      .0000   -25.5264   -10.0634
Int_1        1.7446      .3938     4.4299      .0000      .9709     2.5182

Product terms key:
 Int_1   :        YaLi     x        XiaoJi
```

图 8-74　回归方程结果

```
Test(s) of highest order unconditional interaction(s):
       R2-chng          F        df1        df2          p
X*W      .0272    19.6244     1.0000   523.0000      .0000
----------
    Focal predict: YaLi     (X)
          Mod var: XiaoJi   (W)

Conditional effects of the focal predictor at values of the moderator(s):

     XiaoJi     Effect         se          t          p       LLCI       ULCI
     1.5000     2.4608      .2854     8.6213      .0000     1.9001     3.0216
     1.9167     3.1877      .2401    13.2764      .0000     2.7161     3.6594
     2.3333     3.9147      .2961    13.2203      .0000     3.3329     4.4964

********************** ANALYSIS NOTES AND ERRORS ************************

Level of confidence for all confidence intervals in output:
  95.0000

W values in conditional tables are the 16th, 50th, and 84th percentiles.
```

图 8-75　条件过程结果

Process 还提供了一种名为 Johnson-Neyman 的方法直观地呈现变量的调节效应，可通过如下操作完成设置：在设置完图 8-73 的基础上，单击 Options 按钮进入其对话框，在右下角选中 Johnson-Neyman output 复选框，如图 8-76 所示，然后返回上一层对话框再次提交系统分析便可，所得结果如图 8-77 所示。结果显示以消极应对等于 0.688 1 为分界点，小于该值压力对心理健康的影响不显著，大于该值压力对心理健康的负向预测作用开始显著，且随着消极应对取值越大，这种消极作用也越来越大。Johnson-Neyman 法详细地呈现了消极应对的变化是如何影响压力对心理健康的作用的，同时精确地给出了压力对心理健康起作用的临界点(本例为 0.688 1)，与仅取低、中、高三个值相比，这种方式解释调节作用更为直观明了。

图 8-76　PROCESS options 对话框

```
Moderator value(s) defining Johnson-Neyman significance region(s):
     Value    % below    % above
     .6881      .9488    99.0512

Conditional effect of focal predictor at values of the moderator:
     XiaoJi     Effect         se          t          p       LLCI       ULCI
      .0000     -.1561      .7830     -.1993      .8421    -1.6943     1.3822
      .1500      .1056      .7270      .1453      .8845    -1.3226     1.5339
      .3000      .3673      .6715      .5470      .5846     -.9519     1.6866
      .4500      .6290      .6167     1.0199      .3082     -.5825     1.8406
      .6000      .8907      .5628     1.5827      .1141     -.2149     1.9963
      .6881     1.0443      .5316     1.9645      .0500      .0000     2.0887
      .7500     1.1524      .5100     2.2598      .0242      .1506     2.1542
      .9000     1.4141      .4587     3.0830      .0022      .5130     2.3152
     1.0500     1.6758      .4095     4.0923      .0000      .8713     2.4802
     1.2000     1.9375      .3633     5.3333      .0000     1.2238     2.6511
     1.3500     2.1991      .3213     6.8446      .0000     1.5680     2.8303
     1.5000     2.4608      .2854     8.6213      .0000     1.9001     3.0216
     1.6500     2.7225      .2583    10.5422      .0000     2.2152     3.2299
     1.8000     2.9842      .2427    12.2969      .0000     2.5075     3.4610
     1.9500     3.2459      .2410    13.4695      .0000     2.7725     3.7193
     2.1000     3.5076      .2534    13.8402      .0000     3.0097     4.0055
     2.2500     3.7693      .2781    13.5513      .0000     3.2228     4.3157
     2.4000     4.0310      .3122    12.9106      .0000     3.4176     4.6443
     2.5500     4.2927      .3530    12.1620      .0000     3.5993     4.9860
     2.7000     4.5543      .3983    11.4341      .0000     3.7719     5.3368
     2.8500     4.8160      .4469    10.7769      .0000     3.9381     5.6939
     3.0000     5.0777      .4977    10.2017      .0000     4.0999     6.0555
```

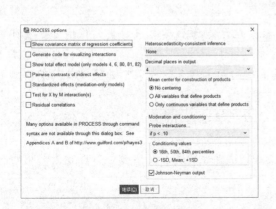

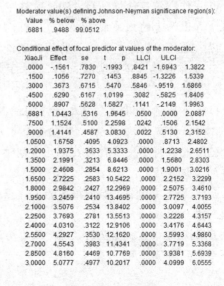

图 8-77　所得结果

在做调节效应分析时，Process 默认不将变量进行中心化处理，这也是本教材建议的做法。如果要对变量进行中心化处理，Process 提供了两种处理形式，如图 8-76 所示，其一是对所有变量进行中心化(all variables that define products)，其二是只对连续变量做中心化(only continuous variables that define products)。读者要注意，本章案例 8-7 使用 SPSS 回归分析时只将自变量和调节变量做了中心化，其实也可以同时对因变量做中心化，读者可以尝试将 Process 和 SPSS 分析结果进行比较。实践中，有一些研究者同时将所有变量转化为标准分数(Z 分数)然后再进行调节效应分析，其实也相当于将所有变量进行中心化处理。

小　结

本章介绍了构建回归方程的一般步骤，一元和多元线性回归方程的基本概念；重点讲解了一元和多元线性回归方程的 SPSS 构建过程及其结果的解读；比较了用输入法和逐步法做多元线性回归方程的异同；介绍了二元 Logistic 回归的分析过程，层级回归的使用和含有虚拟变量的回归方程的分析过程，以及如何构建中介模型和调节模型。另外，介绍了如何采用 Process 做中介效应和调节效应分析。

思考与练习

1. 什么是回归分析？回归分析有哪些种类？
2. 回归分析与相关分析有什么区别和联系？
3. 构建回归分析方程的一般步骤是什么？如何对回归方程的拟合优度进行检验？
4. 本章数据"购价与售价.sav"是随机抽取的 16 家商场的同类产品的销售价格和购进价格，请根据要求回答下列问题。

(1) 作"销售价格"和"购进价格"两者关系的散点图，判断两者是否存在线性关系，并且计算出两者的相关系数。

(2) 通过以上分析，你认为用购进价格来预测销售价格是否合适？为什么？

5. 本章数据"不良贷款.sav"记录了某银行 20 家分行的不良贷款数据，请根据要求回答下列问题。

(1) 不良贷款(单位：亿元)和贷款余额(单位：亿元)、担保贷款项目数、信用贷款项目数、本年累计应收款(单位：亿元)是否有关？

(2) 能否将不良贷款与其他几个因素的关系用回归方程表达出来？如果可以，请构建这样的回归方程。

6. 利用本章数据"职场排斥和工作投入.sav"分析组织认同在职场排斥和工作投入间是否起到中介效应。

7. 利用本章案例 8-7 的数据"压力与健康.sav"分析性别是否在压力对心理健康影响的预测中起到调节作用。

第 9 章

非参数检验

教学目标

- 了解非参数检验和参数检验的区别。
- 掌握独立样本非参数检验的 SPSS 操作及结果解释。
- 掌握相关样本非参数检验的 SPSS 操作及结果解释。
- 掌握 K 个独立样本非参数检验的 SPSS 操作及结果解释。
- 掌握 K 个相关样本非参数检验的 SPSS 操作及结果解释。

参数检验(parametric test)通常是在给定或假定总体的分布的基础上对总体的未知参数进行估计，而且参数检验通常要求满足某些总体参数的假设。但是在实践中，我们常常会遇到参数检验需要的前提条件无法满足的情况，这时如果还采用参数检验就不太合适了，于是研究者们又发展出了非参数检验(non-parametric test)，以解决那些不适合用参数检验的数据，相比较而言，非参数检验所受限制没有参数检验那么多。在 SPSS 中，非参数检验模块分为新对话框和旧对话框，新对话框是按照样本数据的特征进行分类的，旧对话框中的子菜单是按照不同的统计方法归类，它包含 8 种非参数检验：卡方检验、二项检验、游程检验、单样本 K-S 检验、2 个独立样本检验、K 个独立样本检验、2 个相关样本检验和 K 个相关样本检验。本章介绍几种目前最常用的、典型的非参数检验方法，以帮助读者了解非参数检验的基本原理及计算方法。

9.1 非参数检验

9.1.1 非参数检验简介

参数检验是在总体分布形式已知的前提下进行讨论的，同时还需要满足某些总体参数的假定条件。其原理是通过对总体参数做假设，利用枢轴量(pivotal quantity)将可观测到的数据和不能直接观测到的总体参数联系起来，对总体参数做出相应的统计推断。例如，在 T 检验过程中，我们首先已知总体分布为正态分布，总体方差和均值未知，我们利用 t 统计量将满足原假设的总体参数均值 μ 和样本均值联系起来，并得出由样本计算出的 t 值在原假设下的 t 分布所对应的概率，完成假设检验和统计推断。常用的统计检验如 T 检验、Z 检验和 F 检验等都是参数检验。

然而在实际应用中，我们往往不知道总体服从什么类型的分布，或者搜集到的数据对参数检验中的诸多要求和假定很难完全满足，这时参数检验就不太合适了，需要用到非参数检验。非参数检验又称自由分布检验(distribution-free test)，是一类对总体不做太多的、严格的限定的统计推断方法，这些方法一般不涉及总体参数的假设。非参数检验的前提假设比参数检验少很多，适用于已知信息相对较少的数据资料，它们的计算方法也直观、易理解。当然，尽管非参数检验对总体分布的前提假设较少，但它仍然遵照假设检验的一般原理，显著性水平 α、p 值等的概念仍具有相同的含义。

实际应用中，非参数检验主要针对总体不服从正态分布，或者数据类型为定类、定序类型的情况。值得注意的是，非参数检验的目的并不是验证参数检验的结论，而是在参数检验的前提条件不满足时使用的替代手段，以免使用参数检验时得出错误的统计推论，对于大多数参数检验方法，都有一种或几种与之相对应的非参数检验方法。

9.1.2 非参数检验的优缺点

1. 非参数检验的优点

与参数检验相比，非参数检验具有以下几个方面的优点。

第一，非参数检验不受总体分布的限制，对不满足总体分布假设的数据仍可使用。

第二，非参数检验往往不需要大样本，小样本情况下得出的结果也较为可靠和精确。

第三，非参数检验对计数数据、定类数据和定序数据等非连续变量数据都可使用。

2. 非参数检验的缺点

不可避免地，非参数检验也有一些缺点，具体表现在以下几个方面。

第一，非参数检验最大的不足是未能充分利用数据的全部信息。在将原始数据转换成等级、符号时，丢失了原始数据提供的数量大小的信息，这就意味着原始信息差异很大的不同数据集在非参数检验中结果可能是一样的。

第二，非参数检验不能像多因素方差分析一样分析交互作用，并对其做假设检验。

第三，非参数检验的统计检验力往往低于相应的参数检验。

9.2 单样本 K-S 检验

9.2.1 单样本 K-S 检验原理

单样本 K-S 检验是由柯尔莫戈洛夫(Kolmogorov)和斯米诺夫(Smirnov)两人提出的，是一种拟合优度检验，与卡方和二项分布的拟合优度检验不同，它适合探索连续型随机变量的分布。它的检验基本思路是：将观测数据的累计频数分布与某分布的理论累计频数分布做比较，求出它们的偏离值，显然，如果偏离值很小，就说明观测数据属于这类分布，如果偏离值太大，就说明观测数据不属于这类分布。具体来说，假设 $f_0(x)$ 为理论分布的分布函数，$f_1(x)$ 为样本的累计频数函数，K-S 检验统计量为

$$D = |f_1(x) - f_0(x)| \tag{9.1}$$

单样本 K-S 检验的原假设 H_0 是样本所属的总体与指定的理论分布没有显著性差异。如果 D 值的概率值 p 大于显著性水平 α，接受原假设 H_0，则说明观测值与理论值没有显著性差异，即属于该类分布；如果 p 值小于显著性水平 α，拒绝原假设 H_0，则说明观测值与理论值有显著性差异，即不属于该类分布。

9.2.2 单样本 K-S 检验的 SPSS 过程

案例 9-1 检验不同盘股的净利润是否符合正态分布

第 5 章案例 5-1 要分析小盘股、中盘股和大盘股的净利润差异，如果要做单因素方差分析，首先需要检验不同盘股的净利润是否符合正态分布，在案例 5-1 中我们已经使用【分析】菜单中的【探索】命令完成了这个检验，这里我们使用【分析】菜单中的【非参数检验】命令完成检验。

步骤 1： 因为不同的盘股有三个，读者可以利用【数据】菜单中的【选择个案】命令一一执行，也可以利用【数据】菜单中的【拆分个案】命令一次性完成，这里选用【拆分个案】命令。依次选择【数据】→【拆分个案】命令进入【拆分文件】对话框，将"盘股板块"移入【分组依据】框中，如图 9-1 所示，单击【确定】按钮完成数据拆分。

步骤 2： 选择【分析】→【非参数检验】→【旧对话框】→【单样本 K-S】命令，如图 9-2 所示。

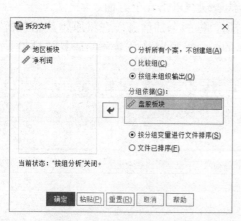

图 9-1 【拆分文件】对话框

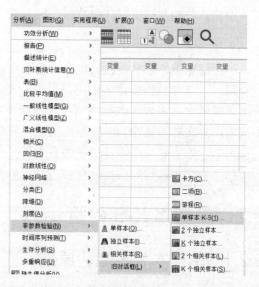

图 9-2 选择【单样本 K-S】命令

步骤 3：进入【单样本柯尔莫戈洛夫-斯米诺夫检验】对话框，将"净利润"移入右边【检验变量列表】框中，保持系统默认的检验正态分布，除此之外，还有"均匀""泊松""指数"三种分布检验，读者可以根据研究的目的自行选择，如图 9-3 所示。最后单击【确定】按钮，提交系统分析。

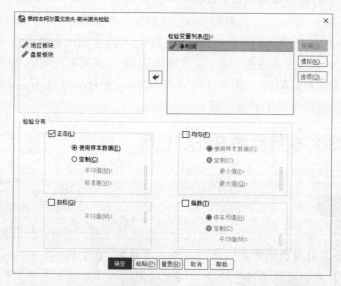

图 9-3 【单样本柯尔莫戈洛夫-斯米诺夫检验】对话框

步骤 4：图 9-4 是系统提供的结果之一，即小盘股的正态分布检验，限于篇幅，我们不提供中股盘和大股盘的检验结果，读者可以自己比较解读，因为解读是一样的。从图 9-4 可以知道，检验统计量为 0.184，渐进显著性 $p=0.200>0.05$，接受原假设 H_0，即该观测分布的总体与正态分布没有差异。其实在案例 5-1 的探索检验中用的也是 K-S 检验，只不过【探索】命令除了 K-S 检验还有夏皮洛-威尔克检验。

单样本柯尔莫戈洛夫-斯米诺夫检验[a]

		净利润
个案数		12
正态参数[b,c]	平均值	3776.5875
	标准差	1611.10366
最极端差值	绝对	.184
	正	.184
	负	-.133
检验统计		.184
渐近显著性（双尾）		.200[d,e]

a. 盘股板块 = 小盘股
b. 检验分布为正态分布。
c. 根据数据计算。
d. 里利氏显著性修正。
e. 这是真显著性的下限。

图 9-4　单样本柯尔莫戈洛夫-斯米诺夫检验结果

9.3　两独立样本非参数检验

9.3.1　两独立样本非参数检验的一般原理

在第 4 章，我们了解了独立样本 T 检验的目的是检验两个样本是否来自于同一个正态总体，也可以说是对两独立样本均值差异的显著性检验。然而有时样本所属的总体分布形态是未知的，也可能分布形态不是正态分布，样本均值不再服从 t 分布。因此，我们需要使用替代的统计方法来判断这种情况下两个独立样本是否来自相同分布的总体，而两独立样本非参数检验就是用来处理此类问题的有效方法。这一方法通过对两个独立样本的均值、中数、离散趋势、偏度等进行差异性检验，分析它们是否来自相同分布的总体。SPSS 提供了 4 种非参数方法：Mann-Whitney U 检验、Kolmogorov-Smirnov 检验、Moses 极限反应检验和 Wald-Wolfowitz 游程检验。这里我们以使用最广泛的 Mann-Whitney U 检验为例，讲解两独立样本非参数检验的原理、数据要求和 SPSS 操作步骤，其他的检验方法有兴趣的读者可以参考其他书籍学习。

9.3.2　曼-惠特尼 U 检验

1. 曼-惠特尼 U 检验的原理

曼-惠特尼 U 检验(Mann-Whitney U)，又称曼-惠特尼秩和检验，是由 H.B.Mann 和 D.R.Whitney 于 1947 年提出的，是利用数据的秩次的和(即等级的和)做检验的一种方法。秩和检验首先由威尔科克森(Wilcoxon)提出，后来曼-惠特尼(Mann-Whitney)将其应用到两样本容量不等的情况，所以又叫曼-惠特尼威尔科克森秩和检验(Mann-Whitney-Wilcoxon rank sum test)。曼-惠特尼 U 检验适用于自变量为二分变量，因变量为连续变量(定距或定比变量)，而且连续变量的分布未知的数据。

秩和检验的大概原理为：将两样本合并，然后按照大小对数据进行排列，每个观测值所处的位置被称为"秩"，即等级，通过比较两个样本的秩，来推断两样本来自总体的位置信息(即总体的均值)。如果两总体在位置上是相同的，那么秩应该被随机地混合在两个样本里，即第一个样本中每个数据的秩大于第二个样本中每个数据的秩的概率应该等于第二个样本中每个数据的秩大于第一个样本中每个数据的秩的概率。秩和检验对总体的分布没有要求，这是它的优点，但是它只利用了数据大小的顺序而不是数据取值大小本身，因而会丢失原始数据中的一些信息。

2. 检验过程

(1) 当两样本 $n<10$，$m<10$ 时，曼-惠特尼 U 检验的步骤如下。

第一，将两组个案的因变量的取值按照从小到大进行排序。假设有两总体 $X(x_1, x_2,..., x_m)$ 和 $Y(y_1, y_2,..., y_n)$，按照大小顺序将两组数据进行混合排列。例如，X 总体有 2，4，5，10，15 这几个取值，Y 总体有 1，3，11，17，20 这几个取值，我们可以将两者按从小到大排序为 $1(y_1$，秩为 1)，$2(x_1$，秩为 2)，$3(y_2$，秩为 3)，$4(x_2$，秩为 4)，$5(x_3$，秩为 5)，$10(x_4$，秩为 6)，$11(y_3$，秩为 7)，$15(x_5$，秩为 8)，$17(y_4$，秩为 9)，$20(y_5$，秩为 10)，这十个数据按升序排列的顺序位置便是对应的秩。

第二，计算两个总体各个数值的秩次(等级)之和 W_x 和 W_y。如该例，X 的秩和即为两组数据混合排列后，X 总体中每个数据对应的排序位置的总和。x_1 的秩为 2，x_2 的秩为 4，x_3 的秩为 5，x_4 的秩为 6，x_5 的秩为 8，所以 W_x=2+4+5+6+8=25。同理，Y 总体的秩和 W_y=1+3+7+9+10=30。W_x 和 W_y 就是威尔科克森(Wilcoxon)秩和统计量，如果用它做检验，则可以利用 W_x 和 W_y 中小的值作为统计决策，该例用 W_x=25 做统计量查表做统计决策。但我们这里还要计算曼-惠特尼 U 值。

第三，计算曼-惠特尼 U 值。在排序中找出 X 的秩次大于 Y 的秩次的个数，记为 U_{yx}，该例中 U_{yx}=1+2+2+2+3=10；在排序中找出 Y 的秩次大于 X 的秩次的个数，记为 U_{xy}=0+1+4+5+5=15。W 和 U 统计量有如下关系

$$U_{yx} = W_x - \frac{m(m+1)}{2} \tag{9.2}$$

$$U_{xy} = W_y - \frac{n(n+1)}{2} \tag{9.3}$$

第四，选择 U_{xy} 和 U_{yx} 中最小者与临界值 $U\alpha$ 做比较，当 $U < U\alpha$ 时，拒绝 H_0，接受 H_1。说明两样本的总体在位置上是有差异的。

(2) 当两样本量 $n>10$，$m>10$ 时，U 统计量渐近正态分布，其平均数及标准差如下

$$\mu_U = \frac{n(n+m+1)}{2} \tag{9.4}$$

$$\sigma_U = \sqrt{\frac{nm(n+m+1)}{12}} \tag{9.5}$$

如果存在相同等级，即等秩的情况，可以利用下列公式对其标准差进行矫正

$$\sigma_U = \sqrt{\frac{nm(n+m+1)}{12}\left[1 - \frac{\sum(t_k^3 - t_k)}{(n+m)^3 - (n+m)}\right]} \tag{9.6}$$

式中，t_k 表示第 k 个相同等级中相同值的个数。

当然，初学者不需要了解这些复杂的统计公式，只要能识别 SPSS 提供的结果便可。

3. 曼-惠特尼 U 检验的 SPSS 过程

对某班学生进行注意力稳定性实验，男生人数 14 人，女生人数 17 人，实验结果见本章数据"注意力实验.sav"，问男女生之间注意力稳定性是否不同？(数据来源：张厚粲，徐建平. 现代心理与教育统计. 北京：北京师范大学出版社，2015)

案例 9-2 利用数据"注意力实验.sav"分析男女生之间注意力是否不同

案例分析：两独立样本非参数检验的数据结构和独立样本 T 检验是一样的，部分数据如图 9-5 所示。当条件满足时，可以采用独立样本 T 检验进行差异检验，为了做比较，这里假设不满足参数检验条件，那么我们用曼-惠特尼 U 检验对男女差异进行检验。

步骤 1：打开数据"注意力实验.sav"，依次选择【分析】→【非参数检验】→【旧对话框】→【2 个独立样本】命令，如图 9-6 所示。

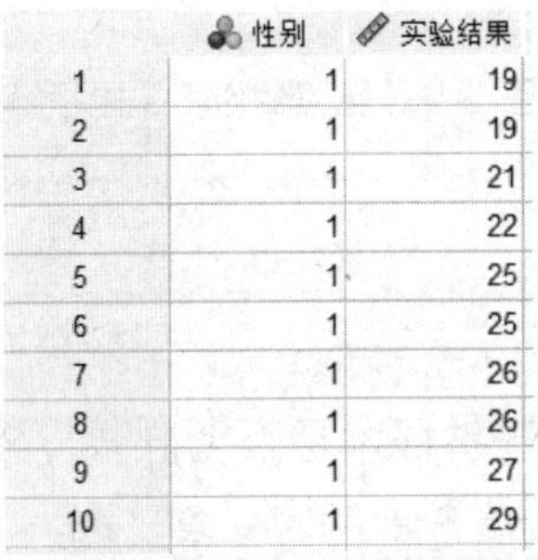

图 9-5　注意力实验部分数据　　　　图 9-6　选择【2 个独立样本】命令

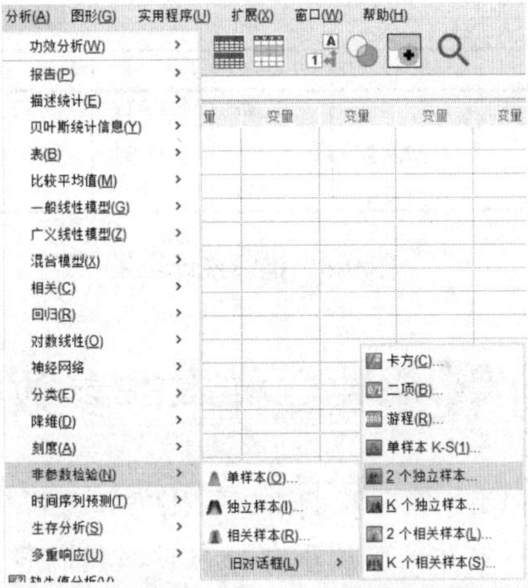

步骤 2：进入【双独立样本检验】对话框。将"实验结果"置入【检验变量列表】框中，将"性别"置入【分组变量】框中，定义组的方式与独立样本 T 检验过程相同。这里通过单击【定义组】按钮进入对话框定义比较的组别，因为取值 1 为男，取值 2 为女，所以在定义组中分别填入 1 和 2，具体设置过程读者可以参考独立样本 T 检验。检验方法选择系统默认的曼-惠特尼 U 检验法，由于此例中两个样本量都大于 10，因此不需要使用精确检验法，设置后如图 9-7 所示。最后单击【确定】按钮，提交系统分析。

步骤 3：结果解释。

图 9-8 和图 9-9 是检验的主要结果。图 9-8 输出了男女生实验结果的样本量、秩平均值和秩和。本例中样本量 $n>10$，$m>10$，所以可以利用渐进正态 Z 检验。图 9-9 中的 Z 统计量值为 -1.99，渐进显著性 p 值为 $0.047< 0.05$，因此可以认为男女生间的实验结果的差异是有统计学意义的。

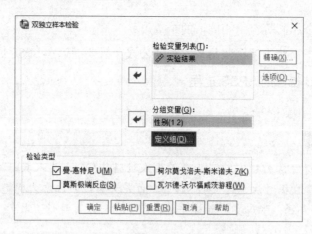

图 9-7 【双独立样本检验】对话框

	性别	个案数	秩平均值	秩的总和
实验结果	男	14	12.43	174.00
	女	17	18.94	322.00
	总计	31		

秩

图 9-8 描述统计结果

检验统计[a]

	实验结果
曼-惠特尼 U	69.000
威尔科克森 W	174.000
Z	-1.990
渐近显著性（双尾）	.047
精确显著性 [2*(单尾显著性)]	.048[b]

a. 分组变量：性别
b. 未针对绑定值进行修正。

图 9-9 曼-惠特尼 U 检验结果

9.4 K 个独立样本非参数检验

在第 5 章，我们讲述了用方差分析检验两个以上的正态样本是否来自同一分布的问题。而当样本并不服从正态分布时，我们应该如何检验它们是否来自同一总体呢？这就需要采用 K 个独立样本的非参数检验方法。这一类方法主要包括：克鲁斯卡尔-沃利斯 H(Kruskal-Wallis H)检验、中位数(Median)检验和约克海尔-塔帕斯特拉(Jonckheere-Terpstra) 检验。这里主要讲解常用的克鲁斯卡尔-沃利斯 H 检验。

9.4.1 克鲁斯卡尔-沃利斯 H 检验

以克鲁斯卡尔-沃利斯 H 检验为例，它类似参数的单因素方差分析。克鲁斯卡尔-沃利斯 H 检验是由克鲁斯卡尔(Kruskal)和沃利斯(Wallis)两人提出的，是曼-惠特尼 U 检验的扩展，它利用秩和推断多个样本所代表的总体分布是否相同。该检验的基本做法也是将所有样本的数据混合并从小到大排序，算出每个数据的秩，然后计算统计量 H，公式如下

$$H = \frac{12}{N(N+1)} \sum_{i=1}^{k} \frac{R_i^2}{n_i} - 3(N+1) \tag{9.7}$$

式中，k 为分组数；n_i 为某一组样本的样本容量；R_i 为某一组样本的等级和；N 为各组样本

容量总和。当存在相等的秩时，可以用以下公式进行校正

$$H_C = \frac{H}{1 - \frac{\sum_{i=1}^{g}(t^3 - t)}{(N^3 - N)}} \quad (9.8)$$

式中，g 为相同等级的数据个数，t 表示某一相同等级所含的数据个数，其余和公式 9.7 相同。

当 $k=3$，$n_i \leq 5$ 时，为小样本，克鲁斯卡尔-沃利斯 H 检验可以通过查 H 检验表确定显著性水平的临界值。当 $k>3$，$n_i>5$ 时，H 统计量渐进服从自由度为 $k-1$ 的卡方分布，可以利用卡方分布做统计决策。

与单因素方差分析相类似，当发现各组在总体上存在差异后，意味着至少有两个组间会存在显著性差异，至于是哪两个组，就需要做进一步的研究，即做组间的两两比较。但【旧对话框】中的【K 个独立样本】命令并没有此项功能，需要用到【非参数检验】中的【独立样本】命令。

9.4.2 K 个独立样本非参数检验 SPSS 过程

案例 9-3 利用克鲁斯卡尔-沃利斯 H 检验比较四个交易所成交额的差异

经方差分析检验，第 5 章的课后习题 5 中不同期货交易所成交额的均值并不满足方差齐性的假设，在此处用克鲁斯卡尔-沃利斯 H 检验来比较大连商品交易所、上海期货交易所、郑州商品交易所、中国金融期货交易所(中金所)的成交额数据是否有显著性差异。

步骤 1：打开数据"四大交易所成交额.sav"，依次选择【分析】→【非参数检验】→【旧对话框】→【K 个独立样本】命令，如图 9-10 所示。

步骤 2：进入【针对多个独立样本的检验】对话框，将变量"成交额"移入【检验变量列表】框中，将"交易所"移入【分组变量】框中，保持系统默认的克鲁斯卡尔-沃利斯 H 检验法，如图 9-11 所示。

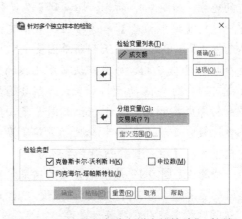

图 9-10 选择【K 个独立样本】命令　　图 9-11 【针对多个独立样本的检验】对话框

步骤 3：单击【定义范围】按钮进入相应对话框，在【最小值】文本框中输入 1，在【最大值】文本框中输入 4，说明 4 个交易所的数据都用于比较，如图 9-12 所示，然后单击【继续】按钮，返回上一层对话框。最后单击【确定】按钮，提交系统分析。

步骤 4：结果解释。

图 9-13 和图 9-14 是检验的主要结果。图 9-13 总结了每个样本的平均秩，而统计检验的结果则由图 9-14 给出。从图 9-14 可知，检验的卡方值为 17.833，渐进显著性 $p<0.001$，即可以认为四大交易所的成交额是有统计学上的差异的。那么我们可以做两两比较，进一步确认到底是哪两个交易所之间有差异。接下来的步骤 5 到步骤 8 就是对两两比较的设置，但是读者要注意，如果读者省略步骤 1 到步骤 4，直接从步骤 5 开始，其实是可以得到所有结果的，这里主要是为了比较才用【非参数检验】的【旧对话框】命令，即步骤 1 到步骤 4 的分析。

图 9-12　【多个独立样本：定义范围】对话框

秩

	交易所	个案数	秩平均值
成交额	大连商品交易所	6	16.83
	上海期货交易所	6	19.83
	郑州商品交易所	6	8.67
	中金所	6	4.67
	总计	24	

检验统计[a,b]

	成交额
克鲁斯卡尔-沃利斯 H	17.833
自由度	3
渐近显著性	<.001

a. 克鲁斯卡尔-沃利斯检验
b. 分组变量：交易所

图 9-13　描述统计结果　　　图 9-14　克鲁斯卡尔-沃利斯 H 检验结果

步骤 5：依次选择【分析】→【非参数检验】→【独立样本】命令，如图 9-15 所示。

步骤 6：进入如图 9-16 所示对话框，【目标】选项卡中保持默认设置，切换到【字段】选项卡，将"成交额"移入【检验字段】框中，将"交易所"移入【组】框中，这个设置和单因素方差分析有类似的地方，如图 9-17 所示。切换到【设置】选项卡，首先选中【定制检验】单选按钮，激活它的选项，然后选中【克鲁斯卡尔-沃利斯单因素 ANOVA 检验 (k 个样本)】复选框，并且默认多重比较的方法为全部成对，如图 9-18 所示。如果读者想要像单因素方差分析那样在两两比较中寻找相同子集，则可以把多重比较方法设置为逐步降低。所有设置完毕后，单击下方的【运行】按钮提交系统分析。

步骤 7：图 9-19 是系统分析的结果，可以看到检验的显著性 $p<0.001$，拒绝原假设 H_0，说明四个交易所的成交额存在显著性差异。

图 9-15　选择【独立样本】命令

第 9 章 非参数检验

图 9-16　【非参数检验：两个或两个以上的独立样本】对话框

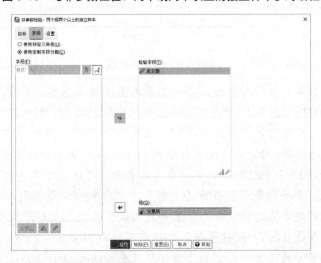

图 9-17　字段的设置

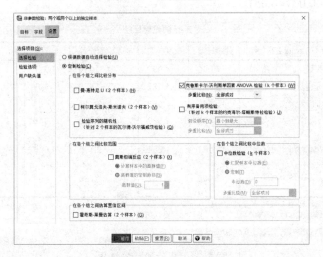

图 9-18　方法的选择

假设检验摘要

	原假设	检验	显著性[a,b]	决策
1	在交易所的类别中，成交额的分布相同。	独立样本克鲁斯卡尔-沃利斯检验	<.001	拒绝原假设。

a. 显著性水平为 .050。

b. 显示了渐进显著性。

图 9-19　克鲁斯夫尔-沃利斯单因素 ANOVA 检验结果

步骤 8： 图 9-19 是整体检验的结果，图 9-20 则给出了更为详细的信息。由图 9-20 可知，检验统计量为 17.833，渐进显著性 $p<0.001$，结论和图 9-14 所示的结果是一致的。

独立样本克鲁斯卡尔-沃利斯检验摘要

总计 N	24
检验统计	17.833[a]
自由度	3
渐进显著性（双侧检验）	<.001

a. 检验统计将针对绑定值进行调整。

图 9-20　模型查看器

在单因素方差分析中，当检验发现不同组别有显著性差异后，要做事后检验，这个分析思路在这里同样适用，图 9-21 即为事后检验两两比较的结果。图 9-21 中表格部分的解读和单因素方差的事后检验结果解读没有区别，从图 9-21 中可以看出，中金所和大连商品交易所两者存在显著性差异，两者比较的统计量为 12.167，$p=0.003$，当做了邦弗伦尼(Bonferroni)调整后，p 值变为 0.017 小于 0.05，从统计量为正来看，可以判断中金所的成交额要显著大于大连商品交易所，邦弗伦尼调整在方差分析和卡方分析中都有提到，它是用原概率值乘以两两比较的次数对概率值进行校正，这里一共比较了 6 次，所以原概率 0.003*6=0.018，但是系统显示的结果是 0.017，说明原概率 0.03 是系统取四舍五入的值，所以最终结果有一些出入。其他差异显著的还有中金所与上海期货交易所($p=0.001<0.05$)、郑州商品交易所与上海期货交易所($p=0.037<0.05$)。

交易所 的成对比较

Sample 1-Sample 2	检验统计	标准误差	标准检验统计	显著性	Adj.显著性[a]
中金所-郑州商品交易所	4.000	4.082	.980	.327	1.000
中金所-大连商品交易所	12.167	4.082	2.980	.003	.017
中金所-上海期货交易所	15.167	4.082	3.715	<.001	.001
郑州商品交易所-大连商品交易所	8.167	4.082	2.000	.045	.273
郑州商品交易所-上海期货交易所	11.167	4.082	2.735	.006	.037
大连商品交易所-上海期货交易所	-3.000	4.082	-.735	.462	1.000

每行都检验"样本 1 与样本 2 的分布相同"这一原假设。

显示了渐进显著性（双侧检验）。显著性水平为 .050。

a. 已针对多项检验通过 Bonferroni 校正法调整显著性值。

图 9-21　事后检验的结果

9.5 两相关样本非参数检验

9.5.1 两相关样本非参数检验的一般原理

两相关样本非参数检验对应于参数检验中的配对样本 T 检验,只是配对样本 T 检验假设两样本来自正态分布的总体,而两相关样本非参数检验则用于总体非正态的数据。两相关样本非参数检验中,SPSS 提供了四种检验方法:威尔科克森(Wilcoxon)检验、符号(Sign)检验、麦克尼马尔(McNemar)检验和边际同质性检验。其中威尔科克森检验的思路与曼-惠特尼 U 检验基本相同。在此,我们主要以威尔科克森等级检验和符号检验为例,讲解两相关样本非参数检验的 SPSS 操作步骤和解释。

9.5.2 符号检验

1. 适用资料

符号检验是把正负符号作为数据的一种非参数检验程序,与参数检验中配对样本 T 检验相对应。符号检验适用于检验两个配对样本分布的差异,它以中位数作为集中趋势的量度,其原假设是配对资料差值来自中位数为零的总体。

2. 检验过程

(1) 当成对数据 $N \leqslant 25$ 时,符号检验的大致过程如下。

第一,计算每对数据之差,即 $x_i - y_i$,但是只记正负,不计具体的差值。正号的总个数记为 n_+,负号的总个数记为 n_-,为 0 的不计在内。

第二,计算统计量 N 和 r 值。$N = n_+ + n_-$,$r = \min(n_+, n_-)$。若原假设 H_0 成立,则正差值的个数 n_+ 和负差值的个数 n_- 应各占一半左右。两者偏离越大,则说明两者的差异越大。

第三,根据 N 值可以查得符号检验表显著性水平(0.05 或 0.01)的临界值 $r_{0.05}$,并用 r(即 n_+ 和 n_- 中较小者)值与该临界值做比较,如果 $r > r_{0.05}$,说明两配对组间没有差异,如果 $r < r_{0.05}$,说明两配对组间有差异。

(2) 当成对数据 $N > 25$ 时,可以利用渐进正态分布做检验。因为将 N 分成 n_+ 和 n_- 两个部分时,n_+ 和 n_- 服从二项分布。根据原假设,我们知道两个部分出现的概率都为 0.5,当 $N > 25$ 时可以将二项分布近似看作正态分布,其平均数和标准差为

$$\mu = np = \frac{1}{2}N \tag{9.9}$$

$$\sigma = \sqrt{Npq} = \frac{\sqrt{N}}{2} \tag{9.10}$$

检验统计量可以写为

$$Z = \frac{r - \mu}{\sigma} = \frac{r - N/2}{\sqrt{N/2}} \tag{9.11}$$

在应用中常常为了更接近正态分布,使用下列校正公式

$$Z = \frac{(r+0.5) - N/2}{\sqrt{N/2}} \tag{9.12}$$

9.5.3 威尔科克森等级检验

1. 适用资料

威尔科克森等级检验(Wilcoxon signed-rank test)由威尔科克森(Wilcoxon)提出，也叫符号秩和检验，简称威尔科克森检验(Wilcoxon test)，适合变量为连续型数据和有序分类数据的配对比较。因为它不仅考虑了差异的符号，还同时考虑差值的大小，所以利用了原数据更多的信息，其检验的精度也比符号检验要高，当符号检验和威尔科克森等级检验发生矛盾时，应当以后者为准。

2. 检验过程

(1) 当成对数据 $N \leq 25$ 时，威尔科克森等级检验法的过程如下。

第一，把相关样本对应数据之差值按照绝对值从小到大做排序，确定等级，如果遇到差值为 0 的情况，0 不参加等级排列。

第二，在各个等级前面添加正负号。

第三，分别求出带正号的等级个数与带负号的等级个数，取两者较小者记为 T。

第四，根据成对数据 N 可以获得临界值，当 T 大于临界值时表明差异不显著，小于临界值时说明差异显著。

(2) 当成对数据 $N>25$ 时，T 值渐进服从正态分布，其平均数和标准差如下

$$\mu_T = \frac{N(N+1)}{4} \tag{9.13}$$

$$\sigma_T = \sqrt{\frac{N(N+1)(2N+1)}{24}} \tag{9.14}$$

检验统计量可以写为

$$Z = \frac{T - \mu_T}{\sigma_T} \tag{9.15}$$

9.5.4 两相关样本非参数检验的 SPSS 过程

案例 9-4 利用数据"评价上级.sav"分析两次评价结果差异是否显著

某企业组织员工对上级管理人员进行评价，要求员工对其上级进行 1~10 级计分评价，1 分为管理质量最低，10 分为最高。本章数据"评价上级.sav"记录了某部门 30 位员工对一位管理人员的两次评价结果，部分数据如图 9-22 所示，两次评价间隔 15 天，试分析两次评价的结果差异是否显著。

案例分析：经检验评价的得分不服从正态分布，达不到配对样本 T 检验的条件，为了保证检验的准确性，这时采用非参数检验是比较合适的。

第 9 章 非参数检验

步骤 1： 打开本章数据"评价上级.sav"，依次选择【分析】→【非参数检验】→【旧对话框】→【2 个相关样本】命令，如图 9-23 所示。

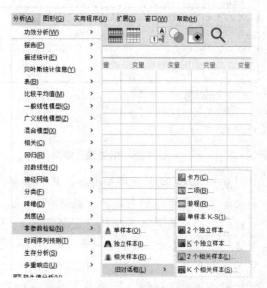

图 9-22 评价上级数据　　　　　图 9-23 选择【2 个相关样本】命令

步骤 2： 进入【双关联样本检验】对话框，将变量"第一次评价"和"第二次评价"依次移入【检验对】框中，选中【威尔科克森】和【符号】复选框，如图 9-24 所示。如果检验的对数超过 1 对，也可以一次性进行检验，这个设置和配对样本 T 检验类似。设置好后，单击【确定】按钮提交系统分析。

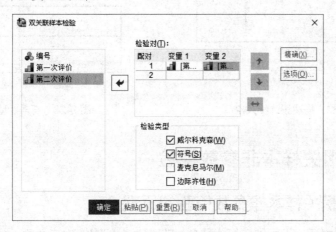

图 9-24 【双关联样本检验】对话框

步骤 3： 结果解释。

图 9-25 和图 9-26 是威尔科克森检验结果。其中图 9-25 显示了"第二次评价-第一次评价"后的正秩和负秩的个数、秩平均值与秩的总和。具体来看，正秩有 19 个，平均值为 17.24，秩的总和为 327.50，负秩有 9 个，平均值为 8.72，初步看是正秩更多，即第二次评价要比第一次评价的分数高，但是是否达到显著性水平，需要进一步检验。从图 9-26 可以看出，检验值 $Z=-2.781$，$p=0.004<0.05$，说明第一次评价和第二次评价的结果差异是显著的。

秩

		个案数	秩平均值	秩的总和
第二次评价 - 第一次评价	负秩	9[a]	8.72	78.50
	正秩	19[b]	17.24	327.50
	绑定值	2[c]		
	总计	30		

a. 第二次评价 < 第一次评价
b. 第二次评价 > 第一次评价
c. 第二次评价 = 第一次评价

检验统计[a]

	第二次评价 - 第一次评价
Z	-2.871[b]
渐近显著性（双尾）	.004

a. 威尔科克森符号秩检验
b. 基于负秩。

图 9-25　描述统计结果(1)　　　　图 9-26　威尔科克森检验结果

图 9-27 和图 9-28 是符号检验结果。其中，图 9-27 显示了"第二次评价-第一次评价"后的正差值和负差值的个数，正差值有 19 个，负差值有 9 个，这和威尔科克森检验的结果是一致的，初步看是正差值比负差值要多，即第二次评价要比第一次评价的分数高，但是是否达到显著性水平，需要进一步检验。从图 9-28 可以看出，检验值 $Z=-1.701$，$p=0.089>0.05$，说明第一次和第二次评价的差异没有达到统计学上的显著水平。这个检验结果与威尔科克森的检验结果是不同的，因为威尔科克森检验的精度更高，所以此时建议采用威尔科克森检验。

频率

		个案数
第二次评价 - 第一次评价	负差值[a]	9
	正差值[b]	19
	绑定值[c]	2
	总计	30

a. 第二次评价 < 第一次评价
b. 第二次评价 > 第一次评价
c. 第二次评价 = 第一次评价

检验统计[a]

	第二次评价 - 第一次评价
Z	-1.701
渐近显著性（双尾）	.089

a. 符号检验

图 9-27　描述统计结果(2)　　　　图 9-28　符号检验结果

9.6　K 个相关样本非参数检验

9.6.1　K 个相关样本非参数检验的原理

K 个相关样本适用于配对、区组资料，即样本之间存在对应关系的情形。配对样本 T 检验中，样本只有两个，且总体服从正态分布。而为了检验多于两个的配对样本，且不服从正态分布的样本是否来自于同一总体，则需要用到 K 个相关样本非参数检验。SPSS 中提供了三种检验方法，即傅莱德曼(Friedman)检验、肯德尔 W(Kendall W)检验和柯克兰 Q(Cochran Q)检验。

1. 傅莱德曼检验

傅莱德曼检验，又叫傅莱德曼双向等级方差分析，适合对配对组(随机区组)设计的多个样本进行比较，它的计算也是以秩(等级)为基础的，具体计算过程如下。

第一，将每一区组的 k 个数据(k 为实验处理数)从小到大排出等级。

第二，计算出每种实验处理 n 个数据(n 为区组数)的等级和，以 R_i 表示。

第三，将相关信息代入以下公式计算 χ^2 统计量，并利用 χ^2 分布做统计决策。

$$\chi_r^2 = \frac{12}{nk(k+1)} \sum_{i=1}^{k} R_i^2 - 3n(k+1) \tag{9.16}$$

2. 肯德尔 W 检验

肯德尔 W 检验，也叫肯德尔和谐系数，适合分析 k 个评价者对 n 个对象进行评价的数据，通常用于考查不同评分者对多个评定对象的评分标准是否一致，即考查评分者信度。譬如评委对参赛作品进行评价。肯德尔 W 检验处理的数据类型其实就像傅莱德曼检验中采用 k 种实验对 n 个被试进行处理一样，不过肯德尔 W 检验主要处理的是等级数据，傅莱德曼可以处理等级数据，也可以处理定距和定比这样的连续型数据。肯德尔 W 检验具体的计算过程如下。

第一，将每一个评价者(共 k 个)评定的每一个对象按得分从小到大排出等级。

第二，将每一个被试(共 n 个)获得的等级加总，以 R_i 表示。

第三，将相关符号代入以下公式

$$W = \frac{12s}{k^2(n^3 - n)} \tag{9.17}$$

其中

$$s = \sum \left(R_i - \frac{\sum R_i}{n} \right) \tag{9.18}$$

如果数据中有相等的等级，另有校正公式计算 W 系数，此处不再赘述。W 系数的取值范围是 0~1，0 表示 k 个评价者的评价标准完全不一致，1 表示 k 个评价者的评价标准完全一致。

如果被评定对象 $n>7$，可以将 W 系数转化成 χ^2 值进行检验，转化公式如下

$$\chi^2 = k(n-1)W \tag{9.19}$$

9.6.2 K 个相关样本非参数检验的 SPSS 过程

本章数据"客流量.sav"记录了一家企业 10 个连锁店早、中、晚三个时段的客流量，如图 9-29 所示，分析三个时段的客流量是否有差距？如果有，研究哪两个时段有差异？

案例分析：本案例有三组测量数据，但是三组测量数据是同一连锁店

案例 9-5 利用数据"客流量.sav"分析三个时段的客流量是否有差距

	编号	早	中	晚
1	1	110	134	170
2	2	120	156	160
3	3	123	129	160
4	4	154	140	139
5	5	110	138	120
6	6	120	169	160
7	7	130	147	139
8	8	120	130	149
9	9	130	200	167
10	10	123	140	80

图 9-29 客流量数据

被测试了三次,因此是相关样本,经检验客流量不是正态分布,所以用傅莱德曼检验。

步骤1: 打开数据"客流量.sav",依次选择【分析】→【非参数检验】→【旧对话框】→【K个相关样本】命令,如图 9-30 所示。

步骤2: 进入【针对多个相关样本的检验】对话框,将"早""中""晚"三个变量移入【检验变量】框中,选中【傅莱德曼】复选框,如图 9-31 所示,最后单击【确定】按钮,提交系统分析。

图 9-30　选择【K个相关样本】命令　　　图 9-31　【针对多个相关样本的检验】对话框

步骤3: 结果解释。

图 9-32 和图 9-33 是系统给出的分析结果。图 9-32 显示的是早、中、晚各自秩的平均值,可以初步看出中午最大,晚上其次,早上最小。但是它们的差异是否达到显著性水平,还是需要做检验的。从图 9-33 可以看出,检验的卡方值为 7.800,渐近显著性 $p=0.020<0.05$,说明三者确实存在显著性差异。

当总体上存在显著性差异时,按照惯例,我们需要做两两比较才知道是哪两组间有差异,以下步骤 4 到步骤 7 是两两比较的过程。读者可以不做步骤 1 到步骤 3,直接做步骤 4 到步骤 7,这样可以一次得到所有的结果,这里主要是为了比较而演示了步骤 1 到步骤 3。

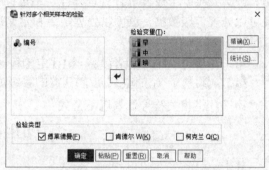

图 9-32　各时段的秩平均值　　　图 9-33　傅莱德曼检验统计量

步骤 4： 依次选择【分析】→【非参数检验】→【相关样本】命令，如图 9-34 所示。

步骤 5： 进入如图 9-35 所示对话框，【目标】选项卡中的内容保持默认设置，切换到【字段】选项卡。将"早""中""晚"三个变量移入【检验字段】框中，如图 9-36 所示。在【设置】选项卡中，首先选中【定制检验】单选按钮，激活它的选项，然后选中【傅莱德曼双因素按秩 ANOVA 检验(k 个样本)】复选框，并且默认多重比较的方法为全部成对，如果读者想要利用相同子集比较组间差异，则可以把多重比较方法改为逐步降低。所有设置完毕，单击下方的【运行】按钮，提交系统分析，如图 9-37 所示。

图 9-34　选择【相关样本】命令

步骤 6： 图 9-38 是系统分析的结果，可以看到检验的显著性 $p=0.020<0.05$，拒绝零假设(原假设 H_0)，即早、中、晚的客流量存在显著性差异，这个显著性水平值和利用【旧对话框】命令的结果是一致的。

图 9-35　【非参数检验：两个或两个以上的相关样本】对话框

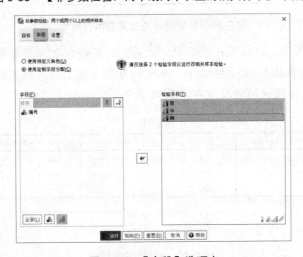

图 9-36　【字段】选项卡

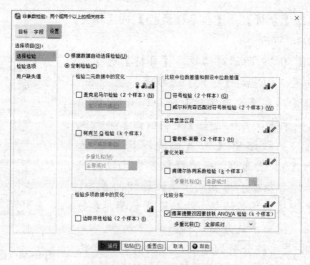

图 9-37 【设置】选项卡

假设检验摘要

	原假设	检验	显著性[a,b]	决策
1	早,中 and 晚 的分布相同。	相关样本傅莱德曼双向按秩方差分析	.020	拒绝原假设。

a. 显著性水平为 .050。
b. 显示了渐进显著性。

图 9-38 傅莱德曼双因素按秩 ANOVA 检验结果

步骤 7：图 9-38 只是整体检验的结果，图 9-39 提供了更为详细的检验结果，即样本总量(10)、检验统计量(7.800)、自由度(2)和渐进显著性水平(0.020)等信息。

相关样本傅莱德曼双向按秩方差分析摘要

总计 N	10
检验统计	7.800
自由度	2
渐进显著性（双侧检验）	.020

图 9-39 检验统计量及其显著性水平

图 9-40 提供了两两比较结果，从图中可以看出，早与中之间是有显著性差异的，用邦弗伦尼(Bonferroni)调整后，$p=0.022<0.05$，从统计量为负来看，可以判断早上的客流量比中午的客流量少，其他时段间的比较没有显著性差异。

成对比较

Sample 1-Sample 2	检验统计	标准误差	标准检验统计	显著性	Adj.显著性[a]
早-晚	-.900	.447	-2.012	.044	.133
早-中	-1.200	.447	-2.683	.007	.022
晚-中	.300	.447	.671	.502	1.000

每行都检验"样本 1 与样本 2 的分布相同"这一原假设。
显示了渐进显著性（双侧检验）。显著性水平为 .050。
a. 已针对多项检验通过 Bonferroni 校正法调整显著性值。

图 9-40 成对比较结果

案例 9-6 利用数据 "作品评价.sav" 分析评分者的评分标准是否一致

数据 "作品评价.sav" 记录了 5 位评价者对 6 个作品的喜爱程度的等级评价，1 代表最佳，6 代表最次。数据整理成如图 9-41 所示的形式，试分析这几位评分者的评分标准是否一致？同时分析这几个作品被喜爱的程度是否存在差异？

案例分析：该题适合用肯德尔 W 检验，读者要注意在做肯德尔 W 检验时，因为要评价的是评分者的评分标准是否一致，数据中行必须表示评分者，列表示被评对象，顺序不可以颠倒。而第二个问题是分析这几个作品被喜爱的程度是否有差距，其实就是例 9-5 中说的傅莱德曼检验。

	评价者	作品1	作品2	作品3	作品4	作品5	作品6
1	A	6	2	1	4	5	3
2	B	4	2	3	6	5	1
3	C	6	3	2	5	4	1
4	D	5	4	1	6	3	2
5	E	6	3	2	4	5	1

图 9-41 作品评价数据

步骤 1：打开数据 "作品评价.sav"，依次选择【分析】→【非参数检验】→【旧对话框】→【K 个相关样本】命令，如图 9-42 所示。

图 9-42 选择【K 个相关样本】命令

步骤 2：进入【针对多个相关样本的检验】对话框，将所有的作品种类移入【检验变量】框中，选中【傅莱德曼】和【肯德尔 W】复选框，如图 9-43 所示，最后单击【确定】按钮，提交系统分析。

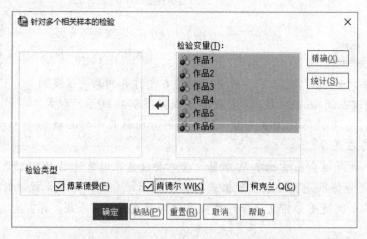

图9-43 【针对多个相关样本的检验】对话框

步骤3： 结果解释。

图9-44和图9-45是系统给出的傅莱德曼检验结果。图9-44给出了每个作品被评价得到的平均等级，图9-45给出的是检验统计量，即卡方值为19.514，渐近显著性$p=0.002<0.05$，说明6个作品的受欢迎程度是不同的。

图9-46是肯德尔W检验的主要结果。由图可知肯德尔W系数为0.781，说明5位评价者的意见一致性程度较强。卡方检验值为19.514，$p=0.002<0.05$，说明6个作品的受喜爱程度是不同的。可知，这里的卡方检验值和傅莱德曼检验完全一致。总结来说，肯德尔W系数不仅检验行间(评分者)的差异，同时也检验列间(被评对象)的差异情况，而傅莱德曼检验的是列间的差异情况。如果读者有兴趣研究到底是哪些作品的受喜爱程度不同，可以参考案例9-5做两两比较，这里不再赘述。

秩	秩平均值
作品1	5.40
作品2	2.80
作品3	1.80
作品4	5.00
作品5	4.40
作品6	1.60

检验统计ª

个案数	5
卡方	19.514
自由度	5
渐近显著性	.002

a. 傅莱德曼检验

检验统计

个案数	5
肯德尔Wª	.781
卡方	19.514
自由度	5
渐近显著性	.002

a. 肯德尔协同系数

图9-44 不同作品的秩平均值　　图9-45 傅莱德曼检验统计量　　图9-46 肯德尔W检验结果

小　结

本章介绍了非参数检验的适用条件以及它和参数检验的区别与联系。非参数检验的具体方法有很多，学习非参数检验重点需要了解各种检验方法的适用条件：当需要检验单个样本的连续变量是否符合正态分布、均匀分布、泊松分布和指数分布时，可以采用单样本

K-S 检验；如果要研究两独立样本在连续变量上的差异，可以使用曼-惠特尼 U 检验，如果样本是相关(配对)的，可以使用威尔科克森秩和检验；如果要研究 K 个独立样本在连续变量上的区别，可以用克鲁斯卡尔-沃利斯 H 检验，但是如果这 K 个独立样本是相关(配对)的，可以使用傅莱德曼检验和肯德尔 W 检验。

思考与练习

1. 常用的非参数检验有哪些？在什么情况下采用非参数检验？
2. 为什么说秩和检验对应于参数检验中的 T 检验？二者有什么区别和联系？
3. 某商家决定采用不同的销售手段，尝试是否可以给商品带来不一样的销售量，于是随机抽取了 22 名员工分成两组，让他们分别采用不同的营销方法，最后销售量(单位：个)如表 9-1 所示。试分别用参数检验和非参数检验研究这两种方法带来的销量是否有差异。

表 9-1 销售量

方法	销量										
方法 1	14	19	50	36	41	32	23	31	40	79	100
方法 2	195	175	182	150	75	42	9	21	23	71	81

4. 为了验证某种减肥药物是否有效，某机构随机抽取了 11 个被试服用该药物，一段时间后对其体重(单位：千克)进行再次测量，数据如表 9-2 所示。试分别用参数检验和非参数检验研究该药物是否对减肥有效。

表 9-2 体重变化

	A	B	C	D	E	F	G	H	I	J	K
前	80	85	90	102	89	94	86	84	90	94	105
后	70	87	89	95	88	95	88	85	87	95	100

5. 数据"大学生就业素质调查.sav"提供了大学生各项能力的评价数据，分数的高低表示能力的高低。试分析不同学校类型的学生各项能力有无显著性差异。

6. 有 10 人对彩虹的 7 种颜色按照其喜好程度进行等级评价。最喜欢的等级为 1，最不喜欢的等级为 7，结果见表 9-3。问这 10 人对颜色的喜好是否具有一致性？

表 9-3 颜色喜好

n=7	评价者 k=10									
	1	2	3	4	5	6	7	8	9	10
红	3	5	2	3	4	4	3	2	4	3
橙	6	6	7	6	7	5	7	7	6	6
黄	5	4	5	7	6	6	4	4	5	4
绿	1	1	1	2	2	2	2	1	1	2
青	4	7	4	4	3	3	5	6	3	5
蓝	2	2	3	1	1	1	1	3	2	1
紫	7	3	6	5	5	7	6	5	7	7

第 10 章

因子分析

教学目标

- 了解因子分析的基本原理和应用范围。
- 掌握因子分析的适合度检验的 SPSS 操作与结果解释。
- 掌握因子提取的方法及其 SPSS 操作与结果解释。
- 掌握因子旋转的方法及其 SPSS 操作与结果解释。

因子分析(factor analysis)，也叫因素分析，它起源于心理学的研究，学者们首先将它应用于智力的结构研究。当然，因为该研究工具的发展日趋成熟，它也被应用到了心理学的其他研究领域，如人格、态度、兴趣等领域，以及一些非心理学领域，如医学、社会学、经济学、管理学等，是一个应用非常广泛的工具。因子分析的主要目的在于简化数据，在实际的科学研究中，我们常常会遇到数据非常庞大的情况，利用这些数据对样本或总体进行描述和研究有时会感觉到无从下手，假如我们能从这些数据中找到一种简化的手段，那么对于它们的解释就会变得很方便。我们可以用几十个乃至成百上千个变量去测量被试的综合素质，如果能从这些变量中提取几个因子描述被试的综合素质，显然要比用几十个变量描述一个被试要好得多，因子分析正是用于处理这种情况的统计工具。

根据研究目的的不同，因子分析可以分成探索性因子分析(Exploratory Factor Analysis，EFA)和验证性因子分析(Confirmative Factor Analysis，CFA)。探索性因子分析，是指在没有对观察数据做任何假设的情况下，对观察变量间的关系进行研究与探讨，以期发现它们内在的共同结构，也叫公共因子(common factor)，然后进一步研究观测变量在该公共因子上的负荷值大小，最后通过负荷值大小判断出公共因子包含的主要内容，从而为因子进行合适命名的过程。与探索性因子分析侧重探索不同，验证性因子分析是为了验证某种数据结构或者理论假设，即在做分析前，研究者对于自己数据中的因子结构有较为明确的假设与说明，验证性因子分析是为了验证研究者因子结构假设的合理性。本章主要探讨探索性因子分析的过程。

10.1 因子分析简介

10.1.1 因子分析的基本原理

因子分析的基本原理是：在众多的可观测变量中，根据相关性大小将变量进行分组，使同组变量间的相关性较高，不同组变量间的相关性较低，从而使每组变量能够代表一种基本结构，这种基本结构就是我们所说的公共因子。如果我们能取到较少的公共因子，那么用这些公共因子去解释样本或总体数据就比原来的变量简洁了。因子分析的目的就在于用少量的因子概括和解释大量的观测变量，建立起简洁的数据结构。

10.1.2 因子分析的相关概念

1. 数据模型

因子分析的基本模型是将一系列的观测变量 x_i，表述成几个假设的公共因子 F_i 的线性组合。例如，对样本进行测量，获得 n 个变量的数据，如果我们将所有的变量 x_i 都用标准分数 Z_i 表示，同时假设有 m 个公共因子可以解释被试在各个测量变量的大部分变异，那么这 n 个变量就可以表达成由这 m 个因子组成的回归方程式，如下

$$\left.\begin{array}{l} Z_1 = a_{11}F_1 + a_{12}F_2 + \ldots + a_{1m}F_m + \varepsilon_1 \\ Z_2 = a_{21}F_1 + a_{22}F_2 + \ldots + a_{2m}F_m + \varepsilon_2 \\ \ldots \\ Z_n = a_{n1}F_1 + a_{n2}F_2 + \ldots + a_{nm}F_m + \varepsilon_n \end{array}\right\} \qquad (10.1)$$

在这个方程组中，Z_1、Z_2、...、Z_n 分别表示某被试在第一、第二、……、第 n 个观测变量上的标准得分；F_1、F_2、...、F_n 分别表示某被试在 m 个公共因子上的得分，也是以标准分数来计算；a_{ij} 表示第 i 个观测变量对应的回归方程中第 j 个公共因子的系数，是计算 Z_i 的回归方程对应于第 j 个因子的加权系数，称为因子负荷或因子载荷。公共因子对某一变量的影响越大，在计算该变量时给予的权重就越大，即负荷值就会越大。在这个方程组中如果 m 小于 n，即提取的公共因子数量 m 少于原来的变量个数 n，那么就可以达到简化变量的目的，如果公共因子 m 太多或者 m 等于 n，就没有达到简化变量的目的。

2. 因子的共同度

方差反映了数据的变异程度，每一个变量 x 的方差反映了被试在这个变量上得分的差异大小。因子分析假设，每个变量 x 都受到公共因子 F 和随机误差的影响，即 x 的方差可以分解成公共因子的方差和误差方差两个独立部分。因为因子分析先将变量转化成标准变量，所以它们的方差都等于 1。由上面因子数学模型可知，任何一个变量和公共因子有以下关系

$$Z_i = a_{i1}F_1 + a_{i2}F_2 + \ldots + a_{im}F_m + \varepsilon_i \tag{10.2}$$

因为我们假设公共因子之间是相互独立的，所以由公式(10.2)可以推导出任意标准化变量的方差 s_i^2 和公共因子以及误差有以下关系

$$s_i^2 = a_{i1}^2 + a_{i2}^2 + \ldots + a_{im}^2 + d_i^2 \tag{10.3}$$

式中，s_i^2 为第 i 个变量的方差，因为是标准化变量，所以 $s_i^2 = 1$；a_{i1}^2 到 a_{im}^2 这几个系数分别为第 1 到第 m 个公共因子对 Z_i 的方差贡献；d_i^2 为第 i 个变量中其他误差因素的方差贡献。如果我们将所有的公共因子对 Z_i 的方差贡献加起来，会得到一个指标，被称为共同度，我们用 h^2 表示，共同度可以说明提取的所有公共因子对变量方差的共同解释力度。显然，共同度越大，说明我们提取该公共因子能解释该变量的方差就越大，这是我们想得到的结果。

为了加深对知识的理解，以表 10-1 的数据为例加以说明。假设收集了一批学生的语文、英语、数学等 9 门课程的成绩，经过因子分析，提取了两个公共因子，F_1 为文科，F_2 为理科。以语文这一变量为例，语文成绩标准化后与两个公共因子的关系如下

$$Z = 0.95F_1 - 0.20F_2 + \varepsilon_1$$

其共同度为

$$h^2 = 0.95^2 + (-0.20)^2 = 0.942\ 5$$

说明这两个公共因子可以解释语文成绩 94.25% 的方差，其他变量的共同度的计算和解释一样，不再赘述。

表 10-1 各学科因子提取

变 量	F_1 (文科)	F_2 (理科)	共同度 h^2	误差方差 d^2
语文	0.95(a_{11})	−0.20(a_{12})	$a_{11}^2 + a_{12}^2$	d_1^2
英语	0.85(a_{21})	−0.15(a_{22})	$a_{21}^2 + a_{22}^2$	d_2^2
政治	0.90(a_{31})	−0.16(a_{32})	$a_{31}^2 + a_{32}^2$	d_3^2
历史	0.92(a_{41})	−0.21(a_{42})	$a_{41}^2 + a_{42}^2$	d_4^2

续表

变量	F_1(文科)	F_2(理科)	共同度 h^2	误差方差 d^2
地理	$0.80(a_{51})$	$-0.30(a_{52})$	$a_{51}^2 + a_{52}^2$	d_5^2
数学	$-0.12(a_{61})$	$0.96(a_{62})$	$a_{61}^2 + a_{62}^2$	d_6^2
物理	$-0.17(a_{71})$	$0.93(a_{72})$	$a_{71}^2 + a_{72}^2$	d_7^2
化学	$-0.25(a_{81})$	$0.90(a_{82})$	$a_{81}^2 + a_{82}^2$	d_8^2
生物	$-0.30(a_{91})$	$0.85(a_{92})$	$a_{91}^2 + a_{92}^2$	d_9^2
特征值	$a_{11}^2 + a_{21}^2 + \ldots + a_{91}^2$	$a_{12}^2 + a_{22}^2 + \ldots + a_{92}^2$		
解释量	$(a_{11}^2 + a_{21}^2 + \ldots + a_{91}^2)/9$	$(a_{12}^2 + a_{22}^2 + \ldots + a_{92}^2)/9$		

3. 因子方差贡献率

因子矩阵中的第 j 列是第 j 个公共因子与所有测量变量的相关系数(即负荷值)，负荷值的平方是公共因子对某测量变量的方差贡献，如果将所有的平方加总，叫做该公共因子的方差贡献，也叫特征值，用 v^2 表示，即

$$v^2 = \sum_{i=1}^{n} a_{ij}^2 = a_{1j}^2 + a_{2j}^2 + \cdots + a_{nj}^2 \tag{10.4}$$

一方面，v^2 可以反映出该公共因子对所有测量变量总的影响，另一方面也体现了该公共因子在所有公共因子中的重要性。值越大的，就说明越重要。以表 10-1 为例，F_1(文科) 和 F_2(理科)的方差贡献分别为

$$F_1 : v_1^2 = 0.95^2 + 0.85^2 + \ldots + (-0.30)^2 = 4.117\,2$$

$$F_2 : v_2^2 = (-0.20)^2 + (-0.15)^2 + \ldots + 0.85^2 = 3.541\,2$$

因为有 9 个标准化测量变量，所以总的变异量为 9，F_1(文科)公共因子的贡献率为 4.117 2/9 ≈45.75%，F_2(理科)公共因子的贡献率为 3.541 2/9≈39.35%，相比较而言，文科成绩比理科成绩对 9 门功课的成绩影响大一些。两个因子共同的方差贡献率(累计方差贡献率)为 45.75%+39.35%=85.1%。

10.2 因子分析的步骤

10.2.1 因子分析适合度检验

1. KMO 适合度检验

因子分析的基础是相关矩阵，KMO 不仅利用了相关矩阵，还应用了变量的偏相关矩阵。偏相关是指在控制其他因素的情况下研究变量间的关系。偏相关系数高，是指在控制了其他因素的情况下，两变量还有很强的正相关，即说明变量间的关系没有受到其他因素的影响，也就是说，不太可能提取出公共因子。相反，偏相关系数低，是指在控制了其他因素的情况下，两变量的相关程度变低，即说明变量间的关系受到其他因素的影响，这种情况下可能会提取出公共因子。具体来说，KMO 的计算公式如下

$$\text{KMO} = \frac{\sum\sum r_{ij}^2}{\sum\sum r_{ij}^2 + \sum\sum p_{ij}^2} \tag{10.5}$$

式中，r_{ij} 是变量 x_i 和其他变量 $x_j (i\neq j)$ 间的相关系数；p_{ij} 是变量 x_i 和其他变量 $x_j (i\neq j)$ 间的偏相关系数。从公式上看，如果变量间偏相关系数 p_{ij} 很小，即 $\sum p_{ij}^2$ 很小，那么 KMO 值接近于 1，说明可以提取公共因子。如果 $\sum p_{ij}^2$ 要远大于 $\sum r_{ij}^2$，那么 KMO 值接近于 0，说明变量间的相关受其他公共因子影响的可能性小，此时不适合做因子分析。一般地，KMO≥0.9，说明非常适合提取公共因子；0.8≤KMO<0.9，说明适合提取公共因子；0.7≤KMO<0.8，说明尚可提取公共因子；0.6≤KMO<0.7，说明不太适合提取公共因子；KMO≤0.6，说明极不适合提取公共因子。

2. 巴特利特球形度检验

巴特利特球形度检验也是以原有变量的相关矩阵为出发点，该假设认为假如不适合提取公共因子，那么相关矩阵对角线上取值为 1(变量本身相关)，非对角线上的取值都为 0(即变量间不相关)，即是一个单位矩阵。它利用相关矩阵的行列式计算统计量，这个统计量渐进服从卡方分布，然后通过卡方分布对统计量进行检验。统计量概率值 p 小于指定显著性水平时，说明相关矩阵不是单位矩阵，适合提取公共因子；反之，说明相关矩阵是单位矩阵，不适合提取公共因子。

除了 KMO 检验和巴特利特球形度检验外，还有反映像相关矩阵检验(anti-image correlation matrix)，因为使用相对较少，有兴趣的读者可以自己查阅相关资料，这里不做深入介绍。

10.2.2 因子提取

1. 主成分分析法

因子提取的方法有很多种，有主成分分析法、最小二乘法、极大似然法、α 因子法、映像分析法。使用最多的是主成分分析法，所以这里主要介绍这种方法。

主成分分析法的主要做法是将原相关的一组变量通过数学方法转换(例如正交旋转)成另外一组相互独立的新变量，这一组相互独立的新变量就叫作主成分。假设有 n 个变量，主成分和原变量有如下关系

$$\left.\begin{array}{l} F_1 = b_{11}x_1 + b_{12}x_2 + \ldots + b_{1n}x_n \\ F_2 = b_{21}x_1 + b_{22}x_2 + \ldots + b_{2n}x_n \\ \ldots \\ F_n = b_{n1}x_1 + b_{n2}x_2 + \ldots + b_{nn}x_n \end{array}\right\} \qquad (10.6)$$

式中，F_i 和 F_j 相互独立；F 是以标准分数来计算的，所以它的方差等于 1，即 $b_{i1}^2 + b_{i2}^2 + \ldots + b_{in}^2 = 1$；$F_1$、$F_2$、....、$F_n$ 对原变量的方差贡献依次变小，所以我们称它们为第一个主成分，第二个主成分，……，第 n 个主成分。

2. 因子数的确定

在主成分分析中，有多少个原变量，就可以提取多少个主成分，但是我们不可能提取所有的主成分，否则因子分析就没有达到简化数据的目的。一般我们只提取几个方差贡献

大的主成分，这样才符合我们简化变量的目的，同时又能尽可能多地保留原来变量的信息量。因子数的确定可以考虑下面几个问题，第一，成分的特征值要大于1，这是一个默认的标准。前面提到特征值代表一个因子对所有变量的解释能力。每一个标准化的原变量的方差为1，说明在没有提取公共因子时每一个原变量都可以解释一个方差的信息量，若提取的公共因子的解释能力达不到这个程度，那还不如保留原变量，没有必要提取公共因子。第二，提取的所有公共因子的方差贡献率要达到一定的比例，比例越高越好，一般建议的比例是80%，当然有时也会根据实际情况做适当的调整。

另外，在SPSS中提供了一种名为"碎石图"的统计图，帮助我们判断因子的提取数量，如图10-1所示。碎石图的纵轴是特征值，横轴是按照贡献大小从左到右排列的因子数，命名为1的因子的贡献最大，所以它的特征值最大，依次类推。我们需要在碎石图中找到一个拐点，拐点后曲线变得平缓，意味着其后的因子对简化变量的贡献不大了，所以我们就以拐点前的因子数作为提取的数量。如图10-1所示，因子1到因子3这段曲线急速下降，3这个点后曲线变得平缓，所以我们可以考虑抽取2~3个因子。

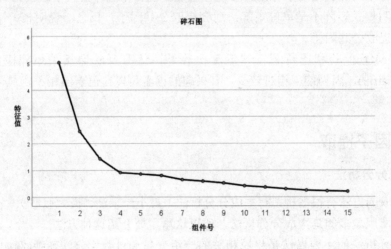

图10-1 碎石图

10.2.3 因子旋转

因子分析的初始解中，因子的负荷矩阵所表示的含义往往不明确。如果某变量在某因子上的负荷值很高，在其他因子上的负荷值很低，就非常方便我们对变量分类。为了达到这个目的，我们需要对初始的因子载荷矩阵进行相应的因子旋转，因子旋转其实就是通过数学变换，使得各个因子能够互相清晰地区分出来。因子旋转的方法有两大类，一类是正交旋转，旋转后因子间是不相关的；另一类是斜交旋转，旋转后因子间是相关的。

1. 正交旋转

正交旋转假设各个提取的因子间没有相关关系，所以，在旋转过程中，各因子轴之间始终保持90°的夹角不变，因此叫正交旋转。在因子分析中，比较常用的正交旋转方法是方差极大化（varimax）。这种方法的目的是使各因子上的因子载荷出现分化或差异极大化，即让各因子的方差达到最大，同时使得相关矩阵中的变异尽可能地分散到不同的因子上。

为方便理解，我们以最简单的两因子为例加以说明，如图 10-2 所示实线坐标轴部分，我们已经提取了两个因子，每个原变量的特征就可以利用这些变量在因子上的载荷值来描述。如果我们以两个因子分别作为纵轴和横轴，那么每个变量就可以在这个二维坐标轴上表示出来。在图 10-2 中，我们不能非常清晰地区分哪些变量是属于哪个因子的，在这种情况下，我们可以对这个坐标系做一个旋转。如图 10-2 所示的虚线部分，在这个新的坐标系中，我们可以看到有一部分点基本上落在了因子 1 的轴上，另一部分主要落在了因子 2 的轴上，由所有变量在新坐标系中的坐标值，就得到了新的因子载荷矩阵。显然新的载荷矩阵中的载荷值发生了分化，一部分变量在因子Ⅰ′轴上的载荷(方差)变大了，但在因子Ⅱ′轴上的载荷变小了。另一部分变量在因子Ⅱ′轴上的载荷(方差)变大了，但在因子Ⅰ′轴上的载荷变小了，这样就达到了我们清楚区分变量的目的。

2. 斜交旋转

斜交旋转的假设和正交旋转的假设不同，斜交旋转假设因子间存在一定的相关，在坐标轴旋转时，就不一定保持夹角为 90°了，而是其他的夹角，如图 10-3 所示，因子轴夹角的余弦值就是两者的相关值。SPSS 提供了两种常用的斜交旋转法：promax 斜交旋转法和直接斜交极小法。在实际研究中，变量与变量间或多或少存在一定的关系，所以斜交旋转也有很大的现实依据和意义，但是因为斜交旋转不能解释各变量被公共因子所解释的比例，所以其结果的应用目前还存在争议。

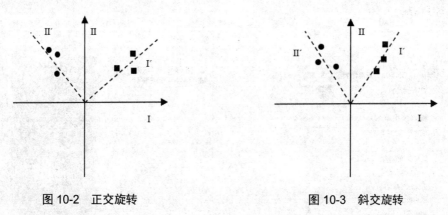

图 10-2　正交旋转　　　　　图 10-3　斜交旋转

10.2.4 因子得分与命名

提取了因子后，常常会利用这些提取的因子做进一步的分析，因此需要计算因子得分。SPSS 提供了三种计算因子得分的方法，分别是回归法、巴特利特法(Bartlett)和安德森-罗宾法(Anderson-Rubin)。最常用的是回归法，由前面可知因子与各变量间存有以下关系：$F_j = b_{j1}x_1 + b_{j2}x_2 + ... + b_{jn}x_n$，我们可以利用最小二乘法对方程的系数进行估算，从而获得每个个案的因子得分。

通过统计方法获取的因子只是数据意义上的结果，我们需要给提取的因子命名，这样我们所建立的数据模型才有具体的研究意义。好的因子命名能让人很快了解和掌握研究者的意图，清楚因子背后的主要含义。但是因子的命名不是一件简单的事情，首先，我们会常常遇到提取的因子里各变量的归属不理想的情况；其次，因子命名涉及非常专业的学科知识；再次，因子命名还涉及研究者的专业知识和修养。

10.3 因子分析 SPSS 过程

案例 10-1 利用数据"食品评价.sav"做因子分析

本章数据"食品评价.sav"反映的是消费者对 12 种食品的评价，分别在 15 个不同的属性上以 5 级评分标明消费者对这些食品属性的评价，从 1 表示不具备该属性至 5 表示该属性非常突出。试使用因子分析提取合适的因子来描述食品。

案例分析：用 10 多个属性描述物品确实比较复杂，为了提高效率，我们可以用因子分析来提取变量间的关键信息，合并成少数几个维度，来体现消费者对食品的态度。因为我们的分析带有探索的性质，所以在因子的提取上，交给系统自动分析。

步骤 1：打开数据"食品评价.sav"，依次选择【分析】→【降维】→【因子】命令，如图 10-4 所示。

步骤 2：进入【因子分析】对话框，将所有描述食品的属性变量都移入【变量】框中，如图 10-5 所示。

图 10-4 选择【因子】命令   图 10-5 【因子分析】对话框

步骤 3：单击【描述】按钮进入其对话框，在【相关性矩阵】选项组中选择【KMO 和巴特利特球形度检验】复选框，其他默认系统设置，如图 10-6 所示，单击【继续】按钮返回到上一层对话框。

步骤 4：单击【提取】按钮进入其对话框，系统默认方法即为主成分分析法，选中【碎石图】复选框，其余保持默认项不变，如图 10-7 所示，单击【继续】按钮返回上一层对话框。

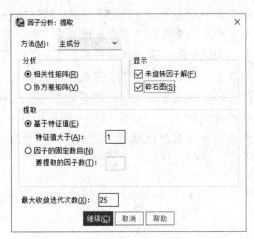

图 10-6　【因子分析：描述】对话框　　　图 10-7　【因子分析：提取】对话框

步骤 5： 单击【旋转】按钮进入其对话框，选中【最大方差法】单选按钮，如图 10-8 所示。其余保持默认值不变，然后单击【继续】按钮返回上一层对话框。

步骤 6： 单击【得分】按钮，在弹出的对话框中选中【保存为变量】复选框及【方法】选项组中的【回归】单选按钮，并选中【显示因子得分系数矩阵】复选框，如图 10-9 所示，然后单击【继续】按钮返回到上一层对话框。

图 10-8　【因子分析：旋转】对话框　　　图 10-9　【因子分析：因子得分】对话框

步骤 7： 单击【选项】进入其对话框，在【系数显示格式】选项组中选中【按大小排序】复选框，这样设置方便系数的阅读，如图 10-10 所示。如果研究者对系数的荷重有一定的限制，例如低于 0.5 的系数不显示，那么可以在【禁止显示小系数】选项上进行设置。然后单击【继续】按钮返回到上一层对话框，最后单击【确定】按钮，提交系统分析。

步骤 8： 结果解释。

（1）统计检验。在做因子分析前需要对是否适合做因子分析做统计检验，通常进行巴特利特球形度检验和 KMO 检验，检验结果如图 10-11 所示。从图 10-11 中我们可以看出，KMO 值为 0.849，可知原有变量适合做因子分析。而巴特利特球形

图 10-10　【因子分析：选项】对话框

度检验的统计量为 1 551.957，相应的概率 $p<0.001$，小于 0.05 的显著性水平，可以认为相关系数矩阵和单位矩阵有显著性差异，即适合做因子分析。

图 10-12 是因子分析初始解，显示了所有变量的共同方差数据。"初始"列是因子分析初始解下的变量共同方差，它表示对原有 15 个变量如果采用主成分分析方法提取所有特征值(11 个)，那么原有变量的所有方差都可被解释，变量的共同方差均为 1(即原有变量标准化后的方差为 1)。"提取"列是变量被公共因子共同提取的方差，值越大表示公共因子能解释原变量的程度就越大。该例中"方便"和"经过加工"两个变量的数值较小，说明这两个变量的信息提取较少。

KMO 和巴特利特检验

KMO 取样适切性量数。		.849
巴特利特球形度检验	近似卡方	1551.957
	自由度	105
	显著性	<.001

图 10-11 KMO 和巴特利特检验结果

公因子方差

	初始	提取
天然	1.000	.657
纤维质	1.000	.777
芳香	1.000	.689
方便	1.000	.302
咸味	1.000	.523
能量高	1.000	.536
经济	1.000	.455
健康	1.000	.783
老少皆宜	1.000	.665
规范	1.000	.525
甜味	1.000	.782
经过加工	1.000	.251
质量	1.000	.644
试尝	1.000	.552
有营养	1.000	.772

提取方法：主成分分析法。

图 10-12 公因子方差

(2) 因子提取。图 10-13 给出了每个因子所能解释的方差，按照特征值由大到小排列。第一部分"初始特征值"描述了因子初始解的情况，可以看到第一个因子的特征值为 5.025，解释原有 15 个变量的总方差的 33.499%(5.025/15)，即方差贡献率为 33.499%，其他因子可类推。累积方差贡献率则是由大到小累加因子的总贡献率。第二部分"提取载荷平方和"描述了因子的提取情况，可以看出这里只提取了三个因子，这是因为分析时我们规定了只保留特征值大于 1 的因子(系统默认值)，如果对特征值重新设定，那么提取的因子也将发生改变。从图 10-13 可以看出，这三个因子共同解释了总方差 59.420%的比例，从比例上看并不是非常好。第三部分"旋转载荷平方和"描述了旋转后因子的贡献率情况，从上面的数据可以看出，总的方差解释累积比例没有发生变化，只是比例被重新分配到了三个因子上而已。

如图 10-14 所示的碎石图直观地显示了图 10-13 所示的内容，碎石图的纵轴是特征值，横轴是因子数，从图 10-14 中可以看出，第一个因子的特征值非常高，对解释原有变量的贡献很大。从第三个因子以后，解释的方差成分变得很小，第三个因子可以当作一个拐点，拐点左侧的因子数就是较为理想的因子抽取数，因此，这里保留前面 2~3 个因子应该较为妥当，系统自动选择了三个因子。

(3) 因子荷重与命名。成分矩阵图 10-15 给出了因子分析初始解的信息，表示每个原始变量主要体现在哪个因子中。例如，变量"健康"主要对因子 1 有贡献，荷重为 0.881，在因子 2 中的荷重只有 0.010，在因子 3 中的荷重只有-0.078；变量"芳香"主要对因子 2 有贡献，荷重为 0.817；而"老少皆宜"主要对因子 3 有贡献。为了能更好地解释因子，必须对负荷矩阵进行旋转，这里选择了"方差极大正交旋转法"，旋转后的因子荷重如图 10-16 所示。可以看出"纤维质""有营养""健康""天然""规范""质量""能量高"在因子 1 上的荷重比较大，考量这几个变量的含义，我们可以将该因子命名为"有益健康"；"甜味""芳香""咸味""经过加工"在因子 2 上的荷重比较大，我们将该因子命名为"口味"；"老少皆宜""试尝""经济""方便"在因子 3 上的荷重比较大，可以考虑将其命名为"实惠"。

总方差解释

成分	初始特征值			提取载荷平方和			旋转载荷平方和		
	总计	方差百分比	累积 %	总计	方差百分比	累积 %	总计	方差百分比	累积 %
1	5.025	33.499	33.499	5.025	33.499	33.499	4.555	30.370	30.370
2	2.455	16.368	49.867	2.455	16.368	49.867	2.648	17.653	48.022
3	1.433	9.553	59.420	1.433	9.553	59.420	1.710	11.398	59.420
4	.916	6.108	65.528						
5	.862	5.744	71.272						
6	.802	5.349	76.621						
7	.647	4.312	80.933						
8	.590	3.930	84.864						
9	.522	3.482	88.346						
10	.415	2.767	91.113						
11	.363	2.420	93.533						
12	.300	2.003	95.536						
13	.246	1.641	97.177						
14	.221	1.476	98.653						
15	.202	1.347	100.000						

提取方法：主成分分析法。

图 10-13　因子提取及方差解释

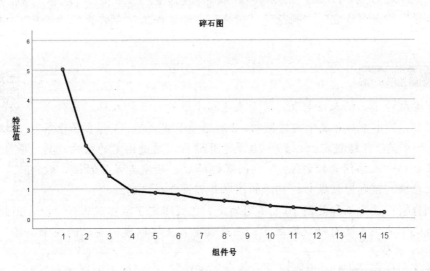

图 10-14　碎石图

成分矩阵ª

	成分		
	1	2	3
健康	.881	.010	-.078
有营养	.862	.112	-.124
天然	.806	.022	-.081
纤维质	.801	.118	-.350
质量	.784	.089	.147
规范	.666	.135	-.250
能量高	.646	.345	-.001
经过加工	-.381	.326	-.003
芳香	-.148	.817	-.025
甜味	-.445	.755	-.120
咸味	-.354	.625	-.085
试尝	.280	.606	.326
老少皆宜	.205	.149	.775
经济	.223	-.308	.557
方便	.278	.257	.398

提取方法：主成分分析法。
a. 提取了 3 个成分。

图 10-15　因子分析初始解

旋转后的成分矩阵ª

	成分		
	1	2	3
纤维质	.873	-.066	-.103
有营养	.861	-.127	.123
健康	.840	-.236	.146
天然	.775	-.202	.128
规范	.723	-.027	-.038
质量	.701	-.170	.353
能量高	.678	.136	.241
甜味	-.198	.861	-.042
芳香	.062	.817	.135
咸味	-.155	.706	-.017
经过加工	-.275	.419	-.018
老少皆宜	-.010	-.046	.814
试尝	.302	.436	.521
经济	-.035	-.446	.504
方便	.197	.095	.504

提取方法：主成分分析法。
旋转方法：凯撒正态化最大方差法。
a. 旋转在 5 次迭代后已收敛。

图 10-16　正交旋转

(4) 因子分数输出。图 10-17 中的系数是用于计算个案在新提取的因子上的得分的，这是根据回归算法计算出来的因子得分函数的系数，我们可以根据该系数构建三个因子得分的回归函数，即

$$\left. \begin{array}{l} F_1 = 0.167x_1 - 0.232x_2 + \ldots + 0.195x_{15} \\ F_2 = -0.029x_1 + 0.038x_2 + \ldots + 0.007x_{15} \\ F_3 = -0.011x_1 - 0.179x_2 + \ldots - 0.028x_{15} \end{array} \right\} \tag{10.7}$$

式中，x_1 到 x_{15} 分别代表"天然""纤维质""芳香""方便""咸味""能量高""经济""健康""老少皆宜""规范""甜味""经过加工""质量""试尝""有营养"。

研究者翻译了一份人格量表，该量表包括十道题目五种人格，每种人格两道题目，其中 1 和 6 属于内外倾向、2 和 7 属于宜人性、3 和 8 属于尽责性、4 和 9 属于情绪稳定性、5 和 10 属于开放性，这是固定的结构，具体见本章数据"人格问卷修订.sav"。问卷翻译后，研究者做了预测，收集了一批数据，试利用数据分析翻译的问卷是否符合原定的结构。

案例 10-2 利用数据"人格问卷修订.sav"做因子分析

案例分析：该案例和案例 10-1 不同的是，已经限定了数据的因子个数，因此在因子的提取中我们不再由系统自动提取因子，而是设定系统提取我们要求的因子个数。其他步骤和案例 10-1 类似。

步骤 1：打开 SPSS 自带数据"人格问卷修订.sav"，依次选择【分析】→【降维】→【因子】命令，如图 10-18 所示。

第 10 章 因子分析

成分得分系数矩阵			
	成分		
	1	2	3
天然	.167	-.029	-.011
纤维质	.232	.038	-.179
芳香	.056	.325	.056
方便	-.008	.037	.300
咸味	.013	.270	-.012
能量高	.152	.095	.065
经济	-.106	-.195	.346
健康	.179	-.039	-.007
老少皆宜	-.112	-.043	.532
规范	.188	.041	-.118
甜味	.016	.329	-.027
经过加工	-.038	.147	.011
质量	.122	-.028	.144
试尝	.041	.179	.287
有营养	.195	.007	-.028

提取方法：主成分分析法。
旋转方法：凯撒正态化最大方差法。
组件得分。

图 10-17　成分得分矩阵　　　　　图 10-18　选择【因子】命令

步骤 2：进入【因子分析】对话框，将所有需要降维的变量都移入【变量】框中，如图 10-19 所示。

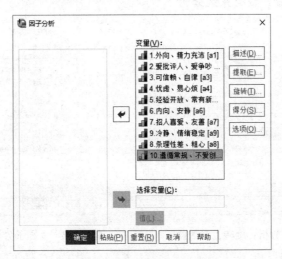

图 10-19　【因子分析】对话框

步骤 3：单击【描述】按钮进入其对话框，在【相关性矩阵】选项组中选择【KMO 和巴特利特球形度检验】复选框，其他默认系统设置，如图 10-20 所示，然后单击【继续】按钮返回到上一层对话框。

步骤 4：单击【提取】按钮进入其对话框，这里以系统默认设置的主成分法进行因子分析。因为原问卷的结构是五个因子，所以需要选中【因子的固定数目】单选按钮并设定为 5，如图 10-21 所示，然后单击【继续】按钮返回到上一层对话框。

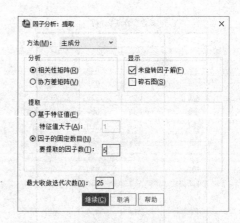

图 10-20 【因子分析：描述】对话框　　图 10-21 【因子分析：提取】对话框

步骤 5：单击【旋转】按钮进入其对话框，在【方法】选项组中选中【最大方差法】单选按钮进行正交旋转，其他默认系统选择，如图 10-22 所示，然后单击【继续】按钮返回到上一层对话框。

步骤 6：单击【选项】按钮进入其对话框，在【系数显示格式】选项组中选中【按大小排序】复选框，这样设置主要是方便结果的阅读。在【禁止显示小系数】选项上进行设置，设定小于 0.5 的载荷不显示，如图 10-23 所示。然后单击【继续】按钮返回到上一层对话框，最后单击【确定】按钮，提交系统分析。

图 10-22 【因子分析：旋转】对话框　　图 10-23 【因子分析：选项】对话框

步骤 7：结果解释。

(1) 统计检验。在做因子分析前，需要对是否适合做因子分析做统计检验，通常进行巴特利特球形度检验和 KMO 检验。从图 10-24 中我们可以看出，巴特利特球形度检验的统计量为 182.257，相应的概率 $p<0.001$，可以认为相关系数矩阵和单位矩阵有显著性差异，即可以做因子分析。但是 KMO 值为 0.543，说明数据不太适合做因子分析。虽然指标不是很完美，但因为是问卷的初测，所以我们要继续完成其他步骤。

图 10-25 是因子分析初始解，它显示了所有变量的共同方差数据和提取方差数据。我们可以看到，绝大部分变量的共同方差虽然没有非常大的数值，但都有中等以上的数值，最小的是第 7 题，其共同度是 0.634，说明本次因子分析提取的总体效果尚可。

第 10 章 因子分析

公因子方差

	初始	提取
1.外向、精力充沛	1.000	.710
2.爱批评人、爱争吵	1.000	.822
3.可信赖、自律	1.000	.855
4.忧虑、易心烦	1.000	.646
5.经验开放、常有新想法	1.000	.633
6.内向、安静	1.000	.749
7.招人喜爱、友善	1.000	.634
9.冷静、情绪稳定	1.000	.710
8.条理性差、粗心	1.000	.654
10.遵循常规、不爱创新	1.000	.725

提取方法：主成分分析法。

KMO 和巴特利特检验

KMO 取样适切性量数.		.543
巴特利特球形度检验	近似卡方	182.257
	自由度	45
	显著性	<.001

图 10-24　KMO 和巴特利球形度检验结果　　　　图 10-25　公因子方差

（2）因子提取。图 10-26 给出了每个因子所能解释的方差，按照特征值由大到小排列。第一部分"初始特征值"描述了因子初始解的情况，可以看到第一个因子的特征值是 2.223，解释原有 10 个变量总方差的 22.233%(2.223/10)，即方差贡献率为 22.233%，其他的因子可类推。累积方差贡献率则是由大到小累加因子的总贡献率。第二部分"提取载荷平方和"描述了因子的提取情况，可以看出这里提取了五个因子，这是因为分析时我们规定了提取 5 个因子。从图 10-26 可以看出，这五个因子共同解释了总方差的 71.387%，从比例上看尚可。第三部分"旋转载荷平方和"描述了旋转后因子的贡献率，从上面的数据可以看出，总的方差解释累积比例没有发生变化，只是比例被重新分配到了五个因子上而已。

总方差解释

成分	初始特征值			提取载荷平方和			旋转载荷平方和		
	总计	方差百分比	累积 %	总计	方差百分比	累积 %	总计	方差百分比	累积 %
1	2.223	22.233	22.233	2.223	22.233	22.233	1.659	16.595	16.595
2	1.578	15.775	38.009	1.578	15.775	38.009	1.535	15.352	31.947
3	1.324	13.237	51.246	1.324	13.237	51.246	1.493	14.934	46.880
4	1.057	10.566	61.812	1.057	10.566	61.812	1.367	13.672	60.553
5	.957	9.574	71.387	.957	9.574	71.387	1.083	10.834	71.387
6	.779	7.786	79.172						
7	.698	6.977	86.150						
8	.535	5.351	91.501						
9	.493	4.925	96.426						
10	.357	3.574	100.000						

提取方法：主成分分析法。

图 10-26　因子提取及方差解释

（3）因子荷重。成分矩阵图如图 10-27 所示，给出了各自变量在因子上的载荷信息，表示每个原始变量主要归属哪个因子，因为我们设定了载荷在 0.50 以下的系数不显示，所以没有呈现的系数是因为值小于 0.50。但是通常我们不看初始的成分矩阵，而是查看旋转后的矩阵，即图 10-28。从图上可以看出 4、8、9 属于一类、5 和 10 属于一类、1 和 6 属于一类、2 和 7 属于一类，3 独自属于一类，原问卷的假设是 1 和 6、2 和 7、3 和 8、4 和 9、5 和 10 属于一类。总体而言，数据基本上验证了原问卷的结构假设。如果 8 能和 3 归为一类，则说明数据完美吻合原问卷的结构假设,但一般较少有这么完美的结果。对于问卷编制和修订来说,通常不是一次两次就能得到理想的结果,如果第一次修订和调整没有达到理想状态,我们还可以对问卷进行二次乃至多次调整,直到得到理想的结果,很多知名的心理学量表都是经过反复验证和修改而成的。

成分矩阵ᵃ

	成分				
	1	2	3	4	5
8.条理性差、粗心	.605				
4.忧虑、易心烦	.569				
7.招人喜爱、友善	-.541				
10.遵循常规、不爱创新	.513				
1.外向、精力充沛		.613			
6.内向、安静		-.537	.631		
5.经验开放、常有新想法					
2.爱批评人、爱争吵	.538			.577	
9.冷静、情绪稳定				.526	
3.可信赖、自律			.553		.681

提取方法:主成分分析法。
a. 提取了5个成分。

图 10-27 因子初始矩阵

旋转后的成分矩阵ᵃ

	成分				
	1	2	3	4	5
9.冷静、情绪稳定	-.788				
4.忧虑、易心烦	.754				
8.条理性差、粗心	.618				
10.遵循常规、不爱创新		-.813			
5.经验开放、常有新想法		.695			
6.内向、安静			-.836		
1.外向、精力充沛			.762		
2.爱批评人、爱争吵				.840	
7.招人喜爱、友善				-.655	
3.可信赖、自律					.900

提取方法:主成分分析法。
旋转方法:凯撒正态化最大方差法。
a. 旋转在 7 次迭代后已收敛。

图 10-28 因子旋转后的矩阵

小　　结

本章主要介绍了因子分析的基本原理。因子分析可以分为探索性因子分析和验证性因子分析,本章主要介绍的是探索性因子分析。KMO 和巴特利特球形度检验可以用于确定是否适合做因子分析;因子分析的方法很多,本章主要说明的是主成分分析法;因子分析的初始矩阵通常需要经过因子旋转后才能帮助我们清楚区分各变量因子的归属,旋转的方法有正交旋转和斜交旋转两种方式。因子分析后因子的得分可以保存，方便做进一步的分析。因子命名是因子分析的最后一道程序，因子命名是否得当，除了与数据本身有关外，还与研究者个人的专业素养有关。

思考与练习

1. 因子分析的原理是什么？
2. 因子分析的一般过程包括几个步骤？
3. 因子分析适合度检验的方法有哪些？
4. 因子旋转的意义和方法有哪些？
5. 本章数据"大学生评价教学.sav"问卷中包含12个教学评价问题，由学生对学校教学进行评分，分值是从1(完全不同意)到5(完全同意)的5级评分，试用因子分析分析该数据。
6. 本章数据"汽车销售.sav"中有十余个变量被用来描述各种车型的基本情况，若我们希望以更简练的方式描述汽车的特征，应该怎样把原变量的信息浓缩到少数几个变量中？
7. 打开本章数据"问卷调查.sav"，它记录了一份问卷实测于10名被试的数据，问卷共有10道题目(A1到A10)。请用因子分析判断该问卷的题目可以归为几个因子。假如根据原有问卷的假设需要提取3个因子，该如何操作？

第 11 章

聚类和判别分析

教学目标

- 了解聚类分析的基本原理和应用范围。
- 掌握二阶聚类分析的 SPSS 操作及结果解释。
- 掌握 K-均值聚类分析的 SPSS 操作及结果解释。
- 掌握系统聚类分析的 SPSS 操作及结果解释。
- 了解判别分析的基本原理和应用范围。
- 掌握判别分析的 SPSS 操作及结果解释。

在前面的章节里，我们已经学习了描述统计和推论统计的几种常用方法，这些都是常用的统计分析方式。随着社会的高度计算机化和网络化，可用数据以前所未有的速度增长，全球的商业活动产生了海量的数据集，包括销售业绩、股票交易记录、产品描述、消费者反馈、公司利润和员工管理等。大数据时代需要强有力的统计工具对数据进行处理，从而发现有价值的信息，以便指导实际工作。聚类分析和判别分析属于将个案分类的方法，从是否事先固定类别或组别来看，聚类分析属于无监督学习，判别分析属于监督学习(机器学习)。本章着重介绍聚类分析和判别分析的基本原理、SPSS 操作步骤及结果解释。

11.1 聚类分析

聚类分析是一类技术和算法的总称，目的在于根据个案的相似性或差异性将其分类，以形成几个性质不同的类别，达到类内同质、类间异质的目的。所谓个案的相似性或差异性，是针对它们在多变量上的测量取值而言的，因此，聚类分析一般应用于个案数较多的数据库。进行聚类分析时，并无自变量和因变量的区分，也不需要满足正态分布及方差齐性等基本假设，但原则上所有的变量必须是等距变量。聚类分析不属于统计推断，一般不用于从样本推断总体的研究，也不涉及概率分布和显著性检验，而仅仅是对高维数据的一种描述和简化，是根据数据资料本身的性质，展现出其自然的结构。聚类结果可用冰柱图和树状图直观地表现出来。

聚类方法的核心在于个案之间相似程度的度量，一般常用的测度方法为欧氏距离，即

$$d(p,q) = \sqrt{\sum_{i=1}^{n}(p_i - q_i)^2} \tag{11.1}$$

式中，p 和 q 分别代表两个个案各自在所有变量上的取值向量，p_i 和 q_i 分别代表两个个案在第 i 个变量上的取值。在聚类分析之前，还要将欧氏距离标准化，以使所有变量有相同的尺度和方差。其他相似度的测度方法有似然距离、马氏距离和闵可夫斯基距离等。

聚类分析属于日益热门的数据挖掘技术，在各行各业都有其应用价值。在商业领域中，聚类分析被广泛用于研究消费者行为模式、发现不同的客户群、寻找新的潜在市场以及评估不同的经营模式等。聚类分析早在 1932 年就被人类学家 Driver 和 Kroeber 提出，因 1943 年被卡特尔用于心理学中人格的分类，而逐渐为人们所注意，它常随着学科的不同，有着不同的名称。按照 SPSS 软件的编排，目前聚类分析技术主要分为：二阶聚类、K-均值聚类和系统聚类，它们的区别主要在于划分个案的方法和步骤不同。

11.1.1 二阶聚类

1. 二阶聚类概述

二阶聚类又称两步聚类，算法分为如下两步。

第一，构建聚类特征数。起初把某个案作为树的根节点，将指定的距离测度方法作为个案间的相似性依据，并确定一个相似性的临界值，把每个后续个案放到最相似的节点中；如果某个案没有找到与它足够相似的节点，即相似度不在临界值内，就使它成为一个新的节点。

第二，确定最优聚类个数。通过比较 Akaike 信息准则(AIC)或 Schwarz-Bayesian 信息准

则(BIC)，找出最能拟合数据又最简洁的聚类模型。AIC 和 BIC 都是拟合优度和模型选择的重要指标，假如某聚类模型使 AIC 和 BIC 两者的值最小，就说明该聚类模型最优。

在评价所选聚类结构的优劣时，还会使用轮廓指数。该指数描绘的是平均个案与聚类结果中两个类别的相对距离之差，其公式为

$$轮廓指数 = \frac{B - A}{\max(A, B)} \tag{11.2}$$

式中，A 为个案到其所在类别中心的距离，而 B 是个案到距其最近的类别中心的距离。轮廓指数为 1，是指所有个案都处在其所属类别的中心这种极端情况，这代表完美的聚类结果；若轮廓指数为-1，则所有个案都处在不包含自己的类别中心上，这代表聚类分析完全错误的情况。一个聚类结果模型中，个案距离自己所在类别的中心比距离其不属于的类别中心近，就说明所选聚类模型是好的。因此，根据轮廓指数可以把模型分为优、中、差三等。两步聚类分析可以同时处理连续变量和名义变量，对数据要求变量间的独立性和连续变量的正态性，但由于两步聚类分析不属于推论统计方法，实际运用中对数据的这些要求并不是非常严格。

2. 二阶聚类的 SPSS 过程

案例 11-1 根据数据"经济指标.sav"的经济指标将地区进行分类

本章数据"经济指标.sav"记录了某一时期一些城市和地区的经济指标，部分数据截图如图 11-1 所示。请根据所给的这些经济指标，将这些地区进行分类(注：数据来源于国家统计局)。

	地区	税收收入	人均GNP	固定资产投资	财政支出总额	职工工资总额	工业总产值	外贸进出口总额	从业人员数
1	北京	10768181	50467	3296.38	12968389	1805.49	8210.00	15803662.77	513.77
2	天津	3426480	41163	1820.52	5431219	487.46	8527.70	6446193.98	195.00
3	河北	4719993	16962	5470.24	11803590	809.58	13489.80	1853087.73	501.22
4	山西	3304565	14123	2255.74	9155698	646.46	5902.84	662709.90	365.54
5	内蒙古	2606276	20053	3363.21	8121330	446.95	4140.05	596082.01	242.60
6	辽宁	6259858	21788	5689.64	14227471	935.88	14167.95	4839024.05	498.02
7	吉林	1788192	15720	2594.34	7183588	431.09	4752.72	791403.78	265.91
8	黑龙江	3013511	16195	2236.00	9685255	753.15	5440.17	1285654.67	496.54
9	上海	14798624	57695	3900.04	17955660	1092.40	18573.13	22752419.59	332.52
10	江苏	13891286	28814	10069.22	20132502	1520.39	41410.40	28397838.36	679.37

图 11-1 经济指标数据

案例分析：聚类分析的意图是利用一些测量指标对个案进行分类，以方便研究者对它们进行描述，这里先采用二阶聚类法做分析。

步骤 1：打开本章数据"经济指标.sav"，依次选择【分析】→【分类】→【二阶聚类】命令，如图 11-2 所示。

步骤 2：进入【二阶聚类分析】对话框，除"地区"这一变量外，把其余各项经济指标移入【连续变量】框中，由于都是连续变量，所以在【距离测量】选项组中选中【欧氏】单选按钮，如图 11-3 所示。

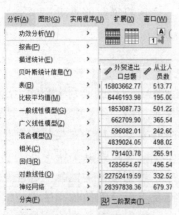 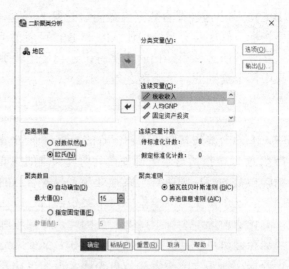

图 11-2　选择【二阶聚类】命令　　　　图 11-3　【二阶聚类分析】对话框

步骤3：单击【输出】按钮，在弹出的对话框中将名义变量"地区"移入【评估字段】框中，并选中【创建聚类成员变量】复选框，以便在原来的数据变量后面显示分类结果，如图 11-4 所示。然后单击【继续】按钮返回到上一层对话框，最后单击【确定】按钮，提交系统分析。

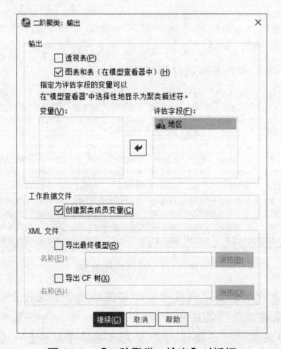

图 11-4　【二阶聚类：输出】对话框

步骤4：结果解释。

(1) 聚类结果。一个名为 TSC_1528 的新变量出现在原来数据的最后一列，此变量即为聚类成员变量，如图 11-5 所示(注：只是部分变量)，这是系统自动生成的。该变量的取值有两个，分别是1和2，即把这些地区分成了两个类别。查看"地区"变量就可以看出，通过两步聚类，北京、上海、江苏、浙江、山东和广东被分到同一类，以 1 表示，而其余的地区则被分到类别 2。

	地区	税收收入	人均GNP	固定资产投资	财政支出总额	职工工资总额	工业总产值	外贸进出口总额	从业人员数	TSC_1528
1	北京	10768181	50467	3296.38	12968389	1805.49	8210.00	15803662.77	513.77	1
2	天津	3426480	41163	1820.52	5431219	487.46	8527.70	6446193.98	195.00	2
3	河北	4719993	16962	5470.24	11803590	809.58	13489.80	1853087.73	501.22	2
4	山西	3304565	14123	2255.74	9155698	646.46	5902.84	662709.90	365.54	2
5	内蒙古	2606276	20053	3363.21	8121330	446.95	4140.05	596082.01	242.60	2
6	辽宁	6259858	21788	5689.64	14227471	935.88	14167.95	4839024.05	498.02	2
7	吉林	1788192	15720	2594.34	7183588	431.09	4752.72	791403.78	265.91	2
8	黑龙江	3013511	16195	2236.00	9685255	753.15	5440.17	1285654.67	496.54	2
9	上海	14798624	57695	3900.04	17955660	1092.40	18573.13	22752419.59	332.52	1
10	江苏	13891286	28814	10069.22	20132502	1520.39	41410.40	28397838.36	679.37	1

图 11-5　聚类变量

(2) 聚类效果评估。在输出窗口中，SPSS 给出了聚类模型的评价，如图 11-6 所示，用于聚类的变量为 8 个，最后将个案分为 2 类。"凝聚和分离的轮廓测量"图中显示的便是轮廓指标的数值，由图 11-6(b)可以看出，本次聚类结果得到的值接近 1.0，被评价为"良好"。

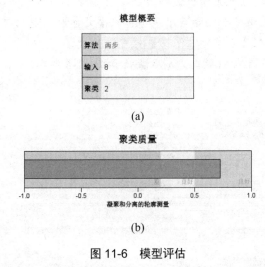

(a)

(b)

图 11-6　模型评估

11.1.2　K-均值聚类

1. K-均值聚类概述

K-均值聚类在 SPSS 里又称为快速聚类。K-均值聚类是一种基于聚类簇中心的方法，由相似个案组成的簇的中心有多种定义方法，其中最常用的一种是以簇内所有个案的均值为中心。

K-均值聚类的算法流程如下：首先，在样本中随机地选择 k 个个案，每个个案代表一个分类簇的初始均值或中心。然后，对剩下的每个个案，根据其与各个簇中心的相似度将它分配到最相似的簇中。最后，用 K-均值算法迭代地改善簇内的变异，即在每次分配新的对象后，用更新后的均值作为新的簇中心，重新分配所有对象。迭代反复进行直到分类稳定，即新一轮个案分配到的簇固定不再更改为止。实际应用中，达到指定的迭代次数也可终止算法。

2. K-均值聚类的 SPSS 过程

案例 11-2 利用数据"员工素质.sav"的指标将员工分为 3 类

本章数据"员工素质.sav"记录了某公司 15 名员工的素质测评成绩,素质有"语言表达""文书写作""逻辑分析"等 6 项,每项素质满分 10 分,最低分 0 分,请利用这些变量将员工分为 3 类。

案例分析:K-均值聚类也是一种常用的聚类方法,与案例 11-1 不同的是,本例明确要求将个案分为 3 类,操作时要加以注意。

步骤 1:打开本章数据"员工素质.sav",依次选择【分析】→【分类】→【K-均值聚类】命令,如图 11-7 所示。

步骤 2:进入【K 均值聚类分析】对话框,将"语言表达""文书写作""逻辑分析"等 6 个变量移入【变量】框中,而将"个案"移入【个案标注依据】框中,在【聚类数】文本框中填入 3,表示将数据分成 3 类,如图 11-8 所示。

图 11-7 选择【K-均值聚类】命令

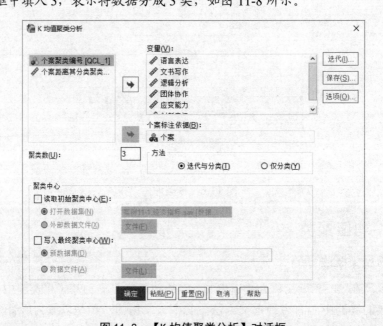

图 11-8 【K 均值聚类分析】对话框

步骤 3:单击【迭代】按钮,在弹出的对话框中将【最大迭代次数】改成 20,以便算法执行到分类稳定为止,如图 11-9 所示。系统默认是 10 次,如果 10 次能完成迭代,也不一定需要更改迭代次数,设置完后,单击【继续】按钮返回到上一层对话框。

步骤 4:单击【保存】按钮进入其对话框,选择经过运算后存入原数据的变量,选中【聚类成员】和【与聚类中心的距离】复选框,如图 11-10 所示。这样做是方便在原数据上找到相关变量,这些变量可以给出每个个案的聚类结果。然后单击【继续】按钮返回到上一层对话框。

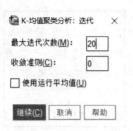

图 11-9 【K-均值聚类分析：迭代】对话框　　　图 11-10 【K-均值聚类：保存新变量】对话框

步骤 5：单击【选项】按钮进入其对话框，选中【统计】选项组中的【初始聚类中心】和【ANOVA 表】复选框，如图 11-11 所示。然后单击【继续】按钮返回到上一层对话框，最后单击【确定】按钮，提交系统分析，输出结果如图 11-12～图 11-17 所示。

步骤 6：结果解释。

（1）聚类过程。图 11-12 是 SPSS 指定的聚类中心，因为我们设定聚类为 3 个，因此指定了 3 个初始的聚类中心点。由于聚类中心不存在变动或变动很小，所以基本上没有做大的变动，仅经过 2 次迭代就实现了聚类，如图 11-13 所示，

图 11-11 【K-均值聚类分析：选项】对话框

说明一开始我们设置的迭代 20 次也是没有必要的。最终 3 个类别的聚类中心呈现如图 11-14 所示，和初始聚类中心的区别不是很大，系统只是做了一些小的调整。

初始聚类中心

	聚类 1	聚类 2	聚类 3
语言表达	8.00	2.00	7.00
文书写作	5.00	5.00	9.00
逻辑分析	4.00	3.00	7.00
团体协作	7.00	1.00	9.00
应变能力	2.00	4.00	7.00
创新意识	5.00	7.00	8.00

图 11-12　K-均值聚类初始聚类中心

迭代历史记录ª

迭代	聚类中心中的变动 1	2	3
1	.866	4.135	3.631
2	.000	.000	.000

a. 由于聚类中心中不存在变动或者仅有小幅变动，因此实现了收敛。任何中心的最大绝对坐标变动为 .000。当前迭代为 2。初始中心之间的最小距离为 8.000。

图 11-13　K-均值聚类迭代历史记录

最终聚类中心

	聚类 1	聚类 2	聚类 3
语言表达	8.00	3.44	7.50
文书写作	5.00	5.11	7.50
逻辑分析	4.50	4.22	6.75
团体协作	6.50	3.56	7.25
应变能力	2.00	4.67	7.00
创新意识	4.50	4.44	5.25

图 11-14　K-均值聚类最终聚类中心

(2) 类别差异检验。聚类分析得到的这 3 个类别是否可取？即它们是否满足类别内同质，类别间异质的要求呢？图 11-15 所示的方差分析给出了答案，从显著性水平看，除了最后一项指标"创新意识"没有达到显著性外，其他的显著性检验 p 值都小于显著性水平 0.05，说明分成 3 类总体上还可以，但是还有一项指标(创新意识)不能满足分类要求，读者也可以尝试其他分类。

(3) 个案归属。最后我们需要知道所有个案的分类归属，图 11-16 给出了每一类包含的个案总数，个案数分别为 2、9 和 4。而在原来的数据中产生了两列变量 QCL_1 和 QCL_2，分别表示个案所属的类别和与所在类别中心的距离，如图 11-17 所示。每个员工被划分为不同的类别，例如 A 员工为第 2 类，C 员工为第 3 类，H 员工为第 1 类。

ANOVA

	聚类		误差		F	显著性
	均方	自由度	均方	自由度		
语言表达	32.256	2	.935	12	34.491	.000
文书写作	8.522	2	1.324	12	6.436	.013
逻辑分析	9.064	2	2.067	12	4.385	.037
团体协作	21.731	2	1.623	12	13.392	.001
应变能力	17.467	2	1.500	12	11.644	.002
创新意识	.931	2	2.123	12	.438	.655

由于已选择聚类以使不同聚类中个案之间的差异最大化，因此 F 检验只应该用于描述目的。实测显著性水平并未因此进行修正，所以无法解释为针对"聚类平均值相等"这一假设的检验。

每个聚类中的个案数目

聚类	1	2.000
	2	9.000
	3	4.000
有效		15.000
缺失		.000

图 11-15 类别差异检验结果   图 11-16 每个聚类中的案例数

	个案	语言表达	文书写作	逻辑分析	团体协作	应变能力	创新意识	QCL_1	QCL_2
1	A员工	4.00	6.00	4.00	4.00	6.00	5.00	2	1.85259
2	B员工	3.00	3.00	4.00	4.00	6.00	4.00	2	2.62232
3	C员工	9.00	7.00	8.00	6.00	8.00	5.00	3	2.58602
4	D员工	4.00	7.00	3.00	4.00	3.00	4.00	2	2.92288
5	E员工	3.00	5.00	4.00	4.00	5.00	4.00	2	.87489
6	F员工	3.00	5.00	5.00	5.00	4.00	4.00	2	2.33069
7	G员工	8.00	8.00	7.00	6.00	6.00	3.00	3	2.86138
8	H员工	8.00	6.00	4.00	7.00	2.00	5.00	1	.86603

图 11-17 聚类分析结果

11.1.3 系统聚类

1. 系统聚类概述

系统聚类也称层次聚类，根据分析过程的不同，又分为凝聚法和分裂法。凝聚法是自下而上的聚类法，而分裂法是自上而下的分类法。凝聚法是指初始时把每个个案都视为单独的一类，然后根据两类间的相似度，逐步合并成越来越大的类，直到最后所有个案成为一个大类为止。分裂法是指初始时把所有个案置于一个类，然后根据差异程度划分成多个较小的子类，以此类推，直到最底层的类都足够凝聚(同质)，即仅包含一个个案，或类内的个案彼此都十分相似为止。无论是凝聚法还是分裂法，用户都可以指定期望的类的个数作为算法的终止条件。

无论是凝聚法还是分裂法，其中两个类别之间的距离是算法的基础。与前面介绍过的个案间相似度的测度方法类似，类别间的距离称为联接度量，常用的联接度量有以下几个。

(1) 最小距离：两个类别各自包含的个案间距离的最小值。使用该距离的算法被称为最近邻聚类算法。如果当最近两个类别间的距离超过用户预设的临界值时聚类终止，则又称为单联接算法。

(2) 最大距离：两个类别各自包含的个案间距离的最大值。使用该距离的算法被称为最远邻聚类算法。如果当最远两个类别间的距离超过用户预设的临界值时聚类终止，则又称为全联接算法。

(3) 平均距离：两个类别各自包含的个案间距离的平均值，即分属两个类别的个案间距离之和除以两个类别中个案数的和。使用该距离的算法被称为组间联接算法。

此外，还有组内联接算法、质心联接算法、中数联接算法和 Ward 算法等。使用哪种连接算法视研究的目的和数据结构而定。当然，使用不同的算法得到的聚类结果可能会略有不同，在某些情况下，需要尝试多种不同的距离和相似度度量方法，来找到最佳聚类模型。

2. 系统聚类的 SPSS 过程

案例 11-3

案例 11-3 利用系统聚类法将"员工素质.sav"中的员工进行分类

本章数据文件"员工素质.sav"记录了员工的语言表达、文书写作、逻辑分析、团体协作、应变能力和创新意识等信息，请利用系统聚类法将这些员工进行分类。

步骤 1： 打开本章数据文件"员工素质.sav"，依次选择【分析】→【分类】→【系统聚类】命令，如图 11-18 所示。

步骤 2： 进入【系统聚类分析】对话框。将名义变量"个案"移入【个案标注依据】框中，其余变量移入【变量】框中，如图 11-19 所示。

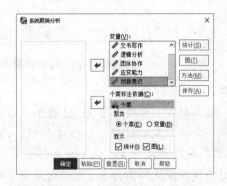

图 11-18　选择【系统聚类】命令　　　　图 11-19　【系统聚类分析】对话框

步骤 3： 单击【统计】按钮，在弹出的对话框中已经默认选中【集中计划】复选框，如图 11-20 所示，然后单击【继续】按钮返回到上一层对话框。

步骤 4： 单击【图】按钮，在弹出的对话框中选中【谱系图】复选框，其余保持系统默认设置，如图 11-21 所示，然后单击【继续】按钮，返回到上一层对话框。

步骤 5： 单击【方法】按钮，在弹出的对话框中关于聚类方法和距离度量标准的选项，基于本例中变量的性质，我们可以保持系统默认选项，即聚类方法为组间联接，度量标准为平方欧氏距离，如图 11-22 所示。单击【继续】按钮返回到上一层对话框，最后单击【确定】按钮，提交系统分析。

图 11-20　【系统聚类分析：统计】对话框　　　图 11-21　【系统聚类分析：图】对话框

图 11-22　【系统聚类分析：方法】对话框

步骤 6：结果解释。

(1) 聚类过程。由聚类图 11-23 我们可以看出个案分配的具体过程，其中"阶段"表示每一阶段个案被凝聚的过程。在第 1 阶段，两个距离最近的个案，即 8 号"H 员工"和 9 号"I 员工"被合并成一类，它们之间的距离则为表中"系数"列的数值，即第 1 阶段被合并的两个个案间欧氏距离为 3，它的值是最小的，表示 8 号"H 员工"和 9 号"I 员工"的距离是最小的。"下一个阶段"列表示另一个个案与第 1 阶段产生的类再合并的阶段，我们看到"阶段 1"后面的"下一个阶段"数值为 13，意味着这个类别直到阶段 13 时又出现合并，查到第 13 阶段时是 1 号"A 员工"又被归到 8 号"H 员工"所在的类。1 号"A 员工"在第 6 阶段、第 8 阶段、第 10 阶段和第 12 阶段分别与 2 号"B 员工"、4 号"D 员工"、13 号"M 员工"和 11 号"K 员工"合并过，而 9 号"I 员工"没有再出现合并。以此类推，可以得到完整的聚类过程，当然，这个聚类过程看起来稍微复杂了点。我们可以通过冰柱图和树状图来解释这一过程。

第 11 章 聚类和判别分析

集中计划

阶段	组合聚类		系数	首次出现聚类的阶段		下一个阶段
	聚类1	聚类2		聚类1	聚类2	
1	8	9	3.000	0	0	13
2	6	12	4.000	0	0	3
3	5	6	4.000	0	2	5
4	4	14	7.000	0	0	6
5	2	5	7.667	0	3	6
6	1	2	9.750	0	5	8
7	3	7	11.000	0	0	9
8	1	4	16.900	6	4	10
9	3	15	22.500	7	0	11
10	1	13	26.143	8	0	12
11	3	10	29.667	9	0	13
12	1	11	32.625	10	0	13
13	1	8	45.944	12	1	14
14	1	3	62.568	13	11	0

图 11-23　系统聚类过程

(2) 冰柱图。图 11-24 中的条形表示每个个案，一个个案一个条形。条形自上而下垂直的形象像冬天垂下的冰凌，冰柱图因此而得名。冰柱图展示了从单个个案自成一类(即聚类数等于个案数)到所有个案归为一类的聚类过程。从图形的下部往上观察就能看到这个过程，为了方便解读，我们加了三条横线(非系统生成)。从下到上，我们可以数一下有多少条形是分离开的，就代表有多少个类别。第一条横线上共有 14 个分开的条形，表示有 14 个类别，其中，8 号"H 员工"和 9 号"I 员工"两个个案的条形连在一起，所以它们是归为一类的；第二条横线有 8 个部分的条形是各自分开的，所以有 8 个分类，其中 10 号"J 员工"、15 号"O 员工"、11 号"K 员工"和 13 号"M 员工"自成一类，而 7 号"G 员工"和 3 号"C 员工"成一类，8 号"H 员工"和 9 号"I 员工"成一类，其他的自成一类。第三条横线表示分 2 类，其中 10 号"J 员工"、15 号"O 员工"、7 号"G 员工"和 3 号"C 员工"成一类，其他的一类。

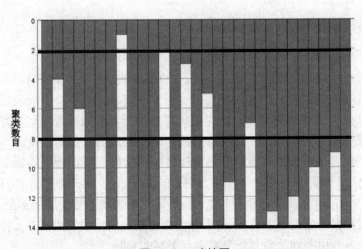

图 11-24　冰柱图

(3) 谱系图。谱系图和冰柱图类似，也是用直观形象的方式表现整个聚类的过程。如图 11-25 所示。我们从左到右观察谱系图可以发现，所有的个案被众多的聚类慢慢地聚成了一个大类。最左侧可以看到 8 号和 9 号两者，6 号、12 号和 5 号三者开始聚类，其他的没有聚类。然后 6 号、12 号和 5 号三者的类又和 2 号聚为一类，这四者合并的类又和 1 号聚类，以此类推，所有的个案最终被聚为一大类。

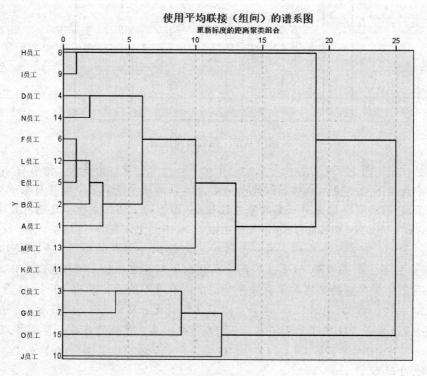

图 11-25　谱系图

11.2 判别分析

11.2.1 判别分析概述

判别分析中事先有一个已知分类的数据集，判别分析的目的，是把新的未知分类数据归入已知的分类中。例如，银行已经从大量已有的信用良好客户和信用不良客户中知道两者的区别，两者在逾期记录、担保人代还以及透支额度等预测变量上的表现不同。银行可以利用这些区别作为标准来判断一批新的未知客户，并将其划分入信用良好或信用不良两个类别中。可以看出，判别分析和聚类分析的思路是相反的，前者是从已知类出发来判定新数据的结构，后者是从数据本身出发去发现潜在的结构。判别分析的数学表述为：在 P 维空间(即 P 个预测变量)中，有 k 个已知类别 $G_1, G_2, ..., G_k$；n 个新的个案样本为判别分析的对象，记为 $x_i=(x_{i1}, x_{i2}, x_{i3}, ..., x_{ip})$，$i=1, 2, ..., n$，每个个案属于且仅属于 k 个类别中的一个。判别分析其实就是要确定每个个案 x_i 属于哪一个已知类别，要完成这个工作，判别分析需要建立判别函数并利用判别函数对新个案进行类别的判断。

11.2.2 判别分析的 SPSS 过程

案例 11-4 利用数据"城市发展.sav"对新增城市的发展程度进行判别

按照地区的发展程度将 41 个地区分为发达(1)、中等(2)和不发达(3) 3 个类别,现掌握了这 41 个地区的部分经济指标,包括工作时间、物价和工资(见本章数据"城市发展.sav")。现又搜集了 5 个地区的数据(Tel Aviv、Tokyo、Toronto、Vienna、Zurich),但未获知其发展程度,请根据已有 41 个地区的数据对这 5 个城市的发展程度进行判别。部分数据的组合截图如图 11-26 所示。

	城市	工作时间	平均物价	平均工资	发展程度
1	Amsterdam	1714.00	65.60	49.00	1
2	Athens	1792.00	53.80	30.40	1
3	Bogota	2152.00	37.90	11.50	3
4	Bombay	2052.00	30.30	5.30	3
39	Stockholm	1805.00	111.30	39.20	1
40	Sydney	1668.00	70.80	52.10	1
41	Taipei	2145.00	84.30	34.50	2
42	Tel Aviv	2015.00	67.30	27.00	
43	Tokyo	1880.00	115.00	68.00	
44	Toronto	1888.00	70.20	58.20	
45	Vienna	1780.00	78.00	51.30	
46	Zurich	1868.00	100.00	100.00	

图 11-26 城市特征数据

案例分析:这是一个典型的判别分析案例,我们首先需要从已有数据中找到不同发展程度的城市的经济特征,进而判断新搜集的城市属于哪个发展水平。

步骤 1:打开本章数据"城市发展.sav",依次选择【分析】→【分类】→【判别式】命令,如图 11-27 所示。

步骤 2:进入【判别分析】对话框,将"发展程度"移入【分组变量】框中,移入【分组变量】框的变量要求为离散变量。把所有用于构建判别函数的自变量移入【自变量】框中,如图 11-28 所示。

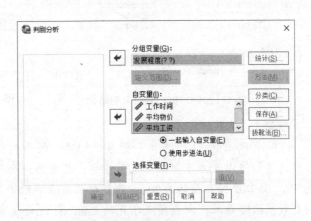

图 11-27 选择【判别式】命令   图 11-28 【判别分析】对话框

步骤 3: 单击【分组变量】框下的【定义范围】按钮,在弹出的对话框中定义所分类别的范围,该变量分成三个类别,即发达、中等和不发达三种,所以最小值填 1,最大值填 3,如图 11-29 所示,单击【继续】按钮返回到上一层对话框。

步骤 4: 单击【统计】按钮,在弹出的对话框中可选择许多描述判别分析结果的统计量,我们仅以选中【函数系数】选项组中的【费希尔】和【未标准化】复选框为例加以说明,它们是指输出判别函数的系数,如图 11-30 所示,然后单击【继续】按钮返回到上一层对话框。

图 11-29 【判别分析:定义范围】对话框

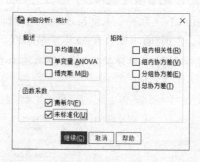

图 11-30 【判别分析:统计】对话框

步骤 5: 单击【分类】按钮进入其对话框,在【图】选项组中选中【合并组】复选框,在【显示】选项组中选中【摘要表】复选框,表示对个案进行判别分析后的数据汇总,其他默认系统选择,如图 11-31 所示,然后单击【继续】按钮返回到上一层对话框。

步骤 6: 单击【保存】按钮,在弹出的对话框中选择保存至原数据中的变量,这里选中【预测组成员】和【判别得分】复选框,如图 11-32 所示。前者是指让系统输出对某个个案所属类别的判断,后者是指输出某个个案在判别函数上的取值。然后单击【继续】按钮返回到上一层对话框,最后单击【确定】按钮,提交系统分析,输出如图 11-33~图 11-41 所示结果。

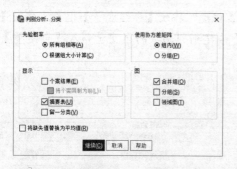

图 11-31 【判别分析:分类】对话框

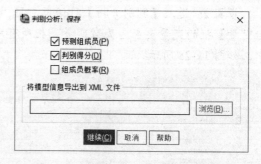

图 11-32 【判别分析:保存】对话框

步骤 7: 结果解释。

(1) 判别函数检验。本次分析系统构建了两个判别函数,图 11-33 给出了两个典则判别函数的特征值以及方差贡献情况等信息。其中第一个特征值为 2.154,能够解释所有变异的 99.7%,第二个特征值为 0.006,能解释所有变异的 0.3%。而图 11-34 给出了典则判别函数的有效性检验结果,即利用威尔克的 Lambda 统计量来检验各个判别函数有无统计学意义。第一个判别函数的 $p<0.001$,达到显著性水平,而第二个判别函数 p 值为 0.895 大于 0.05,

说明在 0.05 水平上不显著。这个结果说明第二个函数的效用非常小,即只用第一个函数就可以把个案所属类别判别出来。

特征值

函数	特征值	方差百分比	累计百分比	典型相关性
1	2.154a	99.7	99.7	.826
2	.006a	.3	100.0	.077

a. 在分析中使用了前 2 个典则判别函数。

图 11-33 特征值

威尔克 Lambda

函数检验	威尔克Lambda	卡方	自由度	显著性
1 直至 2	.315	42.727	6	.000
2	.994	.223	2	.895

图 11-34 威尔克的 Lambda 统计量检验结果

(2) 判别函数。图 11-35 中的系数是两个判别函数中各个变量的标准化系数,也就是线性判别函数中各原始变量的权重系数,正如在多元回归中的回归系数一样,判别函数可以表示为

$$\left.\begin{array}{l}g_1(x) = -0.196x_1 + 0.303x_2 + 0.747x_3 \\ g_2(x) = 0.986x_1 + 0.453x_2 + 0.060x_3\end{array}\right\} \tag{11.3}$$

式中,x_1 表示工作时间;x_2 表示平均物价,x_3 表示平均工资。

从标准系数方程中可以看出各判别函数主要受到哪些变量的影响。例如,判别函数 1 受变量"平均工资"的影响较大,而判别函数 2 受变量"工作时间"和"平均物价"的影响较大。

但是如果需要通过判别函数找到该个案在二维坐标上的取值,就需要用到各变量的非标准化系数构建判别函数,如图 11-36 所示,这时判别函数可以表达为

$$\left.\begin{array}{l}g_1(x) = -0.001x_1 + 0.021x_2 + 0.055x_3 - 1.094 \\ g_2(x) = 0.006x_1 + 0.031x_2 + 0.004x_3 - 13.673\end{array}\right\} \tag{11.4}$$

式中自变量的含义与公式(11.3)一致。

标准化典则判别函数系数

	函数	
	1	2
工作时间	-.196	.985
平均物价	.303	.453
平均工资	.747	.060

图 11-35 标准化典则判别式函数系数

典则判别函数系数

	函数	
	1	2
工作时间	-.001	.006
平均物价	.021	.031
平均工资	.053	.004
(常量)	-1.094	-13.673

未标准化系数

图 11-36 非标准化典则判别式函数系数

每个个案可以在两个判别函数上分别取得两个值,这两个值就可以当作该个案的坐标,那么每个个案在二维直角坐标上都可以标识出来,这样就可以判断出个案所属的类别了,这里是三个类别,如图 11-37 所示。这三个类别的质心(重心)在两个判别函数上的取值(坐标的纵轴和横轴取值)如图 11-38 所示。第一个类别的质心取值为(1.102,0.013),第二个类别是(-1.221,-0.138),第三个类别是(-2.224,0.096)。

系统同时提供了一个更为简便的方法判断个案所属类别,如图 11-39 所示。图 11-39 给出的是贝叶斯(Bayes)的费希尔(Fisher)线性判别函数的系数,利用图中的数据可以直接写出贝叶斯判别函数,判别的类别变量有几类就有几个判别函数,因为发展水平(发展程度)有三个类别,因此这里有三个函数,即

$$g_1(x) = 0.080x_1 + 0.475x_2 + 0.169x_3 - 97.178$$
$$g_2(x) = 0.082x_1 + 0.422x_2 + 0.046x_3 - 92.711$$
$$g_3(x) = 0.085x_1 + 0.408x_2 + 0.005x_3 - 96.529$$
(11.5)

式中，$g_1(x)$、$g_2(x)$和$g_3(x)$分别对应发达、中等和不发达三个水平；自变量的含义与公式(11.3)和公式(11.4)一致。

将每个个案的变量值分别代入费希尔线性判别函数，将会获得三个函数得分，比较三者大小，哪个函数值大就表示这个个案是属于哪个类别。

(3) 判别结果输出。图11-37表示的是每个个案在两个判别函数上得分的散点图，该图的横坐标为个案在函数1上的取值，纵坐标为个案在函数2上的取值。从图11-37中我们可以直观地看出判别分析的结果。类别1(发达)与其他两个类别的差距比较明显，而类别2(中等)和类别3(不发达)之间的差异则比较模糊。在原数据中，我们还可看到增加了三个新变量，即Dis_1、Dis1_1和Dis2_1，部分数据截图如图11-40所示。Dis_1表示预测的个案所属类别，可以与数据中原有的分类进行对比。Dis1_1和Dis2_1表示个案在两个标准化判别函数上的得分。我们可以看到5个城市依次被判定为2(Tel Aviv)、1(Tokyo)、1(Toronto)、1(Vienna)、1(Zurich)。图11-41对这5个城市的判别情况做了汇总，即4个被判定为1，1个被判定为2。

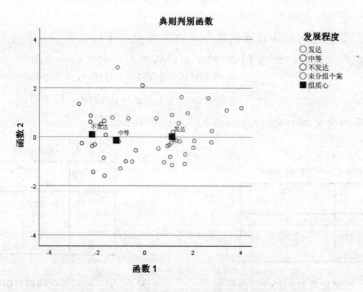

图11-37 典则判别函数得分散点图

组质心处的函数

发展程度	函数	
	1	2
发达	1.102	.013
中等	-1.221	-.138
不发达	-2.224	.096

按组平均值进行求值的未标准化典则判别函数

图11-38 组质心处的函数

分类函数系数

	发展程度		
	发达	中等	不发达
工作时间	.080	.082	.085
平均物价	.475	.422	.408
平均工资	.169	.046	-.005
(常量)	-97.168	-92.711	-96.529

费希尔线性判别函数

图11-39 分类函数系数

经过对比，我们会发现系统的判断不一定完全与原来的分类一致，例如第 41 个个案 Taipei 被判定为 1，即发达，而实际上它是 2，即中等发达。这样判断错误的个案数的具体情况如图 11-41 所示，例如，系统把 3 个原类别为"发达"的个案判定为"中等"，把 1 个原类别为"发达"的个案判定为"不发达"。其他类别的错误判定情况可以此类推，最终，从图注中可以看出此次分类的正确率为 85.4%，即错判率为 14.6%。

	城市	工作时间	平均物价	平均工资	发展程度	Dis_1	Dis1_1	Dis2_1
40	Sydney	1668.00	70.80	52.10	1	1	1.10725	-1.13467
41	Taipei	2145.00	84.30	34.50	2	1	-.11371	2.10343
42	Tel Aviv	2015.00	67.30	27.00		2	-.70455	.75581
43	Tokyo	1880.00	115.00	68.00		1	2.60575	1.58914
44	Toronto	1888.00	70.20	58.20		1	1.15081	.20781
45	Vienna	1780.00	78.00	51.30		1	1.07959	-.23530
46	Zurich	1868.00	100.00	100.00		1	3.99329	1.18780

图 11-40 判别分析保存变量

分类结果^a

		发展程度	预测组成员信息			总计
			发达	中等	不发达	
原始	计数	发达	21	3	1	25
		中等	1	6	1	8
		不发达	0	0	8	8
		未分组个案	4	1	0	5
	%	发达	84.0	12.0	4.0	100.0
		中等	12.5	75.0	12.5	100.0
		不发达	.0	.0	100.0	100.0
		未分组个案	80.0	20.0	.0	100.0

a. 正确地对 85.4% 个原始已分组个案进行了分类。

图 11-41 判别分析汇总

小　　结

本章主要介绍了聚类分析和判别分析两种数据简化和降维的方法。聚类分析针对的是个案的分类，它可以分为二阶聚类、K-均值聚类和系统聚类，这三种聚类方法的计算方式不同，但是在 SPSS 中的操作步骤差别不大；判别分析也是对个案进行判别分类，本章简单介绍了判别分析的原理和 SPSS 操作过程。

思考与练习

1. 聚类分析的基本原理是什么？
2. 聚类分析有几种分类？它们有何异同？
3. 判别分析的基本原理是什么？
4. 利用二阶聚类，分析本章案例 11-2 中的数据"员工素质.sav"。

5. 用 K-均值聚类将本章案例 11-1 中的数据"经济指标.sav"中的城市分为 5 类。同时用系统聚类分析该数据。

6. 利用"发展程度判别.sav"数据，判定表 11-1 所列 9 个城市的发展程度。

表 11-1　城市发展程度判别数据

城　市	工作时间	平均物价	平均工资
A	1 674.00	60.60	40.00
B	1 700.00	50.80	30.00
C	2 150.00	30.90	10.50
D	2 080.00	30.30	58.30
E	1 608.00	70.80	50.50
F	1 601.00	50.10	10.50
G	2 000.00	54.00	10.90
H	1 900.00	73.90	50.90
I	1 600.00	70.30	50.90

参 考 文 献

[1] 邓铸，朱晓红. 心理统计学与 SPSS 应用[M]. 上海：华东师范大学出版社，2009.

[2] 杜养志，史秉章，扬琦，等. 关于 2×k 表分割为非独立的 2×2 表显著界的探讨[J]. 中南大学学报：医学版，1980，5(4):289-294.

[3] 黄润龙. 数据统计分析：SPSS 原理及应用[M]. 北京：高等教育出版社，2010.

[4] 贾俊平. 统计学：基于 SPSS[M]. 6 版. 北京：中国人民大学出版社，2016.

[5] 龙立荣. 层级回归方法及其在社会科学中的应用[J]. 教育研究与实验，2004(1):51-56.

[6] 邱皓政. 量化研究与统计分析：SPSS(PASW)数据分析范例剖析[M]. 重庆：重庆大学出版社，2013.

[7] 汪冬华. 多元统计分析与 SPSS 应用[M]. 上海：华东理工大学出版社，2010.

[8] 王芳. 主成分分析与因子分析的异同比较及应用[J]. 统计教育，2003(5):14-17.

[9] 王伏虎. SPSS 在社会经济分析中的应用[M]. 合肥：中国科学技术大学出版社，2009.

[10] 王国平，郭伟宸，汪若君. IBM SPSS Modeler 数据与文本挖掘实战[M]. 北京：清华大学出版社，2014.

[11] 温忠麟，侯杰泰，张雷. 调节效应与中介效应的比较和应用[J]. 心理学报，2005，37(2):268-274.

[12] 温忠麟，刘红云，侯杰泰. 调节效应和中介效应分析[M]. 北京：教育科学出版社，2012.

[13] 温忠麟，张雷，侯杰泰，等. 中介效应检验程序及其应用[J]. 心理学报，2004，36(5):614-620.

[14] 吴明隆. SPSS 统计应用实务：问卷分析与应用统计[M]. 北京：科学出版社，2003.

[15] 吴明隆. 问卷统计分析实务：SPSS 操作与实务[M]. 重庆：重庆大学出版社，2010.

[16] 吴喜之，赵博娟. 非参数统计[M]. 3 版. 北京：中国统计出版社，2009.

[17] 伍小英，鲁婧婧，张晋昕，等. 两两比较的 Bonferroni 法[J]. 循证医学，2006，6(6):361-363.

[18] 薛薇. 基于 SPSS 的数据分析[M]. 3 版. 北京：中国人民大学出版社，2014.

[19] 薛薇. 统计分析与 SPSS 的应用[M]. 北京：中国人民大学出版社，2015.

[20] 严于鲜. 层次分析法在线性回归方程中的应用[J]. 四川理工学院学报(自科版)，2006，19(5):99-101.

[21] 于义良，罗蕴玲，安建业. 概率统计与 SPSS 应用[M]. 2 版. 西安：西安交通大学出版社，2013.

[22] 张文彤，董伟. SPSS 统计分析高级教程[M]. 2 版. 北京：高等教育出版社，2013.

[23] 张文彤，邝春伟. SPSS 统计分析基础教程[M]. 2 版. 北京：高等教育出版社，2011.

[24] 张文彤，钟云飞. IBM SPSS 数据分析与挖掘实战案例精粹[M]. 北京：清华大学出版社，2013.

[25] Cattell, R. B. A note on correlation clusters and cluster search methods[J]. Psychometrika, 1944, 9: 169-184.

[26] Driver, H. E., and Kroeber, A. L. Quantitative expression of cultural relationships[J]. University of California Publications in Archaeology and Ethnology, 1932, 31: 211-216.

[27] Fisher, R. A. On the Interpretation of χ^2 from Contingency Tables, and the Calculation of P [J]. Journal of the Royal Statistical Society, 1922, 85: 87-94.

[28] 中华人民共和国国家统计局[EB/OL]. http://www.stats.gov.cn/.